吴晓求◎著

THE THEORETICAL LOGIC OF CHINA'S CAPITAL MARKET

中国资本市场的理论逻辑（续集·第八卷）

吴晓求演讲集 2020.04—2022.05

中国金融出版社

责任编辑：张菊香
责任校对：孙 蕊
责任印制：陈晓川

图书在版编目（CIP）数据

中国资本市场的理论逻辑：续集. 第八卷，吴晓求演讲集：2020.04—2022.05/吴晓求著. —北京：中国金融出版社，2022.10

ISBN 978-7-5220-1737-2

Ⅰ. ①中… Ⅱ. ①吴… Ⅲ. ①资本市场—中国—文集 Ⅳ. ①F832.5-53

中国版本图书馆CIP数据核字（2022）第163504号

中国资本市场的理论逻辑：续集. 第八卷，吴晓求演讲集：2020.04—2022.05
ZHONGGUO ZIBEN SHICHANG DE LILUN LUOJI: XUJI. DI-BA JUAN，WU XIAOQIU YANJIANGJI: 2020.04-2022.05

出版
发行 中国金融出版社

社址 北京市丰台区益泽路2号
市场开发部 （010）66024766，63805472，63439533（传真）
网上书店 www.cfph.cn
（010）66024766，63372837（传真）
读者服务部 （010）66070833，62568380
邮编 100071
经销 新华书店
印刷 保利达印务有限公司
尺寸 170毫米×240毫米
印张 27.25
插页 1
字数 393千
版次 2022年10月第1版
印次 2022年10月第1次印刷
定价 90.00元
ISBN 978-7-5220-1737-2

《续集》编选说明

一、《中国资本市场的理论逻辑》（简称《理论逻辑》）（六卷本），收录了我在 2007 年 1 月至 2020 年 3 月期间发表的学术论文、评论性文章、重要演讲和专业访谈，共计 225 篇，已于 2021 年 3 月由中国金融出版社出版发行。时间过得真快，离《理论逻辑》截止收录的文稿时间，又过去两年了。在这期间，我于 2020 年 9 月卸任中国人民大学副校长，重新回到教学科研一线，这使我有更集中的时间思考一些理论问题，关切中国金融改革和资本市场发展，更方便参加一些我认为有价值的学术讨论会、讲座或论坛。这两年多来（2020 年 4 月至 2022 年 5 月），我的生活方式和学术活动没有发生什么变化，仍然充实而忙碌，仍然怀揣着思想之开放、学术之独立的精神，研究经济、金融和资本市场出现的各种问题，探讨解决之道。于是，便有了《理论逻辑》（续集）（以下简称《续集》）。

二、《续集》收集的文字时间跨度是 2020 年 4 月至 2022 年 5 月，与六卷本《理论逻辑》在时间上相衔接。《续集》由《续集 · 第七卷》和《续集 · 第八卷》两卷组成。《续集 · 第七卷》由 6 篇学术论文、6 篇评论性文章和 11 篇访谈文稿及 2 篇附录文章组成；《续集 · 第八卷》则由 44 篇论坛演讲和学术讲座文稿及 1 篇附录演讲文稿组成。在44篇学术演讲（讲座、发言）文稿中，2022年6篇，2021年16篇，2020年22篇。《续集·第七卷》的2篇附录文章，是为纪念我的导师胡乃武教授而特别撰写的；《续集·第八卷》的1篇附录演讲文稿，是2016年我参加中国人民大学国民经济学理论研讨会的专题发言，由于遗漏，当时未收入六卷本《理论逻辑》中，日前发现这篇演讲文稿，阅读后亦感有些价值。

三、《续集》仍遵循《理论逻辑》前六卷的编选原则。从排序时间看，遵从由近及远的原则；从内容上看，文稿收入本集时，在不改变原意的基础上，只对个别文字做了必需的规范和技术性处理。在演讲篇中，删去了所有客套用语，如“尊敬的……”和“感谢”之类的客套话。

四、《续集》中的演讲和访谈文稿，只有1篇是有完整原稿的，即2020年12月28日在中国证监会组织召开的“中国资本市场建立三十年”座谈会上的那篇发言稿，也就是《中国资本市场：三座丰碑 一个目标》，除此之外，其余均是即席演讲或访谈，都是录音整理稿，故口语色彩较浓。由于是即席演讲或访谈，因此阅读相对轻松，不那么八股。

五、在论文、讲座、演讲和访谈的文稿之间，内容可能会有一些重叠。为保持原稿完整和相互之间的有机衔接，在编辑整理文稿时，未删除有限的重叠部分。

六、《续集》的主体内容仍然是经济发展、金融改革和资本市场，其中对资本市场的理论研究仍占主导。在这一时期，我十分关注中国经济战略转型对资本市场发展带来的深刻变化，关注预期稳定的制度性力量，关注中国经济40年的发展是如何丰富现代经济理论体系的，关注中国需要一个什么样的金融体系，关注中国资本市场模式道路，等等。从某种意义上，这两年的研究似乎更加宏观，但内心深处，不乏忧虑。从六卷本的《理论逻辑》到《续集》，虽然心中的理想若隐若现，但深刻的忧虑则越来越浓。忧虑本质上是一种责任，一种关切，一种深沉的爱。

七、用“续集”这个前缀，是想表达未来可能还有源源不断的“续集”。作为一名学者，只要生命不止，就要思考、就要研究、就要表达、就要讲真话，这或许就是人生的意义。

八、《续集》文稿整理工作虽然不及六卷本《理论逻辑》那么复杂而漫长，但仍要感谢文稿中的有关合作者，感谢中国人民大学中国资本市场研究院赵振玲女士卓有成效的工作，感谢中国金融出版社的厚爱。

吴晓求

2022年5月18日于

中国人民大学中国资本市场研究院

作者简历

姓名：吴晓求（吴晓球）（Wu Xiaoqiu）

性别：男

民族：汉

出生年月：1959 年 2 月 2 日

祖籍：江西省余江县

学历：

1983 年 7 月　毕业于江西财经大学　获经济学学士学位

1986 年 7 月　毕业于中国人民大学　获经济学硕士学位

1990 年 7 月　毕业于中国人民大学　获经济学博士学位

现任教职及职务：

中国人民大学　金融学一级教授

中国人民大学　学术委员会委员

中国人民大学　中国资本市场研究院院长

中国人民大学　《应用经济学评论》主编

教育部　中美人文交流研究中心主任

曾任职务：

中国人民大学　经济研究所宏观室主任（1987.7—1994.10）

中国人民大学　金融与证券研究所所长（1996.12—2020.1）

中国人民大学　财政金融学院副院长（1997.5—2002.1）

中国人民大学　研究生院副院长（2002.8—2006.7）

中国人民大学　校长助理、研究生院常务副院长（2006.7—2016.7）

中国人民大学　副校长（2016.7—2020.9）

曾任教职：

中国人民大学助教（1986.9—1988.6）

中国人民大学讲师（1988.6—1990.10）

中国人民大学副教授（1990.10—1993.6）

中国人民大学教授（1993.6—2006.7）

教育部长江学者特聘教授（2006—2009）

中国人民大学金融学学科博士生导师（1995 年 10 月至今）

中国人民大学二级教授（2006.7—2016.12）

学术奖励：

教育部跨世纪优秀人才（2000）

全国高等学校优秀青年教师奖（2001）

北京市第六届哲学社会科学优秀著作一等奖（2000）

北京市第七届哲学社会科学优秀著作二等奖（2002）

中国资本市场十大年度人物（2003）

首届十大中华经济英才（2004）

北京市第八届哲学社会科学优秀著作二等奖（2004）

中国证券业年度人物（2005）

北京市第十届哲学社会科学优秀成果二等奖（2008）

北京市第十二届哲学社会科学优秀成果二等奖（2012）

北京市第十四届哲学社会科学优秀成果二等奖（2016）
北京市第十五届哲学社会科学优秀成果一等奖（2019）
第八届高等学校科学研究优秀成果三等奖（人文社会科学）（2020）
北京市第十六届哲学社会科学优秀成果二等奖（2021）

专业：金融学

研究方向：证券投资理论与方法；资本市场

学术兼职：
国务院学位委员会应用经济学学科评议组召集人
全国金融专业学位研究生教育指导委员会副主任委员
全国金融学（本科）教学指导委员会副主任委员
中国教育发展战略学会高等教育专业委员会理事长
中国专业学位案例专家咨询委员会副主任委员
国家社会科学基金委员会管理科学部评审委员
国家生态环境保护专家委员会委员
中国金融学会常务理事
中国现代金融学会副会长
中国上市公司协会学术顾问委员会副主任
北京市学位委员会委员

代表性论著（论文及短文除外）：
著作（中文，含合著）
《紧运行论——中国经济运行的实证分析》（中国人民大学出版社，1991）
《社会主义经济运行分析——从供求角度所作的考察》（中国人民大学出版社，1992）
《中国资本市场分析要义》（中国人民大学出版社，2006）

《市场主导与银行主导：金融体系在中国的一种比较研究》（中国人民大学出版社，2006）

《变革与崛起——探寻中国金融崛起之路》（中国金融出版社，2011）

《中国资本市场 2011—2020——关于未来 10 年发展战略的研究》（中国金融出版社，2012）

《中国资本市场制度变革研究》（中国人民大学出版社，2013）

《互联网金融——逻辑与结构》（中国人民大学出版社，2015）

《股市危机——历史与逻辑》（中国金融出版社，2016）

《中国金融监管改革：现实动因与理论逻辑》（中国金融出版社，2018）

《现代金融体系导论》（中国金融出版社，2019）

《中国资本市场三十年：探索与变革》（中国人民大学出版社，2021）

《中国金融开放：市场导向下的均衡选择》（中国金融出版社，2021）

《中国资本市场：第三种模式》（中国人民大学出版社，2022）

著作（外文，含合著）

Internet Finance：*Logic and Structure*（McGraw-Hill，2017）

Chinese Securities Companies：*An Analysis of Economic Growth*，*Financial Structure Transformation*，*and Future Development*（Wiley，2014）

《互联网金融——逻辑与结构》被翻译成印地文和哈萨克语出版。

文集

《经济学的沉思——我的社会经济观》（经济科学出版社，1998）

《资本市场解释》（中国金融出版社，2002）

《梦想之路——吴晓求资本市场研究文集》（中国金融出版社，2007）

《思与辩——中国资本市场论坛 20 年主题研究集》（中国人民大学出版社，2016）

《中国资本市场的理论逻辑》（六卷本）（中国金融出版社，2021）

演讲集

《处在十字路口的中国资本市场——吴晓求演讲访谈录》（中国金融出版社，2002）

教材（主编）

《21世纪证券系列教材》（13分册）（中国人民大学出版社，2002）

《金融理论与政策》，全国金融专业学位（金融硕士）教材（中国人民大学出版社，2013）

《证券投资学（第五版）》，"十二五"普通高等教育本科国家级规划教材（中国人民大学出版社，2020）

中国资本市场研究报告（主笔，1997—2020年）

1997:《'97中国证券市场展望》（中国人民大学出版社，1997年3月）

1998:《'98中国证券市场展望》（中国人民大学出版社，1998年3月）

1999:《建立公正的市场秩序与投资者利益保护》（中国人民大学出版社，1999年3月）

2000:《中国资本市场：未来10年》（中国财政经济出版社，2000年4月）

2001:《中国资本市场：创新与可持续发展》（中国人民大学出版社，2001年3月）

2002:《中国金融大趋势：银证合作》（中国人民大学出版社，2002年4月）

2003:《中国上市公司：资本结构与公司治理》（中国人民大学出版社，2003年4月）

2004:《中国资本市场：股权分裂与流动性变革》（中国人民大学出版社，2004年4月）

2005:《市场主导型金融体系：中国的战略选择》（中国人民大学出版社，2005年4月）

2006:《股权分置改革后的中国资本市场》（中国人民大学出版社，2006

年4月）

2007:《中国资本市场：从制度变革到战略转型》（中国人民大学出版社，2007年4月）

2008:《中国资本市场：全球视野与跨越式发展》（中国人民大学出版社，2008年5月）

2009:《金融危机启示录》（中国人民大学出版社，2009年4月）

2010:《全球金融变革中的中国金融与资本市场》（中国人民大学出版社，2010年6月）

2011:《中国创业板市场：成长与风险》（中国人民大学出版社，2011年3月）

2012:《中国证券公司：现状与未来》（中国人民大学出版社，2012年5月）

2013:《中国资本市场研究报告（2013）——中国资本市场：制度变革与政策调整》（北京大学出版社，2013年6月）

2014:《中国资本市场研究报告（2014）——互联网金融：理论与现实》（北京大学出版社，2014年9月）

2015:《中国资本市场研究报告（2015）——中国资本市场：开放与国际化》（中国人民大学出版社，2015年9月）

2016:《中国资本市场研究报告（2016）——股市危机与政府干预：让历史告诉未来》（中国人民大学出版社，2016年7月）

2017:《中国资本市场研究报告（2017）——中国金融监管改革：比较与选择》（中国人民大学出版社，2017年10月）

2018:《中国资本市场研究报告（2018）——中国债券市场：功能转型与结构改革》（中国人民大学出版社，2018年8月）

2019:《中国资本市场研究报告（2019）——现代金融体系：中国的探索》（中国人民大学出版社，2019年7月）

2020:《中国资本市场研究报告（2020）——中国金融开放：目标与路径》（中国人民大学出版社，2020年8月）

总序：大道至简[①]

40 年来，中国发生了翻天覆地的变化。在庆祝改革开放 40 周年纪念大会上，习近平总书记代表中共中央对 40 年改革开放的伟大成就进行了系统总结。习总书记在讲话中特别强调的这三点，我印象非常深刻：

1. 党的十一届三中全会彻底结束了以阶级斗争为纲的思想路线、政治路线。

2. 改革开放是中国共产党的伟大觉醒。

3. 党的十一届三中全会所确定的改革开放政策是中国人民和中华民族的伟大飞跃。

总结改革开放 40 年，核心是总结哪些理论和经验要继承下去。中国在短短 40 年取得如此大的成就，一定有非常宝贵的经验，这些经验一定要传承下去。

第一，解放思想。没有思想解放，就没有这 40 年的改革开放。党的十一届三中全会是一个思想解放的盛会，因而是历史性的、里程碑式的大会。思想解放是中华民族巨大活力的源泉。一个民族如

① 本文是作者 2018 年 12 月 20 日在新浪财经、央广经济之声联合主办的“2018 新浪金麒麟论坛”上所做的主题演讲。作者将其作为本文集的总序收入其中。

果思想被禁锢了，这个民族就没有了希望。思想解放能引发出无穷的创造力。在今天，解放思想仍然特别重要。

第二，改革开放。改革就是要走社会主义市场经济道路，开放就是要让我们的市场经济规则与文明社会以及被证明了的非常成功的国际规则相对接。融入国际社会、吸取现代文明是改革开放的重要目标。

第三，尊重市场经济规律。改革开放 40 年来，我们非常谨慎地处理政府与市场的关系。在经济活动中，只要尊重了市场经济规律，经济活动和经济发展就能找到正确的方向。哪一天不尊重市场经济规律，哪一天我们的经济就会出问题、走弯路。这句话看起来像套话，实际上，在政策制定和实施中，是有很多案例可以分析的。有时候，我们经济稍微好一点，日子稍微好一些，就开始骄傲了，以为人能有巨大的作用。实质不然。我们任何时候都要尊重市场经济规律。

第四，尊重人才，特别是要尊重创造财富的企业和企业家。如果你不尊重人才，不尊重知识，不尊重创造财富的企业家，经济发展就会失去动力。有一段时间，我们对是否要发展民营经济还在质疑。我非常疑惑。作为经济学者，我认为，这个问题在 20 世纪 80 年代就已经解决了。为什么到今天，这种认识还会沉渣泛起？这有深刻的思想和体制原因。

我认为，这四个方面是我们要深刻总结的，要特别传承的。

我喜欢“大道至简”。在这里，所谓的“大道”，指的是通过改革开放来建设社会主义现代化国家。到 2035 年，我们要建设成社会主义现代化国家，到 2050 年，要建设成社会主义现代化强国。这就是我们要走的“大道”。面对这样一个“大道”，我们要“至简”，也就是要尊重常识，不要背离常识。我们不要刚刚进入小康，就骄傲自满，甚至还有一点自以为是。

过去 40 年来，我们虚心向发达国家学习，这是一条重要的经验。我们人均 GDP 还不到 1 万美元，还没有达到发达国家最低门槛，未来的路还很漫长，未来我们面对的问题会更复杂，还是要非常谦虚地向发达国家学习，包括管理经验和科学技术。

在这里，“至简”指的就是尊重常识。

第一，思想不能被禁锢。思想一旦被禁锢，我们民族的活力就会消失，国家和社会的进步就会失去源源不断的动力。一个民族的伟大，首先在于思想的伟大。思想之所以可以伟大，是因为没有禁锢，是因为这种思想始终在思考人类未来的命运，在思考国家和民族的前途。

在面对复杂问题时，我们要善于找到一个恰当的解决办法。世界是多样的，从来就没有现成的解决问题的办法，没有现成的经验可抄。面对当前复杂的内外部情况，我们必须根据新问题，不断去思考，找到好的办法。所以，解放思想、实事求是仍然是未来我们所必须坚守的正确的思想路线。这是过去 40 年来最重要的经验。

第二，坚定不移地走社会主义市场经济道路。我们没有其他的道路可走，我们决不能回到计划经济时代，那种经济制度已经被实践证明了，是一个没有效率、扼杀主体积极性的制度。走社会主义市场经济道路，市场化是基本方向。

第三，坚持走开放的道路。习近平主席在 2018 博鳌亚洲论坛上说：“开放给了中国第二次生命，开放给了中国人巨大的自信。”这个自信，是理性自信，不是盲目自信，不是自以为是。开放给了中国经济巨大的活力，中国经济最具有实质性成长的是 2001 年加入世界贸易组织（WTO）之后。一方面，我们的企业参与国际竞争；另一方面，开放拓展了视野，形成了一个符合 WTO 精神的社会主义市场经济体制及其规则体系。开放是一个接口，它让我们找到改革的方向。什么是改革的方向？就是符合全球化趋势、国际化规则，这是我们规则接口的方向。过去 40 年特别是加入 WTO 之后因为我们走了这条方向正确的道路，所以，中国经济腾飞了。开放永远要坚持下去。

第四，要毫不动摇地发展国有经济和民营经济，要始终坚持两个毫不动摇。当前，特别要强调的是，要毫不动摇地支持民营经济的发展，因为在这一点上，有些人是动摇的、怀疑的。20 世纪 80 年代已经解决了这种理论认识问题，也写进了《宪法》。尊重民营经济的发展，其本质就是要正确处理好政府与市场的关系。

这就是“大道至简”。只要我们坚守这些基本原则，我们就能够找到解决未来复杂问题的思路和方法。

目录

2022年的演讲

2021年的演讲

2020年的演讲

》》附录篇

2022 年的演讲

人类社会处在历史的交汇点，我们将何去何从？

——在“宏观经济形势论坛（2022 年春季）”——《大裂化：俄乌冲突后全球经济新冷战走势评估与防范》报告发布会上的主旨演讲

【作者题记】

这是作者 2022 年 5 月 20 日在中国人民大学重阳金融研究院和中美人文交流研究中心举办的“宏观形势论坛（2022 年春季）”——《大裂化：俄乌冲突后全球经济新冷战走势评估与防范》报告发布会上做的主旨演讲，重点强调了和谐的国际环境对中国发展的重要性。

在这个特殊的时期，召开这样一个非常重要的论坛很有必要。最近几年，国际形势发生了重要变化，重大事件连续发生。其中，乌克兰危机对全球地缘政治和世界未来走向产生了重要影响。现在，人类社会正处在一个历史的交叉路口，何去何从？对人类社会和国际格局将产生什么样的影响，特别是对中国会带来什么样的影响？乌克兰危机是一个重要的案例，我们应当认真研究。

关于乌克兰危机，很多专家都做了评述。它对全球地缘政治的影响、全球经济的走向带来重大的影响，也会对原来国际社会所奉行的经济全球化、贸易自由化和投资便利化带来实质性的影响，一定程度上会改变世界“行驶”的方向。

似有迹象表明，经济全球化正在走向区域化，政治格局也正在集团化，世界处在大的动荡前夜。在这种影响下，全球贸易、技术、投资、金融市场等都将发生深刻的变化。这些变化对中国的深刻影响，需要认真研究。尤其是在乌克兰危机过程中，西方社会对俄罗斯所采取的一系列制裁措施——包括技术、贸易、金融等方面的种种制裁——实际上都预示着未来的巨大变化和潜在风险。

全球规则由此将产生重大变化，这对我们来说是一种挑战，需要深入研究。在这种大环境下，我们如何应对？站在历史的十字路口，我们将向什么方向走？我们面临着重大的选择。如何选择将决定人类社会和国家未来的前行方向。我认为，我们要顺应历史趋势，朝着与文明社会和现代市场经济规则相适应的方向前行。

在这样一个复杂的国际大环境下，加上新冠肺炎疫情的流行，如何推动中国社会的进步和经济增长，的确需要战略视野和深刻思考。

一方面，从对外角度看，要着力改善国际环境，这对中国的发展非常重要。中国 40 多年经济发展的成就表明，开放是中国经济发展非常重要的推动力。开放，需要一个相对和谐稳定的国际环境，我们要尽最大的努力去缓解新冷战思维。我们必须要去改变它，要努力使世界形势不断趋于缓和。这对中国经济发展非常重要，对中国的大国地位也非常重要。

另一方面，从对内角度看，要采取一系列有效措施，以恢复信心、稳定预期。其中，以下几条非常重要。一是要着力完善社会主义市场经济体制，推动以市场化为导向的改革，市场化仍然是改革的基本方向。二是要保持政策的连续性和稳定性，当下中国经济，市场信心还是有一定的减弱。在评估当前经济形势时，中央提到“三重困难”，其中预期转弱是非常重要的，预期转弱就是信心在下降。我们一定要反复思考，为什么预期转弱、信心下降？这和政策是否具有连续性与稳定性有密切关系，和是否坚定不移地推动市场化改革有密切关系。在经济活动中，信心和预期来自法治，来自完善的市场化机制，来自稳定的政策取向。这些都是恢复信心、稳定预期的重要机制。三是要重视营商环境的改善。当前营商环境较为严峻，各级政府将改善营商环境放在特别重要的位置。与此同时，要有现代市场经济的基本观念和基本规则，包括市场主体的平等性、竞争中性原则等，都需要认真考量。

在这样复杂的外部环境下，中国经济结构又在发生重大变化，我们一定要抓住历史性机遇。我们已经站在历史交汇点上，如何顺势而为，适应未来发展趋势，推动中国社会进步、推动中国经济增长？唯有走不断扩大开放、不断深化市场化改革之路。我们要着力缓解国际形势，改善国际环境。我认为，这是我们克服困难，推动经济增长的基本着力点。

恢复信心、稳定预期，是当前政策的重点

——在“2022 年国际货币基金组织（IMF）《世界经济展望报告》发布会”上的主旨演讲

【作者题记】

这是作者 2022 年 5 月 11 日在“2022 年国际货币基金组织（IMF）《世界经济展望报告》发布会”上的主旨演讲。在这篇简短的演讲中，作者重点强调了完善的法制、市场化的制度和政策的连续性是恢复信心、稳定预期最重要的三要素，在当前，显得尤为迫切。

当前，新冠肺炎疫情与乌克兰危机正在影响中国乃至世界经济的发展。从短期看，奥密克戎的高传染性给世界带来很大困扰，同时，乌克兰危机给全球地缘政治和全球政治架构带来了深远影响，正在影响经济全球化、贸易自由化与投资便利化。我们要深刻认识全球地缘政治未来变化趋势对中国的巨大影响。这场乌克兰危机引发西方世界对俄罗斯经济、技术、金融、贸易等方面的全面制裁，使得世界变得更加动荡，更具有不确定性。面对这样的国际环境，我们应该以长远的战略眼光来分析中国经济的未来走向。

中国政府将今年中国经济增长目标定为 5.5%，现在看来有很大困难。今年第一季度 GDP 按照国家统计局的数据，同比增长了 4.8%，总规模超过了 27 万亿元。由于内外部因素的巨大影响，包括国际货币基金组织、世界银行在内的国际机构再次调低了全球经济和中国经济增长的预期。

影响中国经济未来发展变化的因素主要分两部分：短期因素和长期因素。

一、短期因素

第一，如何在经济、民生与疫情防控之间做到协调平衡。如何在防控新冠肺炎疫情的同时，又必须保证经济运行的基本秩序，保民生、稳增长，对我们来说是重大考验。当前上海仍然处于防疫的关键时期，上海是中国经济的中心，也是亚太地区非常重要的经济枢纽，对中国经济乃至于亚太经济的发展都十分重要。中国一些大城市也出现了区域性疫情，如何科学应对疫情是我们当前面临的重大问题。经济活动是聚集的，在互联互通时代，如果产业链与价值链断裂，经济活动一定会受到影响。

第二，如何通过短期经济政策让小微企业生存下去。近期针对中小微企业的纾困政策正在实施，要让小微企业在困难时期存活下来。

第三，全球大宗商品价格出现了大幅度波动，这对中国经济来说是严重问题，因为中国经济对能源等大宗商品的需求非常大，同时，中国作为全球最大的国际贸易国，进出口贸易规模大，中国经济的对外依存度高，对外部大宗商品价格的波动敏感性强。

所以，从短期来看，影响中国经济的主要是这三个方面因素：一是如何在防控疫情与保民生、稳增长之间做到协调平衡；二是如何应用短期经济政策扶持小微企业；三是全球的大宗商品价格出现大幅度波动。这些都会影响经济运行的基本秩序。

二、长期因素

第一，如何进一步推进中国市场化的改革，进一步完善社会主义市场经济的体制。我认为，长期来看这是十分重要的。中国 40 年的改革开放的成功经验，实际上就是因为走了市场化改革的道路、走了开放的道路、走了国际化的道路。基于中国国情，我们形成了一种有中国特色的社会主义市场经济体制。有中国特色的社会主义市场经济体制，首先是“市场经济”，也就是说我们的改革要充分尊重市场经济中的基本原则，比如分工、交易、自由市场、市场主体平等性、信息透明度、资本的作用、竞争中性原则等，要重视制度对中国经济的深远作用。

不少学者非常关注短期政策对中国经济的影响。我认为，调低利率、调低存款准备金率、减税等短期政策虽然重要，但更重要的是我们要朝着市场化方向来深化我们的体制、规则和制度，进一步完善法制。中国经济基础是很好的，但目前存在预期减弱的问题。我们在判断中国经济困难时有一个“三重困难”，其中预期转弱最为重要，因为预期转弱预示着经济信心的下降，会严重影响投资和消费。

预期和信心主要来自法制和制度。所以深刻的法治精神和规范的、适合于本国经济发展的、符合现代市场经济理念的制度很重要。我对中国经济基础面不担忧，我担忧的是影响人们信心与预期的制度因素。短期政策对信心与预期影响较小，只有坚定不移地朝着市场化方向改革，不断完善我们的市场经济体制，不断地扩大开放，才能从根本上解决问题。

第二，政策的连续性和稳定性会影响中国经济发展。我们的政策有时变化太快，经常都会有新的经济名词出现。这些新名词容易让人猜测经济又出现了什么新动向。在经济学术语中，我们已经有足够多、足够成熟的名词了。我们要高度关注政策的稳定性与连续性。根据疫情、经济增长目标和国际形势的变化，政策当然可以调整，但调整的基本原则是保持市场化改革的基本方向，大方向是市场化、法治化、国际化，要保持政策的基本方向不能变。中国经济已经是超过100万亿元人民币的巨大体量，这样体量的经济是很难适应过快的“转弯”速度的。政策的巨大调整，会使投资者对未来经济持有观望的态度。我们要构建一个稳定的预期机制，给市场以充分信心。

2015年的“8·11”汇改被寄予很高的期望，认为很快就会实现人民币可自由交易的改革，实现人民币国际化，所以IMF 2015年11月投票提升了人民币在SDR中的比重至10.92%①，因为，国际化会对中国汇率制度市场化改革有较高的预期。后来由于种种原因，外汇储备迅速下降到3万亿美元，这其中的原因有人说是改革的步伐太快、幅度太大，但我认为，要思考为什么在如此短的时间内人们会用人民币兑换掉了9 000多亿美元的外汇储备？原因在于“忧虑”。我们的改革要解决投资者乃至所有社会成员的忧虑。只要信心与预期稳定了，人民币自由化改革与金融对外开放也就安全了，否则会出现严重问题。

“8·11”汇改给我们很大的警示：要完善法制，进一步推动经济体制的市场化改革，让中国的投资者对未来充满信心。中国的经济结构当前发生了很大的变化，内生性增长明显增强。2006年中国经济对外依存度为67%，2015年为40%左右，2021年已经降为32%，这说明中国经济内生性资本的重要性在逐渐提高，起到了主导作用。当时9 000亿美元外汇储备的减少不是外资大规模流出引起的，而是内生性资本对中国经济有所忧虑导致的。所以，我们工作的重点就是要让人们有良好预期、有信心。

第三，国际关系的深刻变化会给中国经济带来长远影响。这种变化，我们很难用过去经济全球化的视角来看待，我们主张投资便利化和贸易自由化，中国也在这样的背景下获得了很大的发展。当前有人主张的全球化已经

① 2022年5月11日，IMF执行董事会一致决定，将人民币在SDR的权重由10.92%上调到12.28%。

不是真正意义上的全球化，是一些国家的集团化。随着地缘政治的变化，中国经济会受到怎样的影响，是我们要深刻思考的。

从长期看，面对美国等西方国家对地缘政治、全球化的挑战，我们要有底线思维。当前的世界秩序已经受到了严重破坏，国际规则似乎也可以被任意践踏，这可能给中国经济带来潜在的、巨大的、长远的风险。

三、中国经济的发展愿景

我认为，中国拥有良好的经济基础面。未来只要我们对内走市场化改革的道路，对外扩大开放，同时处理好与欧、美、区域全面经济伙伴关系协定（RECP）等多边和双边关系，中国经济在全球中仍然具有巨大竞争力。

从创造货币流动性到创造资产流动性：金融功能的演进方向

——在“2022清华五道口全球金融论坛”上的演讲

【作者题记】

这是作者2022年4月17日在“2022清华五道口全球金融论坛”上的演讲。在这次演讲中，作者第一次提出金融功能的演进方向，是从创造货币流动性到创造资产流动性，并试图找到资本市场发展的理论逻辑。

非常荣幸参加2022年清华五道口全球金融论坛，这是一个非常重要的论坛。我今天讲一个基础理论问题。我最近一段时期在思考，在大学做教授的还是要更多地研究一些基础理论问题，才能使我们的各项政策和制度变革具有长久的、有生命力的逻辑基础，改革和发展才能沿着正确的方向前行。我今天演讲的题目很抽象，即“从创造货币流动性到创造资产流动性：金融功能的演进方向”。

首先，我们必须思考经济发展的基础。主持人刚才说得好，金融本质上是服务于实体经济。当然，在不同的发展阶段，服务对象是不一样的，因为不同的经济结构，经济增长动力来源是不一样的。但无论处在什么阶段，适当的制度选择仍然是第一位的。经济增长离不开适当的制度平台。什么样的经济制度最有利于经济的持续增长？当然是市场经济制度，这恐怕是难以颠覆的。

市场经济具有很多基本元素，包括分工、竞争、交易、自由市场、主体平等性、激励机制以及资本的作用等，这些都属于市场经济的基本元素，这些都属于制度的范围。要使经济有可持续的增长，这些元素都是要尊重的，制度的设计都要将其纳入其中。随着经济发展形态的变化，技术进步、科技创新成了经济发展最重要的推动力，在今天的估值理论和模型中，通常会把科技变量放在第一位。企业估值的主要变量也正在发生结构性变化，科技水平和创新能力无疑是第一位的。现代金融有一个如何与科技相结合，如何服务于科技创新的问题。

实际上，经济的发展从第一次工业革命开始，到现在已经经过了三次工业革命。一般认为，2013年以后，世界进入第四次工业革命时代，智能化时代已经来临。大家会发现，四次工业革命的确推动了经济增长，所有经济的跨周期增长都来自技术的突破，没有科技创新，没有技术革命，经济是很难进入跨周期增长的。与此同时，金融也在悄然地发生变化。为适应经济增长方式的变化，跟上不同形态技术的变革，金融业态也随之发生了变化。蒸汽机时代，商业银行发挥了极其重要的作用，之后资本市场开始发展了，投行开始兴起了。到今天，各种新的资本业态不断涌现。金融或资本业态的多样性都是基于技术进步。新技术要成为第一生产力，早期都具有很大的不确定性。如何把这种不确定性配置好，这是金融所面临的难题。

为应对不同的风险，以及平衡好不确定性，金融就必须变革，金融和资本业态随之也就开始发生变化。金融有六大功能，包括资源配置、支付清算、财富管理（或者说风险管理）、激励机制、提供价格信息以及股权分割，但一般认为，前三大功能是金融最基础性的功能。在不同的时代，这些功能的作用会发生结构性变化，这种结构性变化体现出金融的时代特征。金融功能的结构性特征，可以用来观测这个国家金融所处的阶段，究竟是现代金融还是传统金融，抑或是过渡型金融。金融的六大功能，其最核心的功能，可以抽象为金融如何创造流动性。为社会经济活动创造流动性，是金融功能中的核心功能。

在不同的时代，金融创造流动性的重点不同。在一个资本不发达的社会，金融的主要功能是创造货币流动性。中国金融体系在相当长的时期里主要是创造货币流动性。创造并提供货币流动性很重要，它是经济活动的血液。但是，随着经济发展和人们收入水平的提高，我们会发现金融还需要有另一种功能，即基于风险配置的财富管理。金融应当创造一种可以享受经济增长的财富效应的机制。怎么办呢？那就要将这种新经济增长的财富证券化，也就是说，要把那种原来不可分割的资产做标准化的分割，即未来收益的证券化。资产和未来收益证券化就是在创造资产的流动性。

从财富管理的角度，社会需要什么样的资产？当然需要有成长预期的资产，也就是说支撑其资产业态的主要应是科技类、创新性企业。把科技转变成现实生产力是有风险的，这种风险比一般成熟企业的经营风险大得多。现代金融与科技一脉相承，它服务于科技型企业，推动技术进步和科技创新。如果能深刻理解这个道理，我们就能找到发展资本市场的理论逻辑。如何发展资本市场，选择什么样的企业成为上市公司，资本应该投向哪些领域，就有了深刻的逻辑基础。

有一些企业很重要，甚至是国民经济运行的基础，但是可能没有什么成长性，这类企业可以通过公共资本、国有资本来投资。社会资本则十分关注其成长性。这其中有一个重要命题，就是资本的短期目标和长期战略的平衡问题。没有长期战略，资本是没有生命力的。如果技术创新主要服务于市值和利润，那么这个国家的资本市场将难以有持久的增长，短期波动会频繁出现。中国必须造就一批具有战略眼光的长期资本，投向芯片、生命科学等对人类社会和未来发展有强大支撑作用的领域，这是中国资本市场所缺乏的。我们必须找到资本的短期利益与战略目标的平衡点，找到现代金融与高科技相结合的结合点。

从这个角度来理解中国资本市场发展的方向，就非常清楚了。我们要着力改变中国上市公司的结构，凸显上市公司的科技力量。在中国的上市公司中，长期以来都是传统行业占据了前十位，这与资本市场的初衷是背离的。资本市场的初衷是要让高科技企业成为上市公司的主体。我们国家在这方面做得不够，这与我们对资本市场的理解有密切的关系。注册制改革是试图找到一种力量、一种机制，让科技型企业在中国的上市公司中占据主导力量。如果中国市值前十位的上市公司中有五六家是科技型企业，中国的资本市场就有了充分的竞争力，我们也就找到了现代金融和资本市场与科技的结合点，找到了资本市场的正确发展方向。

今天，我从一个最基础的理论，讲了讲金融主要是做什么的。金融是创造流动性的，只不过传统金融创造货币的流动性，现代金融创造资产的流动性，如果把这个问题理解透了，中国资本市场以及中国金融改革就找到了正确的方向。

中国金融和资本市场的未来模式

——在国家教育行政学院高层次人才班上的讲座

【作者题记】

这是作者2022年3月8日在国家教育行政学院高层次人才班上的讲座录音整理稿。内容主要涉及对当前中国经济、金融和资本市场等方面一些重要问题的看法，特别强调法制基础、制度平台、市场化改革和政策的稳定性对保持信心、稳定预期的重要性，分析了中国金融未来“双峰”模式和中国资本市场发展之“第三种模式”的结构特征。

非常荣幸，受国家教育行政学院的邀请，来到高层次人才班，与大家交流中国金融改革和资本市场发展。我知道，高层次人才班的学员，学术都做得很好，也有各种称号。据说这个班以长江学者特聘教授为主，还有国家杰青。我在人民大学曾经有一段时期主管人事人才工作，所以，那些年我的一项重要工作就是为人民大学的人才争取更多的称号，这是我当时工作的一个重点。在人文社科方面，人民大学的长江学者特聘教授在全国高校是最多的，和北大差不多。有时候人大比北大多一个，有时候北大比人大多一个，人文社会科学方面，大概都有 60 位左右的长江学者特聘教授。在高校能评上长江学者特聘教授和国家杰青的，在学术上大都有很好的研究，是一所高校学术上重要的支柱性力量。所以，国家教育行政学院，要我来这个班上课，我马上就答应了。刚才还和国家教育行政学院的负责同志说，有四个班我一定会去讲，这其中就包括国家教育行政学院，无论是校长班、中青班，还是人才班，我每年至少会来一次，有可能也会来两次，和大家做一个交流。中组部司局长班和教育部司处长班也会去讲。除此之外，我还要花更多时间去做研究。

我可能与各位相比，除了年纪略大一些外，学术资历也稍深一点。我是人文社科 2006 年的长江学者特聘教授，算是早期的了。那时候人文社科名额少，理工科长江学者名额占了 85% 左右，每年 100 个名额中只给人文社科 15 个左右，现在总规模扩大到 150 人，人文社科的名额也就相应多一些。我有一个特点，不喜欢填表，所以，我很少申请课题，也不喜欢申请课题，我的学术档案中很少有课题申报内容，虽然我是各类课题的评审人。2006 年申报长江学者时，学校人事处长对我说，这个表你恐怕要填，我问为什么？他说，这个很重要，如果你有了这个称号，以后学术的道路就更通畅，是个很高的荣誉。这一次填表了，还很认真，我也免不了这个俗。

我对国家教育行政学院非常偏爱，是因为我和各位一样，在人生中有一段时间在这里度过了 45 天的快乐学习时光，即参加了 2017 年 54 期校长班的学习。我希望各位如果第二次到国家教育行政学院来，进校长班学习，因为你们中肯定会产生大学校长。从人文社科角度看，长江学者是一个很重要的学术标准，大学的管理者学术上还是要有成就的。在你们还没有担任校长之前，要把学术做深，争取评上长江学者。之后才有可能集中精力做一些学校的管理工作。前几天我们 54 期校长班几个同学在一起小聚，畅谈那 45 天的学习和生活。他们来的时候多数都是副校长，到现在已有 20 多位变成校长或者书记了。我为他们的进步而高兴。我不知道你们学习是一个月还是两个月、三个月，无论时间多长，都要珍惜这段同窗友谊时光。你们从事的学科可能不同，不同的学科可以有很好的交流，相互学习。刚才教研部的负责同志跟我讲，中青班、人才班、校长班的学员很可爱、很谦虚，都有自己的特点。她说，在校园里，观察他们走路的姿势就知道是哪个班的，通过讲话的声音也知道是哪个班的。她说，如果在校园里散步的时候，手往后一靠，这基本上是局长班的。中青班更活跃一些，人才班更严谨一些，校长班更稳重一些。每个班都有特点，这个概括挺有意思。

在学习期间，要相互学习、相互交流、相互促进。54 期校长班虽然只有 45 天，时间也过去 5 年了，但关系仍然非常密切。有人进步了，都会鼓励和欢呼。我们要继承这个好传统、好校风。

在座的各位都是高层次人才，在你们中间，未来一定会出现我们国家人文社科和理工科方面的杰出人才。大学的学术发展和繁荣靠你们年轻一代，长江、杰青、青长，都是高校学术力量的中流砥柱。当然道德修养很重要，谦虚和相互尊重很重要。有些人有了一点成就往往会变得很霸道。我不喜欢霸道的人。我喜欢倾听，倾听很重要，要学会倾听，听别人讲，即使你不同意他的观点，也要倾听。人文社会科学争论很多，听完别人的观点后当然也可以发表不同的见解，可以争论但不要强求一致。

大家要珍惜在国家教育行政学院学习的这段时光。我是研究经济学的，主要研究金融学。今天，我主要给大家讲讲我对经济、金融和资本市场一些重要问题的看法。

今天讲座的题目，PPT 上写的是“中国资本市场：第三种模式”，但内容肯定不限于资本市场，会广泛涉及当前中国经济、金融的一些重要问题。

一、中国是如何走出一条独特的发展之路的？

改革开放40多年来，中国一直在探索自己的发展道路，系统改革了僵化的计划经济体制。40多年前那种计划经济体制，完全不适合于中国。党的十一届三中全会和小平同志开启了中国改革开放的伟大航程，开启了中国现代化之路。中国的现代化起始于1978年底召开的党的十一届三中全会，我们一直在向现代化国家这个方向前行。

（一）充分体现现代市场经济的基本元素是中国发展模式的逻辑起点

在过去40多年的实践中，我们一直在探索什么样的发展道路、什么样的体制适合于中国，我们党在改革开放过程中不断总结经验教训。总书记在纪念改革开放40周年大会上，对改革开放做了深刻的总结，其中有句话非常重要：改革开放是中国共产党的伟大觉醒。我们知道过去的路走不下去了，必须探寻一条适合中国国情，同时又与现代文明相衔接的发展之路。我们一直在思考，中国社会如何向现代文明方向前行？什么是现代文明？通过什么样的道路才能走向现代发展之路？实践证明，只有走市场经济发展之路。小平同志深刻地指出，贫穷不是社会主义，如果贫穷是社会主义，这个社会主义可以不要。所以，发展是第一要务，必须想办法解决人们的温饱需求。在漫长的历史进程中，中国社会长期处在饥饿和贫困状态，改革开放前仍然没有很好地解决这个问题，那样一种发展之路怎么能持续下去？在当时，必须思考中国的命运，中国向何处去。党的十一届三中全会确立了改革开放的基本国策，开始探索走有中国特色的社会主义市场经济道路，这要求我们既要全面吸收现代市场经济的基本精髓，又必须结合中国的实际，在发展道路上走出“第三条道路”。原来的那种计划经济体制，实践证明完全不符合中国的国情和发展目标。1921年中国共产党成立的初心，就是为了民族的复兴，让人民过上幸福生活。中华人民共和国成立后，这样的初心始终没有变。但是，由于各种复杂的原因，特别是教条的、僵化的、脱离实际的指导思想，我们没有走上正确的发展之路。所以，温饱问题始终没有得到解决，我们必须深刻反思那种体制。

今天，我们走上了中国特色的社会主义市场经济道路，我们没有完全照搬以美国为代表的西方发达国家的发展模式。基于中国的实践、中国的国情、中国的需求、中国的目标，我们实践了一种有中国特色的社会主义市场经济模式，这种模式全面吸收了现代市场经济的基本元素。我们一定要正确理解有中国特色社会主义市场经济模式的实质内涵。不要认为这是一个筐，什么都可以往里装，它有非常严格的内涵和外延。

首先必须明确的是，有中国特色的社会主义市场经济是市场经济的一种模式。市场经济有一些基本原则、基本元素，必须得到充分的遵守和尊重，比如，分工。市场经济不能搞大而全小而全，大而全小而全就不是市场经济。有分工就要有交易，交易必须公平，交易就要有价格，交易就要求信息透明，只有这样才有公平的交易。所以，分工、交易、价格的自由形成以及自由而公平的市场机制等，这些都是市场经济的基本元素。价格是由市场供求关系决定的，由市场机制决定的，市场主体是平等的。这些都是经济学常识。我们要尊重常识，不要背离常识。有些人总想背离常识做所谓的创新。实际上，真正的创新都是在尊重基本常识基础上的创新。还有，竞争中性原则、市场主体的平等性原则、资本的重要性等，都是非常重要的。我们要防止资本的无序扩张，但这并不意味着否定资本的作用。因为只有以资本为纽带，生产要素才会由潜在生产要素变成现实生产要素，才可能形成资源配置的优化机制。虽然最优资源配置很难实现，但是在市场机制下，资源配置效率会趋向于这个方向。在经济活动中，激励机制很重要。没有激励机制，经济就没有活力和效率。当然，我们要向模范人物学习，他们是社会的道德标杆，但这不否认经济活动中激励机制的重要性。市场经济体制本身就是一套让经济有可持续能力的制度，这其中激励机制是基础。

激励和监督要平衡。只讲监督没有激励，经济就没有活力。只有激励，没有监督，没有约束，经济就会无序，要在两者之间寻求平衡。坦率地讲，现在我们讲激励少了。有效的激励，可以实现个人利益与企业利益的协同。也有人试图否定经济人假设，我不认为这个假设有什么问题。经济人假设很正常，每个人要生活，每个人都想生活得更好，这有什么不对？不要以为重视激励就是强调个人主义，不是的。要深刻理解，中国特色的社会主义市场经济首先是市场经济，而不是其他。

这个原理，在《国富论》中已经说清楚了。后来分工拓展到国际分工，国际贸易的重要性对一个国家经济的发展至关重要。

党的十一届三中全会就在思考中国经济发展，要用市场经济的基本原则和现代文明的前行方向来设计我们的体制和模式。对外开放和国际贸易对中国经济发展非常重要。在加入WTO之前，中国经济的外向型一直也在提高，外部需求对中国经济增长一直也起了重要的拉动作用。但是，加入WTO后，这个拉动作用显著提升。2006年中国经济对外依存度达到67%，这在大国经济体中是很高的。国际环境、国际关系以及国际贸易对一个国家，特别像中国这样的大国经济的重要性不言而喻，这也可以得出一个结论，和谐的国际环境对中国经济发展至关重要。

在过去40多年中，我们抓住了历史性机会，抓住了当时小平同志所作的判断，即和平与发展是世界的主流，所以我们两次裁军。在这样一个和平与发展的大环境中大力发展经济，着力改善民生。当时的中国，改革开放之初的中国，外部环境并不是很和谐，但我们努力改善了并不和谐的外部环境，抓住了历史性机会，着力推动中国经济的市场化改革和对外开放，所以才有今天中国人均GDP 12 500多美元的发展水平，这是多么了不起的成就。我们从改革开放之初1978年人均GDP 100多美元，到2021年的12 500多美元，只用了40多年的时间。1978年中国GDP为3 670亿元人民币，2021年GDP连续第二年超过100万亿元人民币，这是人类社会发展的奇迹。改革开放前，我们吃不饱饭，现在我们过上了小康生活，就是因为我们坚守了解放思想、实事求是的思想路线。我们知道，我们为什么落后，我们也知道，什么东西对我们最重要，那就是坚守市场经济制度，走改革开放的道路。

（二）中国特色是中国发展模式的实践特征

我们所实行的市场经济体制，必须坚守市场经济的基本元素和基本原则，同时又必须体现中国特色。中国特色这个前缀很重要。有中国特色的社会主义市场经济，是一种新的发展模式。比如说市场与政府的作用边界在哪里？以美国为代表的发达市场经济国家，市场的作用边界几乎是全覆盖的，政府有一些政策调控的作用，但在资源配置上作用很小。与此相反，计划经济体制下，政府配置所有的社会资源，市场作用几乎不存在。我们发现，这两种典型的模式都不适合于中国。所以，在思考政府与市场的关系时，在经济政策、体制、发展模式的制定中，我们首先要思考一个问题，政府和市场的有效边界在哪里？这需要缜密的科学思维。总体而言，市场的作用边界大一些，比政府作用边界大一些，对中国更适用。究竟大到多少？这个需要在实践中去探索。

我曾经和主张“休克疗法”理论的创立者杰费里·萨克斯（Jeffrey Sachs）教授在人民大学有过一次长达两个半小时的对话，主要探讨中国的改革开放之路，其中谈到中国改革的特点。他很赞赏中国的改革模式，虽然他是“休克疗法”改革理论模式的设计者，但他对中国模式大加赞赏，我们一致认为，中国渐进式改革的价值，肯定了中国国家发展改革委的重要性，认为，这是中国特色的一个重要标志。不少人对国家发展改革委是持批评态度的，总体来说我是持肯定态度的。在中国经济的改革、发展和开放中，国家发展改革委起到了一个宏观协调、宏观规划的作用。我们不能全面否定顶层设计的价值。我认为，总体而言，顶层设计对信息的了解和处理比单个主体要充分一些。顶层设计的有效性是建立在信息是否充分以及是否能正确判断未来发展趋势的基础上。如果对信息的把握相对充分，对问题理解的偏差可能就小一些。所以，我跟萨克斯教授讲，国家发展改革委在中国宏观经济设计中发挥了重要作用。中国每五年一个五年规划，这很重要。中国已经制定了十四个五年规划，很少有国家能做到。每个五年规划都有一定的衔接性。五年规划是一种指引，包括产业发展的重点，未来可能会遇到的问题，未来解决问题的政策重点，都讲得很清楚，这就是宏观规划的作用。但是，如果政府作为资源配置主体，就要慎重了。萨克斯教授也问我，中国国有企业的占比是否太大，我告诉他，这既是中国的国情，也是我们改革的重点。在中国，国有企业、国有资本有其存在的合理性和必然性。中国是一个大国，是一个后发展的国家，我们很难靠市场的自然力量缓慢地发展起来。后发展有后发展的优势，可以学习发达国家的成功经验。我们穷得太久，中国耽误的时间太多，我们没有及时赶上现代工业文明。在第一次工业革命时期，中国还处在一个封建落后的愚昧时期，我们落后了 100 多年，现在我们醒悟过来了，我们要大踏步前进。如果仅靠自然演进的方式来发展经济，那可能需要一个漫长的过程。所以，从这个意义上说，政府的作用是重要的。在中国，政府首先是社会服务者，同时又有一个推动发展中国经济的责任和义务。在中国经济发展中，国有企业尤其是大型国有企业承担了重要的基础设施建设。

客观地讲，20 世纪 80 年代后期到 90 年代，关于国有企业如何改革和发展，讲得很清楚，用 16 个字做了精确的概括，即“完善治理、强化激励、突出主业、提高效率”。现在又在研究国有企业如何改革。按照这“十六字”方针来改革国有企业就很好。如果没有激励机制，企业包括国有企业要做好是很难的。经济活动没有激励机制肯定不行。激励与监督要匹配。现在是一个人干活几个人看着他。我在大学工作，情况好一些。据说国有企业一年到头都有检查。对腐败者要加强监督，但是如果企业一年到头的工作重点是应付各种检查，我不知道经济效率如何提高？财富如何创造？董事长、总经理这个岗位都是经过严格选拔的，所以，还是要放心任用。当然，同时也要加强监督，防止以权谋私，防止腐败。

即使在大学，一年也有三四次检查。大学的主要任务是教学研究和人才培养。只有提高科研水平，才能提高教学水平。一流大学的科研是非常重要的，没有高水平的科研成果，没有科技创新，没有新技术、新发明、新理论，要提高人才培养质量是很难的。所以，要有大量时间进行科学研究活动，要研究如何将新的科学研究成果体现在教学中。只有这样，我们的教学质量才会提升，才对得起我们的学生。

在学校工作时，我经常讲，我们的教学要对得起人民大学的学生。人大的学生很优秀，文科考生的高考成绩历年平均下来，在全国高校排名中大都在二三名，理工科考生的高考成绩在全国高校中也在六七名。面对这样优秀的学生，没有高质量的教学、高水平的科研是对不住他们的，但这需要有足够的时间潜下心来做研究。所以，在大学要让老师们有足够多的时间去从事教学科研，而不是其他。同样，在经济活动中，创造财富是首先任务。不要以为我们现在就富裕了，更不要以为，财富可以从口号中产生。我们还不是发达国家，我们还要不断努力，前面的道路还很漫长，任务更艰巨，人均 GDP 12 500 多美元不是我们的目标。按照党的十九届六中全会的描绘，到 2035 年要把中国建设成中等发达国家。现在我们连发达国家的最低标准还没有达到。只有先迈过发达国家的最低门槛，才可能不断向中等发达国家迈进，这是我们的中期目标。要实现这个中期目标，人们必须要有干劲、有积极性、有创造性，工作的重点应放在如何实现中等发达国家的目标上。

（三）优化政府与市场的作用边界，是中国发展模式的精髓

一直以来，如何处理好政府与市场的关系，是我们十分关注的。所以，我跟萨克斯教授说，中国国有企业有其存在和发展的必然性。中国经济发展的基础设施，例如说战略输油管道让谁来建？当然只能国有资本来建。高铁谁来建？也只有让国有资本来建。我们放心让国际资本来做吗？不可能。民营资本做不了。中国能源基础设施，港口、码头、机场、高铁、高速公路等，主要由国有资本承接。这就是国有资本在中国的价值。

一个时期以来，也有人认为，国有资本无所不能，以为什么都可以做。国有资本是一种稀缺资本，一定要用在国家经济发展的基础平台和战略支点上，目的是提升国民经济活动的基础竞争力。在一些竞争性平台，国有资本可以退出，至少这不是国有资本的重点。有人主张国有资本也要进入竞争性市场，这实质上不理解国有资本的稀缺性和战略价值。竞争性领域交给社会资本去做，可能会更有活力。国家发展的战略领域主要由国有资本来做，民生领域则应更多地让非国有资本、社会性资本去做，这样分工就非常明确了，所以，在经济活动中，必须妥善处理好政府与市场的作用边界，一般而言，政府作用的边界太宽，经济的活力就会受到抑制。

政府与市场的关系的另一个标志，就是国有企业与非国有企业特别是民营企业的关系。处理国有企业与非国有企业之间关系的基本原则是竞争中性

原则。所谓竞争中性原则，就是市场主体的平等性原则，在资源配置上具有同等的权利。《民法典》对市场主体的平等性原则，从法律上做了规范，认为所有的市场主体都是平等的。这是有中国特色的社会主义市场经济制度所必须考虑的核心内容。

（四）制度创新是中国模式成功的重要驱动力

在中国，我们必须思考怎样才能以较快的速度去发展经济。在具体的政策和制度设计中，我们有一个创造发明，就是设立各种开发区、工业园区、创新园区等，在这方面我们做了有益的探索。这种制度设计对技术进步和产业结构的调整起了重要的推动作用，有效提升了产业竞争力，推动了地方经济的发展。在过去相当长一个时期，地方政府的工作重心都在经济建设和招商引资上，通过各类园区来发展新科技、新产业、新经济，这是中国经济发展模式重要的驱动力。

（五）重视地方政府的作用是中国模式的国别特征

中国的地方政府在经济发展中起了重要作用。在发达国家，地方政府很少有经济职能。在中国，地方政府在过去一个较长时期，工作重心都放在经济发展上。地方政府在中国经济发展中起到了一种承上启下的作用，把中央的宏观决策通过结合当地的实际情况，制定与当地经济发展相适应的发展规划。在中国，从某种意义上说，地方政府也是一种特殊类型的经济主体。地方政府的作用不只是收税，不只是做一些社会服务工作，它实质上是特殊的经济主体，这是中国特色社会主义市场经济的重要内涵之一。世界上几乎所有发达国家的地方政府都没有这个职能，但中国的地方政府，省、市、县等都承担了相应的经济发展职能，区域之间还有某种竞争意识。一个时期我们批评了这种竞争意识，认为是 GDP 主义，财政收入至上。实际上，过去我们重视 GDP 增长，重视财政收入增长没有太多的过错。因为，我们急于摆脱贫困，摆脱贫困是压在中国人心里几百年来的一种诉求，我们终于等到了这样一个伟大的时代。所以，一个时期经济发展有一点急于求成，有一点快，也是在所难免。因为，我们贫困的时间太长了，我们对饥饿、贫困很恐惧。

我始终认为，我们要深刻思考过去贫困、饥饿的原因。贫困的原因是什么？这个应该很清楚。40 多年来，在经济发展上我们找到了一条中国之路。我把经济发展的中国之路称为经济发展的第三条道路，我们开创了一种新的发展模式。

二、基于中国的实践，理论如何创新?

中国 40 多年的经济实践，极大地丰富了现代市场经济理论体系的内涵。有人认为基于中国的实践，可以概括出一种有别于西方发达国家的经济理论体系，当然更有别于传统计划经济的理论体系。学术界在尝试做这种努力。

（一）关于中国金融学的理解

有人曾问我能不能写一部《中国金融学》。深度思考后，我告诉有关人士我完成不了。在科学研究方面，我主张，思想要开放，学术要严谨，要实事求是。学术研究是非常严谨的、科学的，任何不顾客观事实的冒进都会出问题。在学术研究上，思想必须是开放的、包容的，必须最广泛地吸收现代文明的思想成果，同时又要很认真地处理好一些学术上的争议。在我现有的认知中，中国金融有巨大进步，但从理论规范角度，其实践又有其特殊性，基于此要写成《中国金融学》，有困难。为什么？因为中国金融市场现在还不很发达，金融市场中所呈现出的现象很多不具有规律性特征，我们不可以把这种特殊现象概括成正常的一般规律。在中国金融结构变革的过程中，还没有表现出一种稳定态，或者说体现金融发展一般规律的特征还没有呈现出稳定态。基于这种转型期的现象去概括一般原理是会有局限性的。从更广泛的意义上讲，金融学或许是经济学的一个重要组成部分，但与经济学相比较，金融学的方法论要求可能要更高一些，它可以用数学进行严谨的表达和计量，科学性和准确性要求更高。在中国，黄达教授主编的《金融学》，就是中国特色的金融学，写得非常好，内容很丰富，很难超越。还有，西方的默顿（Robert Merton）和波迪（Zvi Bodie）编写的《金融学》教材，也是一部巅峰之作。罗伯特·默顿，1997 年诺贝尔经济学奖获得者，哈佛大学商学院著名教授，现代金融学的重要奠基人之一，开创了金融学现代化之路。2003 年我曾去哈佛大学专程拜访过他。这本教材，主要从现代金融的角度，对风险定价做了很好的归纳，创造性地定义了各种定价模型。现代金融学教材，不讲风险定价，那一定是落伍的。我们必须把现代金融学的基本原则和精髓告诉学生，不能误人子弟。我们要对学生有高度的责任感，要有严谨的学风，不能停留在陈旧的内容上。我最反对老师在讲台上忽悠，讲大话、套话、空话、旧话，我们有责任把最精确的内容告诉学生。让学生了解金融的过去、现在和未来。从现在到未来是怎么变化的？什么是事实的真相？什么是未来的发展趋势？这个你必须告诉学生。

如果不吸收现代金融学的科学内容，《中国金融学》就会大踏步倒退。无论是《中国经济学》还是《中国金融学》，要写出这样的教材，必须要有现代经济学和现代金融学的基本理论素养，同时又必须对中国实践有深刻的把握。要清晰地知道中国实践中哪一些是符合经济、金融发展一般规律的。比如说，如何理解互联网金融。一个时期以来，互联网金融受到了严重质疑、诟病，因为监管没跟上，扰乱了中国金融秩序，成了非法集资的另一种代名词，社会金融秩序受到了严重破坏，不少人也由此受到了很大的损失。在金融学教材中，怎样分析互联网金融？从纯粹的金融学原理来说，互联网金融有其存在的价值，有其理论逻辑，因为它有助于解决传统金融由于信息处理能力不足留下来大量长尾客户难以获得相应金融服务的问题。传统金融对信息的处理是有限的。金融的基础是信用，防范金融风险首先要对信用进行有效的甄别，当无法对信用进行有效甄别，金融风险实际上已经内生化了。金融必须对信用进行恰当的评估，才有可能防范风险。传统金融用什么评判信用、观测风险？主要通过物理形态来观测和评估，比如，年薪多少、资产多少、社会地位如何等，通过这些要素综合起来对其进行信用评估。这其中有一个潜意识，似乎收入水平低的人信用就相对差，潜意识地认为社会地位不高的人信用也相对差，资产规模不多的人信用也不太高，基于这种认知，对低收入群体和小微企业的贷款当然也就难了。这在传统金融的信用评估机制中已经内生化了。小微企业缺乏信用记录，也可能没有资产负债表，在传统金融体系中，它们当然在商业银行中融不到资。但是，一个企业有没有信用，最终要看它的行为轨迹，而不能完全由其外在条件来决定。经济发展要特别关注小微企业，所有的大企业都是由小微企业发展起来的，小微企业是未来的希望。如果金融不关注小微企业、中低收入阶层，而只关心富人和大企业，这至少不是现代金融，至少不是文明金融，至少不是善的金融。善的金融对所有人都应当是平等的。在它眼里，没有贵贱之分。小微企业怎么了？凭什么说小微企业就没有信用？只是因为那些外在的物理标准不充分。所以，在传统金融体系中，小微企业经常被边缘化。在中国，为什么小微企业很难成长，与这种认知有密切关系。

我们必须解决传统金融对长尾客户主要是中低收入阶层和小微企业的信用评估机制。如何解决这个问题？只有靠科技手段和大数据。基于科技的大数据，可以解决长尾客户的信用评级问题。互联网金融本质上是基于大数据平台的金融，通过对不同群体、不同企业给出与其信用能力相匹配的信用评级，进而提供相适应的金融服务。提高金融服务面，提升普惠性，是善的金融的重要标志。文明社会是不能有身份歧视的。一种制度，无论对什么人或者对什么样的企业如有歧视，这本身就是不公平的。改革开放就是要解决经济活动中的歧视性问题，让所有市场主体平等，在资源配置、市场定价等方面是平等的，穷人和富人是平等的。互联网金融的本质实际上是想通过技术手段实现金融服务的平等性。但是，在理论和实践中，由于我们没有深刻理解互联网金融的本质，没有深刻理解其对科技水平和大数据的特殊要求，以为支个电脑就是互联网金融，不经过信用甄别，就完成了资金的借贷过程，风险当然也就完全内生化了。我曾经去过几个所谓的互联网金融平台做调研，我问他们，客户的信用甄别怎么解决？他们说，主要到有关商业银行买这家企业的信用记录。这肯定不行，银行都不给它贷款，你通过买来的信用，再加 5 个百分点的利率，就完成了资金的借贷，那风险一定巨大，因为你没有新的信用甄别机制。对监管部门来说，对互联网金融的监管重点不是去监管这些平台的资本金，而是要评估它的技术能力。如果这些平台没有足够的大数据、足够的技术能力去对客户进行准确的信用甄别，就不能从事金融平台活动。所以，我始终认为，有关监管部门对互联网金融的监管重点不明确，有重大误差，他们用监管小贷公司的方法和思路来监管互联网金融，以为它是商业银行物理形态的一种延伸，把监管重点放在资本金、存款准备金制度设计上，肯定是错位的。互联网金融不是商业银行的物理延伸，甚至也不是小贷公司的变种，它只是金融的科技平台，监管的重点理应放在技术能力上。由于认识上的模糊，互联网金融由此走了弯路，出了大问题。

与此同时，有些互联网金融从业者也错误地认为，互联网金融是一个比开煤矿、做房地产还赚钱的暴利行业，这是严重的误读。互联网金融本质上是普惠性金融，单笔数额小，服务对象都是小微企业，利率肯定会高一些。从理论上说，试图通过这种较高的利率去覆盖因单笔规模小而存在的不确定性，以对冲风险，这可以理解，但如果没有新的基于大数据的信用甄别机制，这种利率水平是不可能对冲相应风险的。在实践中，互联网金融仅靠利率来覆盖其潜在的巨大风险是困难的。有些互联网金融从业者从不知道互联网金融为何物。

基于大数据的缺乏和对互联网金融认识上的严重偏差，互联网金融中的 P2P 融资形态一定难以持续下去。但是，从理论上说，还不能对互联网金融予以彻底否定。因为，比较而言，互联网对信息的处理能力有了极大的提升，真正的互联网金融对信息的处理能力比传统金融有巨大进步，所以，互联网金融服务边界的对外拓展本质上是一种进步。金融改革的重要目标，就是要拓展传统金融服务边界和客户群体，要让传统金融的长尾客户也有可能获得相应的金融服务，不断提升金融的普惠性。

要写一部《中国金融学》，必须对这些现象有深刻的思考。有不少人以为写教材是最容易的，这抄抄那抄抄，以为抄抄就出来了。实际上，编写一部优秀教材比写一部著作艰难得多，既要全面了解中国的实践，又要深刻把握金融的昨天、今天和明天，要知道什么是金融发展的一般规律，什么是昙花一现。这就是我为什么不敢贸然写《中国金融学》教材的原因。

《中国金融学》不仅要把一般的规律特征概括出来，还要把中国的实践抽象出来融入其中，文字要准确而生动。中国教材中最糟糕的是文字呆板、毫无生气。学生很讨厌看这种教材。教材既要规范准确，又要有鲜活的文字和深厚的学术背景，要让学生们愿意读。无论是论文还是教材、著作，文字表达很重要，弄得那么干巴晦涩，翻开第一页就厌倦，内容再丰富也没人愿意看。

今天的中国金融市场市场化程度不够，中国资本市场市值现在大概 90 万亿元左右，与我们近 600 万亿元的金融资产相比较，比重还是小的，即使加上债券市场，宽口径的资本市场总市值大概在 170 万亿元，约占近 600 万亿元金融总资产的 30%。在这样的金融结构下，难以体现现代金融体系运行的基本特征。金融体系是通过脱媒的机制向市场化方向演进，这是金融结构变革的基本规律和基本方向，也是市场在资源配置中起决定性作用的一种表现。

中国金融必须进行结构性改革。以商业银行为代表的传统金融，配置资源的能力过于强大，比重太高，既不利于产业的升级换代，也不能有效满足社会多元化的金融需求。2021 年，中国人均 GDP 为 12 500 多美元，2035 年要建设成中等发达国家。经济发展了，温饱之后有越来越多的剩余收入寻找投资。剩余收入在不同的金融结构下转化成投资的方式是不一样的。传统金融模式下，是通过储蓄来完成投资的转化的，这是落后金融的一个表征。在现代金融模式下，剩余收入主要直接投资于市场，配置各类金融资产特别是证券化金融资产。通过市场机制的作用，收益与配置资产的风险可以实现动态平衡。如果金融体系中没有多样化的、流动性好的、透明度高的、收益与风险相匹配的金融资产特别是证券化金融资产，剩余收入的资产配置就会走向畸形，房地产就会成为人们投资的重点。人们一般认为，房子看得见、摸得着，价格再跌房子还在。中国社科院的研究报告显示，中国居民的资产结构中 67% 在房子上，这不是现代金融的特征，也不是现代社会的资产结构特征，这只能说明中国金融市场不发达，金融结构相对落后，金融市场没有给社会提供多样化的、流动性强的、收益和风险相匹配的金融资产，人们对资产的选择空间相对狭小。所以，我们要通过金融的结构性改革来发展资本市场，给社会提供可自由配置的金融资产，以改善社会的资产结构。

现代社会，居民资产的百分之六七十在房地产上，这是有巨大风险的。为什么我们对房地产价格如此高度敏感，既不敢让它大涨，也不敢让它大跌。因为老百姓 2/3 的资产都在房子上，价格能大跌吗？说实话，中国房地产价格高得离谱，我不认为这种价格与中国经济发展水平是匹配的，房地产价格如此之高一定是资产的供给结构出了问题。其中，一个重要原因是我们的金融体系相对落后，没有提供足够的可供投资者选择的金融资产。我们很长时间没有意识到金融在资产管理和财富配置中的重要作用。

实际上，我一直在思考，怎样才能写出一部体现现代金融理念和实践的中国版的《现代金融学》。中国版的《现代金融学》和《中国金融学》的内涵和外延是不一样的。写中国版的《现代金融学》必须翻越两座大山，第一座大山是黄达教授主编的《金融学》，另外一座大山就是默顿和波迪编写的《金融学》。实际上，中国版的《现代金融学》必须把它们融合在一起，才能体现现代金融的基本精髓和中国的金融实践，这需要深厚的现代金融理论功底和对中国金融实践的深刻感悟。

（二）关于中国经济学

中国 40 多年经济改革和发展，的确拓展了现代经济理论体系的外延，丰富了其内涵。我们可不可以写出一部以中国经济变革为背景的《中国经济学》？这需要艰难的努力。写一部《中国经济学》相对于写《中国金融学》，材料要丰满得多，因为中国经济 40 多年改革开放的丰富实践，有其独到之处，中国经济学的养料、素材相对充分一些，就看我们有没有这个逻辑能力去概括。这种能力首先是有没有科学的研究方法，有没有深刻的洞察力，搞清楚哪些经济现象体现的是经济发展的一般规律。逻辑力和科学研究方法很重要。不解决这两个问题，是写不出高水平的经济学教材的。

三、如何评估金融开放与金融风险？

中国金融比中国经济的市场改革步伐要慢一些，改革的时间窗口也不一样。中国金融真正的改革是从 1983 年独立央行的出现开始的，而中国经济的改革起始于1978年，金融改革比经济改革晚了5年。时至今日，中国金融仍然没有完成汇率自由化和人民币可自由交易的改革，甚至也没有彻底完成利率市场化改革，也就是说，中国金融的市场化进程比中国经济的市场化进程要慢得多。这其中有我们如何深刻理解金融的作用和地位问题，也有一个如何推动金融变革以及变革的方向问题。

（一）对外开放推动了中国经济高质量发展

2001年12月我们加入WTO时，面对那些被认为不太公平、超越我们当时承受能力的条件，我们接受了，因为我们知道开放对中国来说比什么都重要，所以，我们接受了某些苛刻的条件。这些相对苛刻的条件与中国的战略相比较，微不足道。在小利面前，战略更重要，开放更重要。我们深知开放对中国意味着什么。我还清晰地记得2018年博鳌亚洲论坛上，习近平主席在主旨演讲中说，开放给了中国第二次生命，第二次飞跃。中国实体经济的开放，以加入WTO为标志，以承诺超过我们能力的那些条件换取了加入WTO，这需要智慧和勇气。当时有舆论认为，加入WTO，意味着中国民族工业的衰落，甚至连农业也会受到严重冲击。我们的农业没有规模性，科技含量也不高，现代制造业更落后，更不要说芯片这类高科技的企业。但是，我们毅然决然地加入了WTO。20年过去了，实践证明，中国加入WTO，中国打开自己的大门是完全正确的。我们只有打开大门，虚心向发达国家学习，经济才会发展，社会才会进步。中国企业在竞争中成长起来了，中国的民族工业成长起来了，今天的自信是建立在竞争机制上的自信。中华民族是勤劳而有智慧的民族，可以与任何国家、任何民族在同等条件下竞争，这就是我们今天的民族自信之源。这种自信是改革开放带给我们的，今天的自信是有实实在在基础的。

大家知道，中国汽车工业过去多么落后，虽然时至今日，与德国、日本汽车工业相比较，仍有一段差距，但这个差距比加入WTO之前那个差距缩小了很多。以我们竞争相对弱的汽车工业来说，全面开放后，也在大踏步前进。我们的新能源汽车和特斯拉相比还有一些差距，但也已形成一定的竞争力。我看到过一组数据，2020 年中国汽车市场的结构分布是，德系车占第一，约占 24% 的份额，日系车占 23%，韩系车和美系车分别占 7% 左右，其他一些品牌车加起来占 2% 左右，中资汽车全部加起来约占 37%。这是 2020 年的数据。这两年可能会有些变化，中资汽车占比可能达到 40%。这就是开放后中国的现实。这种巨大的变化是怎么得来的？对外开放最重要。通过开放，学习新技术，引进先进的管理方法，从而在大多数领域大大缩短了与发达国家的差距。与此同时，应当看到，一些高科技领域，我们与发达国家还有较大的差距，还需要向他们学习。对实体经济的开放我们有经验、有勇气，但是，对金融领域的开放则要谨慎得多。

（二）如何理解金融风险？

我们做企业、做贸易很自信，但对现代金融的理解似乎并不深刻，心中或多或少有些不自信。现代金融在中国的历史比较短，我们多数人对金融的理解是简单的，甚至是落后的，我们似乎有点恐惧金融风险，更别说金融危机。1997 年亚洲金融危机让我们吓了一跳。2008 年的全球金融危机又给我们巨大心理暗示。在总结 2008 年全球金融危机原因和教训时，有学者认为，美国次贷危机引发的全球金融危机爆发的主要原因，是过度市场化、过度国际化、过度技术化、过度证券化。我完全不同意这种判断。什么是过度国际化？什么是过度证券化？针对这种观点和认识，2009 年我和我的研究团队本着客观、理性的精神写了《金融危机启示录》这本书，中国人民大学出版社出版的。到现在为止，我也很喜欢这本书所持的观点，写了金融危机给我们的十大启示。这本书中，特别强调不要把金融危机归咎于过度开放，不要以为是过度技术化带来的。2008 年全球金融危机起源于美国次贷危机，美国次贷危机的根源是基于客户下移带来的次贷资产内部结构风险与收益的不对称性，次贷资产风险揭示不充分，加上产品的不断衍生，进而把风险彻底掩盖了。这其中，高杠杆起了重要作用。高杠杆极易引起市场的大幅波动甚至崩溃。为什么炒期货的人容易破产呢？高杠杆是最重要的原因。在金融活动中，杠杆的使用有一个度的问题。杠杆既可以让你快速登上顶峰，也可以让你快速滑向深渊，就看你怎么使用以及如何使用。这其中涉及对金融杠杆使用原则和效应的理解。

2015 年中国产生过一次股市危机，在座的应该都有深刻的记忆。这次股市危机的核心原因有两个：一是杠杆太高，而且杠杆的使用是顺周期。在金融市场上，杠杆的使用原则应是逆周期，而在那场危机过程中，融资融券和场外融资都是顺周期使用杠杆，危机的种子已经播下。为此，我和我同事们又写了一本书：《股市危机——历史与逻辑》。这本书把全球金融市场从 1987 年的"黑色星期一"到以后各次金融危机都做了一个分析和梳理，发现高杠杆是其中不可忽视的重要原因，中国 2015 年的股市危机与高杠杆以及顺周期使用杠杆密切相关。

导致 2015 年股市危机的第二个原因，是对透明度监管不力。在 2015 年股市危机中，任何一个上市公司都可以随意停牌，停牌之后的公告都说，其与某家互联网企业有合作，复牌后连续多个涨停板。是不是有合作，没有追究。实际上，对这种重大信息披露监管必须迅速跟进。必须立即函告上市公司，究竟和谁合作，具体内容是什么。监管的责任一定是保证信息披露的真实性和市场足够的透明度。一个时期，证券监管者的监管重点偏离了这些基本职责。有意无意地以为市值涨了多少，上市公司每年增加了多少，是他们的工作目标。实质上，监管者没有指数上涨的任何义务，每年能有多少家上市公司也不是其目标。符合标准可以上，不符合标准一家都不能上。指数涨了多少，市值涨了多少与监管者没有关系。监管者只对透明度负责，维持市场的透明度是监管者的本责。透明度是市场"三公"原则实现的基础。为什么在"三公"原则即"公开、公平、公正"原则中，公开性原则放在第一位？是因为没有公开性就没有后面的公平、公正，信息都不公开，市场不透明，何来的公平、公正。公开性的重点是信息披露的及时、完整，之后才有交易过程的公平和结果的公正。基于透明度的交易才是公平的交易，公平交易之后的结果，无论赚了钱，还是赔了钱，都应视为公正。只要前面"两公"做好了后面结果就是公正的。公开是前提，公平是过程，公正是结果。

2008 年全球金融危机，给我们很大的震撼，给了我们一些心理预期，以为过度开放引发了金融危机。基于这种心理预期，我们对金融的市场化和开放始终是谨慎的，其中也包括利率市场化和汇率。

中国汇率改革从 20 世纪 90 年代已经开始，直到 2015 年“8 · 11”汇改。“8 · 11”汇改，是改革开放后金融改革第一次非常接近汇率市场化的重大改革。“8 · 11”汇改后，2015 年 11 月，国际货币基金组织投票决定把人民币在国际货币基金组织的特别提款权（SDR）份额提高到 10.92%，人民币成为国际货币基金组织继美元、欧元之后的第三大货币。SDR 份额的大幅调整，与“8 · 11”汇改所表现出的强烈的市场化方向密切相关。

“8 · 11”汇改的目的在于，扩大人民币汇率的波动幅度，试图在较短时间内实现人民币可自由交易，推动人民币国际化。之后，这项改革停下来了，人民币现在还不是完全可自由交易的货币。最近，人民币升值到了 1 美元兑换人民币 6.3 元的水平，如若完全开放，是不是 6.3 元，不得而知。人民币市场化改革不完成，中国金融的全面开放就不可能，外国投资者到中国市场来投资就不会有大的变化。中国资本市场为什么难以全面对外开放，是因为汇率市场化改革这个门槛没有跨过。这与我们对 1997 年亚洲金融危机和 2008 年全球金融危机的理解有关联，认知上潜意识认为，金融开放的风险太大，金融危机的发生与全面开放有逻辑的必然性。1997 年亚洲金融危机让我们看到所谓的“四小龙”“四小虎”似乎一夜之间不行了。我们要认真研究其中的缘由。马来西亚、印度尼西亚、菲律宾、韩国以及俄罗斯，那时都出现了金融危机。历史上，美国多次出现过金融危机，但似乎影响不是很大。我们要对全球金融危机背后的原因以及危机产生的机制做深入研究。学者的任务不是简单评论，而是要研究背后深刻的逻辑。有些学者喜欢做咨询，给这个当顾问，给那个出主意，我觉得，大学教授包括在座的长江、杰青，还是少做顾问、少做智囊，不要误人误事。学者的责任就是要把深刻的逻辑研究透。中国缺的是深刻的逻辑，缺的是基础理论的研究，无论是自然科学还是人文社会科学，总体而言，学问的底层逻辑是软弱的，是不扎实的。中国这样一个大国，各方面的底层逻辑要很厚重。大学教授的主要任务是研究问题背后的底层逻辑，而不是天天出招，天天出镜，天天指点江山。我婉拒了几乎所有做顾问、出主意的邀请，因为我没有这个能力，也没有这个兴趣。让一个不太有钱的教授去告诉那些企业家如何挣钱，本身就很滑稽。他们要我讲资本市场，希望讲几只股票，让他们发财，我要知道怎么发财，我就不讲课了，是不是？实际上，我主要还是研究资本市场的底层逻辑，我花了很多时间研究金融和资本市场的重大问题和基本理论，研究包括“黑色星期一”之后的历次全球金融危机，试图探寻其中的理论逻辑是什么，从哪里来，到哪里去，衍生的原因是什么，只有这样，面对可能出现的各种金融问题才会心中有数，才可能有底气地推动中国金融改革和开放。底层逻辑不清楚，对未来也就不清楚，不知道问题的原因，得出的结论一定是错误的。

在座的各位，一定要将研究的重点放在基础理论上，这会让你的学术之树常青。我们不要做哗众取宠的教授，不要做网红教授。人民大学也有网红教授，我从内心深处不太喜欢。非常令人不解的是，有些网红教授特别在意流量，我不知道一个教授要流量干什么！有些网红教授还组织团队搞流量，我真的不喜欢这样的教授。2014 年之前，出于好奇，我在两个平台开了两个微博，写点评论，写点感想，写了两三年，一个有 400 万粉丝，另一个也有 300 万。2013 年下半年，韩国政府邀请中国十大网络名人访韩，本人也被邀请参加为期 10 天的访问。访韩回国后，有人说，你快成大 V 了。我说大 V 是什么意思？他们说大 V 就是有关部门要关注的人。我想了一天，从此就再也不写微博了，有关平台动员我要继续写，我坚定地婉拒了。之后也会偶尔看一下，发现居然有人冒我的名在续写，虽然我的言论似乎没有什么敏感词，只写一些对金融和资本市场的思考，不写股评。今天看来，停止写微博是一个恰当的选择。作为大学教授，责任不在挣流量上，不能哗众取宠，不能语不惊人死不休，不能走偏锋，不能本末倒置。

（三）如何推动中国金融的开放和国际化？

最近一个时期，我一直在思考中国金融不可能永远这样半封闭下去。金融的开放就是与外部世界相衔接的重要窗口和支点。是什么因素在困扰中国金融的开放进程？什么时候才会完全开放？实际上，我们在选项上似乎有一点犹豫。

一个大国的金融开放有三个选项，选其二，弃其一。在座的金融学、经济学的教授们都知道这其中的选项，在座的理工科学者可能不清楚。这就是金融开放中的“不可能三角”。这个“不可能三角”是指：第一，独立的货币政策；第二，资本的自由流动；第三，汇率稳定。三者之间只能择其二，弃其一。香港地区放弃了独立的货币政策，选择了后面两个目标，实现了资本的自由流动，由于港元与美元直接挂钩，汇率机制也是相对稳定的。美联储的货币政策就是香港的货币政策。基于很好的法制基础，香港已成为全球自由港和国际金融中心。比如日本，选择的是独立的货币政策和资本的自由流动，放弃了汇率稳定目标。大多数市场经济国家都做了这样的选择。在金融开放过程中，效果最好的可能是日本。虽然在制度和目标选项上，日本放弃了汇率稳定选项，但总体而言，日元是稳定的，在国际市场上是有信誉的，虽然在国际储备和结算市场上占比不是太高，但日元总体上看是相对稳定的，与美元汇率大体上稳定在 100 左右。

对中国来说，首先的选项当然是独立的货币政策。货币政策不仅要维持人民币币值稳定，抑制通胀，还要保证就业和经济增长。

第二的选项就必须在资本自由流动和汇率稳定之间作出选择。作为战略目标，我们应该做怎样的选项？要汇率稳定就要放弃资本的自由流动，但这不符合中国的战略目标。我们似乎一直想在这两个选项中各取 50%，试图实现资本的有限自由流动和汇率的有限波动，寻求它们之间的平衡。作为过渡性安排，这种组合或许是合适的。在资本有限流动的框架下，有 QFII、RQFII 的制度安排，也有深港通、沪港通的资本流动通道，这就是资本的有限自由流动，但不是完全自由流动，流量较小，通过这种管道式制度安排实现资本的有限自由流动。与此同时，实行有管理的浮动汇率机制。但是，作为金融改革的战略目标，从开放的角度看，这种短期平衡难以成为一种稳定态，只能是一种过渡性制度安排，最终目标必须作出终极选项。我们的政策通常是：既要这样，又要那样，还要第三个目标。但作为一种金融制度安排，从基本逻辑上说，资本的自由流动对中国来说可能更重要。我们要相信，只要制度是恰当的，政策是稳定的，坚持走社会主义市场经济道路，坚持依法治国，不断完善法制环境，提升契约精神，鼓励创新，我认为，人民币一定是一种有信用的货币。从长期看，要相信人民币汇率通过自由交易会在波动中趋于收敛，不会出现俄罗斯卢布那样不断发散的趋势。俄罗斯卢布的发散趋势，根源在于法制不完善，经济没有竞争力，信用基础不好，在这种条件下，货币当然也就没有竞争力。

货币是一个国家信用的信号。有些人说资本市场是经济预期的信号，这种信号背后的力量是货币。

我们要善于不断总结经验和教训。我们既要全面总结过去 40 多年来所取得的伟大成就，也要深刻反思一些问题。我们既要看到成就，也要反思问题。只有深刻反思，才能看到问题和不足，才能找到前行的正确方向，才会取得更大的成就。刚才我反复强调 40 多年来我们创造了人类历史上的伟大奇迹，同时又强调必须正视问题。“8・11”汇改是一次重大改革。“8・11”汇改之前中国的外汇储备有 39 110 多亿美元，离 4 万亿美元差一点点，但是半年以后，我们外汇储备迅速减少了 9 000 亿美元，接近 3 万亿美元的心理关口。为什么会有这么大的变化？“8・11”汇改时，近 4 万亿美元的外汇储备，面对庞大的 M2，有一种巨大的压力。当时，M2 大概在 60 万亿元人民币，今天已经超过 100 万亿元了。“8・11”汇改后的半年，发现外汇储备减少得太快，于是我们调整了一些政策，技术上引入了逆周期调节因子，我们有意或无意地减小了交易的规模，调整了汇率的波动幅度。

“8・11”汇改给我们以深刻的警示。作为学者，我一直在思考背后的深刻原因。我们研究过世界上一些国家汇率改革的历史，有些国家做得很好，有些国家做得很糟糕。有人说，“8・11”汇改的步伐太快。我不同意这种看法。我们的条件比印度货币自由化、俄罗斯卢布自由化时的条件要好得多，无论是经济实力还是国际贸易规模，还是居民储蓄，还是我们经济的竞争力，都要比它们强得多。我们必须深刻思考，为什么有钱的人都想换成美元？他们为什么想走？我们要面对这种现实，分析原因，寻找答案。不面对现实，就找不到解决问题的办法。20 世纪 80 年代日元自由化的时候，日本那些富人、企业家似乎没有大规模兑换美元。日元自由化初期，日元也有波动，但最后稳定了。人民币自由化必须建立在社会稳定预期的基础上。没有数据表明，这 9 000 亿美元外汇储备是外资撤退引起的。中国经济内生性在 2008 年之后缓慢提升，从中国经济的对外依存度的变化就可以看得很清楚。中国经济对外依存度 2006 年高达 67%，到了一个顶峰，到 2015 年中国经济的对外依存度已经回到了 35% 左右。这是什么意思？这就是说，中国经济增长从资本结构来看，不是外资推动型的经济增长，不像当年马来西亚、菲律宾那种经济增长模式。从资本结构看，中国经济不是一种外部资本推动的经济增长模式，内生性资本在其中已经起了主导作用。所以，我们不能说这种现象是由外资流出引起的。当年日元自由化时，为什么日本的富人和企业并没有抛售日元换取美元，日元保持了相对稳定？在法律、制度、政策上，我们一定要给经济增长的内生性力量以预期、信心和安全感。这个结论可能有些人不爱听，但这是现实。要解决问题必须正视出现问题的原因。我们如何稳定信心、预期？法制的力量、制度的完善、政策的稳定。

《民法典》是法制的重要形式，它强调保护公民合法财产权。但怎么落实？在座各位可能有法学教授，你们是专家。中国的法制建设有了巨大进步，但中国社会在法制建设方面似乎只重视法的条文的完整性，对法的理念、法的精神的理解和尊重是不够的。我对法的认知是，法分三层：第一层，是法的精神。人人守法，人人畏法，依法治国。法是规范人们行为的基本准则，是社会秩序的基石。这就是法的精神。第二层，是法的条文。这是法之规范社会秩序的具体形式。第三层，是法治水平或执法能力。我们在第一层次和第三层次都有重大缺陷，我们喜欢追求法的条文的完整性。法的精神不够，执法的公平性不够。有时对同一种违法行为有着完全不同的处罚结果。社会的公平正义最后都体现在执法水平上。执法不公平人们就会失去安全感。我们必须在这三个层面完善我们的法制。

契约精神是现代社会秩序维系的主要机制。法制是现代社会的基石，契约精神则是现代社会处理各种关系的核心枢纽。我们必须提高对契约精神的理解。

在金融开放中，除了法律和契约精神外，创新能力也要不断提升。这是经济具有竞争力，货币具有长期信用的重要保证。

政策的稳定性在当前显得特别重要。一方面，在改革开放和坚持中国特色社会主义市场经济的过程中，我们可以根据发展目标的变化和现实需要，对政策做一些调整，但政策调整的基本取向不能有根本性变化。最近中央有两个关于经济体制改革的决定的文件很好，主要强调深化市场化改革的重要性。“8・11”汇改后的一些变化带给我们的重要启示，就是法制和政策要给人们以信心。我本人对中国的未来抱有信心。“8・11”汇改之后我没有换取一美元，即使出国，也只换取必需的最低额度。我没有一美元的外汇存款。我们只要坚定不移地推进改革开放，推进依法治国，保持政策的连续性和稳定性，人民币自由化改革的目标就一定可以实现。大家对这个国家有信心，对人民币就有信心了，人民币就有了市场化的、动态的稳定机制了。

四、中国金融的未来模式

中国金融未来的模式是什么，在学界有不同观点。中国金融模式与中国资本市场发展有密切关系。从长期目标看，中国究竟需要一种什么样的金融模式？金融战略是国家战略的重要组成部分，它比一个行业的战略重要得多。我们的金融战略是不太清晰的。中国究竟需要一个什么样的金融体系？

（一）理想模式：市场主导型金融体系

2006年，我出版了一本书：《市场主导与银行主导：金融体系在中国的一种比较研究》，时间过去16年了，有时我还会翻翻这本书。16年前，我40多岁，意气风发，敢想、敢说、敢写，认为中国金融必须进行彻底的市场化改革，其中提出了中国应构建一个市场主导型的现代金融体系的理论构想。就金融模式而言，全球有市场主导型金融体系与银行主导型金融体系之分。我当时认为，中国金融的战略目标一定是构建市场主导型金融体系，这个目标是中国金融结构变革的必然趋势。在这种金融模式中，市场在金融资源配置中发挥主导作用。市场主导型金融体系的核心和基础平台是资本市场，传统金融的作用会渐渐减弱。中国经济在发展，中国社会在进步，社会对金融需求的多样性在提高。这样的金融模式能够有效化解实体经济的风险，并使金融结构富有弹性。所以，我一直十分关注美国金融体系及其变革。受美国国务院的邀请，"9 · 11"之后的 2003 年 3—4 月，我以 IVP 身份访问美国一个月，专程考察美国金融体系。访问前，美国驻华使馆一秘说，你可以提任何要求，与什么人见面，访问何处。我在访问清单中，提出了要访问美国参众两院金融或银行委员会、美联储、财政部、纽交所、纳斯达克和芝加哥两个期货交易所，银行、保险公司、哈佛大学、斯坦福大学以及著名金融学家罗伯特 · 默顿、法马等都在访问清单中。正是在这次访问中，我认识了华人金融学家王江、黄海洲等人。在访问清单上，只有法马教授没有访问到，法马教授回信息说，他住在芝加哥郊区，年纪大了，非常遗憾不能见面了。这次访问虽然只有一个月，但实际上比访学一年作用都要大，更加坚定了我对美国金融结构富有弹性的判断。访问归来后，我主持完成了《市场主导型金融体系：中国的战略选择》（中国人民大学出版社 2005 年 4 月版）这个研究报告。报告强调，中国金融要注重对高科技企业和小微企业的孵化，传统金融太注重大企业了。中国经济的成长和竞争力在于技术进步和科技创新，经济的竞争力在高科技企业上，为此，中国金融的结构性改革势在必然。要让科技型企业成长起来，金融怎么办？金融的结构性变革和资本的多样性很重要。没有资本的多样性，怎么孵化高科技企业？商业银行是不会给处在初创期的科技企业贷款的，这类企业没有什么资产，也没有人会为它担保，但它们有思想、有技术，就是缺资本，所以，大力发展资本市场前端各类资本业态很重要，大力发展各类私募基金，包括天使基金、VC、PE 等资本新业态。一个月的访问得出什么结论？就得出了这个结论。不要以为资本新业态是在制造新风险，也不要以为这是脱实向虚。从今天看，这类产业或许有点虚，但这却是明天的实。要正确理解今天的实与明天的实的关系。从投资的角度看，今天的虚、明天的实更重要，投资者必须要有这种眼光。通过金融改革和科技手段，让资金流向小微企业、高科技企业，以孵化中国经济的未来，不断提升中国经济竞争力。

（二）现实分析：双峰金融模式

今天离这个报告和《市场主导与银行主导：金融体系在中国的一种比较研究》这本书出版的时间已经过去 16 年了，我的这种观点有了一些变化。这种微小的变化来自现实的约束。这种现实的约束，首先是法律体系的约束。大家知道，中国是一个大陆法系的国家，这种法律结构对资本市场发展有一定的约束性。中国金融完全走市场主导型金融体系客观上会遇到法律体系的瓶颈。与此同时，中国金融机构特别是商业银行的作用非常强大，在中国经济发展中作出了重要贡献，在构建中国金融发展模式时完全忽视商业银行的巨大作用，可能有些脱离中国的现实。于是，最近我写了一篇论文，《双峰式金融模式与中国金融的未来目标》。论文提出了中国金融是资本市场和金融机构（商业银行）并重的模式，这与美国不同，也与日本、德国不同。前一个时期，有人质疑中国经济发展模式，认为我们过度美国化了，希望走德国发展之路，主张德国模式。德国模式强调实体经济，重视现代制造业，金融只是实体经济发展的工具和手段。在美国模式中，资本市场是经济活动的引擎和基石，通过现代金融特别是资本市场来孵化实体经济。

完全的美国模式，我们可能走不了，德国模式也难以模仿。我们只能走中间道路，或者说第三种模式。中国没有强大的实体经济不行，没有发达的金融市场也不行。小平同志说，金融是现代经济的核心。这个论断是有逻辑支持的，不要漠视现代金融的巨大作用，不能认为金融的功能仅仅是服务，实际上，它对实体经济有内在的推动力。现代金融的主要功能是，孵化新技术，推动科技型企业的成长，我们要站在这样的高度来理解现代金融或资本市场。基于中国的现实和金融的发展趋势，中国金融应当是双峰模式：资本市场孵化未来，金融机构特别是商业银行丰富今天，平稳而致远。美国金融模式有其优点也有其缺陷，优点是关注高科技、推动科技创新，不足是过度功利化。在美国模式中，资本市场在金融体系中起着基础和核心的作用，资源配置的 80% 是通过资本市场来完成的。中国资本市场现在只配置了金融资源的 20%~30%，与日本、德国差不多。在中国，资本市场和商业银行各自配置 50% 的金融资源，可能是未来的新模式。如果这种分析可以成立的话，从中国的现状看，我们就必须大力发展资本市场。中国资本市场在金融结构的资源配置中还是相对弱小的，孵化科技创新的能力不足。所以，要提高中国经济未来的竞争力，发展资本市场是重要条件。

五、中国资本市场发展的第三种模式

中国资本市场起源于 20 世纪的 1990 年。“八九风波”带来了外部环境的严峻，企业融资很困难，基于现实的需求，当时年轻一代的探路者建立了上海证券交易所和深圳证券交易所。这是中国资本市场的历史起点，也是中国金融现代化的历史起点，意味着中国金融脱媒时代的来临。金融脱媒，亦即金融活动的去中介化。回望 30 年前，没有多少人会认为交易所的建立有多么重要，实际上它开启了中国金融现代化的进程。

（一）中国资本市场基因上的缺陷

沪深交易所的建立，在当时是为企业融资而生。大家知道，1990 年中国的社会环境和理论认知并不宽松，人们还热衷于姓资姓社的争论。当时，有学者就认为，股份制是通向资本主义的桥梁，是资本主义的东西。那个时代比现在的人有闯劲，敢于冒险，于是，两个交易所出现了。人们不怕戴帽子，也不怕丢帽子。在资本市场发展过程中，有过曲折，早期也比较混乱，甚至有人说股市扰乱了正常的金融秩序，主张关掉。小平同志南方谈话专门对这个问题发表了讲话。如果那时真把股市关了，中国金融现代化进程也就戛然而止了。

沪深两个交易所和资本市场的建立，早期主要源于融资的动机，这的确为后来的发展带来了一系列问题。当时建设这个市场的出发点是融资，不太重视企业的资质和成长性，甚至也不太重视信息披露，这是基因上的不足。大家知道，企业一旦成为上市公司，成为公众公司，信息披露和市场透明度就非常重要。透明度是资本市场存在和有序运行的基石。资本市场发展的真正驱动力来自金融脱媒，逻辑上说是金融自由化的结果。资本市场发展的逻辑起点是绕开金融管制、利率管制，通过市场机制完成社会的投融资活动。基因上的缺陷使中国资本市场从 1990 年到 2005 年股权分置改革前，一直处在徘徊不前的状态，几乎没有什么发展，但同期，中国经济规模则有了快速成长。2005 年股权分置改革前，中国资本市场的总市值在 3 万亿元左右，其中流通市值 1 万亿元，市场的徘徊不前没有反映中国经济的巨大变化。作为所谓的经济晴雨表，股票价格指数似乎完全失灵了。为什么失灵了？是因为上市公司的选择标准和选择机制有重大缺陷，是因为我们没有深刻理解资本市场的本质。2019 年底，在中国证监会组织的中国资本市场成立 30 周年座谈会上，我代表学术界有一个发言，其中专门说到，在过去 30 年资本市场发展中，很长时期我们有三个问题没有理解透。

第一，在中国，为什么要发展资本市场？有人说，中国发展资本市场就是为了融资，目的很明确。这种认知在理论上是严重的误解。如果仅仅为了融资的需求，商业银行的功能要比资本市场大得多。资本市场为什么在金融的结构性变革中具有不可替代的作用，一定不是因为其融资功能。

第二，如何发展好中国资本市场？更不清楚。

第三，中国资本市场的彼岸在哪里？未来目标在哪里？也不清楚。

这三个不清楚，导致我们过去似乎在广袤的森林中摸索，没有目标感，政策时常发生冲突，一会遏制市场发展，一会又鼓励市场发展，总想干预市场，希望指数到多少点，这种想法怎么能发展好市场。

（二）股权分置改革是一种为解决基因缺陷而进行的一场深刻的制度变革

2005 年，我们决定彻底解决早期制度设计上的缺陷，即推动股权分置改革。2005 年之前，中国上市公司的股东分两类：流通股股东和非流通股股东。在上市公司的实际运行中，非流通股股东处在控股地位，控制了上市公司。它们的利益与流通股股东的利益是冲突的，只与净资产增值有关系，与股价的涨落没有关系，而股价的涨落只与流通股股东有关系，但流通股股东对上市公司的影响很小。这种利益机制和股权分置怎么能把上市公司做好？

当然做不好。我们必须解决这个问题，解决两类股东利益一致性问题。通过改革，让非流通股股东的股份能流通起来，让他们的利益与股价有密切关系。改革的思路没有问题。但问题的关键是，在发行公告书中，非流通股股东承诺了其股份暂不流通。暂不流通是没有期限的。要简单改变这种契约，流通股股东当然不同意。所以，如果要让暂不流通的股份获得流通权，就必须付出相应对价，这就是股权分置改革的法理基础。

我是 2005 年股权分置改革的积极参与者、建言者、讨论者，后来也亲自参与了一家上市公司股权分置的改革。2005 年“五一”假期之后，5 月 5 日上午在证监会开完会，讨论股权分置改革方案，中午我就乘机去了三一重工，参与股权分置改革的试点工作。三一重工的大股东是梁稳根，我希望他站在国家的高度做好这次股权分置改革试点，梁稳根先生表示，一定要把这个改革试点做成功。改革的难点是市场能接受的对价基点在哪里？如何确定合适的对价？试点要解决的基本问题是，如果把大股东的股份按存量发行，将是一个什么价格？当时存量股份发行的价格大概是市场价的七折到八折，这找到了对价的中线。按照这个思路，最后找到了双方都可以接受的对价，三一重工股权分置改革试点第一个顺利完成。

股权分置改革是当时一项最复杂的制度改革，因为它涉及国有资产的保值和增值，涉及国有资本的控股。要完成这项艰难的改革，首先要突破有关意识形态的约束，特别是关于国有资产是否流失的问题。经过不断博弈，最后通过了市场各方都能接受的原则方案。2007 年 1 月股权分置改革基本完成，上市公司 99% 以上的股份都可流通。通过股权分置改革，国有股份获得了流通权，国有资本由 8 000 亿元净值变成了 5 万亿元市值，改革既保证了国有资产增值，也使上市公司开始具有活力。这是中国改革成功的鲜活案例。从这个案例中可以看出，改革者是需要解放思想的，固守落后思想，寸步难行。

中国资本市场 30 年有三座丰碑。第一座丰碑是沪深交易所的建立，开启了中国金融现代化之路。第二座丰碑是股权分置改革，使中国资本市场走上了制度规范之路。没有股权分置改革的成功，中国资本市场不会有今天的成就。第三座丰碑就是注册制改革。注册制改革之所以是一座丰碑，是因为它开启了中国资本市场的市场化之路。以前都是有形的手在配置资源，什么样的企业可以发行上市，都是有形的手在起作用。资本市场发展必须回归市场化之路。

第三座丰碑即注册制改革，预示着我们已经找到了发展资本市场的正确道路，也说明我们已经深刻理解了现代金融的巨大价值。有些人总以苛刻的眼光挑剔这项改革，说注册制改革不就是由证监会作为发行审批主体变成了交易所吗，本质上没有什么变化。他们认为，在现行体制下，交易所是证监会的市场延伸。实际上，注册制改革完成了发行审批主体与监管主体的分离，这本身就是制度上的一大进步。核准制条件下，证监会既是发行审批主体又是监管主体，这不符合监管原则，自己如何追究自己的责任？欺诈上市，最终是你批准的，按道理你要负责任，可是你又是监管者、处罚者，怎么可能处罚自己，只好重金处罚会计师事务所、保荐人和发行当事人，这些中介机构和发行人当然要处罚，但发行上市最后是由监管部门批准的。所以，发行审批主体与监管主体的分离，从制度设计上就是一种巨大进步，而且注册制还解决了企业上市和定价的市场化机制。在核准制下，25 倍左右的市盈率是监管部门默认的，是发行定价的潜规则，无论是钢铁、水泥还是高科技企业都在 25 倍左右，差别很小。在这种定价机制下，从发行上市首日起，经常会出现连续多个甚至十多个涨停板的奇怪现象。这种奇怪现象只能说明我们的发行制度有重大缺陷，定价机制有问题。

那时有一种所谓的打新基金，筹集资金后专门用来打新股，打新基金的出现，是市场制度扭曲的必然结果。在资本市场上具有成长性，是上市公司的重要特征。从功能上看，资本市场没有纾困功能。注册制终结了打新基金的时代。注册制改革的主要目标，就是通过市场机制来定价，让市场机制选择什么样的企业可以上市。过去选择上市公司的标准，重点放在企业重要性上，忽略了成长性。赋予资本市场的纾困功能，严重扭曲了资本市场的价值。资本市场不为纾困而来，只以高科技企业成长为己任。很长时期，我们没有深刻理解这其中的道理。

（三）注册制改革开启了中国资本市场发展市场化的时代

让市场选择什么样的企业上市以及由市场机制来定价，是注册制改革的两大目标。注册制改革后，上市交易价再也没出现连续 N 个涨停板，甚至还出现了约 30% 的概率上市首日价格跌破发行价的情况。有记者问我，如何看待跌破发行价的情况？我说，这就是改革的目标：市场化定价有高有低，跌破发行价说明市场在起作用，市场已经恢复了正常功能。这就是我对注册制改革这第三座丰碑的评价。

从这个角度看，我们找到了发展中国资本市场的正确道路。

在研究如何发展好中国资本市场时，有一个问题始终困扰着我们，即法律体系与资本市场发展的匹配性问题。中国是大陆法系国家，有一些法律规则与资本市场的内在要求不相适应。比如，一家高科技企业要上市，经过多轮融资后，股权结构发生了重大变化。中国《公司法》中，上市公司是同股同权，一股一权，资本说了算，资本的权力很大，有时候资本的野蛮性也很强。一个高科技企业，资本一旦介入，目标就会扭曲。疯狂逐利的资本，一旦成为上市公司大股东，估计很快就会背离这家高科技企业创始人的目标和愿景。

资本几乎都是短视的。一方面，我们要重视资本的作用，另一方面资本又是短视的，是为利润而来的，很少有战略目标，这是一种矛盾。相对来说，在德国模式中，资本更具有战略性。为什么不少光刻机企业以及基础技术大都在德国地区。有专家告诉我，德国的金融资本更具战略眼光，不求一时一利的短期回报，它关心 10 年、20 年甚至更长的战略。中国的社会资本似乎缺乏这种战略目标。在中国，资本一旦控制了上市公司，似乎所有的创新都要为其市值服务，这就是中国上市公司中很难有巨大的颠覆性创新的重要原因。

在我们国家，为什么难有巨大的颠覆性创新呢？这与缺乏具有战略眼光的资本有关，与缺乏战略视野的投资人有关。放眼 10 年、20 年的资本太少了，他们都希望短、平、快，求一时之利。我们要看到这个问题严重性，不能漠视产生这个问题的深刻原因。我们不能任意让资本在有些领域过于任性。任正非深刻地领悟到了资本短视对一家高科技企业的破坏力，所以，华为选择不上市。

2000年前后，我曾去过两家公司调研：三一重工和华为。我先去了三一重工，后去了华为。在三一重工调研期间，我和梁稳根先生聊了一天，主要是资本市场的作用以及企业如何上市。当时三一重工要到香港上市，上市材料都做好了，我说香港以及境外市场远不如中国A股，A股市场是中国上市公司未来最好的市场，虽然有排队上市的困惑，但它一定是中国企业适宜上市的市场。既不要去香港上市，更不能去纽交所、纳斯达克上市，他听了我的劝告，放弃了三一重工在香港上市而改在中国A股上市。企业上市之路，一旦选错了地方，那就是灾难。过去一个时期，中国概念股纷纷到纳斯达克和纽交所上市，今天看出了问题的严重性。

三一重工调研结束后我就去了华为。那时候任正非还年轻，20年前，50多岁，意气风发。我有几个同学、同事在华为做咨询，人大有个教授团队，起草了华为基本法，他们现在还在做华为的管理顾问。华为基本法是中国大学教授做得最好的企业基本法，现在成了商学院教学的经典案例。因为他们几位在华为做咨询和顾问，所以邀请我去华为看看。当时我对任正非说，如果华为上市，将是一个市值很大的高科技企业。20年前华为的销售额已超过100亿元人民币，任正非说，华为的目标是100亿美元。2021年华为营收6 368亿元人民币，接近1 000亿美元，利润1 137亿元人民币，接近200亿美元。如若上市，华为市值将超万亿美元，一定是中国市值最大的上市公司，也是一个伟大的企业。任正非当时对我说，华为不上市。如果华为上市，就会被局外人主宰。如果华为成为上市公司，指手画脚的多了，时不时干预企业，要我服从他们的目标，所以，不上市干预华为的人就会很少。他知道，有些人总爱指手画脚，这些人为了利益什么都做得出来。虽然资本市场是中性的，但在坏人手中，资本市场就是腐蚀剂，在好人眼中，资本市场就是助推器，让你飞得远远的、高高的。工具和机制是中性的。现在看来，任正非的选择是明智的。

（四）法律体系的渐进融合是中国资本市场发展第三种模式的主要特征

迄今为止，在法律层面上，在上市公司治理结构中，明文规定的是同股同权。这一规定在注册制改革前，仍适用于高科技企业。在深交所创业板注册制改革试点中，开了一个先河，在高科技上市公司中，试行特别投票权制度，这是中国资本市场法制建设的重大变革。在高科技上市公司中，同股不同权，给特定少数股东以控制公司的权力，以保持这家高科技公司的稳定发展和长远战略目标的实现，防止资本的过度干预。如果时间往前推 10 年、20 年，估计有不少中概股高科技公司就不会到境外上市了。港交所在若干年前就修改了有关投票权的制度规定。目前，我们正在启动《公司法》修改，新的《公司法》将会对此做特别规定。特别投票权制度的设立，是注册制改革所引发的一项重要的法律制度改革和进步。这是其一。

其二，对虚假信息披露、欺诈上市、内幕交易和操纵市场等违规违法行为的集团诉讼制度正在形成。在注册制改革前，关于这类违法行为的集团诉讼没有一家法院受理。过去法院受理的前提是，证监会要有处罚意见。从法理上说，证监会只能作出行政处罚和经济处罚，无权作出法律处罚。法院也说之所以不受理，是因为中国没有这个先例，他也不知道该怎么判罚。所以，在深交所创业板注册制改革中，特别增加了诉讼代表人制度，也就是集团诉讼。在资本市场中，没有集团诉讼就缺乏对犯罪行为的巨大威慑力，行政罚款几乎不起什么作用。欺诈上市募集了 5 个亿、10 个亿，罚款 50 万，与其说这是处罚，不如说这是纵容。刑事处罚，过去普遍也只是判三年缓三年。这种法律怎么会对犯罪行为有威慑作用呢？所以，过去很长时间市场上违法犯罪的行为频繁出现，他们公然践踏法律，与法制的威慑力不足有关系。

集团诉讼制度意味着中国司法体制的重大改革。这项改革给法官以充分的自由裁量权，这对中国法官的专业能力是一个巨大挑战。在座的可能有法学教授，你们比我了解中国司法的实际情况。面对集团诉讼的专业要求，中国法官的专业素养和法制精神有待于进一步提高。一些企业家朋友跟我诉苦，说不害怕公安，害怕法院，我说，法院是最公正的地方，是社会公平的底线，怎么能怕呢？但在中国，确有法官频频击穿法律和道德的底线。海南高院的一位女性张副院长，给钱就随意更改判决结果，这还了得，这是社会之噩梦。在英美法系中，基于独立裁量权，对法官的专业能力和法制精神的要求特别高。

中国的法律转型困难很大。法律的转型，要求法官有很强的专业能力和公正精神，这是法官行使独立裁量权的前提。集团诉讼的判罚很严厉，不是50万，而是多少个亿。康美药业案判罚出来了，仅独立董事就判罚了2个多亿，其他涉事董事更多。从方向上看，这是正确的。在中国，独立董事的确处在一种尴尬的境地，说话不算数，责任还很大。现在有些上市公司找不到独立董事，因为制度不完善，权责不匹配。我卸任副校长后接到一些朋友电话，说现在可否请你做独立董事，我回答说，可以做，但不想做，也没有什么兴趣，风险太大。

中国的独立董事制度有内在缺陷。设立独立董事制度肯定是对的，说独立董事在中国资本市场根本不起作用的说法，缺乏充分证据。中国证监会2001年开始实行独立董事制度，2006年《公司法》正式确认独立董事制度。作为一种制度，在大陆法系中，监事会的作用就是监督，大陆法系中的监事会与普通法系的独立董事在监督功能上有某些重叠，虽然在法理上功能是不一样的。独立董事是一种外部力量的监督，监事会是一种内部监督。在中国，无论是国有企业还是民营企业，监事会都形同虚设，监督作用极其微弱。在公司治理中，监事会成员只能列席董事会，这怎么能起到监督作用呢？我对这种制度安排深表怀疑。在中国，董事会中的独立董事，可以发表任何独立意见，甚至可以对董事长提出批评，这是独立董事的作用所在。独立董事有不同意见，管理层会有所收敛，所以，不能说独立董事一点作用都没有。

从特别投票权制度到诉讼代理人制度，再到独立董事制度，我们发现，中国资本市场的法律结构正在发生某些重要变化，出现了法律体系上的某种融合趋势。中国法律的基础架构是大陆法系，但在实践中，我们不断吸收了一些有利于资本市场发展的英美法系的元素。中国资本市场上法律体系的某些融合趋势，是中国资本市场发展的重要力量。什么是中国资本市场发展的第三条道路？主要表现为法律体系中大陆法系架构与英美法系元素的融合特征。

我把中国资本市场发展之路概括为第三条道路，还有一点就是起源历史和发展过程也不同于发达国家。发达国家的资本市场是由内而生的，是金融自由化的结果。在中国，则是有意识组织起来的，并不是金融自由化的结果。但是，它又与发达国家资本市场的发展过程在逻辑上有一些相似之处，这就是金融脱媒对资本市场的推动作用。在中国，对金融脱媒的理解非常局限，政策层面有时候还会阻止金融的脱媒，因为怕资金流向市场，不希望储蓄从银行流向市场买卖股票，银行居民储蓄存款下降了被认为是重要事件，认为有可能触发银行流动性风险。实际上，资金从银行储蓄流向市场投资，是金融结构市场化变革的必然趋势，是一种脱媒行为。绕开金融机构通过市场机制完成金融活动，有助于优化金融风险。

在中国，为什么金融会呈现出脱媒的趋势呢？一个重要原因是人们收入水平提高之后，财富管理的需求越来越强烈，人们已经不满足于百分之一点几的储蓄存款利息。年轻人的储蓄倾向更弱了，要么超前消费，要么进行财富管理。中国社会通过代际传递以及知识的现代化，人们对金融的理解以及投资理念都在发生根本性变化，这是中国资本市场发展的内在动力。中国经济发展了，人们需要多样化的金融产品来完成其存量资产的保值和增值。如何对存量财富进行管理是每个人都必须学会的。

生活在今天的中国，第一，必须学会开车，可以有效地拓展你的活动半径。第二，学好英语也很重要，能使你的活动空间由中国拓展到国际。无论是学术研究还是国际交流，都不要轻视外语特别是英语的作用，它有助于能力的提升。第三，就是财富管理能力。怎么管理好存量财富是每个人都必须面对的。收入提高了，消费剩余的部分如何形成资产？我们不能停留在金融落后的时代，只买房子，买了一套、两套，还要买更多。从财富管理角度看，这是没有什么意义的。其结果是加剧了中国房地产价格的上涨，使得年轻一代非常焦虑，生存有压力。中国资本市场的发展能为社会提供多样化的资产组合，以缓解这种压力。

中国资本市场发展呈现出了第三种模式，并不意味着这种模式就与英美资本市场发展模式彻底分道扬镳。实际上，在第三种模式中，内核保留了英美模式的精髓，就如同中国经济体制改革，走有中国特色的社会主义市场经济道路保留了现代市场经济的精髓一样。无论是中国金融改革还是资本市场发展，英美模式中的精髓部分仍然是非常重要的，这其中不涉及意识形态元素。先进的经验、文明的规则是要学习的。中国之所以能有今天，是因为我们一直怀有学习的态度。只要怀着学习的态度，我们就一定能发展。

中国资本市场发展的第三种模式中也要吸收日德模式特别是德国模式的精华元素，培育具有战略视野的资本业态，重视高科技企业的发展。

第三种模式的第三个要点是，在资本市场发展过程中，首先要充分尊重市场原则，但又不能盲从市场的作用。在中国，资本市场发展嵌入了某些国家战略意图，运用资本市场缓解或解决“卡脖子”工程。关于“卡脖子”工程，有人建议要采取新型举国体制，短期内攻克这个难关。经济活动还是要尊重市场规律的，像芯片这类每天都在进步的高科技，市场的作用很重要。它和高铁、“两弹一星”有很大的不同。不同在什么地方？因为芯片这类技术每天都在变化、更新，必须适应市场需求的变化。集中力量可能可以把某些基础技术攻下来，但解决不了技术进步问题。技术进步的内在动力，在于市场需求的变化。技术进步的原动力来自客户的需求。一种新技术出现后，很快就会变成旧技术。华为也好，苹果也好，新产品出来后，当天就在研究下一代产品，技术不能停滞，停滞就会被淘汰。所以，技术创新的动力来自市场的力量，市场是最好的方向指引，市场也是最好的激励机制。我们不能够生搬硬套在其他方面可能成功的某些做法，生搬硬套不是实事求是的态度。中国成功的法宝就是实事求是，就是尊重市场的作用，就是尊重每个人的创造力。社会的创造力可以带来无穷的动能，可以创造奇迹，市场就是让每个人都有理想、都有创造力、都有梦想、都能发挥作用的机制和平台。

所以，像芯片这种“卡脖子”工程，通过资本市场的作用可能会更有效一些，只不过这个资本市场要多一些具有战略视野的资本业态。现在科创板也好，创业板也好，北交所也好，一个重要的功能就是推动高科技企业的成长。

从中国资本市场的发展历史中，可以看到我们一直在探索。现在我们找到了一条正确的发展之路。只要我们不断完善法制，倡导契约精神，推动科技创新，改善营商环境，尊重人才，坚持改革开放，坚定不移地走社会主义市场经济道路，中国的未来一定是光明的。在座各位，还能再干 30 年到 50 年，中国一定能实现既定的宏伟目标。

克服中国经济三重压力，制度预期和政策稳定最重要

——在“2022 宏观形势年度论坛”上的主题演讲

【作者题记】

这是作者 2022 年 1 月 18 日在人大重阳金融研究院主办的“2022 宏观形势年度论坛”上的主题演讲，其中特别强调市场经济制度和政策的稳定对经济预期的重要性。

这是一个很重要的论坛。我主要讲一讲中国经济形势以及对未来的展望。

最近政策调整比较频繁，包括一个月前人民银行降低存款准备金率，以增加资金流动性，昨天人民银行又调低了 MLF（中期借贷便利）利率 10 个基点，这些都是阻止经济下滑的信号。

按照中央经济工作会议的提法，中国经济在 2022 年乃至未来一段时期，都将受到三重压力：需求收缩、供给冲击、预期转弱。这些压力是中国经济在较长时期内受到的约束和困难，我们要看到这种困难的复杂性。所以，我们要系统思考怎样才能让市场有良好的预期。三重压力最终归结为预期转弱，用大家可以听得明白的话，就是信心有问题，预期就是信心。为什么会出现三重压力，要深刻思考和研究。

从外部环境看，中国经济发展的外部环境的确越来越复杂。刚才廖群博士做了一个比较专业的关于中美经贸关系展望的报告，其中分析了中美经贸脱钩可能带来的负面性。首先，中美经贸关系不太可能脱钩，脱钩是非常危险的，是互害的。中美关系是中国对外关系的基石，是最重要的双边关系，所以，要高度重视中美关系，要尽最大努力让中美关系回到正常轨道。外部环境对中国经济发展至关重要。刚才认真听了乐玉成副部长关于中美关系的展望。有些事情是别人的事，他们总想遏制我们的发展。

回顾过去中国经济的发展，很重要的是因为有一个比较和谐的外部环境。我们抓住了几十年来的这样一个国际环境来发展中国经济，把所有的精力都放在经济建设上，抓住了内外部有利时机。现在，改善外部环境是我们未来一项很重要的任务。世界离不开中国，中国也离不开世界，相互促进，互利共赢。中国的发展能为世界带来新的发展机会，世界也给了中国一个更大的发展空间。

“双循环”虽然以国内循环为主，但还是要国内国际循环协调发展，国际循环是不可或缺的。外部世界的逆全球化、单边主义、民粹主义以及贸易保护主义，都会对全球经济发展带来极大的破坏性。新冠肺炎疫情加剧了外部环境的复杂性，似乎也对全球产业链和地缘政治产生重要影响，这给中国经济发展带来了新的更大的不确定性，也使世界一些国家经济的内向性大幅增加，以降低外部的不确定性可能带来的风险。

为了缓解三重压力，最重要的还是要深化改革，要继续朝着有中国特色的社会主义市场经济道路前行，要不断深化和完善现代市场经济体制。从40多年来中国经济发展的经验看，法制完善、制度改革比政策调整更重要，信心来自完善的制度，这种不断完善的制度的核心是朝着现代市场经济体制方向演进。从更广泛意义上说，制度包括法制。所以，完善的法制和现代市场经济体制，是人们信心的根源。需求收缩、供给冲击是相对浅层次的，关键是预期转弱，预期转弱就是信心转弱。在完善法制和构建现代市场经济体制的基础上，要重视政策的稳定性、有效性，政策不能变化太快，政策稳定很重要。我们有些政策周期太短，本来政策周期与经济周期大体上是重叠的，政策是一种逆周期调节。如果政策变动周期比经济周期短很多，一年内有两个不同方向的政策调整，经济就会出问题。所以，我们要高度重视政策的相对稳定性。这里的政策除了经济政策，也包括各类监管政策。

我们要继续朝着有中国特色社会主义市场经济的模式、道路、体制方向前行，政策的制定或调整要符合这个基本原则。

市场经济有一些基本的原则和精髓。什么是市场经济是有共识的。共识包括分工、自由市场、价格的市场形成机制、市场主体的平等性、财产权的保护、信息透明度、政策中性原则，以及基于比较优势基础上的国际贸易机制，这些都是市场经济的基本元素。这些都是我们要认真坚守的，都是现代市场经济的基本精髓。政策设计要符合市场经济的这些基本原则。这些做好了，中国经济就会有强大韧性，会有很好的发展。

从经济成熟度来看，按照1月7日国家统计局发布的数据，根据2021年底人民币汇率计算，中国人均GDP已经达到12 500多美元，离传统意义上发达国家人均GDP的标准非常接近，离现在大家公认的修改后的发达国家GDP标准也迈进了一大步。尽管如此，中国现在还不是一个发达国家，我们还没有整体进入高收入国家的行列，仍然是中高收入国家，或者说是正在接近高收入国家的国家，这意味着中国经济还有巨大的发展空间。美国、德国、日本等最发达国家人均 GDP 都在 5 万美元甚至 6 万美元以上，我们与这个标准还有很大差距。中国人是有智慧的，我们有极强的学习能力，也非常勤奋。以前很多国家进入中高收入国家水平的时候，都会表现出一种“中等收入陷阱现象”，但中国不会出现这种现象，中国正在跨越中等收入陷阱。中等收入陷阱包括技术性陷阱、制度性陷阱、金融陷阱等，我们都在跨越。

中国经济是大有希望的，但是从法律、制度和政策上一定要让社会各个层面、各种市场主体焕发出他们的创造力，要让他们对未来充满信心，这样到 2035 年中国基本实现社会主义现代化的目标是完全可能的。

因此，深化市场经济体制改革，构建现代市场经济体系以及制定一个与现代市场经济相适应的政策体系，给市场以信心，这样就能够有效解决需求收缩问题。需求收缩的核心是收入增长问题，政策的重点是增加中低收入阶层的收入，这部分群体的需求弹性很大。外部环境的改善能有效缓解供给冲击给经济带来的风险，法制、制度和政策稳定性能够解决预期偏弱的问题。

我认为，只要我们沿着有中国特色的社会主义市场经济道路前行，中国经济一定大有希望。

中国资本市场发展的“第三种模式”

——在“第二十六届（2022 年度）中国资本市场论坛”上的主题报告

【作者题记】

这是作者 2022 年 1 月 8 日在“第二十六届（2022 年度）中国资本市场论坛”上的主题报告。报告从现实和法理角度，分析了中国资本市场发展可能形成的“第三种模式”，这是学术界对中国资本市场发展模式所做的一次新的概括。

今天我讲的内容和我过去的研究有一些差距，主要讲一讲中国资本市场的发展模式及特征，其中涉及一些法律问题。中国资本市场发展 31 年了，我们在不断地探索。一开始，我们的确不知道中国资本市场会呈现出什么样的制度特征，我们在不断试错中改进。从发行制度角度看，中国资本市场开始时是行政审批制，起始于 1993 年，先是额度管理，后是指标管理。2001 年开始推行核准制。核准制先有通道制，后有保荐人制。2019 年，我们在上交所科创板试行注册制改革，2020 年在深交所创业板完善注册制改革，2021 年在北交所全面实行注册制。

31 年来的发展，渐现出中国资本市场的模式特征。中国是一个大陆法系国家，成文法是其法律的基本形式。根据一些学者的研究，大陆法系客观上会对资本市场发展有某种抑制作用，也就是说，大陆法系结构的国家资本市场相对较难得到充分发展。英美法系国家，因为法律相对灵活，资本市场较为发达。

除了法律结构特征外，中国文化也似乎在对资本市场产生重要的约束作用。于是，有人得出了一个结论："中国很难发展资本市场。"在文化中，语言文字是其中的重要载体，有人说中文非常复杂，要让外国人把中文学透、学好，比我们学好英语难很多，似乎语言也成为一个障碍。市场要发展，必须国际化。如果文字很难国际化，也就很难实现资本市场的国际化。有学者从这些层面来论证在中国，资本市场很难发展起来，发展的重点还是改革和发展金融机构尤其是商业银行。

我一直在思考，中国金融的未来方向在哪里？早在 2005 年，经过一年时间的研究，我和赵锡军教授、瞿强教授等一起写了一本书，书名是《市场主导与银行主导：金融体系在中国的一种比较研究》，我们那个时候就在研究适应中国资本市场发展的法律结构。如果完全恪守大陆法系的结构，中国资本市场可能真的难有很大的发展。

2001 年 8 月，中国证监会开始在上市公司中推行独立董事制度，2006 年 1 月《公司法》修订，从法律层面确立了独立董事制度。中国上市公司在制度设计上，在公司治理中引入独立董事制度，在法律层面是一个巨大变革。

独立董事制度是英美法系中上市公司的一种独特的制度安排，在大陆法系中，一般通过监事会机制发挥监督作用。2006 年 1 月修订后的《公司法》，吸收了英美法系或者普通法系的这些元素。也就是说，从这个时候开始，中国有关资本市场的法律体系开启了某种意义上的融合之路，虽然法律的基本架构仍然是大陆法系，但我们部分吸收了英美法系关于资本市场发展的重要元素，以适应资本市场的发展。

在 2006 年由中国人民大学出版社出版的《市场主导与银行主导：金融体系在中国的一种比较研究》这本书中，我们似乎已经看到了这种趋势。也就是说，中国资本市场的法律结构调整必须要朝着这个方向推进。法律不能墨守成规，制度改革最重要的作用就是松绑，要放松发展资本市场的法律约束。所谓的文化约束，通过代际传递，慢慢都会适应变革的要求。我们不要把文化看成是凝固不变的教条。随着时代的前进、教育水平的提高，以及与国际社会的广泛接触，文化也会不断进化，也会越来越适应时代发展的要求并不断扩大影响力。我们不要把这种外在的约束资本市场发展的因素看得过于静态。

从实践角度看，中国的法律结构应当调整。法的本质含义或者灵魂是什么？法是对不当权力的约束，是推动经济和社会进步的力量，是维护弱势群体的屏障，是维护社会公平正义的机制。这就是法的根本意义。所以，为推动中国经济社会的进步，法律调整势在必然。

所以，2006 年《公司法》确立独立董事制度是制度上的巨大进步，虽然今天人们对独立董事制度有很多诟病，但确立独立董事制度无疑是法的进步。现在正在讨论《公司法》的修改，最近也收到邀请函，邀请我去参加讨论《公司法》的修改。在法的层面的确有一个独立董事的产生机制以及独立董事的责任与义务的平衡性问题。

2019 年，中国资本市场的改革进入实质性阶段。长期以来，我们对中国为什么要发展资本市场、如何发展好资本市场以及资本市场的战略目标是什么是不清晰的，从而导致政策的摇摆。政策的摇摆和目标不明确，严重干扰了市场的发展。2019 年之后，我们找到了这个目标，有了正确的认识，这其中最重要的就是在科创板推进注册制改革。注册制改革，意味着我们找到了资本市场的灵魂。过去相当长时期内，中国资本市场只是一个外壳，没有灵魂。我们找到的这个灵魂，就是彻底的市场化改革，这完全符合党的十八届三中全会关于市场是资源配置的决定性力量这样一个基本判断。注册制改革，体现了市场化的根本要求。深交所创业板的注册制改革，又有了进一步完善。到了北交所，全面实行了注册制。

注册制改革经过了不同阶段。上交所的作用是启动改革，主要完成了发行机制的市场化，完成了市场化定价，建立了由市场来决定让什么样的企业来上市这样一种机制。过去是由非市场因素来决定，现在是由市场来决定，资产价格由市场来决定。深交所创业板注册制改革进一步推动了法律结构的转型和调整，包括特殊投票权制度，在座的焦津洪、徐明和叶林都是法律专家，我是法律方面的非专业人士，但是凭我的常识，特别投票权制度很重要，在高科技企业中不能只是资本说了算，资本说了算的企业走不远，这也是我们学习德国经验的一个重要启发。美国经验有美国经验的合理之处，比如通过金融改革和金融业态的多样性来培育高科技企业，加快推动产业的升级换代。但同时，又不能所有企业都由资本说了算。资本是短视的。在短视资本的主导下，企业的创新都是围绕利润来的，所以这种创新不是根本意义上的创新，不是重大技术创新。我们必须要有一种战略性资本，来推动国家重大的、基础性的创新。这就必然要对科技型企业包括科技型上市公司的投票权制度进行改革，以防止资本的短视对企业的巨大破坏性。所以，特殊投票权制度非常重要，是维系重大创新的重要制度保障，同时也有利于高科技企业的长远发展。这就是法的与时俱进，这就是注册制改革带来的巨大变化。

代表人诉讼制度，是普通法系或者英美法系在资本市场中的重要救济机制，与市场化的注册制改革是配套的。这就是我说的为什么中国资本市场有了灵魂。我们知道，什么样的改革才能把中国资本市场发展好。

对此，我做了一个概括，也就是中国资本市场发展走了第三条道路，形成了第三种模式。这个第三种模式，广泛吸收了现代资本市场的精髓，比如透明度原则。透明度原则是资本市场的基石。监管的核心是透明度。所谓的“三公”原则，基础是透明度原则。

但是，我们又不可能完全复制、完全照搬美国发展资本市场的做法。中国发展资本市场有两个目标：一是推动金融结构的改革，以形成现代金融体系。中国金融体系相对传统，这种金融体系难以推动中国经济和产业的转型，不能有效完成从高科技到高科技企业的转型。高科技企业充满着不确定性，如果没有与此相适应的金融业态，这些充满巨大不确定性的企业难以成长起来。二是中国资本市场的发展必须服务于国家战略需求，包括“卡脖子工程”和高科技企业的发展。这是中国资本市场的一个特点，适度引入顶层设计，适度让资本市场发展与国家战略目标相适应。

中国经济发展40多年来做了大量探索，有些探索是教科书里所没有的。中国资本市场的一些改革，也是教科书中所没有的，因为它走了自己的发展道路，逐步形成了“第三种模式”。这种模式既不完全等同于美国模式，也不是德国模式。有一个时期，有些人试图否定我们过去所走的道路，以为在中国大力发展资本市场是妄想，我不同意这个看法。德国模式有它的可取之处，就是战略性资本孵化高科技企业，重视实体经济特别是现代制造业的作用，以维持国家的整体竞争力，这是需要认真学习的。但是，在中国，如果不大力发展资本市场，试图通过传统金融体系去维系国家经济的竞争力，推动经济结构和产业结构的转型升级，那几乎是不可能的。

我有一个关于美国模式和德国模式的比较研究的较为详细的PPT，鉴于时间所限，就不展开了。基本的观点是，德国模式的基本架构不是我们的基本架构，但其关于战略性资本与高科技企业发展的关系以及资本具有战略性视野的观点，是我们要学习的。同时，还要学习德国模式中对高科技企业、国家重大基础设施的重视。但是，我们改革和发展的重点还是要培育一个发达的资本市场，因为我们除了供给端必须服务于实体经济、培育高科技企业，还必须满足社会对资产多元化的需求，社会大众对财富管理的需求。中国正在由小康社会迈向中等发达国家。到2035年成为中等发达国家，这是我们未来的目标。在这个目标的实现过程中，社会各个阶层都有一个需求，就是财富管理需求。居民收入增长之后，总不能老是买房子，房子不是最好的边际资产选择。金融体系特别是资本市场有责任为社会提供收益与风险相匹配的多元化资产，这个社会才会走向良性循环。这就是说，中国资本市场发展还有一个责任，就是要满足社会日益多样化的金融需求，特别是财富管理需求，这是发展资本市场很重要的推动力。

概而言之，虽然短期看，资本市场的发展会受到文化等外部环境的某些约束，但是从长远看，只要适时调整法律结构，顺应时代的变革，我认为，中国资本市场一定能发展起来。

在主题报告要结束的时候，我要补充一点，在 2006 年出版的《市场主导与银行主导：金融体系在中国的一种比较研究》一书中，我特别主张，在中国应构建市场主导性的金融体系，我认为这是中国金融改革目标的战略选择。经过 16 年的深入研究和对实践的观察，我发现未来中国金融体系模式可能会有适当变化，中国金融体系或结构的未来模式可能是“双峰模式”，即资本市场主导和金融机构或者商业银行主导的“双峰模式”，“双峰”将构成中国金融体系的独特结构。资本市场发展在“双峰”金融结构形成中起着特别重要的推动作用，这或许也是中国金融独特模式的核心内容和基本特征。

这就是我今天要讲的主要内容。详细内容在中国人民大学出版社 2022 年 1 月出版的《中国资本市场：第三种模式》一书中有系统阐释。

2021 年的演讲

依托技术进步和创新开放，中国金融才会有竞争力

——在“2021 中国普惠金融国际论坛”上的主旨演讲

【作者题记】

这是作者 2021 年 12 月 15 日以中国普惠金融研究院（CAFI）理事会联席主席身份在“普惠金融促进共同富裕——2021 中国普惠金融国际论坛”上所做的主旨演讲，论坛由贝多广教授主持。

受刘伟校长的委托，我代表中国人民大学对“2021 中国普惠金融国际论坛”的召开表示热烈祝贺！尤其要感谢中国人民银行、中国银保监会长期以来对中国人民大学普惠金融研究院的关心和指导，也要感谢中国银行业协会、中国互联网金融协会、中国国际金融学会、中国小额贷款公司协会等机构对本次论坛的支持！感谢贝多广教授多年以来坚持不懈地带领他的学术团队，开创性地对中国普惠金融的理论和实践做了非常系统的研究。贝多广教授不但有丰富的实践经验，而且有非常深厚的理论功底，他对普惠金融这样一个全球性的问题，长期以来孜孜不倦地加以研究，取得了丰硕的成果。

中国普惠金融研究院是中国人民大学一个非常重要的学术研究基地，重点研究普惠金融。研究院和国际上一些著名学者、机构都有广泛联系，视野开阔。做好普惠金融是当今中国金融面临的重要任务之一，也是实现共同富裕的重要手段和机制。共同富裕是我们未来相当长时期的一个重要目标，是社会主义制度的本质要求。

共同富裕的价值基础是共同奋斗。我们要认真研究如何才能实现共同富裕。目标的提出固然重要，但是如果缺乏路径、制度、政策的设计，目标的实现就会很困难。我认为，共同富裕的前提是要有不断丰盈的财富基础。中国社会现在还是一个中高收入国家，我们还不是发达国家，2021 年中国人均 GDP 应不到 12 000 美元，离发达国家的最低门槛还有一些距离。按照党的十九届五中全会对 2035 年远景规划目标的设计，中国将通过 15 年的努力成为中等发达国家。我们必须实事求是地看到中国的现实状况，也就是我们还是一个中高收入国家，我们还必须继续努力地去创造财富，必须通过改革开放和市场经济的路径去完成这样一个目标。所以，在共同富裕的路上，我们首先还是要思考如何才能创造出越来越多的财富，从而使我们拥有更坚实的实现共同富裕的财富基础。从制度层面上看，如何激发人们的积极性、创造性，保护财富的创造机制，设计出与新时期目标相适应的、能够让财富源源不断地创造出来的市场化的体制，仍是我们当前面临的重要任务。

这个体制当然是现代市场经济体制。所以，从制度层面上看，一定是要深化改革，要让财富创造有扎实的制度基础，让人们有信心、有激励、有梦想、有目标。一种没有激励机制的制度设计，不会产生丰盈的财富创造，也很难实现共同富裕。

我们还是要认真思考财富创造的机制和源泉。对于这个问题，早在亚当·斯密的《国富论》中就做了比较系统的论述。其中，激励机制的重要因素价格由市场供求关系决定，自由的市场、交易、分工以及资本的作用，这些都构成了财富创造的重要元素。到今天我们还必须重视科技的作用，重视国际分工以及在比较优势基础上的国际贸易机制等，这些都是财富创造和形成的重要元素。在未来的经济活动中，我们要尊重这些基本规则，这样才会源源不断地创造财富，才会为我们未来实现共同富裕提供扎实的基础。共同富裕是一个渐进的过程，是一个目标，不能一蹴而就，不能急于求成，不能搞平均主义，也不是存量资产的平均化。共同富裕的财富形成机制非常重要。

第二个层面是政策设计。当财富创造出来之后，如何设计一个合理的分配政策，这是我们必须考虑的。财富的分配机制，从经济学基本原理上说，有初次分配和二次分配。在现代社会，在文明社会，通过价值引导和道德感召，还会出现三次分配。通过多次分配，社会运行会趋于和谐。在分配制度上，学者们都做了很好的探索，比如说初次分配的重点在激励，二次分配的重点在公平，三次分配则是一种社会感召能力，是自愿行为，这种自愿行为体现了社会的文明程度。分配理论及其功能是一个常识，不能随意颠倒。分配政策的重点一定是初次分配和二次分配，这也是分配政策设计的核心和重点。

在分配政策环节，特别是二次分配，不仅仅是转移支付，也不仅仅是一个对低收入阶层以及贫困家庭的救助，更重要的是政府要提供高质量的公共产品，因为公共产品对社会的所有成员而言是平等享受的，这是对中低收入阶层和贫困家庭的一种非常重要的补充，是一种有效的支持和帮助。更重要的是，我们还要为贫困家庭以及弱势群体、低收入阶层，提供能力提升的机制。要为他们提供公平而良好的教育，提供基本的社会保障。这是在实现共同富裕过程中不可缺少的。我们不要把二次分配的重点仅仅放到转移支付上，转移支付固然重要，但更重要的是能力提升。

第三个层面是，金融能在共同富裕的实现过程中做些什么。金融是资源配置的重要工具和机制。金融对企业、个人以及区域发展，提供的是一种杠杆。这种杠杆如果使用得好，能够促进经济发展。我们要认真研究金融在共同富裕实现过程中的作用机制。

首先社会所有成员，不论收入高低、地位高低、资产多少，所有的市场主体，无论什么成分、规模大小，都应获得与其信用相匹配的金融服务。中国金融不能只为富人、大企业服务，服务对象应当不断下移，要慢慢地覆盖社会的所有成员。虽然社会成员和所有市场主体之间的信用是有差别的，这种差别在一定程度上会影响金融服务的可得性。因为金融运行的基础是信用，如果信用是黑洞，金融服务是无法完成的。金融服务必须把风险外置，如果风险一旦内置，就会出现严重的金融风险。所以，金融改革也好，创新也好，金融服务也好，都要通过必要的手段，无论这种手段是传统的还是新的科技手段，目的都是要让风险外置。在风险外置的情况下，最大限度地提供他们所想得到的金融服务。这个时候金融的普惠性就出现了。我为什么说贝多广教授所从事的研究是一个高尚的、有理想的研究，是因为他们的研究是在为小微企业思考，是在为中低收入阶层思考，是在为贫困家庭思考，思考我们的金融能为他们做什么。这是中国金融改革的基本方向。传统金融的结构、方法难以实现这样一个远大目标，我们必须通过改革和创新，才能实现这一目标。

金融改革和创新的途径主要有两条。一条是大幅度提高金融科技水平，促使金融服务链条下移。要提高金融的普惠性，提高金融科技化水平很重要。我是科技与金融结合的赞成者、支持者，甚至是鼓吹者。我们不能因为某种业态出了问题，就否定科技与金融结合的必要性、必然性。科技与金融的结合，实际上是在拓展金融服务面，本质是提升金融效率。科技与金融的结合，是金融服务于共同富裕，让金融实现普惠性的重要基础和机制。

另一条是鼓励金融业态的多样化。中国金融面临着很多任务，包括功能多样化、效率提升、客户链条拉长、客户服务面扩展，这都是金融的普惠性。这些仅仅通过政策支持是不够的，必须改革金融业态，使金融业态变得多样。不同的金融需求以及不同的群体对金融服务的要求和金融服务业态是不一样的。没有一种金融业态可以包打天下，可以完成所有的金融服务。比如，一个高科技企业处在死亡谷、婴儿期，这时商业银行是不会提供贷款的，企业又到不了上市标准，我们就必须创造与这种技术性企业相匹配的金融业态，比如风险投资，风险资本业态就出现了。我们要支持、鼓励这种金融创新。中国金融面临的重要挑战就是创新，创新和技术进步是中国金融发展最重要的途径。一个时期以来，总有人想使中国金融回归单一金融业态，我不认为这个思路是正确的。单一金融业态看起来风险可控，但是功能单一、效率很低，难以实现金融的普惠性。单一金融业态的风险是单一的、存量化的，是累计的。一种金融体系是不是现代金融体系，很重要的是要看风险是不是可流动，风险是否可配置，资产有没有一种组合的能力。所以，我们必须推动资产的多样性，风险结构的多元性，这样才能使中国金融结构上富有弹性，同时能够让它处在相对安全的状态。对于金融安全观、金融风险观，要站在未来的角度去思考，站在现代金融的角度去思考，这样才能未雨绸缪。中国金融不能回归传统。

中国金融只有在创新、技术进步和开放的过程中，形成一种有竞争力的金融，才可以通过这样的金融实现我们共同富裕的目标。

深化改革、创新监管，是防范和化解金融风险的根本举措

——在“2021 中国金融学会学术年会”上的发言

【作者题记】

这是作者 2021 年 12 月 11 日在“2021 中国金融学会学术年会”上的线上发言。

“统筹发展与安全，防范化解金融风险”这个主题很重要，是中国金融改革开放面临的重要问题。防范金融风险的核心是如何处理好金融功能、金融效率与金融安全之间的关系，必须从更广泛的视野去理解这个问题。只有通过深化改革、扩大开放、技术进步和创新监管，才能有效地防范和化解金融风险。

第一，要着力构建一个有弹性的金融体系，这样才能很好地吸收和组合风险，为此就要推动金融的市场化改革。金融体系的功能如果很单一、效率很低，就难以满足市场多样化的金融需求。如果金融效率很低、功能单一，意味着存在潜在金融风险。

金融还有一个如何更有效地服务于实体经济、如何高质量地满足社会多元化的金融需求的问题。如果金融不能有效地满足社会和市场主体日益多样化的金融需求，势必给实体经济带来巨大的不确定性。所以，我们必须推进金融的结构性改革。

金融功能的多样性是衡量一个国家金融竞争力的重要表现。如果金融功能单一，那是落后金融体系的标志。为了实现多元化的金融功能，核心是推进金融的市场化改革，推动金融结构的转型，其中金融脱媒的过程很重要。金融脱媒是一个国家金融现代化的逻辑起点。金融脱媒主要是推动投融资活动走向市场，这是金融发展和进步的基本趋势。中国金融体系正在朝着这个方向变革。大力发展资本市场，全面推行注册制改革，是其中非常重要的措施。

第二，不断提高金融效率。在技术水平较低的情况下，金融服务的效率相对比较低，跨时间、跨区域的金融服务会受到限制。通过技术进步使科技和金融结合，才能克服传统金融的时空限制。科技与金融的结合，是提高金融效率的重要途径。

第三，要着力提高金融的普惠性。金融的普惠性，是让所有的人、所有的企业能获得与其信用相匹配的金融服务。通过科技手段可以扩展对传统金融长尾客户的信用甄别能力。

我们要着力提升金融服务实体经济的能力，更好地满足人们多样化的金融需求，构筑有弹性的金融体系。这种金融体系的风险是流动的、可配置的。金融体系的安全性与风险的形态有密切关系。如果风险处在可流动、可配置的状态，那么，金融体系就具有相应的弹性。即使出现了局部性金融危机，危机过后金融体系的动能也会得到修复。

第四，金融业态的多样性。金融业态的多样性与人们多样化的金融需求密切相关。

我们应从这四个角度来观测金融风险。

金融风险的管控是动态的。试图回到单一金融业态不是有效管控金融风险的正确思路。我们必须站在创新的角度、用改革的理念去理解金融风险。中国金融要推进市场化改革，要加大与科技的融合。中国是一个大国，要有与其相匹配的大国金融。一国金融结构发生了变化，金融功能也会发生变化，金融风险结构也随之会发生变化。

如何监管现代金融架构下的金融风险，是我们面临的重要问题。创新监管是防范化解金融风险的重要途径，不能用传统的监管风险的思路来监管多样化的、多业态的、风险结构多元的金融体系。如果把新金融业态风险产生的机理搞清楚了，就能够制定出与新金融业态相匹配的金融监管准则。

金融监管要促进金融发展，促进金融更好地服务实体经济，提高金融效率。创新要跟上时代的步伐，监管要跟上创新的步伐。所以，深化改革、创新监管是防范化解金融风险两个最基本的要素。

当前，我们要认真研究两个问题。

一是中国金融风险的特点和结构。未来中国有可能发生金融危机的重点在哪里？这需要认真研究。要站在市场化改革和开放的角度去研究如何防范系统性金融风险。要做好金融风险形成的理论研究和历史案例研究。在未来开放过程中，中国金融风险或危机究竟是出现在汇率上，还是会出现在债务市场、股票市场上，或者银行流动性风险上，这些都需要深入研究。

二是要研究政策的稳定性和金融风险的关系。要加强有关金融政策稳定性的研究，包括监管政策。有时候我们转弯的速度太快、变化太快，人们的预期跟不上。在出台相关政策之前，要认真研究现代金融的发展趋势和基本规律，出台的政策和监管措施要顺应这种趋势。从政策、制度以及监管的规则层面看，应该尽可能避免出现市场巨大的不确定性，要形成相对稳定的市场预期机制。金融市场中重要的是预期机制和透明度。要加强对透明度的监管，稳定企业和投资者的预期机制。

上述两个问题对当前中国金融来说要认真研究。我们必须把一些重大问题研究透了，出台的政策才能更有利于中国金融的进步，有利于金融风险的防范和化解。

中国经济改革的崎岖之路
——在“中国应用经济学年会（2021）”上的主题报告

【作者题记】

这是作者2021年10月16日在由中国人民大学、东北财经大学主办的“中国应用经济学年会（2021）”上的主题报告。这是作者首次以国务院学位委员会应用经济学学科评议组召集人的身份参会并做大会演讲。

首先我代表国务院学位委员会应用经济学学科评议组对第三届“中国应用经济学年会（2021）”在东北财经大学召开表示热烈祝贺，对各位领导和专家的光临表示热烈的欢迎。你们的到来给我们这个论坛增添了辉煌。夏德仁主席、刘伟校长和培勇副院长把公务推掉，专程来到这个论坛发表主旨演讲，非常感谢。我还要特别感谢吕炜校长和东北财经大学的老师们为这次论坛的举办付出的辛劳。

我第一次来东北财经大学是1994年，那时我和夏德仁主席都非常年轻，在他的邀请下，我第一次来到东北财经大学，参加中青年经济学研讨会，当时他是东北财经大学校长助理。研讨会开完了，没过多久，夏德仁主席就变成了校长，我对东北财经大学一直有很深的印象。现在我可以告诉大家一个秘密，2009年辽宁省委在全国引进大学校长，我好像是当时东北财经大学校长人选，人选表已在我的办公桌上，夏德仁主席可能参与了决策，辽宁要在全国著名高校和学者中选聘辽宁所属大学校长人选。中国人民大学是重点关注的大学，条件是，第一，必须是长江学者特聘教授；第二，必须在中国人民大学担任中层以上的领导，那个时候我是校长助理兼研究生院常务副院长；第三，必须是主流学科的教授和博士。这是辽宁省委当时选东北财大校长的三个条件，我完全符合这三个条件，我心中很向往，后来征求我的领导意见，领导说你不能走。我这个人组织原则还是很强的，领导说不能走那就不走了，所以也就错过了服务于东北财经大学的机会，有点遗憾。

我今天演讲的题目是，通向未来的崎岖之路——中国经济发展与经济学的使命。从今年暑假开始就在构想提交给此次年会的这篇论文，这篇论文侧重于对中国经济发展的学理性思考。我曾对会议秘书处讲，千万不要印成精美的本子，要和参会专家的论文完全一样。秘书处告诉我，今年年会只收到你这篇论文，所以也就不存在独特不独特了。

中国经济改革和发展40多年，为中国经济学科特别是应用经济学理论的现代化，提供了丰沃的土壤。这个时代没有辜负我们这一代经济学人。基于这么丰富的实践，我们要认真思考中国的未来。1978年底召开的党的十一届三中全会，开启了中国现代化的进程，吹响了改革开放的号角。新中国成立之时，我们的目标就是要建设一个繁荣富强的国家，让人民过上幸福的生活，这是我们党的初心和使命。从 1949 年到 1978 年，“两弹一星”以及当时的工业建设为中国经济作出了很大贡献，但是有一个基本的问题没有解决，那就是老百姓的吃饭问题，那时大多数人处在半饥饿和贫困的状态。我有时候总在想，为什么前后的差别这么大？ 1978 年之前，为什么温饱问题都解决不了，现在经过 40 多年的改革、开放和发展，中国社会全面实现了小康目标。我认为，一定是有深刻的制度原因的，一定是当时的经济发展模式不适合中国。党的十一届三中全会和小平同志重新确立了我们未来发展的总纲领、总方向，我们探索出了一条正确的道路，这就是解放思想，实事求是，改革开放，走有中国特色的社会主义市场经济道路，这是一个让所有的人有积极性、有创造性、有梦想、有追求的财富会源源不断被创造出来的制度和机制。如果一种制度让企业创造财富的积极性、人们的创造力受到限制，社会一定会陷入贫困。贫困的根来自思想的僵化、制度的低效率。中国通向未来之路是崎岖的、不平坦的。我们过去的改革是艰难的，前行的路有的是禁区，有的是无人区，需要巨大的勇气和超凡的智慧。原来那套计划经济体制，实践表明完全不适合中国，我们必须走出一条新路，这就是有中国特色的社会主义市场经济道路。在过去的实践中，我们没有照搬以美国为代表的自由市场经济模式，而是基于中国的国情，进行了创造性探索。

一、中国经济发展模式的变革历程

（一）资源配置：从政府统包到市场主导

改革开放前，国家的高度垄断导致市场的作用空间基本不存在，这背离了经济学的基本原理，否定了经济人假设，否定了人对利益追求的本性。计划经济理论和基于这种理论所构建的体制，没有解决中国的问题，没有解决中国人民的温饱诉求。1978 年底召开的党的十一届三中全会，是中华民族走向繁荣富强的历史起点。过去的 40 多年，中国从政府大包大揽、统配资源，市场几乎不存在作用空间的高度集中的资源配置机制，过渡到市场是资源配置的决定性力量的体制，这既是历史的大跨越，也是理论的巨大进步。

（二）发展格局：从封闭循环为主到国际大循环再到双循环

1949 年到 1978 年，中国经济主要是一个封闭循环为主的经济体。2001 年 12 月中国加入世界贸易组织（WTO），是中国经济进入国际大循环战略的重要标志。加入 WTO 的 20 年，是中国经济快速增长的 20 年，社会财富空前积累的 20 年。1978 年至 2020 年期间，按不变价格计算的中国 GDP 总量增长了 39 倍；外汇储备从仅有的 1.67 亿美元增长到 3.2 万亿美元左右。

进入新的发展时期，基于国际形势和国内经济增长的实际情况，我们提出了"双循环"发展战略，"双循环"发展战略是一种更深层次的市场化改革，不是要回归落后的计划经济体制和封闭的自然经济模式。

中国发展的经验已经证明，继续推进市场化为导向的改革，继续扩大开放、参与国际分工仍然是我们的基本国策。

（三）增长动力：从资源依赖到创新引领

中国经济增长过去主要依赖自然资源、人口红利等要素。虽然中国改革开放全过程伴随着制度创新，也伴随着技术创新，但经济增长形成了对资源的过度依赖模式。随着以劳动力短缺和工资持续提高为特征的"刘易斯转折点"的到来，以及人口红利的消失，依赖大规模资源投入以保持经济增长的方式难以为继。进入 21 世纪后，中国对于创新的关注，逐步由制度创新扩展到技术创新，这是新时期的重要变化。

（四）宏观管理：从计划指令到宏观经济政策调控

经济运行都是有周期、有波动的，如何有效地熨平经济周期，减少大幅度波动对经济的破坏，是宏观经济管理必须考虑的首要问题。20 世纪 90 年代后，中国开始彻底改革计划指令的宏观管理模式，走向以市场为基础的宏观经济政策调控模式。这期间，财政政策和货币政策发挥了不同作用，特别是货币政策在中国经济发展中发挥了特别重要的作用，中国人民银行创造性地使用货币政策，为中国经济的增长和经济的平稳运行作出了重要贡献。

二、中国经济发展的特色道路

（一）效率优先、重视公平的基本原则

效率与公平是经济理论中一个永恒的话题。改革开放40多年，中国经济发展的主基调是追求效率、重视公平，这是中国经济发展模式的一个重要理论逻辑。现在中国已经进入小康社会，必须构建新的共同富裕发展模式。共同富裕的价值基础是共同奋斗。在任何时候都要重视并保护财富的创造机制，要让财富源源不断地创造出来。

公平不是数字意义上财富的拉平，不是约束跑得快的人，而是要想办法让跑得慢的人尽可能跑起来，缩小与跑得快的人的差距，同时政府要对跑得慢的人提供帮助。

（二）经济发展的“第三条道路”

依靠政府还是市场？这是重要的道路选择问题。中国始终在不断探寻并试图优化政府边界和市场边界，既没有停留在计划经济时期政府全覆盖的资源配置模式上，也没有完全照搬以美国为代表的自由市场经济模式，而是试图在政府和市场之间不断优化其作用边界，在这两种模式中开辟了一条新道路，构建了一种新模式，亦即经济发展的“第三条道路”。

习近平总书记指出，坚持社会主义市场经济改革方向，核心问题是处理好政府和市场的关系。发挥“有效市场”和“有为政府”的作用，是中国经济发展的宝贵经验 。

（三）顶层设计

重视顶层设计是中国经济发展模式的一个显著特征，其中“五年规划”是中国经济发展的宝贵经验。中国顶层设计中一个重要的管理模式是宏观经济管理部门的协调作用。针对不同的目标和任务，顶层设计制定了不同功能的区域发展战略，这也是中国经济发展的重要实践。从改革开放早期的沿海经济特区，到今天的京津冀一体化、粤港澳大湾区、成渝经济圈、长三角一

体化、海南自由贸易港等，这些区域发展战略有其自身的特点，又有战略分工，形成了不同时期的区域经济发展战略。

（四）地方政府的独特作用

郡县治，天下安。在中国经济发展过程中，充分发挥地方政府的作用是中国经济成功的秘诀之一。中国在市场经济模式中，大大加强了地方政府在顶层设计到市场转化过程中的作用，这种承接转化为推动中国经济发展发挥了重要作用。

为推动地方经济增长，各地方政府根据地方发展的实际情况制定了有差别、有特点的经济发展战略，在中央政府顶层设计的大框架中，设立与地方经济发展相适应的开发区、工业园区等，这对整个产业结构的转型起到了重要的支撑作用。同时，通过招商引资等方式最大限度地利用当地资源优势，进一步拉动本地区经济发展，推动了中国经济的发展。这个过程中所形成的地方竞争机制，是中国经济发展的独特力量。

（五）货币政策为主导的宏观调控

在中国，财政政策与货币政策协调配合，以保持经济的持续稳定增长和合理预期，具有一定的中国特色。中国人民银行履行了维护宏观经济稳定的职责，实施货币政策，创设了多样化的货币政策工具，推动了宏观经济的协调和增长。

三、中国经济发展面临的新挑战

（一）新环境：国际经济环境正在发生深刻变化

21 世纪初以来，逆全球化思潮开始出现，民粹主义以及基于民粹主义的单边主义和贸易保护主义也开始盛行，中国经济发展的外部环境变得更加不确定。改革开放以来，中国经济的对外依存度发生了重要变化。国际环境的变化，对中国经济依靠外国市场拉动经济增长这样一种模式，带来了基础性的深刻的变化。

（二）新动力：经济增长呈现出内生性趋势

中国经济增长呈现出内生性趋势，这是我国经济进行战略转型的重要依据。中国经济发展的另一个新动能来自不断蓬勃发展的数字经济。从新科技到新产业，中间具有诸多不确定性。必须创造一个与新科技、新技术到新产业变化过程相匹配的新资本业态，以此推动产业的转型和升级。

（三）新目标：2035 年迈向中等发达国家

从 1978 年到 2020 年，中国全面实现了建成小康社会的战略目标。党的十九届五中全会对 2035 年中国经济的远景目标做了全面规划，未来五至十年，中国要把小康社会建成发达国家，到 2035 年要成为中等发达国家。实现 2035 年目标的一个近期挑战，是在“十四五”时期顺利跨越中等收入陷阱。

（四）新约束：后疫情时代、老龄化与全球气候变化

首先，新冠肺炎疫情给中国经济发展带来了新的约束。新冠病毒的高度不确定性，迫切要求国家在未来发展过程中，既要保障经济发展，也要加大对（公共）卫生安全的投资力度。国家经济发展的多维目标，为后疫情时代中国经济发展带来了新挑战。

其次，“未富先老”的人口现状影响中国经济发展。老龄化提速导致劳动力供给下降，这种未富先老的状况增加了社会的养老负担，同时也带来了需要满足养老的一系列挑战。

最后，全球气候变化也在深刻地影响着中国经济发展进程。中国提出“力争于 2030 年前达到碳峰值，努力争取 2060 年前实现碳中和”的“双碳”目标，这意味着中国要用全球历史上最短时间完成最大碳排放强度降幅。“双碳”目标的实现过程必须基于中国的现实基础，循序渐进，防止“运动式”现象的出现。

四、中国（应用）经济学科的历史使命

（一）历史使命：与大国经济相匹配的中国（应用）经济学

改革开放以来的40多年，中国经济的改革、开放和发展实践，为现代经济学理论创新提供了广阔的实践基础。只有通过不断挖掘根植于中国经济实践当中的内在逻辑，将其升华为具有理论创新价值的研究成果，才可以为现代经济学注入“中国元素”，才能够凝练出既能体现理论的普适价值又具有特殊意义的中国经济学思想。

中国特色社会主义进入了新时代，这是我国发展新的历史方位。在建设社会主义现代化强国、实现中华民族伟大复兴的历史进程中，需要中国经济学界对此进行更好的理论阐释和经验总结，并据此构建与大国经济相匹配的经济理论体系，这既是时代的要求，也是中国经济学者的历史使命。

（二）尊重经济学常识是理论研究的起点

在经济活动中，我们必须尊重以下经济学的基本常识：坚持市场是资源配置的决定性力量；坚持企业是市场的主体；尊重市场主体的权利；坚持竞争中性原则；坚持价格由市场供求关系来决定；保护消费者权益；加强产权保护；坚持分工协作和利益共享原则；正确处理高税负与经济活动的关系；推动要素的自由流动；坚持信息公开原则。

（三）坚持问题导向与科学性相统一

任何学科都要有自身的理论逻辑，没有理论逻辑成就不了学科。中国经济学既要基于中国实践分析中国问题，更要进行学理化的总结与提升。在理论逻辑基础上，应用经济学发展要扎根于中国大地，研究中国经济社会发生的真问题，找到解决问题的方案或思路，从中概括出普遍规律。要坚持问题导向和科学性的统一，坚持科学、理性、客观的原则，这是学术研究的灵魂。经济学要“经世济民”，要服务于国家、服务于社会、服务于重大国家战略，推动经济的发展，这是中国经济学，特别是应用经济学科的责任和使命。

向着心中的目标前行

——在中国人民大学财政金融学院 2021 级研究生新生开学第一课上的讲座

【作者题记】

这是作者 2021 年 9 月 14 日在中国人民大学财政金融学院 2021 级研究生新生开学第一课上的讲座，这是自 2018 年建立“研究生新生开学第一课”制度以来，作者连续四年所做的第四个研究生新生开学第一课讲座。讲座历时三小时，内容较长。财政金融学院庄毓敏院长主持讲座。

一、形成正确的学术价值观

感谢庄院长的介绍。从2017年开始，我就跟庄院长讲，我可能很难每个课堂都去讲课，能不能把财政金融学院的研究生新生，包括博士生、金融专硕在内的所有研究生新生组织在一起，由我来讲新学年开学第一课，把我一年来的研究成果和大家做一个交流，由此形成了财政金融学院研究生新生开学第一课这个制度。

中国现在正处在一个历史性的关键时期，中国经济和金融也呈现出很多新的问题，需要我们深度思考。作为一个学者，不能人云亦云，不能左右逢源，也不能仅仅是诠释，还必须从底层逻辑去思考中国经济和金融的问题。这个底层逻辑需要理论功底。作为理性的研究者，我们不能强词夺理，不能以势压人，要讲内在逻辑。讲逻辑就是讲道理，讲道理主要是讲常识，不要拿一些专业名词唬人，不要用权威去压人。学术交流永远是平等的。

要形成学术研究的底层逻辑，年轻的时候就要注重基础理论的系统学习，学者学术价值观的形成是需要时间的。作为一名大学教授，当然要有自己的价值观。这个价值观概括地说，就是要推动社会进步，推动经济发展，顺应未来趋势，跟上现代文明的步伐。同时，还要善于判断是与非。是与非有时候会被迷雾所笼罩，如果没有深刻的洞察力和正确的价值观，有时是难以看出是与非的。大学教育，很重要的是要形成一种是与非的价值观。研究生教育除了要有是与非、善与恶的价值观，还要有基本的专业判断力，要有自身的专业能力。这就需要在本科、研究生乃至博士生学习的这10年时间里，系统学习并研究前人具有历史进程意义的学术成果。

同学们来到中国人民大学财政金融学院进行研究生阶段的学习，是幸运的。你们中有的可能还要攻读博士学位，所以，你们大致要在人民大学度过两至六年的青春时光。如果本科也在人民大学学习，那就要在人民大学度过十年时光。两年、六年或者十年，你们的任务主要是学习，千万不要把实习看得那么重要，主要是学习经济、金融乃至更广泛的政治、文化、历史、哲学方面的名著。要善于读书、善于思考。人的一生最宝贵的就是从本科到博士生阶段的这十年，未来能不能成为一名学者，这十年至关重要。博士毕业以后，还有若干年，需要潜心研究。我希望中国年轻一代要有自己的是非标准、价值观和学术追求，不要被浮躁的社会所影响，要保持独立的人格和不懈的探索精神。

中国人民大学是中国最好的大学。你们中有的可能是从外校考来的，对人大还不是十分了解。她好在哪里呢？她有宽容的学术胸怀。人民大学是以人文社会科学为主的中国一流大学，有些学科与意识形态很近，有些领域研究的问题也比较敏感，但是大家可以看到，我们并没有因为教师有不同的学术观点而禁声。

我始终认为，一所大学的生命力在于学术的自由。因为只有自由的探索，才会有学术的繁荣。为国家、为社会、为民族思考未来，这是正确的学术价值观。在这个价值观的指引下，我们去思考过去、今天和未来。人民大学具有包容、理性、务实的学术精神，这是一所大学难能可贵的品格。我当年考研究生可以考取中国任何一所大学的研究生，但是我选择了中国人民大学。因为，中国人民大学在当时肯定是最好的大学，大师云集，群星璀璨。我深刻地感受到，人民大学有一种自由探讨的学术环境。自由的探索，平等的学术交流，是大学的基本特质。

中国人民大学具有这种特质和品格，具有学术上的宽容精神。学术上的宽容，对一个学者来说多么重要。人的一生很难一帆风顺，很难做什么事都是正确的，可能会碰到这样那样的问题。这个时候需要有宽松的环境、包容的精神，需要有回旋的空间。什么叫有容乃大？宽容就是大气，大气和宽容是连在一起的。一个国家是这样，一所大学是这样，一个人也是这样。一个宽容的人，为什么会得到大家的拥护，是因为他身上弥漫着一种特别的气质。如果什么都很苛求，那就会变成孤家寡人，因为谁也不可能穷尽真理。只有宽容，才会吸众家之长，进而才会不断进步。我非常喜欢“倾听”这个词，倾听和包容是有内在联系的，没有包容精神的人是不会倾听的。

我年轻时身上有很多缺点，其中最重要的一点就是傲慢。傲慢比骄傲还恶劣，后来我认真反思，体会到倾听、宽容的重要性。如果说今天的研究有那么一点点成绩的话，我认为与倾听、吸纳以及包容有密切的关系。我非常喜欢和那些有思想的人交流，哪怕他跟我的观点完全不同。不同的观点，一定有其内在的逻辑。倾听这种不同的逻辑，能够不断地丰富你的理论，让你的思想更加丰厚。

人民大学有很多著名的教授，我们的上一代有很多学术大家，到了我们这一代，少了很多。我们的前辈老师们为人民大学的卓越声誉、学术领先作出了杰出贡献。没有他们，就不可能有人民大学在中国高等教育中现在的地位。20 世纪 80—90 年代，中国人民大学有数十位各个领域的学术大家，他们是我心中的丰碑。年轻的时候为什么要考人民大学的研究生？就是追随他们来的，后来也就离不开人民大学了。

我研究生时代的硕士同学和博士同学，毕业后很多都走向了中央国家机关，有的已经成为党和国家领导人，有的成为部委的主要领导。20 世纪 80 年代中期研究生毕业，80 年代末期拿到博士学位，那时到中央国家机关工作非常容易。我研究生学的专业不是金融，是国民经济计划，人民大学计划经济系毕业的。那个时候，计划经济系就如同今天的财政金融学院一样，是人民大学最著名的系，最好的专业。计划经济系的毕业生大都去了国家计委和宏观经济研究部门。

我喜欢独立思考一些问题，不太接受教条的东西。在 20 世纪 80 年代后期博士研究生学习阶段，我发现计划经济理论不适合中国，那套理论看起来很美，实际上是乌托邦，是空中楼阁。那时我总在思考，中国为什么这么贫穷？改革开放前中国是很贫穷的，不少人吃不饱饭。当时 10 亿人中大多数人吃不饱饭。同样是中华民族，同样在中国共产党领导下，改革开放之后，到 2020 年我们全面建设成了小康社会，为什么那个时候连饭都吃不饱？

这与道路的选择、制度的选择有根本的关系。

党的十一届三中全会让中国走上了正确的发展轨道，走了一条改革开放和与中国国情相适应的社会主义市场经济道路，彻底抛弃了那种约束人们积极性、创造性的计划经济体制。中国改革的核心是要让所有的人有积极性、创造性、有梦想、有追求，这是财富创造之源。我们过去之所以长期处在贫困状态，是因为制度扼杀了财富创造的机制和动能。改革就是要找到财富的源头，寻找创造财富的机制。

我再谈谈研究生阶段学习的重要性。学术研究走不了捷径。《资本论》是我们研究生阶段必须学习的。学习《资本论》给了我们正确的价值观，给了我们严格的逻辑体系。这种严格的逻辑体系，对一个学者来说，是非常重要的。有了深刻的逻辑能力，你就不会动摇，你的内心就像山一样沉稳，知道什么是对的，什么是不对的。

马克思的《资本论》还给了我们一种严谨的学风。马克思的《资本论》我读了三遍，不读三遍，考试考不过啊。我特别喜欢 20 世纪 80 年代那样一种学风，没有什么功利性。

学术如果被功利所牵引，一定是短视的，容易走弯路、找偏门。学术研究要淡然于心。我经常会说一句话，“努力了就好了，能到哪就到哪”。我们要努力，我们可以有目标，但不能不择手段，不能太功利。功利的人生通常招摇于市，那不是人生的真实意义。

人生正道是淡然。努力了，无愧于自己，无愧于这个时代，无愧于你所受的教育。

《资本论》给了我们这一代人一种认识世界的正确方法，一种基于严密逻辑的概括力。为什么学术大家给人的感觉与众不同，有些人看起来非同一般，是因为他们有卓越的洞察力和高度的概括力，有非同寻常的在错综复杂的问题面前能迅速捕捉到问题核心的能力。眼前虽然迷雾重重，但他总能看穿这个迷雾，能看到问题的本质。这种洞察力与其高度的概括力以及对问题认识的穿透力有密切的关系。《资本论》给了我们这种能力，这是做学问的基础。

20 世纪 80 年代，是一个思想解放的伟大时代。你们在座的各位，相当多的都是 1990 年以后出生的。20 世纪 80 年代，是近现代中国思想解放的伟大时代。我们这一代人在人民大学除了学《资本论》以外，也在如饥似渴地学习西方经济学的理论和方法。那个年代西方名著涌入中国，大部头看不过来，就看浓缩版的小册子。三五万字的小册子，很快就能读完。那个时候商务印书馆出了一整套西方经济学经典名著，这是我们必读的。人们如饥似渴，看到另外一个精彩的世界，发现原来还有如此一个精彩的世界。广泛地吸收人类文明的优秀成果非常重要。我们这个民族不能自我封闭，只有不断地吸收西方发达国家和人类社会的文明成果，才能不断前行。

中国之所以能够从一个贫困、落后的国家，走向或者正在走向现代化的国家，最重要的是解放思想、实事求是。解放思想，就是我们一方面要弘扬中华民族的优秀文化和思想，同时又要最大限度地学习发达国家的经验，吸收人类社会的优秀成果，这个民族、这个国家才能不断进步。

在人民大学读研究生阶段，我初步确立了这样一种价值观，一种有容乃大的学术情怀。我们要总结历史，但不能沉浸在历史之中。总结历史也是昭示未来。我们必须着眼于未来，才会有新的未来。所以，同学们，我想说，“包容”“吸收”“倾听”这样一种学术精神非常重要。我们大家一定要在人民大学养成这样一种情怀。

我今天不是来讲思政课的，虽然我刚才讲的具有某些思政课的内容。思政课不能讲得那么硬邦邦、灌输式的，实际上是要从亲身经历中找到接地气的内容。靳诺教授是全国思政课的总负责人，我还在学校工作的时候，她曾经问我：思政课究竟应该怎么讲？因为她要召集全国思政课的专家们、教授们开会研讨如何讲好思政课。我说，思政课一定是要讲真实的故事、切身的感受，一定要实事求是，一定要有主体实践性，不能大话、空话、说教连篇。

二、顺应历史潮流

中国经济社会处在一个历史性的关键时期。改革开放以来，中国经济社会从来没有像今天这么复杂。我们必须深入分析当前所面临问题的复杂性及其原因，正确把握未来的发展趋势。

改革开放以来，中国经济有了快速发展。大家可能都知道改革开放前中国经济的落后状况。1978 年之前的中国是贫困的，甚至是吃不饱饭的。我经常说，贫穷和饥饿成了这个民族最深刻的记忆，也是这个民族最大的噩梦。

大家可能不知道贫困和饥饿带给人们的是一种什么样的压迫感，所以，当时的中国必须尽快摆脱这种压迫感。

小平同志说，“贫穷不是社会主义”。如果贫穷是社会主义，我们可以不要这个社会主义。我们要的是富裕的社会主义，要的是让人民过上幸福生活的社会主义。所以，我们必须对过去那种模式、道路、体制进行深刻的改革。党的十一届三中全会是中华民族伟大的转折点，它让中国这艘巨轮找到了正确的航向。小平同志有一个划时代的讲话：《解放思想，实事求是，团结一致向前看》，在彷徨茫然的时候，我会时常重读这篇讲话，特别在小平同志诞辰或者逝世纪念日，都会看看这篇讲话。我几乎不发朋友圈，但是一年也会发一两条，其中有一条一定是纪念小平同志的，无论是他的诞辰日，还是他的逝世纪念日。每次重读这篇讲话，都会让我震撼，在那样一种环境下，那样一个时代，有如此高瞻远瞩的讲话，是需要非凡的勇气和智慧的。当时的中国意识形态环境是非常严酷的，小平同志以他超人的勇气和非凡的智慧，大力推动了中国的改革开放，他深刻地认识到原来那条路走不下去了。让中国人民过上幸福的生活，是我们党的初心。从建党开始到新中国成立，让中国强大起来，让人民过上幸福的生活，这是共产党人的初心。但是如果老百姓过不上起码的温饱生活，吃不饱饭，共产党人是有责任的。1978年底党的十一届三中全会开启了中国改革开放的伟大历史进程。当时，摆在我们面前的首要问题是，走什么样的经济发展之路，才能让中国发展起来？开始的时候提的是“有计划的商品经济”，1992年小平同志南方谈话之后，明确提出了走有中国特色的社会主义市场经济道路，确立了改革开放的基本国策。改革指什么？指的是市场化改革，这是非常明确的。所有的改革特别是经济体制改革，必须坚持市场化方向，让市场成为资源配置的决定性力量。这是中国经济改革的基本方向。

在市场化改革的同时，必须着力推进对外开放。改革开放之前和之初，中国金融资源非常贫乏。没有金融资源，经济建设是很困难的。要推动经济增长，首先要有资本。资本来自金融资源。虽然中国地大物博，自然资源丰富，也有丰富的劳动力，但缺乏资本和技术。自然资源不可能自动成为生产要素，它需要一个平台、一种机制，才会成为现实的生产要素，才能成为经济增长的现实力量。这其中，最重要的是资本，但是中国金融资源匮乏，资本严重不足。1978 年底，10 亿人口城乡居民储蓄存款只有 210 亿元人民币，外汇储备仅 1.67 亿美元，这么微薄的金融资源，何时才能把中国建成现代化国家？

今天中国 14 亿人口，城乡居民储蓄存款超过 100 万亿元人民币，外汇储备稳定在 32 000 亿美元，这和 42 年前的中国完全不是一个数量级。如若当时只是依赖那么一点点金融资源，不对外开放，到 2020 年肯定实现不了小康，我们必须深刻理解对外开放的深远意义。

对外开放主要是向发达国家开放，吸引发达国家的资本和技术。改革开放之初，我们在沿海地区设立了许多经济特区，其中，深圳是它们中的杰出代表。经济特区有两个重要功能：吸引外资和引进技术。不吸引外资，经济是没有办法发展起来的。

1982 年，小平同志专门在北京会见并宴请了美国西方石油公司董事长阿曼德・哈默博士，目的就是推动开放、引进外资。近日我也看到了小平同志访问日本的时候对松下公司创始人松下幸之助先生说，“欢迎你们到中国来投资”，这需要远见卓识和宽大胸怀。

引进外资是互利共赢的。对外开放、引进外资推动了中国经济社会的进步，扩大了就业，提升了中国经济的竞争力。我们要全面客观地看待引进外资和外资的投资收益。在公平的环境中，在法律的框架内，投资这种商业活动是可以持续的，因为它遵循了市场原则，互惠互利。无偿捐赠可以提倡，但难以持续。互利互惠的机制才会使经济活动具有长久的生命力。一边是永远的付出，一边是永远受惠，这种模式怎么可能长久？所以，构造一个外商投资的良好环境很重要。设立沿海经济特区就是要引进外资、引进技术、培养人才，学习发达国家先进的管理方法，消化吸收国外先进技术，走一条从引进到吸收再到自主创新的发展之路。中国人很聪明，对新技术有时候看一看就会了，但是看一看也得有看的对象。过去我们封闭得太久了，我们对外面的情况了解太少。所以，开放很重要，拓展了我们的视野，让我们深知落后的差距和竞争的压力。

中国在对外开放的同时，对内着力推进市场化改革，以建立现代市场经济体制。对外是引进资本、引进技术，学习发达国家先进的管理方法，在实践中培养人才，对内则是着力培育市场经济体制，20 世纪 80 年代中后期，我们开始形成了中国经济进入国际经济大循环，参与国际分工的大战略。在相当长时期里，在国际分工中，中国处在产业链的中低端。尽管如此，我们还是要参与国际分工，通过参与国际分工和国际经济活动来提升中国经济的竞争力，寻找中国经济的发展方向和追赶目标，不断地在国际产业分工中前移。中国人有很强的学习能力，只要制度给了合适的环境，什么样的奇迹中国人都能够创造出来。只要给他一个支点，他就能撬动整个世界。只要思想没有被束缚、手脚没有被捆绑，中华民族就能创造人类的奇迹。很难想象 14 亿中国人经过 40 多年奋斗，两代人的努力，就将一个贫困的国家建设成了一个中上等收入的国家，我们离发达国家的门槛已经不远了。这是几百年来中国人的梦想。我们之所以不断地接近这个目标，是因为我们走了改革开放和市场经济的康庄大道。

2001 年 12 月，中国迎来了历史性的时刻，即加入 WTO。这是中国社会近现代以来第一次全面融入国际社会。当时学界也好，舆论界也好，都有一些担忧，认为中国加入 WTO，全面融入国际经济体系，承担了不该承担的责任，其中包括金融业、保险业过渡期后的开放时间表。加入 WTO，既是机遇，也是挑战。加入 WTO 后，有明确的责任和义务，其中有一条就是必须严格保护知识产权。那个时代，我们对知识产权保护这个概念非常淡漠。那时人民大学东门外成批成批的人卖盗版光盘、盗版软件、盗版图书，甚至贩卖假证件。今天，在中国，知识产权侵权行为得到有效遏制，社会开始普遍具有知识产权的概念，这是中国社会巨大进步的重要标志。所以，中国加入 WTO，对中华民族来说，具有历史意义，极大地推动了中国社会文明的进程。

从 1978 年到 2001 年 12 月，我们对内着力推进市场化改革，在法律框架内，吸引外资、吸引技术，但并没有全面地对外开放，只有到 2001 年 12 月加入 WTO 后，才意味着中国经济全面融入国际经济体系。

在加入 WTO 之前，有人担忧中国民族工业会由此受到严重冲击。的确，从当时市场竞争力角度看，中国经济是缺乏竞争力的。比如说农业，虽然中国是农业大国，农业在中国有着悠久的历史，但是在规模性、集约性、技术性以及单位产量方面都不及发达国家。我们的制造业更不能和发达国家竞争。以金融保险为代表的服务业，也不能和发达国家竞争。所以，当时人们非常担忧，加入 WTO 可能会给中国经济带来巨大风险。那个时候的领导人知道，中国只有走开放之路，才能发展起来，封闭不可能使中国富裕起来，更不可能成为一个伟大的国家，所以坚定不移地加入了 WTO。

20 年过去了，中国加入 WTO 后获得了巨大发展。实践证明，中国全面融入国际经济体系的选择是完全正确的。中国经济一系列指标都是从加入 WTO 后开始发生重大变化的。2001 年底，中国的外汇储备为 2 100 亿美元，从 1978 年的 1.67 亿美元到 2001 年底的 2 100 亿美元是一个巨大增长，这是改革开放的成果，是那一代人用青春换来的。20 世纪 90 年代，我经常会去深圳开会、调研。深圳永远是一片热土，思想活跃，每年有很多研讨会，也会到一些企业去看一看，会跟企业家们交流，有外资、台资、港资企业，在那里打工的年轻人很辛苦，当然也很快乐，但生产环境比较恶劣。一代又一代的年轻人到那里打工，流水线上作业，一个月收入三四百块，和他们在农村一个月一二十块钱相比翻了 10 倍。我到过一个制鞋厂，味道很大，我说能不能改善一下工人的劳动条件，给他们发个口罩行不行？戴口罩能够消除空气中 90% 的有害物质。老板没有发，资本有它的贪婪性。实际上发一个口罩成本增加不了多少，但如果不戴口罩对工人的伤害就非常大。我说这个故事是想说，从 1978 年到 2001 年，外汇储备增加了，但两代年轻人付出了健康代价，自然环境也受到较大污染。

2001 年 12 月加入 WTO 后，中国的外汇储备以每 5 年左右的速度上一个新台阶。2004 年、2009 年、2014 年分别跨越了 1 万亿、2 万亿、3 万亿美元大关。中国金融资产、居民收入水平有了大幅度提高。刚才我说了，现在居民储蓄存款超过了 100 万亿元人民币，广义货币 M2 达到 220 万亿元以上，全社会的金融资产大概在500万亿元，加入WTO后这20年变化多么大。更为重要的是，通过开放，中国经济竞争力有了空前的提高。中国企业在和国际大企业的竞争中成长起来了，中国高科技产业也得到了很好发展，因为找到了标杆，知道向什么方向发展。那个时代是一轴多么辉煌的历史画卷，全中国都处在一种万马奔腾的状态。

我讲这个过程，是想反复强调改革开放和市场经济对中国意味着什么，是想反复说明这么一个道理。

2008年全球金融危机之后，中国经济发展的环境开始发生了一些变化。中国经济发展，除了改革开放、市场经济、科技创新、尊重人才等这些重要因素外，很重要的是有一个相对稳定的外部环境。20世纪80年代初，小平同志说，和平和发展是未来几十年国际主流趋势，所以80年代中期中国裁军100万，把所有的精力都转移到经济建设上来，重点是发展经济、改善人民生活、提高国家竞争力。改革开放40多年，中国发展的外部环境虽然也有一些波折，包括波黑战争中美国野蛮轰炸了我驻南斯拉夫大使馆，我们对此非常愤慨，但是，我们理性地处理好了这一事件。对在发展过程中出现的一系列敏感国际关系问题，我们采取了克制和理性的态度，从而为中国的发展创造了历史性机会。如果外部环境不好，是很难集中精力搞建设的。这些都是中国经济发展和社会进步值得总结的经验。

三、正确把握未来趋势

今天，中国经济发展的外部环境发生了深刻而复杂的变化，经济增长的内部结构也发生了重要变化。逆全球化的思潮，在一个时期内成为国际社会的一种潮流。大家知道，中国经济的对外依存度是比较高的，2001年12月加入WTO时，中国经济的对外依存度在30%左右，到了2006年，则达到了创纪录的67%，这个比例在大国经济体中是很高的。2007—2008年发生了美国次贷危机和全球金融危机，外部环境的迅速恶化使中国经济出现了衰退。一个经济体如果过度依赖外部环境，外部需求大幅下降时，经济运行就会出现困难。2008年中国政府推出了4万亿元经济刺激计划，这是一项应对国际市场变化的重大举措，对后续经济发展产生了深远影响。中国经济既要重视外部市场拓展，更要重视内部市场的培育。2008 年全球金融危机后，我们开始重视内部市场的培育，中国经济的对外依存度逐步下降，到 2020 年下降到 32%。32% 的对外依存度，在大国经济中仍然是比较高的，美国经济的对外依存度为 18.33%，远低于我们。

也就是说，中国经济发展的外部性仍然比较突出，外部需求仍然是中国经济发展的重要力量。但是，逆全球化思潮和之后泛滥的民粹主义、贸易保护主义以及国际事务中的单边主义，使得国际环境严重恶化。特朗普任美国总统之后，这些思潮达到了一个顶峰。这期间，中美关系发生了一些微妙而复杂的变化。如何处理好中美关系，对未来中国的发展非常重要。我个人认为，中美关系在中国外交关系中占据着头等重要的地位。我现在还兼任教育部中美人文交流研究中心主任。或许由于这个原因，疫情发生前的几年，我与国际上主要是美国的著名教授有过多次对话，内容涉及中国经济发展对全球的影响，中美关系、中欧关系、中俄关系等，我认为，在对外关系中，平等对话、坦诚理性非常重要。理性对话，善意地解释中国发展的目的，实事求是地向他们介绍中国的发展非常重要。我去过美国六大智库，也去过美国和欧洲的一些著名大学，和它们的学者有过多场对话，实际上都在说明中国的发展对全球、对美国没有任何威胁，中国的发展会给全球发展带来新的动能，对话和交流主要是传递这样一种信息，中国的发展是历史的必然，因为中国人民选择了一条正确的发展道路。这条正确的道路极大地激发了中国人民的积极性和创造性，中国人的聪明才智得到了极大的释放，中国能不发展起来吗。不要以为过去中国的落后是常态，别以为我们甘愿落后。过去的落后是制度捆住了我们的手脚，思想束缚了我们的头脑，不要以为中华民族就一定是落后的民族。

只要思想解放了，放开我们的手脚，中国人就能创造人间奇迹。中华民族是世界优秀的民族。他们不知道中国人有多么勤劳，多么渴望摆脱贫困，也不知道中国人多么有智慧。我们过去缺的是一种能激发人们梦想和创造力的制度。

有时候我总在想，为什么小平同志要去美国和日本访问？他老人家看得比我们远。他知道当时的中国缺什么，需要什么，缺的是发展经济所需要的资本、先进的技术、先进的管理方法，以及市场经济的基本规则。

中美关系究竟会走向何方？国际社会都在期待。我看到前些天拜登总统和习近平主席通话。两国元首的通话，对两国关系的改善很重要。我跟一些美国智库的专家们讲，你们可能不知道中国的年轻人，包括我们这一代人对美国是多么友好，否则我们不会有那么多年轻人到美国去学习，我们对美国没有什么恶意。为什么中国的留学生绝大多数都选择去美国留学，一定是那里有值得我们学习的东西，包括先进的技术、管理方法等，如果美国不如我们，还跑到那里去干什么。

本着这样一种善意，我曾在人民大学逸夫会议中心与美国的一位著名教授有过一次很长时间的对话，对话进行了两个半小时。346 个座位，来了 600 人，时间是 2019 年 10 月 15 日下午，这位著名的教授就是约翰 · 米尔斯海默（John J. Mearsheimer），芝加哥大学国际政治学的著名专家。中国人之所以非常忌讳他，是因为他提出了两个让中国人非常不喜欢的观点，一个是“中国威胁论”，一个是“中国不可能和平崛起”。作为中国人，对这两个观点第一直觉是反感。但作为学者，接下来我在思考，他为什么提出这样的观点？既然是国际著名的政治学家，他又凭什么得出这样的结论？他是一个学者而不是政客，我希望与他进行理性对话，探个究竟。对话的具体内容在《探讨中国发展之路——吴晓求对话九位国际顶级专家》一书中已收录。我对米尔斯海默教授讲，中国的发展对全球特别是美国没有任何威胁，事实已经说明中国的发展，为全球带来多么大的福利，极大地提升了包括美国在内的发达国家人民的生活水平和福祉程度。包括美国在内的发达国家日常生活用品的 80% 都是中国制造的，价廉物美，难道这不是中国人的贡献吗？我们对国际社会的这种贡献，推动了全球经济增长，也提高了我们的收入水平，这就是互惠互利，实现了双赢或多赢，这有什么威胁？中国虽然军事力量有较大提高，但除了一个营的维和部队在非洲，中国在海外没有驻军。我们在墨西哥湾有军事基地吗？当然没有。中国怎么可能给美国带来威胁？中国的军事力量是一种防御性的，但美国的确在南海、东海、西部边境，都给中国带来了很大威胁。

中国发展的目标近期是解决温饱问题，远期是成为一个发达国家，一个富裕的国家。中国在海外没有军事基地，人民币没有国际化，多数领域的技术水平都落后于美国等发达国家 5~10 年。我们只是在少数领域领先于世界。我们难以对美国产生什么威胁。今天这里面来了 600 位听众，99% 都是年轻人。我对米尔斯海默教授说，你看一看，中国年轻一代多么关心中美关系，多么关心关于中美关系的对话。中国年轻一代非常关心中美关系，希望中美关系能回到一个正常的水平，不搞对抗。

在今年的博鳌亚洲论坛上，我主持了一个重要的分论坛。这个分论坛的主题是中美关系，是中美两个国家 7 位学者的对话。国务院原副总理曾培炎亲自致开幕词，可见其重要性。在这个分论坛上，中国有 5 位专家，美国有 2 位非常有代表性的专家，其中 1 位就是萨默斯（Larry Summers），美国前财长，曾任哈佛大学校长。还有一位是波士顿全球咨询集团主席，也是一位有影响力的专家。因为对话涉及中美关系这样的敏感话题，作为主持人，我专门请萨默斯重点讲一讲中美关系的未来，以及如何解决中美之间的重大分歧。他的发言很精彩，核心点是美中两个国家不要相互猜忌，不要希望对方衰败。他认为，美中两个国家都应该发展，美中两国的繁荣发展，对两国和世界都是有利的。坦率地讲，我高度认可这个看法，我希望中美两个国家都能够繁荣发展，实现互利、互通、互惠。论坛即将结束时，我对萨默斯教授讲，希望你能把这些看法讲给拜登总统听，曾培炎副总理已经在线上听到了这个观点。我始终认为，正确处理好中美关系，对中国的未来发展非常重要。

中美关系现在处在一个敏感复杂时期，外部压力似乎也越来越大。我们要用智慧和耐心去化解这些困难，营造一个对中国未来发展有利的良好外部环境。我不是国际问题专家，我对外交学没有任何研究，但是我有常识。我认为，在处理重大国际问题时，首先我们必须坚守底线，在国际关系中有些是不能谈的，有些是可以谈的，交易是一种重要机制。2001 年 12 月中国加入 WTO，是一个好的案例。如果我们当时不接受一些当时看来苛刻的条件，我们可能就难以加入 WTO。战略是最高的利益，剩下的都可以通过交易、妥协、让步来解决，以获取更大的发展空间。在战略面前，小利小惠都要让路。但有一些是不能谈的，比如台湾问题是不能谈的，台湾是中国不可分割的一部分，这是中国人的底线，每一个中国人都认为这是底线，这个底线没有任何的谈判余地。就像当年小平同志和撒切尔夫人谈判一样，主权问题不能谈。香港天经地义、理所当然地要回归中国，这还要谈吗？只能谈过渡期如何安排，如何有序地过渡回来。主权问题不能碰，这是中国人的底线。我想强调的是，中国的发展仍然需要一个和谐的外部环境。

2020 年初，新冠肺炎疫情来了。新冠肺炎疫情对全球经济和地缘政治的影响大大超出我们的想象，当初以为是 SARS 的翻版，几乎没有人会认为新冠肺炎疫情会给世界带来如此深远的影响。中国政府采取了有效措施，控制了疫情的蔓延，今天这么多人可以济济一堂，这是我们的荣幸。但要知道，疫情带来的影响是全方位的、深刻的、长远的。

首先引起我们思考的是国家经济安全。疫情初期，人们很恐慌，因为连基本的防御工具比如口罩都缺乏。戴口罩在防范疫情时有 90% 的效率。有个宣传画专门介绍了戴口罩的重要性，一米之内，两个人都不戴口罩，感染率为 90%；一个人戴口罩、一个人不戴口罩，感染率为 50%；当两个人都戴口罩时，感染率只有 10%。可见口罩对防范疫情的重要性。但是，当时很多国家缺乏口罩，我们国家在疫情发生初期，口罩也出现了短缺。在正常时期，口罩是一种非常平常的物品，可是在疫情之初却涉及人民的生命安全。口罩紧缺，相对容易解决，很快就能生产出来，但有些产品由于有很高的技术门槛，比如芯片，就是一个很大问题。芯片不像口罩那样能很快地生产出来，它是一个国家工业化能力的集中体现，是现代工业化能力的集大成，不是短期攻关能解决的，即使现在加大科研攻关投入，要很快解决这个问题也是很难的。

从国家战略角度看，底线思维很重要。华为为什么值得大家学习？是因为它有底线思维。虽然现在华为也碰到一些困难，但由于它有战略思维、底线思维，别人断供了，华为还能生存下去，它有辅助系统或者备份系统。国家也应思考，当面临外部世界“卡脖子”时，社会能不能继续运行下去？我们已经进入信息化的社会，芯片断供了，社会可能很快会退回到落后的状态，这就是“卡脖子”带来的风险。这是这次疫情和中美关系严重恶化带给我们的一个警示。我们必须要有战略视野和底线思维。

中国人是善良的，我们以为通过国际贸易机制就能解决我们不能生产的产品。国际贸易是建立在国际分工和比较优势基础上的国际间的经济活动。国际分工和比较优势通过国际贸易机制继而获得比较利益。我不能生产的或生产成本相对高的产品，可以通过国际贸易机制来解决，但是，国际贸易在特定环境下会受到外部环境的干扰而扭曲，这显然违背了经济的基本规律，也背离了常识。在今天，国际经济活动常常失去理性，违背常识。芯片就是一个案例。

上面的分析说明，中国经济发展的外部环境发生了重大变化，必须根据这种内外部环境的变化来调整我们的发展战略。中央提出了新发展格局、新发展理念、新发展阶段，就是基于国内外形势的这种变化做出的科学判断。

四、如何理解新发展格局

我们先讲新发展格局。对新发展格局我们要做正确的解读。新发展格局，意味着新的发展目标、新的更复杂的发展环境。新发展格局内涵丰富，不同的人可能会有不同的解读。我们只有深刻理解新发展格局的实质内涵，才能制定出与中国经济社会发展相适应的政策。

我理解新发展格局有三层含义。

第一层含义是新发展目标，且是多元目标。小平同志在改革开放之初就提出了“三步走战略”，到 2050 年实现中等发达国家的目标，目标很明确。新时期新发展格局，第一个也是发展目标。不过因为面临复杂环境，发展目标变得多元了。但是在多元发展目标中，首要的目标还是经济发展目标，这个经济发展目标就是到 2035 年把中国建设成中等发达国家。

中央对 2035 年远景发展规划做了系统阐述，让我印象最深刻的是到 2035

年要把中国建设成中等发达国家这一中长期目标。2020 年中国全面实现了小康社会，这是人类社会的伟大成绩。但是，实现小康社会只是我们的初级目标，我们还有更高的新目标。把中国建设成发达国家，是我们下一个阶段的奋斗目标。2020 年中国人均 GDP 大约为 11 000 美元，经过 15 年的努力，要从人均 GDP 11 000 美元跨进发达国家门槛继而迈入中等发达国家水平。"十四五"时期，我们要努力进入或接近发达国家的门槛，发达国家的经济门槛过去一般认为是 13 000 美元，现在一般认为是人均 GDP 15 000 美元。学界普遍认为，中等发达国家是有标杆的，也就是今天葡萄牙、西班牙的水平，即人均 GDP 25 000 美元左右。也就是说，到 2035 年中国人均 GDP 将达到 25 000 美元。如果这一目标可以实现，那么到那个时候，中国经济规模将达到 35 万亿美元，大约是今天美国 GDP 规模的 1.5 倍。当然，如果从人均水平看，还只是今天美国的 40%。

要成为中等发达国家，还有其他社会性指标，人均 GDP 只是其中最基础、最核心的指标。不要简单地认为高收入国家就是发达国家。为什么国际上并没有把中东那些富裕国家列入发达国家？它们的人均收入水平很高，但是国际社会一般不认为它们是发达国家。因为发达国家还有其他社会发展指标，包括社会的文明程度、生态环境、法治水平、人均预期寿命、贫富差距、教育普及率、医疗保障、创新能力以及在国际上的影响力等。

从综合指标看，我们在很多方面还需要进一步完善，改革的道路还很漫长，但经济发展是枢纽，是最核心的目标。

第二个是"双碳"目标，即 2030 年前"碳达峰"和 2060 年前"碳中和"，这是中国经济发展的质量需求，是未来中国经济发展的新标准，是习近平主席代表中国政府对国际社会作出的庄严承诺，我们必须以此来设计好未来中国经济发展的路径。

"双碳"目标本质上是一种约束条件。它意味着社会经济运行方式的重大转型，意味着能源结构的重大调整，本质上是技术进步的重要表现，是人类生活方式的重大变革，是社会运行方式的巨大变化。

"双碳"目标的实现进程要与国家经济社会的发展阶段相适应，要循序渐进，不能一蹴而就，不要希望一夜之间就能达到。中国目前只是一个中上等收入国家，不是一个发达国家，不是一个富裕国家，我们只能在发展过程中逐步调整我们的能源结构。现在，有些地方、有些部门不顾客观实际，急于求成，北方有些地方冬天取暖都有困难。冬天来了，北方很冷，老百姓何尝不想用新能源来取暖？但收入水平低，没有这个条件，老百姓正常的生活还是很重要的。

我常想，让人们过上安心的生活，比什么都重要，比面子工程重要得多。我昨天看了一个视频，一个朋友发给我的，纽约市政府在处理“摆摊儿”的问题上是怎么做的。国际大都市都有一个形象问题，有人说要通过法案把摆地摊取缔掉。据说纽约有 3 000 个摊贩，布隆伯格说这 3 000 个摊贩如果取缔了，那就意味着 3 000 个家庭的生活会有困难。他们如果生活得很好，是不会来摆地摊的，一定是生活所迫。后来议会就没有通过这个取缔地摊的法案，还是让他们去摆地摊。因为生存是第一位的。政策的价值取向还是要鼓励大家去创业，而不是躺平，不是被动地等政府救济。我们必须让所有人在其能力范围内为其生存而努力。我始终认为，让人们能安心地生活是一切政策的指引，不要追求表面上的光鲜。我的意思是说，像摆地摊这种事有其存在的价值，也有其存在的正当性。除非社会特别富裕，将所有低收入阶层都可以养起来，那是另外一个问题。美国都养不起，中国现在能养得起吗？养不起啊。所以，“双碳”目标的实现要循序渐进，要朝着这个目标坚定不移地前行，但是，不能急于求成。

一个时期以来，听说一些地方现在拉闸限电了，这让我很吃惊。我原认为，中国拉闸限电的历史已经结束了。节约能源是一种值得倡导的绿色行为，它和拉闸限电是两类完全不同的经济现象。拉闸限电意味着过去一个时期有一些事情做过头了，包括如何解决多余的供给存量，如何看待能源结构的调整。我们国家有一个现象常常发生，就是急于求成。中央所确立的目标都是站在未来战略的角度提出来的，是我们长期奋斗的目标，不是短期目标，不是说明天就要实现的目标，但目标一提出，不少地方就开始表态，然后层层加码，一个好端端的政策偏离了它的初衷，老百姓很有意见。

“双碳”目标是未来新发展格局中新目标的第二层含义，意味着我们要走高质量发展之路，科技进步、创新引领就变得特别重要。

第三个目标就是共同富裕。共同富裕，从本质意义上说，是中国共产党人的初心，也是改革开放的目标。改革开放不是要走极端两极分化的道路，那不是我们的目标。但是，在市场经济发展过程中，又必然会产生两极分化的现象，我们要客观、理性地看待这种现象。在未来发展中，共同富裕这个目标是收入分配政策的调整重点。必须强调，共同富裕绝不是搞平均主义，绝不是“均贫富”，绝不是一部分人把另一部分人的存量财富巧取豪夺。共同富裕的实现，是建立在财富不断创造的基础上的。没有源源不断的财富创造，就没有共同富裕的财富基础。这里有一个正确理解财富创造和财富分配的关系问题。

首先必须对国情有一个正确认知。中国现在还不是一个富裕国家，不是一个发达国家，只是一个解决了温饱问题的中上等收入国家。鼓励人们创造越来越多的财富，进一步改善人民生活，提高国家竞争力，是我们的根本目标。我们必须保护好财富创造机制，我们要构建一种有效机制，让财富能源源不断地被创造出来，这是实现共同富裕的根本保证。

财富是怎么被创造出来的？我们一定要有正确的理解。有了正确的理解，我们才会保护那些激励财富创造的机制。在亚当·斯密之前，经济学家们没有正确阐释财富的创造机制。亚当·斯密被称为“古典经济学之父”，他的《国富论》1776 年出版，研究了 10 年。《国富论》之前的亚当·斯密，是一位哲学家，写了著名的《道德情操论》，在他 36 岁的时候出版了这本哲学著作，53 岁的时候出版了《国富论》。这两部著作的价值观值得人们研究。在《道德情操论》一书中，他提倡“利他”的价值观，在《国富论》中，他又认为“利己”的正当性和必然性。他说，利己主义是一朵“罪恶的花”，但却结出了“美丽的果”。在亚当·斯密之前，重农主义、重商主义都没正确阐释财富的创造机制。财富的创造有几个基本要点，这些要点也是市场经济的基本元素。比如，自由的市场为交易创造了条件，而交易的前提是分工，所以，分工是财富之源。有了分工才有交易，交易是以自由市场为前提的。他认为，分工、自由市场和交易是财富创造的核心机制。同时他也强调资本的价值，重视资本在财富创造中的重要作用。应该说，他的这些观点把财富创造的基本元素第一次比较科学地概括出来了。后来的学者，包括大卫·李嘉图等，拓展了分工范围，强调国际分工、比较优势和国际贸易对一国财富创造所具有的巨大作用。经济学在不断地发展，经济学家们意识到技术进步的重要作用，认为技术进步是财富创造的加速器。看看现代金融理论中关于资产定价的影响因子就很清楚。从经典到现代，资产定价理论发生了很大的变化，其中技术进步在今天是最重要的变量，是资产定价最重要的影响因子。

我刚才说这一段话是想说明什么呢？是想强调财富创造的基本元素的重要性及其变化，揭示财富创造的制度平台是什么。为什么计划经济制度不能源源不断地创造财富，是因为没有自由的市场，没有创造财富的激励机制。个人对利益的追求，本质上是财富创造之源。亚当·斯密这个观点与他在《道德情操论》中所主张的利他主义至少在形式上是不一样的。有学者认为，他的内心是冲突的。从哲学意义上他强调利他主义，每个人不能只为自己，要考虑外部性，要服务于社会。但经济活动是需要激励的，没有激励就没有创造财富的动能。所以，个人对利益的追求，是一朵“有毒的花”，但却结出了“美丽的果”，因为财富在源源不断地被创造，社会也在不断地进步。

我们要深刻理解财富形成过程中这一系列机制设计的重要性和内在关系。如果不从基本逻辑出发，只是从道德或高尚目标出发，经济活动是很难进行的。社会发展需要高尚目标的指引，但经济活动又必须基于其对自身利益的追求。为什么激励机制很重要？这是基于经济人的假设。这种假设符合经济活动的现实特征。

诚然，人们对利益的追求都必须受到法律规范的约束。任何违背法律规范的对利益的追求，就不仅仅是“有毒的花”，而是“要命的果”。一般意义上，人类社会应当提倡个人对利益的追求不能突破道德的底线。这种源源不断的财富创造，才是社会共同富裕丰盈的基础。

在中国建设成中等发达国家的过程中，应当让社会成员分享到经济发展的福利成果，为此，必须在包括初次分配和再分配在内的分配环节中，充分体现分配的公平性。要让社会成员都能享受到经济发展的福利和社会进步的成果，这是未来政策设计的基本出发点。我们要特别重视再分配政策的设计，对低收入阶层要给予特别的关注。

今天的中国已经全面实现了小康，如何防止局部返贫，是我们面临的重要任务。我们的公共产品做得并不很好，很多的中低收入阶层只要生一场大病，就返贫了。中国的医疗环境很不好，一场大病，就是人生的灾难。医疗环节那么多，费用那么高，普通人怎么受得了。如果真的有大病了，那就真的返贫了。中国社会有一些人是需要救济的，再分配要对低收入群体特别是生活困难的人予以救济和帮助，要让每一个人都能正常生活，这是文明社会的基本底线。比如，我们必须做到让每一个农村家庭的小孩都能上学，这就是最基本的公共产品，政府必须提供。实现共同富裕，从救济和帮助低收入与生活困难群体开始。

共同富裕不是对存量财富的制度性平均，实质上是对贫困阶层能力的再造。社会有责任为低收入和生活困难群体的能力再造提供条件。我们有时候过多地关注存量财富何去何从。初次分配和再分配特别重要，是分配制度改革和完善的重点，但是，今天中国社会过度地解读第三次分配，我不认为这是一个正确的理解。在现代社会，第三次分配很重要，希望那些先富起来的人为社会作出更多贡献，用道德的感召力让富人们感恩于社会，这是一种价值倡导。但政策的重点显然在初次分配和再分配，尤其是再分配对社会公平的实现很重要。通过再分配，通过提供高质量的公共产品，让社会所有成员具有新的创造财富的能力，就像过去的扶贫一样。扶贫不是捐钱，而是要通过社会的帮助提高贫困地区发展经济的能力，通过能力提升来创造财富，摆脱贫困，这是扶贫的关键。能力再造，是共同富裕的根本保证。救济、补助、转移支付、专业培训以及提供高质量的社会公共产品，是实现共同富裕的重要支点。

当前人们最关心的话题有三个：第一是教育，第二是医疗，第三是住房。每个年轻的家庭都面临着这三重压力，这是人生的“三座大山”。首先是教育资源的公平配置。中国教育总体上看太功利，有一句话我不太喜欢，就是“不要输在起跑线上”。父母们都说不能输在起跑线上，所以小孩从 2 岁开始一直到 18 岁上大学都奔波在各种培训班上，在座的各位有的可能经历了这些阶段。少年儿童时代的成长要更多地与大自然接触，而不是从这个培训班到那个培训班，一星期七八个培训班，从网球到钢琴，从书法到奥数，什么都学，总想培养全才。这种教育是多么功利。人的智力和潜能可以开发，但开发过度了就欲速则不达。我见过一个 3 岁的小孩，能背唐诗 300 首。若干年后，你发现他和平常人完全一样。家长认为他是天才，未来一定是文学家，到了上初中的时候再让他背一背，差不多都忘了。对绝大多数人而言，接受教育和知识是循序渐进的，急功近利不可取。

把自己看成一个普通人挺好，或许未来还真能有所成就。教育不能功利化，要让少年儿童回归自然，这是最好的教育。

一个时期社会资本、民间资本渗透到高等教育，办独立学院，并以此谋利，我非常反对甚至厌恶。我曾经做过一家商业银行的独立董事，同时兼关联交易委员会的主席，有一个民营企业家是这家银行的股东和董事，他要从这家银行贷款办独立学院。首先这笔贷款是关联交易，我对关联交易始终保持高度警惕，因为关联交易有可能损害公平原则并存在潜在风险。包商银行问题之一就是对关联交易缺乏穿透式监管和约束。除了关联交易外，我还详细询问了这笔贷款的用途，这位企业家说，他要在北京某著名大学办一个独立学院，并描绘了盈利的前景。当场我就表示不同意这笔贷款，拒绝签字。本来关联交易就非常勉强了，还要用这笔以股权为抵押套来的贷款去办独立学院，以此发财谋利，我坚决反对。有些钱是不能赚的。以学科知识为基础的教育的钱不能挣，病人的钱更不能挣，那是要命的钱。让民营资本去办医院，赚病人病急乱投医的钱，这就是黑心钱，击穿了道德的基本底线。人得了重病的时候是缺乏理性的，为了能生存下去，他会倾其所有。我没有同意这笔办独立学院的贷款，这位企业家不断公关，我就是不签字。过了几年我辞任了，他的这笔贷款也就下来了。

前些天，我在国家教育行政学院给中青年班讲了一堂课，核心内容是讲教育的重要性。我告诉他们，教师不简单是一种职业，也不仅仅是饭碗，把教育看成饭碗，低估了教育的重要性和责任感。教师是一种责任。现代社会有四种职业是社会的基石，一是教师。它关系到国家和民族的未来，要有干净的灵魂，张桂梅老师是老师的杰出代表。学生是老师的影子，教育好了，国家和民族就有希望。二是医生。人命关天，医生要有良心和对生命的高度尊重。三是法官。法官的职责是维系社会的底线，因而，要有正义之心。如果法官以损害公平正义而谋利，这个社会就会陷入无底的黑洞，人民就会绝望。法官的沦落是最严重的恶。海南高院有位女副院长，谁给钱她就帮谁赢，当属罪大恶极。四是军人。军人是国家的铁骨钢筋，应有凛然之气。这四种职业不是饭碗，是责任。

很庆幸，人民大学没有合并任何一所大学，更没有办独立院校。我赞成社会资本支持中国高等教育或大学中某一个学科的发展，大学应当给支持大学发展或学科建设的企业家相应的社会荣誉，但是不能搞成资本投资，不可以有营利的动机。支持教育是一项高尚的事业，没有直接利润回报。曹德旺先生捐了 100 个亿办大学，没有听说他要什么回报。我赞赏这样一种把资本贡献给社会、贡献给大学的企业家。当然，大学应该对这些捐赠人给予高度的尊重。对教育的捐赠是一种高尚的道德，而不是强制性义务。大学应当对所有捐赠者保持高度的敬意。

我们要正确地理解共同富裕，要正确理解今天的中国。中国还不是一个富裕的国家，我们还必须努力奋斗，共同奋斗是共同富裕的价值基础，共同富裕是全中国人奋斗后的结果。共同富裕绝不是搞平均主义。均贫富也好，平均主义也好，一定会使中国陷入贫困。

随着经济社会的发展，如何防止贫富差距过大可能带来的社会不稳定，应是政策设计必须考虑的问题。据国家统计局测算，今天中国社会的基尼系数是 0.47，与美国相近。而据西南财经大学中国家庭金融调查中心的测算，中国的基尼系数高达 0.55，贫富差距过大。所以，当前的确有必要考虑如何在财富不断增长的基础上，缩小社会的贫富差距。

实际上，改革开放以来，共同富裕一直是我们追求的目标。小平同志在改革开放之初就说过，通过改革让一部分人先富起来，最后实现共同富裕。

实践中也是朝着这个方向努力。2006 年 1 月 1 日，我们取消了具有千年历史的农业税，卸下了农民的负担，这是实现共同富裕的重要政策安排。在改革开放的 40 多年中，我们一方面大力发展经济，另一方面也在朝着共同富裕的方向努力。

大家都学过高等数学，如果目标是三元的，这个求解方程式是复杂的，需要多元方程组才可能有解。目标的多样性给未来的路径设计带来巨大困难和挑战。因为必须考虑三元目标的均衡性。我们经常是"既要……又要……还要……"，三元目标，解起来很复杂，这需要强大的能力和足够的智慧。

新发展格局的第二层含义，是战略目标的调整。刚才讲了改革开放之前和之初中国金融资源非常贫乏，技术落后，收入水平低，所以开放的重点是吸引外资，引进技术，学习发达国家先进的管理方法，走国际经济大循环之路，参与国际分工和国际合作。我认为，参与国际分工和合作，仍然是当前中国重要的经济政策。与此同时，要努力拓展内部市场，启动内部需求，不断提高中国经济增长的内生性。

2020 年，中国经济的对外依存度为 32%，与 2006 年 67% 的对外依存度相比下降了很多，这种下降表明中国经济的内生性力量在不断提升，中国经济内生性特征日益明显，内生性资本已经成为中国经济发展最重要的资本来源。中国是个大国，既要基于经济增长的内生性，又要不断拓展国际市场，因此我们提出了"双循环"发展战略。"双循环"发展战略是党中央根据国内外形势，特别是中国经济增长结构变化和未来中国经济发展战略目标变化所做的科学判断。"双循环"战略有两个要点很重要：一是内循环和外循环协调发展，二是内循环为主。

对"双循环"战略，不要出现误读，不要像有些人把共同富裕解读成均贫富、平均主义和存量资产均等化。对"双循环"战略，有一些人理解成开放对中国经济发展不重要了，以为内循环为主就是关起门来自己干，甚至有些人想回归传统计划经济模式，有些人认为要大幅度提高政府在配置资源中的比重，有些人以为要回归自然经济模式，万事不求人，自我发展。我不认为这些理解是正确的。"双循环"战略是新时期更大范围、更深层的改革开放，绝不是回归计划经济老路。为什么说“双循环”战略是更深层、更大范围的改革开放？是因为内循环为主，意味着要大力发展内部市场，提升内部需求对中国经济增长的推动作用。如何才能提升内部需求、拓展内部市场呢？只有深化市场化改革才能实现。

经济增长的内部需求由两部分组成。一是投资需求。投资需求要成为内循环的重要支撑，就必须激发所有资本投资的积极性，对未来要有良好的预期，投资环境要有极大改善，要让所有社会资本包括国有资本、外国资本和民营资本，都要有投资的积极性。这就要求我们必须改善营商环境，改革开放的政策必须稳定，这样他们才会有信心投资。没有信心、没有预期，资本是不会投资的。如果政策多变，预期紊乱，不知道未来的方向在哪里，资本就不会投资。所以，投资需求的增长意味着政策要让所有的投资者都有稳定的预期。这不是更高的要求吗？这就要求政府转变职能，着力改善营商环境，服务于社会，服务于企业，服务于市场，服务于经济发展，只有这样才能激发投资动能，投资需求才会成为内循环发展的重要动力之一。二是消费需求。消费需求要成为内循环发展的重要动力，首先必须提高居民的收入水平。收入水平不提高，消费需求是不可能增加的。不仅如此，还要不断完善社会保障，要让老百姓对未来基本无忧，如果老百姓对未来很忧虑，是难以提升消费的。既要提高居民收入水平，又要改善社会保障体系，这难道不是更大、更深层的改革吗？

要提高居民收入水平，还要做结构性分析。要分析富人、高收入群体、中上等收入群体、中等收入群体和中低收入群体的边际消费率。富人收入的增加对消费市场的扩大影响极小，他们的边际消费率几乎是零。中低收入群体收入的增加，边际消费率会比较高，有利于消费需求的提高。不同收入群体的边际消费倾向是不一样的。分析的结论表明，未来的政策重点是要提高中低收入群体的收入，扩大中等收入群体的规模。这与共同富裕的目标是匹配的。

那么，通过什么样的政策才能提高中低收入群体的收入，扩大中等收入群体规模呢？看看全社会的就业结构就非常清楚。刘鹤副总理讲了民营经济的“五六七八九”的贡献，可见，民营经济多么重要。最近我看到一组数据，2020 年国家税收收入中，国有企业（包括国有控股企业）的贡献率为 24.6%，外资企业为 16%，包括私营企业在内的民营经济，贡献了 59.4%，民营经济对吸收新增就业的贡献率超过 90%。从中可以看得出来，要增加中低收入群体的收入，扩大中等收入群体，必须促进国有经济、外资和民营经济全方位的发展。过去有一段时间，有舆论想遏制民营经济的发展，说民营经济已经完成了历史任务，可以退场了。民营经济退场了，就业怎么办？怎么去扩大中等收入群体、提高中低收入群体的收入？只有通过发展经济，让包括国有经济和民营经济在内的所有经济体都有积极性，才能稳住就业，才能不断提高中低收入群体的收入。千万不要指望中低收入群体收入的提高靠政府转移支付来完成，这是不现实的。中国还远没有达到福利国家水平，只是一个中上等收入国家，没有这个财力。从社会价值取向上说，我们要鼓励人们去创业，去创造财富，这样既提高了自己的收入，也为社会做了贡献。这难道不是新时期更深、更全面的改革吗？只有这样，我们才能实现“双循环”的发展战略。

在深化改革的同时，必须扩大开放。双循环是内循环与外循环的有机结合，是不可分割的。这其中包含了必须重视外循环的巨大作用。外部市场对新时期中国经济的发展仍然十分重要，在新的发展历史时期具有特殊的重要性。

外循环之所以很重要，除了是重要的经济增长动力外，还具有“标杆”引领的作用。新时期我们正在形成一系列新的发展战略，例如，粤港澳大湾区、海南自由贸易港、上海国际金融中心等。这些新的发展战略，实际上都存在一个内循环与外循环的有效转化。为什么要在海南建国际自由贸易港？这难道不是新时期更大的开放吗？

习近平总书记说，中国开放的大门会越开越大。建设海南自由贸易港是新时期最大的开放。但略有遗憾的是，海南自由贸易港这样一个宏伟目标，目前似乎还没有什么实质性进展。改革开放之初，小平同志到深圳画了一个圈，建设深圳经济特区，中央只给目标，剩下的就是自己探索。深圳经过几十年的艰难探索和改革开放，找到了正确的发展道路，有一批有胆略、有思想、有情怀、有干劲、有目标的探索者，他们提着脑袋干，中央只给方向和目标，没有说具体怎么干，前面都是没有走过的路，只能创造性地探索。现在海南要建国际自由贸易港。怎么建？既要有正确的认知，更要有胆略。这其中可能会走弯路，社会要有容错机制。谁也不可能不走弯路，这么复杂的事怎么可能一蹴而就？所以既要有智慧，还要有提着脑袋干的气魄。现在这种闯将很少了。今天的社会要为干事的人提供宽松的环境、探索的政策、容错的机制。走从未走过的路，绕一些弯路是正常的。

今天听课的可能有来自海南的同学，不知你们有何体会。建设海南自由贸易港，法律基础是什么？应走什么样的路？向谁学习？未来的目标是什么？未来的产业重点是什么？这些都要深入研究。两年前，海南自贸港大讲堂请我去做一次公益性讲座，听众主要是海南省委省政府的公务员。我当然想去讲，但是我怕我讲的领导不爱听，口径可能不一样，想想还是没有答应去讲，不想给主办方添麻烦，不想影响他们的仕途。后来有一次到海南开会，有机会与有关领导和专家交流，谈及海南自贸港如何发展。我说，首先要思考什么样的环境能吸引资本和人才来海南。营商环境和政策条件一定要和内地不一样，如果和内地一样，资本就不会来，人才也不会来。当年的深圳为什么资本和人才都来了？是因为深圳有很多独特条件，所以，资本和人才就来了，技术也来了。现代经济的三要素都来了，经济怎么能不发展？海南必须营造国际自贸港的环境，不能老说“八不准”，我不是说“八不准”不对，但是不合时宜，来海南有“八不准”，资本、人才就不来了。要让人们感到，海南是实现理想的天堂。要有与国际自贸港相匹配的基础环境，首先是要有独特的法律体系，如果有独立的税法，国际自贸港的运行成本就会大幅度下降。独立的税法全国人大已经通过了，现在还有很多规则、观念要调整，要实行负面清单管理。我和他们说，除了一条必须坚持，剩下的都可以探索。哪一条必须坚持？你们猜猜看？就是中国共产党的领导必须坚持，其他的都可以探索。有一个专家说，能不能再加一条，坚持走社会主义道路。我说了一句，坚持中国共产党的领导难道不是坚持社会主义道路吗？小平同志当年就说，什么是社会主义，不同人会有不同的理解。中国共产党的优良作风就是实事求是，一切从实际出发，不搞本本主义。

新发展格局的第三层含义就是路径选择。有了目标，有了战略，剩下的就是路径的选择。新时期我们必须走高质量发展之路，走科技创新之路。过去的那种路走不下去了，资源和自然环境难以承受，所以，科技革命、创新引领非常重要。为什么提倡创新，因为新时期路径选择的核心是创新。创新中重要的是科技创新和制度创新。

创新是需要环境支撑的，创新从不会从天上掉下来。什么样的环境适合创新？肯定是宽松、和谐、安心的环境，没有什么紧箍咒。无论是技术创新还是制度创新，都需要宽松的环境和容错的机制。有一个时期对科研人员管得很严，不允许理工科院校的技术专家、科学家办公司、做技术顾问。对科技人员创业还是要鼓励的，硅谷不就是这么来的吗？

科技创新需要相应的制度环境，我们在这方面需要改进。

五、新发展格局中金融的作用

在新发展格局下，金融能做什么？金融改革和发展的重点在哪里？金融要服务于实体经济，服务于国家重大战略性需求，要推动科技创新和产业的升级换代，这是中国金融的根本任务。

新发展格局中，中国经济的转型必须走科技创新之路。大家知道，从新技术到新产业的转型充满着不确定性。这种不确定性或者风险，超越了单个资本和科技专家的承受能力。因此，社会需要创造一种机制，让创业的风险分散开来，并能有效地将新技术孵化成新产业、新产品。这需要创造一系列制度安排，其中金融制度创新特别重要。

我们经常会说硅谷的奇迹。硅谷的奇迹既是技术的奇迹，更是金融的奇迹。离开了金融创新，硅谷难成硅谷；离开了金融创新，新技术成为新产业的难度和风险就会大大增加。基于产业技术特点的不同，不同时代会形成不同的金融模式。金融只有不断创新，才能更好地服务于实体经济。

金融创新源自实体经济的需求。中国现在处在一个变革的时代，金融必须通过改革去推动科技创新，推动产业的升级换代，推动产业技术水平的提升。这样才能从整体上提高中国经济的竞争力，才能有利于“卡脖子”问题的缓解。

曾经有人倡议“卡脖子”技术应由政府来投资，采取“新举国体制”。我个人认为，“新举国体制”在这类技术创新领域的效率可能会比较低。我们必须重视市场的力量，重视现代金融的作用。对“卡脖子”领域，有效的方法可能是国家政策引导，充分发挥市场的作用。

技术进步和新技术的广泛应用，不一定与国家是否直接投资有关系，而是与机制密切相关。这种机制的重点就是要形成多样性的金融业态。我们必须对中国金融体系进行结构性改革，大力发展资本市场和新资本业态。基于现代金融结构的新资本业态，能够更好地孵化高新技术企业。资本市场具有多样性，通常认知的资本市场，只是证券化资产的交易市场、二级市场，如沪深交易所以及刚刚成立的北交所。这种以交易为主要功能的二级市场，是以上市公司的成长和结构转型为基础的。上市公司的结构转型，标志是高科技企业渐进占主导。上市公司的结构转型又以资本市场前端资本业态的蓬勃发展为前提。资本市场前端的新资本业态，具体形态包括推动创新企业走出“死亡谷”阶段的天使基金，还包括 VC/PE，以及各类并购重组基金，最后才是 IPO，进入资本市场进行交易。这就是新资本业态链，这就是金融创新。对传统金融来说，新资本业态就是巨大的创新。如果没有这些金融创新，中国的科技创新以及从新科技到新产业怎么转化?

金融创新要服务于国家战略，与国家战略层面相适应。中国金融改革有三大重点。

第一，金融结构的市场化。这是中国金融面临的最重要的任务。金融结构市场化改革的核心是金融脱媒。金融脱媒理论是金融专业研究生必须熟知的理论。只有通过脱媒理论，才能深刻理解中国金融结构性变革的原因，才能理解金融功能深化理论，才能理解什么是现代金融体系。如果对脱媒理论不熟知，对金融功能理论以及金融的结构性变革和现代金融体系，是理解不透的。同学们一定要找有关著作认真读一读金融脱媒理论的由来。金融脱媒的结果是（投）融资活动的去中介化，或者说（投）融资活动的市场化。金融脱媒过程将推动金融两大功能的根本转型。一是从融资端看，融资活动渐趋市场化。融资的市场化对融资者来说有几个新变化：（1）融资成本相对低；（2）可以根据资本结构要求和产业及企业的周期性特征，自由地调整融资方式，以形成合理的资本结构；（3）具有抗周期性功能，特别是可以有效规避政策周期对企业带来的冲击和风险。

二是从资产端看，金融脱媒的结果是为社会提供了多元化的资产选择。中国正在向发达国家迈进，居民收入水平在不断地提高。居民收入水平提高后有强烈的财富和资产配置要求。消费后的剩余收入必须配置相应的资产。在金融市场不发达的时候，不少人选择的是不动产，所以过去一个时期，房价涨得很快与此有关。一个时期，房地产价格的快速上涨，一方面反映了中国现代化进程的加快，城市化在加速，另一方面也映射出中国金融市场的不发达，可供配置的金融资产太少。所以，中国金融必须进行以脱媒为基础的结构性改革，目的是要给社会提供多样化的、可以自由组合的且具有相应流动性的资产。

现代市场经济有两个重要特征：一是消费者对消费品的自由选择权受到充分尊重和保护，不受到任何制度性因素的约束。有了人民币就可以购买除法律禁止以外的任何消费品，任何主体不能对此进行限制，这是市场经济的基本原则。二是投资者对投资品的自由选择权。这是衡量现代市场经济的重要标志，我们在这个方面相对不足，投资者对资产投资的选择权受到了某种程度的约束。所以，我们还不是发达市场经济。为此，必须加快金融改革和创新，保障投资者对多样化金融资产的选择权。金融脱媒分别从融资端和资产端，大幅度提升了金融的功能和效率，推动了技术进步和产业结构的调整。有些人不适应金融脱媒所带来的金融市场化，认为过度市场化必然带来风险，市场越大，风险越大。实际上，市场越大，风险越小，因为它提供了有效的资产组合，资产组合是风险规避最重要的机制。以为没有市场、没有证券化资产的金融体系就没有风险，这是一种落后的风险观。实际上，这种金融结构下的风险是在不断累积的，潜在风险越来越大。

第二，金融业态的科技化。传统金融的服务是有限的，不可能实现金融服务的普惠性。为什么传统金融难以实现普惠性，是因为传统金融对其长尾客户的信用难以甄别。传统金融有其成熟的信用甄别手段和标准，但是这些手段和标准对小客户、小微企业的信用，是无法甄别的。信用是金融的生命线，风险是信用的函数。有什么样的信用，就有什么样的风险。风险是资产定价的基础。为了扩大金融服务面，就必须拓展长尾客户的信用甄别能力。传统金融的信用甄别机制之所以解决不了这些问题，是因为传统金融信用甄别标准很物理化，比如收入水平、资产负债表、资产规模、社会影响力、家庭背景等，这些都是有形的，有些长尾客户可能满足不了这些标准，可是他们应当获得与其信用相匹配的金融服务，这就需要引入新技术解决这些长尾客户的信用甄别问题。所以，金融科技的进步，核心是提升传统金融的信用甄别能力，以提升金融的功能，扩大金融服务的普惠性。

普惠性金融的核心是所有社会成员，无论贫富，无论企业大小，都能够获得相应的金融服务。获得相应的金融服务不是口号，金融企业也是企业，无论是金融机构还是市场，不能在不了解其信用能力的情况下就提供贷款服务，在不清楚其信息条件下就发行股票，这是不可以的。金融必须把风险内置其中。怎么解决信用甄别问题？只有通过科技手段，这里大数据非常重要。通过大数据可以判别你是否具有履约能力。有专家告诉我，他们正在创新一种技术，把人脸识别做成大数据样本，将眼神、轮廓、微笑的表情以及讲话的声音等要素综合在一起，可以有效识别这个人有没有信用。科技与金融的结合，的确会引发金融革命。

第三，金融活动的国际化。国际化，是中国金融改革和发展的重要牵引。中国金融现在没有完全实现国际化，只是局部的对外开放，有几个对外开放的窗口和管道。中国金融国际化有两个目标或标志：一是人民币的国际化；二是金融市场、资本市场的对外开放，目标是构建全球新的国际金融中心。

人民币国际化的起点是人民币可自由交易的改革。我们在这方面探索了20多年。2015年“8·11”汇改，是一次重大改革，已经过去6年了，现在似乎还在原地踏步。关于“8·11”汇改，需要做全面深入的研究。但它给我的一个深刻启示，就是要让社会对人民币有信心，对中国经济有信心，对中国的法制有信心。我们必须大力推进中国的法制建设，要让人们对中国的未来充满信心。

日元在国际化的时候，日本人以及日本的企业并没有出现大量抛售日元换取美元的现象。现在，日元与美元汇率处在相对稳定阶段。让所有的人有信心、有预期非常重要。对中国金融而言，开放是一个必须完成的任务。

中国金融市场的国际化，是我多年来的目标。我在2001年写了一本书，在这本书的序言中，我写道，把中国资本市场建设成新的国际金融中心，亦即人民币计价资产的交易中心，全球重要的财富管理中心之一，是我一生的梦想。要实现这个梦想，人民币必须国际化。人民币国际化和金融市场的开放，需要一系列配套改革。经济要有竞争力，要不断创新。更重要的是，法制要有根本性进步，社会要有良好的契约精神，市场要有足够的透明度，要爱护人民币的长期信用。如果有一天，外国投资者在中国市场占比达到15%，人民币实现了完全可自由交易，可以说离实现中国资本市场成为全球新的国际金融中心的目标就不远了。到那个时候，中国社会应该说已经实现了现代化。我曾经在澳门金融论坛上有一个演讲，提出中国金融的国际化过程也是中国社会的现代化过程。中国金融实现了国际化，中国社会也就实现了现代化。在座的各位，你们有责任将中国金融开放向前推进，到2035年希望我们都能看到这个伟大目标的实现。

局势变了，任务非常艰巨

——在“2021（第四届）中国人民大学商学院年度金融论坛暨 EE 金融学会年度论坛”上的演讲

【作者题记】

这是作者 2021 年 7 月 31 日在“2021（第四届）中国人民大学商学院年度金融论坛暨 EE 金融学会年度论坛”上的演讲。在演讲中，作者对新发展格局的变化和我国金融变革之路做了深入分析。

近期，很多人说，局势越来越看不清。

新发展格局究竟是什么？中国资本市场将向何处去？

一、从三个层面理解新发展格局

我们国家的经济发展已经进入了一个新的阶段，而新的发展格局实际上包括三层含义：新发展目标、新发展战略、新发展路径。

（一）新发展目标

新发展格局的第一层含义就是发展目标和过去相比较，发生了很大变化，当下的目标主要有两个，一个是到2035年我们要把中国建设成中等发达国家，另一个是走绿色发展之路。

1. 到2035年把中国建设成中等发达国家

党的十九届五中全会对2035年的远景目标做了非常精准的规划：过去我们的目标是实现小康，2020年我们做到了，接下来的15年，我们要把中国建设成中等发达国家。

中等发达国家是有基本定义的，涉及很多指标，经济指标、社会发展指标、创新指标、国际影响力、人均预期寿命，还包括生态环境以及法治建设等，其中经济指标是最核心的。而在经济指标中，人均GDP又是最具代表性的。

中等发达国家水平对应的人均GDP是25 000美元，我国2020年人均GDP大约为11 000美元，到“十四五”结束的时候，如果汇率没有太大变化，我们的人均GDP可以接近15 000美元，这也是当前多数学者认为一个国家进入发达国家序列的最低门槛。

也就是说目前学界公认，在“十四五”时期，我们要接近或者达到人均GDP 15 000美元，再经过10年努力，人均GDP要达到25 000美元。

这意味着，如果人口不变，还是按照14亿人口基数来计算，到2035年中国GDP将达到35万亿美元，是今天美国22万亿美元GDP的1.5倍还多一点，这是我们新发展格局当中一个非常重要的目标。

2. 走绿色发展之路

新发展格局里面另一个非常重要的目标就是“双碳”。

虽然“双碳”目标最终是到2060年实现，但2030年我们就要做到“碳达峰”，如何改变能源结构，如何进行技术变革，如何调整我们整个社会的生活方式，都是“双碳”目标要考虑的核心问题，其中任何一个都会给我们的生活带来巨大的改变。

新发展格局之下还有很多的目标，但这两个是非常重要的目标。也就是说我们要在绿色发展中成为一个中等发达国家，这是新发展格局的第一层含义。

（二）新发展战略

过去我们走的是国际经济大循环战略，中国经济对外依存度一直非常高。2001年12月加入WTO之后，我们的经济对外依存度是20%，之后这个比例以很快的速度上涨，到2006年就达到了67%，这在所有的主要经济体里面都是最高的。

2008年全球金融危机给我们敲响了警钟。

这么大的经济体，如果对外依存度一直在60%以上，会给我们带来很大的问题，所以当时国家启动了内需刺激计划，一直到现在，经过差不多十几年的努力，中国经济的对外依存度已经由最高峰的67%下降到了32%，也就是说现在中国经济还有1/3跟国际市场有密切的关系。

与此同时，中国的经济发展环境也发生了变化。

我们过去的外部环境还是相对稳定的，因为那时候中国经济规模比较小，那些发达国家，特别是美国，不觉得我们会给它带来多大的挑战。然而今天再回头看，我们抓住了历史性的机遇，快速发展了起来，的确给它们带来了严峻的挑战，相应地，中国今天的外部环境也发生了重大的变化。

由于逆全球化的思潮、民粹主义、单边主义、贸易保护主义、中美关系巨大的不确定性以及疫情的蔓延等，中国经济的外部环境和以前完全不一样了。因此在新的发展格局下，我们要走什么样的路，用什么样的战略，是需要认真系统思考的。

现在我们看到党中央国务院作出了非常重大的决策——“双循环”发展战略，这是非常正确的。

“双循环”发展战略是根据国内外形势的变化作出的调整，强调我们要培育自己的内部市场，但这绝不代表中国的经济不依赖外部市场，对外部市场没需求了，相反，我们是要进一步扩大开放的。

我看到一些报道，现在有的地方在做非常莫名其妙的事情，包括国有粮店、买房子要房票等，我希望这不是真的。如果是真的，我希望他们知道这是没有出路的。

如果通过票证来控制需求这个办法可行，我们早就不用搞改革了。当年票更多，粮票、布票，什么票都有。试图靠票来控制需求，靠国有把所有东西拢到一起来解决中国经济的问题，这是没有出路的。

因此我们不仅不能搞封闭，还要把提高经济的市场化程度放到很重要的位置。我们要提高居民的收入水平，特别是要提高低收入阶层的收入水平，使他们成为中国经济发展重要的力量。为此，重视社会资本的发展，重视民营经济的发展，重视收入分配体系的改革，这些是新发展格局战略发生的变化。

（三）新发展路径

所谓路径是指，我们的人均 GDP 要从现在的 11 000 美元变成中等发达国家水平的 25 000 美元，这个道路怎么设计？这 15 年怎么走？

有时候设定一个目标是非常容易的，但要想达到这个目标，是需要智慧，需要对现代市场经济有深刻理解的。我们千万不要以为人的力量有多大，力量真正大的还是市场，我们一定要尊重市场，不尊重市场，我们的目标很难实现。

同时我们要走绿色发展之路，这就跟今天的主题有关系。

原来我们走了一条粗放式的发展之路，利用我们廉价的劳动力和比较丰富的自然资源，让中国经济得到了很好的发展，但这个过程也使我们的环境受到了破坏。不仅如此，产业科技含量不高、附加值不高，竞争力也就不强。

经济发展最终的目标是要让人生活舒适，让人的生活福利水平大幅度提高，这就需要整个经济结构转型，提升科技的作用。因此要走科技推动创新发展的高质量之路、绿色发展之路，这些路径是新发展格局里面的核心要点。

二、新发展格局中的金融改革何去何从？

新发展格局是一个非常重要的提法，如果我们对这些问题有深刻的理解，我们的金融应该做什么样的改革？首先要明确，金融要服务于实体经济，这一点绝不能停留在口头上，在此基础上，金融发展要兼顾以下两个方面。

（一）金融要服务于国家经济结构的转型

中国社会的变化很快，但中国的目标很明确，需求也正在发生很大的变化。金融作为一种制度性供给，它是需要根据需求的变化来调整，来改革的。我们已经设立了“双碳”的目标、2035 年成为中等发达国家的目标，金融可以创造一系列的产品来服务于这些目标。

当然我们也看到，目前在金融产品上碳交易已经出现了，其本质上就是一个金融创新。金融很重要的目标是要服务于中国整个国家的转型，经济结构的转型。

（二）金融要服务于产业的转型

第二点，中国金融还要服务于产业的转型，因为产业不转型，“双碳”是实现不了的。

产业转型需要结构的变化、技术的进步，甚至还有观念的转变。把技术进步变成现实，把高科技变成主导性的产业，这些其实都跟资本市场密切相关。

因为高科技助力新产业的过程本来就充满不确定性，外部还会受到传统产业的挤压，这种情况下我们必须要围绕着资本市场，发展多元的金融业态，特别是要发展新的资本业态，去推动产业结构的转型。

如果一个国家的金融只是走老路，说他们不需要变革，这个金融是有问题的，因为现代金融的核心目标是着眼于未来，不是复制过去。

什么样的金融是着眼于未来的？就是我们常说的新金融业态、新思维业态——用金融来帮助新技术慢慢分散风险，通过分散风险来推动产业转型，进而推动高科技变成新产业，让科技变成新产品，这个过程是非常重要的。

除了金融本身要走对方向，我们的环境也应该作出一些改变，给予金融改革一些宽容。现在很多地方把新金融业态做了过度的、污名化的解读，这是不好的，它会压制我们金融的创新。

我希望我们的政策和监管要推动中国金融的多元性、产品的多样性、业态的多样性，风险资本、资产重组等一系列新金融业态都要丰富起来，同时，不要先入为主地觉得这些事情有很大的风险。新金融业态之所以有生命力，正是因为它降低了传统金融的风险，同时还有更多的金融福利。

一项金融创新如果能为社会带来过去所没有的金融功能、金融福利，就算它蕴含新的金融风险，只要这种功能和福利水平能够完全覆盖这个风险，那么这个创新就值得肯定。

我们不要单方面用放大镜去看风险，因为任何金融业态都是有风险的，这里需要一个监管理念的转变。我不希望我们的金融回到单一金融业态，因为这样完成不了刚才所说的新发展格局所确立的目标，我们要做的是推动中国金融结构性的变革。

三、中国金融的三条出路

毋庸置疑，金融变革的任务非常艰巨。

中国金融的市场化改革走了一条探索之路，我们曾经有过非常好的发展，但现在似乎受到了某种约束，以前金融与科技的结合我们也取得了不错的成绩，现在这方面也遇到了问题。

这种情况下，中国金融的出路在哪儿？

我觉得有三个：脱媒、科技化、国际化。

（一）脱媒

中国金融的第一个出路是市场化，是脱媒，也就是非中介化。让所有的投融资活动都通过市场来完成，或者让更大比重的投资活动通过市场来完成，这是一个国家金融现代化的必经之路。如果不这样，中国金融将永远是传统的。

中国脱媒的力量、脱媒的机制，才能推动中国金融结构性的变革。

（二）科技化

中国金融的第二个出路是科技化。

信用甄别是金融中的一个难题，我们说金融有风险，很多时候就是指信用风险。

传统金融所采用的传统信用识别方法已经很系统了，但不能做到全覆盖，小微企业、传统金融的长尾客户等都覆盖不到。

然而真正的金融是需要普惠的，小微企业和长尾客户也应该获得相应的金融服务。我们不应该让中国的金融停留在只为富人服务、只为大企业服务的状态。

那该怎么办呢？

大数据。

目前我们科技和金融结合最大的贡献就是让信用能够通过新的数据去加以甄别，而不是仅仅通过企业收入多少、资产多少、威望多大这些维度。

其实小微企业、中低收入阶层中很多人都是很有信用的，但是如果只看上述的指标，并不能得出他们真实的信用，导致他们很难得到授信，大数据在金融领域的应用改善了这个问题。

因此，我对基于科技平台的、能够拓展金融服务面的所有创新，都持肯定态度。虽然它们会有些风险，但一想到也许一个创新就能逆转趋势，通向一个新的未来，每一个可能性都值得期待。当然，这也对监管者提出了要求，跟上时代的步伐很重要，我们的市场创新是走在前面的。

（三）国际化

中国金融的第三个出路就是国际化，要开放。

我们现在的开放是非常有限的，人民币到现在还没有实现完全可自由交易，我们的资本市场中境外投资者只占 3.5%，这都反映出我们的金融市场是一个相对封闭的市场，是一个虚掩的市场，门仅仅打开了一条缝。

完整的中国金融国际化包含很多方面，人民币的可自由交易、人民币的定价权、人民币支付比重的提升、储备货币功能的提升、资本市场对外开放比重达到 15% 以及更多的境外投资者等，这些要是都完成了，中国社会也就实现了现代化，因为这些都指向很强的法治水平。

目前，中国金融的法治化水平离国际化标准还有相当大的差距，还要大力提高我们企业的履约能力、契约精神以及我们的透明度。法治、契约精神、透明度是现代社会的三个标志，这些实现了，中国金融的国际化就实现了，中国社会的现代化也实现了。

发展中国资本市场　推动双循环发展战略

——在“2021 国际货币论坛”上的主题演讲

【作者题记】

这是作者 2021 年 7 月 24 日在由中国人民大学财政金融学院主办、中国人民大学国际货币研究所（IMI）承办的“2021 国际货币论坛”上的主题演讲。论坛主题为“双循环格局下的中国金融发展”。演讲强调通过资本市场的发展，使现代金融服务于高科技行业，服务于实体经济的发展是战略转型的核心。

由于在外地，我不能现场参加“2021 国际货币论坛”，只能线上参与。

“双循环”发展是中国经济发展战略的重要转型。这是根据国内外形势的变化，尤其是中国经济战略目标以及中国经济增长结构的变化，作出的重要决策。“双循环”发展战略的核心是科技推动创新、创新引领和高质量发展。其中，特别强调了内循环为主，但是我们还是要关注内循环和外循环的协调发展，这是战略转型的关键。我们必须注重科技创新，因为科技创新是“双循环”发展的重要动力来源和重要特征。科技创新，也是中国经济战略转型、中国产业转型的重要推动力。从高科技到新产业，金融在其中起了非常重要的作用。

在“双循环”发展战略中，金融如何服务于实体经济，面临着新的挑战。虽然这是一个老话题，但是在“双循环”发展战略过程中，在新的历史时期，金融面临新的变化、新的任务。这其中，主要是金融如何通过改革去推动中国产业的转型，走高质量发展之路。高质量发展，科技推动，要通过对金融的变革来完成，这里很重要的就是要推动中国金融的结构性变革。中国金融的结构性变革，主要是通过市场的力量来完成。我们如何通过资本市场的发展，使现代金融服务于高科技行业，服务于实体经济的发展是问题的核心。因为从高科技、高新技术到新的主导产业的形成，并不会自然而然地完成，这其中，蕴含了很多风险，这需要创造新的金融业态来分散这些风险，促使新产业的成长。

首先，最重要的是要围绕资本市场，创造一个生态良好的资本市场环境。我们要从天使基金开始，建立 VC、PE 这种新的资本业态来孵化新的产业和新的企业。这些新的产业、新的企业的特征是高科技。在这之后，要建设一个高质量的资本市场，也就是说金融主要是通过构造新的金融业态来完成在“双循环”发展战略中的产业转型，走高质量发展之路。在这个条件下，推动中国金融的改革和发展就变得非常重要。

其次，要着眼于未来，树立新的理念。打造围绕资本市场的新金融业态和新资本业态时，我们要看到这种金融主要着眼于未来，我们要用改革的眼光去看待它。不要把它过多地解读为这样一种新的金融业态，就会带来新的风险，似乎这就是脱实向虚。这种新金融业态看起来有点脱实向虚，因为这种“虚”的确和今天的“实”不是特别紧密，但是它与未来的“实”具有紧密联系，它可能着眼于今天的某种“虚”，今天的某种“虚”实际上就是未来真正的“实”，这个“实”是有竞争力的。

最后，进一步完善和总结注册制改革。在新的发展格局下，对金融如何服务于实体经济需要做动态的理解。在“双循环”发展战略中，金融业的改革和发展非常重要。在构建一个以资本市场为核心的新的金融生态或新的资本生态的过程中，我们要大力推进中国资本市场的市场化的改革，这其中，很重要的就是要进一步地完善、总结注册制改革。其一，注册制改革具有重要意义。过去中国资本市场中上市公司的标准是比较工业化的，是以工业化社会的一些标准来制定的，所以强调盈利，强调资产的规模等，比较重视物质化的资本，不太关注未来。社会进入后工业化时期，企业的形态正在发生很大的变化，科技型企业慢慢占据了主导地位。如何让科技企业成为上市公司的主体，资本市场如何服务于这些企业，是摆在中国资本市场面前的重要任务。

其二，注册制改革取得了非常好的成绩。在上述背景下，两年前上交所推出了注册制改革，同时也推出了科创板，一年后在深交所的创业板进一步完善了注册制。通过这两年来的实践看，应该说注册制的改革取得了非常好的成绩。同时推出科创板，完善创业板，对中国产业转型，对在复杂环境下，解决国外那些“卡脖子”工程、“卡脖子”技术，实际上也起了重要作用。所以，中国金融改革、中国资本市场发展，不但要推动科技创新、产业转型，而且还要着眼于解决“卡脖子”工程的资本不足问题，解决一些“卡脖子”技术的市场化能力问题。这些都要靠金融，特别是资本市场来完成。

其三，要认真总结注册制实施两年来的经验和问题，包括虚假信息披露与整个链条中的腐败问题等。但是，市场化改革是基本趋势。在全市场实现注册制改革，这个时机正在慢慢到来。一项新的制度都会有这样那样的问题，但是我们要看到它的主流。注册制改革的主流是正确的。最近一年多来，中国上市公司结构的变化，包括投资理念的变化、估值的变化，都说明了推进资本市场的市场化改革，对推动“双循环”战略的实施具有重要意义。资本市场的市场化改革，是中国金融发展的重要内容，它和“双循环”发展战略有内在的关系。

中国经济发展与中国的经济学

——在 2021 年中国科学院大学经济与管理学院“应用经济学暑期学校”的学术演讲

【作者题记】

这是作者应洪永淼教授之邀，于 2021 年 7 月 21 日在中国科学院大学经济与管理学院“应用经济学暑期学校”所做的学术演讲。这篇演讲很长，历时三小时，重点分析了中国经济实践与中国经济学不断进步的内在关系。

非常高兴，来到中国科学院大学经济与管理学院“应用经济学暑期学校”讲课。这个研习班的成员是刚刚毕业的博士生或者博士后以及青年教师。中国科学院大学可能想通过这样一个暑期研习班选拔优秀的青年教师。中国科学院大学经济与管理学院创始院长成思危先生是我非常敬重的前辈学者和国家领导人，与我有忘年之交。我第一次见到成思危先生是在 2001 年的一个论坛上，他当时已经是民建中央主席、全国人大常委会副委员长。那次见面后，我们就资本市场的改革与发展深入交谈了多次，我向他求教，之后成了忘年之交。我非常尊敬他，他也很欣赏我，与他交流非常快乐。我在中国人民大学创办并主持“中国资本市场论坛”已经 25 年了，每年一届。在他时任民建中央主席和全国人大常委会副委员长期间，多次来到我主持的这个论坛做主旨演讲。逝世的前一年，他还抱病参加论坛并发表重要演讲，而且自己亲自做 PPT，令我感动。

更有意义的是，大约在 2002 年，成先生问我是不是中共党员，我说我 20 世纪 80 年代就加入中国共产党，他非常希望我也能加入民建。我说，只要组织同意，我很乐意。只要能为我们国家做一些有益的事情就行，况且在他的领导下，就更乐意了。他两次派民建中央副主席和秘书长去上级部门请示，希望我能加入民建。当时我 43 岁，为了一个年轻人，两次派专人去上级部门请示希望能够得到批准，让我深怀感念。在这个过程中，差不多一年多的时间，我参加了民建中央召开的一些学术会议，包括 2003 年民建中央代表团到台湾地区访问，我也是以代表团顾问的身份随团访问，可见成思危先生对我寄予很大希望。经过很长时间的努力，让我加入民建的愿望也没能实现。我说这段历史是想说成思危先生对我有知遇之恩，当永生铭记，所以，我对成思危先生创办的中国科学院大学经济与管理学院亦有偏爱。我喜欢理性思考、有学术追求的人，非常厌恶天天讲大话、随风倒的人，喜欢具有学术情怀、能够朝着学术理想前行的人。成思危先生是有这种学者特质的国家领导人。他也从不摆架子，平易近人，具有深刻的理性思考、宽广的学术视野和远大的理想情怀。

成先生之后中国科学院大学经济与管理学院院长的继任者汪寿阳教授和

我关系非常好。汪寿阳院长是一个豁达的人、一个纯粹的人、一个典型的学者，我最喜欢这种品格的人，我最讨厌内心空洞、装模作样，只会说大话、奉承话的人。学者还是要有深刻的理论思考，还是要有批判精神，还是要有一种风骨。中国社会需要前行，我们必须看到我们所存在的问题。学者的责任是要观察问题，善于发现问题，客观理性地分析问题。当然，成绩谁也抹杀不了。改革开放 40 多年来，中国经济社会取得了瞩目的成就，创造了人类社会的奇迹。但尽管如此，我们的社会还是存在不少问题。当前，学者最需要理性、客观的精神。我知道，在任何时候具有批判精神都是困难的，但是我还是相信，从学术的角度去理性地分析问题，是非常有意义的。汪寿阳院长是一个温和的人，但温和中有理性，让我尊重。

洪永淼教授刚刚接任了汪寿阳院长的位子，是寿阳院长的继任者。永淼教授在任厦门大学经济学院院长时对厦门大学经济学科的发展作出了重要贡献，使厦门大学经济学更加规范、更加现代化。

中国的经济学既要基于中国的实践来分析中国的问题，更要学理化。也就是说，对经济活动的观察和分析，经验总结是重要的，但经验总结最终要完成学理化的过程，构建理论的逻辑体系。中国的经济学经验主义相对明显，“从哪里来，到哪里去”，中间的逻辑要清晰。经济学有很多基本的规则在任何时候都不会变，虽然在不同时期经济学的范式会有差别，因为人们所处的时代不同，同一时代的背景也不一样，所以会形成不同的范式。亚当·斯密是现代经济学之父，他创造了一系列概念和范式，一些基本概念如分工、自由市场、交易等，都是经济学的基本概念和起点。在亚当·斯密之前谁也不知道人类社会财富是如何形成的。公元 1000 年前，欧洲社会财富没有什么增长，几乎是平行的，之后财富开始缓慢增长，特别是在亚当·斯密时代，开始了第一次工业革命，财富开始出现爆发式增长。同样的人类、同样的土地、同样的资源，为什么财富增长了？在这之前，无论是重农主义者还是重商主义者都没有得出正确的结论。亚当·斯密认为，分工非常重要，没有分工就没有财富，分工之后就是交易，交易当然是基于自由市场机制的交易。

中国的经济学面临着艰难而深刻的学理化过程。从现代经济学意义上说，我不认为我们已经完成了这样一个过程，同时也还没有完成经济学的科学化过程，学理化之后就是科学化。中国的经济学要着力提高其科学性，提高科学性的重要方法之一是计量分析。我们说数学是科学之母，所有的科学都来自数学，因为数学把自然界那种我们无法看到的规律和结构用精密的符号和严格的数学公式表达出来，得出如此精妙而精确的计量结果，所以，数学是一切科学的基础和起点。只有可计量、可分解、可做结构化分析的理论才能进入科学的阶段。经济学有不同的理论流派。有人认为经济学很难计量，因为影响人们行为的变量具有高度的不确定性，很难通过确定的模型去计量。但尽管如此，从宏观上说，虽然单个人的行为的确有其不确定性，但从整体看，大样本人群的整体行为的集合，会有一个统计规律，因而具有可计量的基础。每个人的决策和行为都是基于他对信息判断的一种理性，虽然从事后判断可能是不理性的，但是，基于其信息基础上的行为，实际上都是理性的。如果所有人的行为都是基于这种假设，当然对于集合行为则是可计量的。对宏观经济变量之间的关系，不仅可以作出趋势性分析，甚至完全可以作出比较精确的计量。

当然，我们又不能够陷入单纯的计量而不能自拔。我看到过一些计量做得不错的经济学论文，但看完这种论文真的不知道它想说明的问题是什么，作者也可能不知道其所要说明的问题在整个经济体系中的地位。这里需要研究者对经济学的宏观结构有一个相对清晰的把握。如果研究者有一个清晰的宏观架构，知道所研究的问题在这个大宏观架构下处在哪一个点上，研究的有效性就会大大提高。如果不知道所研究的问题处在体系中什么点上，那就如同在黑暗中摸索，没有方向感，在森林中抱着一棵树，不知道那棵树究竟有什么意义一样。

以上是我今天讲课的序言。

今天我给大家讲的主题是“中国经济发展与中国的经济学”。

原来讲课所定的标题是“中国经济与中国经济学”。后来想想，称中国经济学似乎还不太成熟。有没有中国经济学，现在还没有看到，据说有人在努力去构建。我在中国经济学中间加了一个“的”，加了一个“的”字就完全不一样了，就成为“中国的经济学”。

在这个大标题下，我主要讲三个问题。

一、中国经济发展模式的变革历程

这里主要讲四个方面的内容。

（一）资源配置机制的变化：从政府主导到市场化改革

1978年改革前，中国经济发展的资源配置机制是国家高度垄断。在那种体制下，市场的作用空间基本不存在，市场的作用被挤压到几乎可以忽略不计的地步，政府主导了整个资源配置。这种资源配置机制背离了常识，背离了经济学的基本原理。当然，在计划经济时期，在计划经济的理论框架下这种资源配置也有其自身的理论逻辑。这个理论逻辑认为，市场的作用会对经济产生周期性的破坏作用，因而资源会有大量浪费，需要政府从宏观角度把经济活动的每个环节都衔接好，所以当时有一句话是“有计划、按比例、协调发展”，这是很理想的状态。“有计划、按比例、协调发展”这句话，本质上是有计划，试图通过事先的计划机制去控制资源配置，防止产生过剩和浪费，试图让经济运行一开始就处在可控制的平衡之中，以最大限度节省资源，提高效率，完全排斥市场的作用。我的本科、研究生和博士生三个阶段的专业都是计划经济专业，人民大学的计划经济专业是中国计划经济理论的堡垒，中国计划经济理论的大本营在人民大学计划经济系。我就是在这个大本营中学习了严格的计划经济理论。现在经济学学者中可能很少找到本科、研究生和博士生都是学计划经济的教授。我不能说是唯一的，但是少之又少。学生时候我们觉得这个理论很严密、很理想，加上综合平衡、投入产出分析，似乎整个经济活动都在控制之中，可以防止经济危机，可以防止资源浪费，可以实现供需平衡。但是，这种理论忽略了现代经济学的基本原理。首先，它否定了经济人假设，否认人对利益追求的本性。道德层面上我们可以对每一个人提出很高的标准，但不能把人们追逐个人的利益邪恶化，因为对利益的追求是人的本能。这也是亚当·斯密研究经济问题的起点。大家可以看看他的《国富论》，他说，利己虽然是一株有毒的花，但结出的却是善良的果。这实际上是在说，人对利益的追求，其结果是推动社会进步和财富创造，结出的是善良的果。在1759年出版的《道德情操论》中，亚当·斯密的价值主张是利他，在1776年出版的《国富论》中，他却论证利己的本性和重要性，有人认为这是他内心的冲突。写《道德情操论》时，他还没有研究经济学，后来到欧洲大陆旅行了18个月之后，他结识了很多人物，无论是重农主义者还是重商主义者。计划经济制度是排斥利己的。实际上，每个人都追求自身的利益，这是一种客观存在，研究经济学必须从这个客观存在出发。对于计划经济，中国的实践已经表明，那套理论是完全理想状态的，完全不从实际情况出发，本质是一种毫无现实基础的乌托邦。

我在博士生阶段已经开始对这套理论进行系统的反思和批判。这套理论完全不适合中国。因为它违背了人的本性，否定了人追求利益的客观性、必然性和合理性，否定了人对利益的追求，经济增长和财富创造就将失去基本的动力。更重要的是，这套经济理论和基于这种理论所构建的体制，没有解决中国的问题，没有解决人们的温饱诉求。1949年中华人民共和国成立时，我们党的伟大使命就是中华民族复兴，让中国人民过上幸福的生活。这是中国共产党人的初心。为什么要搞革命？就是要让中华民族复兴起来，让中国人民吃饱饭。但是，一个严峻的现实是，1949年到1978年29年时间里，应该说吃饱饭的基本诉求没有得到满足。我的家庭在那个时代还算一个不错的家庭，父亲是教师，母亲是医生，在江西省的一个县城里算是不错的了，但那也不能够每顿饭都吃饱。晚上有时还要吃一顿红薯。红薯今天是一种保健食品，但在那个时代则是充饥食品。在农村，那个时代农民是吃不饱饭的。

如果一种经济体制连老百姓的吃饭问题都解决不了，这种体制必然会遭到质疑。1978年以前和1978年以后，同样是中国人，同样是中华民族，同样是党的领导，为什么1978年之后人民开始富裕起来了？为什么1978年之前不少人还处在饥饿之中？最基础的变量没有变，有一种力量严重制约了我们，那就是制度或体制。制度的僵化和落后是贫穷和饥饿的深刻原因，那种制度严重扼杀了包括个人和企业在内的几乎所有社会成员的积极性和创造性，人们没有创造财富的动力，甚至没有创造财富的权利，一切资源都由政府来配置。实践证明，那套制度、机制，那种政府大包大揽、政府统配资源的体制完全不适合中国。

1978 年 12 月党的十一届三中全会召开了。这是一次具有历史意义的会议，是中华民族走向繁荣富强的历史起点。这里，有必要强调一下的是，从 1949 年到 1978 年，我们国家节衣缩食为后来的工业化奠定了初步基础，我们要看到这样的成就，在那样的环境下，搞出了“两弹一星”，为中国发展的和平环境奠定了基础。但是，从尊重经济基本规律的角度来看，那套体制是完全不适用的，必须坚决彻底地改革这种体制，必须探索一条与人们的诉求相适应的、和中国国情相匹配的发展之路。42 年前，摆在当时以邓小平同志为代表的那一代领导人面前的核心问题是，如何能让老百姓吃饱饭，如何彻底解决贫困和饥饿问题。我们这个国家过去相当长时间，社会动荡不安，频繁的战争给人民带来了无穷的灾难和巨大的精神摧残，对社会财富造成了极大的破坏。唐宋时期离我们很遥远，看看清末民初那些照片，我们的先人，那样一种萎靡的样子，让我感到很难过，男人梳个大辫子，破衣烂衫，女人裹着小脚，多么愚昧，每个人看起来都是严重缺乏营养，老百姓生活大都处在饥饿贫困的状态。所以，贫困和饥饿成了这个民族深刻的记忆。有些人做了高官后为什么那么贪婪？与他的先人和家庭长时间处在贫困与饥饿状态可能有关，一些人突然间掌握了权力，莫名的欲望迅速膨胀，贪婪的程度超出了人们的想象。

党的十一届三中全会要解决中国向何处去的问题。小平同志有一句名言，“贫穷不是社会主义”，如果贫穷是社会主义，这个社会主义我们可以不要。走发展之路、走富裕之路才是社会主义。所以，党的十一届三中全会确立了改革开放的大方向，小平同志在党的十一届三中全会闭幕式上有个非常重要的讲话，至今重读仍让人心潮澎湃。去年暑假的时候，有一个媒体要我推荐必看书目，我只推荐了一本书，即三卷本的《邓小平文选》，推荐的理由是，它是中国经济发展和社会主义现代化建设的思想来源，吹响了中华民族崛起的号角。小平同志《解放思想，实事求是，团结一致向前看》的这个著名讲话，每每看完都深有感触，深深感恩。

小平同志的一生，除了年轻的时候在国外留学，在他成了党的领导核心之后，他只访问过两个国家，一个是美国，另一个是日本，只访问过这两个国家。他深刻地知道，中国应该向什么方向走，中国经济发展应该走什么样的路，应该向谁学习，中国这艘巨大的航船应该朝什么方向驶去。当然是向发达国家、富裕国家、文明国家、法治国家驶去，这是我们改革的目标。从那以后，中国开始探索以市场化改革为导向的社会主义市场经济体制。更为重要的是，党的十一届三中全会和小平同志的讲话解放了长期被压抑、被束缚的思想，继而可以让人们去思考、去讨论中国的未来在哪里。20 世纪 80 年代是一个伟大的年代，之所以伟大是因为它是思想解放的年代。在座的大多数当时可能还没有出生，后排座的都是 90 年代出生的，前排有个别人可能是 80 年代出生的。也不知道是不是年纪大了，反正我每每讲到 20 世纪 80 年代的中国，总会心潮澎湃，眼含热泪。那是一个青春飞扬梦幻般的时代，它给所有人，无论男女老少都有无限想象的空间，人们可以尽情地想象未来的中国是什么样的，可以尽情地表达你的想法，可以无情地批判那种腐朽的、落后的体制。那是中华民族思想解放的 10 年。我对 20 世纪 80 年代的思想解放始终给予极高的评价。中国能发展到今天，有很多因素，但其中一个不可忽略的因素，就是 20 世纪 80 年代的思想解放运动造就了一代中华民族的精英。思想解放，最伟大的贡献就是打破了人们的精神枷锁和思想禁锢。

我不是研究历史的，我不了解盛唐，好像盛唐是一个充满了梦幻般色彩的社会。宋朝以后，人们的思想开始慢慢被禁锢，中国社会的没落与思想的禁锢有密切的关系。思想一旦被禁锢，就没有办法找到解决问题的办法。每个时代都面临着新的问题，如果只是等着上面的指令来解决问题，那是解决不了问题的，社会是难以前行的。解放思想是那个时代最伟大的贡献。因为解放了思想，没有思想束缚，我们才可能找到适合中国发展的经济模式，才能找到有中国特色的社会主义市场经济道路。

有中国特色的社会主义市场经济，其基础是市场经济。也就是说，市场经济的基本原则必须遵守。哪些是市场经济的精髓和基本原则？比如，自由的市场、分工、交易、竞争、价格形成的市场机制、市场主体的平等性，这些都是市场经济的基本原则和精髓，这些原则是必须遵循的。

在40多年的实践中，我们不断地沿着市场化改革的方向探索，在改革开放的实践中，逐步找到了一条适合中国国情的现代市场经济之路。我们的确找到了这条道路，否则的话，40多年的时间要把一个14亿人口、如此贫穷落后的国家，建设成全面小康的社会，那是不可能的。在这40多年中，我们并没有出现大的动荡，整体上看，无论是社会发展还是经济增长都处在持续稳定中。这其中必有奥妙。因为从计划经济到市场经济，这是一个巨大的制度跳跃，中间有巨大的沟壑、巨大的风险、巨大的不确定性，当时我们没有足够的经验，我们只有到美国、欧洲、日本去看看，我们先学习它们先进的理念、体制、机制和方法。80年代我在人民大学读研究生、读博士的6年时间里，在研读《资本论》的同时，也如饥似渴地学习西方经济学的基本知识、基本理论和研究方法，有的读本是翻译的小册子，把一本很厚的西方著作编译成一本小册子，让你容易读。那个时候，一方面我们打好了《资本论》和马克思主义政治经济学的基础，另一方面我们又广泛吸收西方经济学的精髓。刚才我说了，20世纪80年代是一个思想大解放的年代，各种理论交杂在一起，思想受到极大冲击。我们有个特点就是海纳百川，我们落后了，要向先进国家学习，那个时候以学习为主。当时我们这一代人看的最多的是西方经济学，从亚当·斯密到凯恩斯再到货币主义，最广泛地吸收被人类社会实践所证明了的理论和方法，当时主要是学习和借鉴。那个时代人们虚怀若谷、敞开胸怀、拥抱世界，什么都学，从经济理论到经济政策到企业管理办法。

正因为如此，我们探索出了一条以市场化改革为导向的社会主义市场经济道路和模式。这个道路和模式，核心仍是市场是资源配置的决定性力量。这个理论在党的十八届三中全会上做了高度概括。我们从过去的政府大包大揽、统配资源，市场几乎不存在作用空间的高度集中的资源配置机制，过渡到市场是资源配置的决定性力量这样的体制中，这是一个历史性的变革，是伟大的理论实践。

（二）过去40多年：从以封闭循环为主到国际经济大循环

前面分析了资源配置机制的深刻变革，这里主要分析经济循环模式的变化，即从以封闭循环为主到国际经济大循环。

1949年到1978年，中国经济主要是一个以封闭循环为主的经济体，虽然也有少量的国际贸易，当时主要是通过初级产品贸易换取外汇储备，用这些稀缺的外汇储备购买国家急需的高精尖设备。改革开放前，我们的金融资源是贫乏的，1978年底，中国的外汇储备有多少呢？1.67亿美元。这点外汇储备是我们用了多少石油、多少资源换来的。因为实行的是计划经济体制，所以经济循环以封闭循环为主，与外部的循环很少，效率非常低下。李嘉图学说将分工拓展到国际分工，国际分工是国际贸易理论的基石，从比较优势到国际贸易再到比较利益，从而在更大层面上推动了财富的增长。那时候我们有点闭关锁国，不善于与外国竞争，担忧他们掠取我们的资源，也没有深刻理解国际分工、比较利益、比较优势所带来的财富增长。有很多数据表明，2001年12月中国加入WTO后，中国经济真正进入了高质量发展，财富以前所未有的速度在增长。2001年底，中国的外汇储备为2 100亿美元，2001年12月加入WTO后，中国外汇储备在2006年、2009年和2014年分别突破了1万亿、2万亿和3万亿美元大关，2014年底超过了3.8万亿美元，现在稳定在3.2万亿美元左右。GDP也在快速增长，2001年GDP规模是109 655亿元人民币，2020年则突破100万亿元人民币大关。无论从GDP规模、人均GDP，还是外汇储备、居民储蓄存款、全社会金融资产等金融指标看，中国经济全面开放后有了更快的发展。

刚才我说了，1978年底中国的外汇储备只有1.67亿美元，中国当时10亿城乡居民的储蓄存款只有210亿元人民币，这就是当时中国可以动用的金融资源。怎么办？这么稀缺的金融资源到何年何月才能把中国建设成小康社会？我们有相当丰富的自然资源，但金融资源匮乏，经济发展是要充足的金融资源的，需要大规模投资的。自己没有钱只有走开放之路。在当时推进市场化改革的同时，我们也在思考如何对外开放。在当时，对外开放是有压力的，甚至有人把开放妖魔化。小平同志亲自推动开放，在沿海建经济特区，这些特区主要是对发达国家开放，吸引外资，学习新技术和先进的管理方法。中国的开放，既需要战略眼光，更需要胆略和勇气。中国经济的开放，重点是向发达国家开放，它们有资本和技术，我们有丰富的劳动力，也有潜在的巨大市场和丰富的自然资源，各自发挥优势，得到最优结合。1982 年 3 月，为了推动开放，引进外资，小平同志第三次会见美国企业家哈默博士，欢迎他参与中国能源的开发。沿海城市的开放，吸引外资是重点，同时生产的产品销往海外，两头在外。我们在吸引资本、学习发达国家管理经验的同时，也广泛引进国外先进的技术，那个时候有一个说法，“用市场换技术”，现在有些人批评这种做法，实际上他们完全不了解当时的情况，我认为这种做法是非常正确的，拿市场来换技术是一个符合当时实际情况而且很有效率的做法。

从以封闭循环为主到国际经济大循环。国际大循环战略的重要标志是 2001 年 12 月加入 WTO。当时的领导人非常有魄力，他们知道美国的出价很高，也知道有一些标准超出了当时我们的承受力，像金融业、保险业的开放，投资市场的开放。当时舆论界、学术界有一种观点，认为按此标准，加入 WTO 将给中国带来巨大风险，中国从农业到工业到服务业都难以和美国、欧洲、日本竞争，在哪个领域都竞争不了，中国除了有廉价的劳动力和潜在的巨大市场，其他方面都没有优势。这样的观点，当时比较流行。当时的领导人毅然决然地决定加入 WTO。实践已经证明，加入 WTO 是中国社会融入国际社会的历史性决定。中国经济全面融入国际经济体系是从加入 WTO 开始的，中国社会全面融入国际社会也起始于加入 WTO。

我说这个话是什么意思呢？是想说明，开放和全面融入国际社会多么重要，它能让我们找到现代文明的标尺。在加入 WTO 之前，坦率地讲，我们对保护知识产权没有什么概念。不尊重知识产权，不尊重前人的成果，不尊重他人的创新，是一种社会的普遍现象，什么都敢拿，这怎么得了？那个年代教授们写论文、写文章很少有引文，大家可以翻一翻 20 世纪学者们写的论文，里面引用最多的是伟人的话，马克思怎么说，列宁怎么说，毛主席怎么说，剩下的就是他的发明创造了。不尊重前人、他人的成果，没有什么学术规范，引文、注释、参考文献严重缺乏。那个时候有一句话，天下文章一起抄。论文可以抄，书可以复印卖钱。我也曾经买过这样的书，买正版的买不起就买复印版，盗版猖獗。当时我这种消费行为也纵容了那种盗版行为。加入 WTO 后，重要的是必须尊重知识产权。后来，我们花了很大的力气打击盗版行为，保护知识产权。那个年代在人民大学东门外，中关村这条街上，卖盗版书刊、盗版光盘盛行。有一个时期一些企业团体用的软件都是盗版软件，这怎么行？经过多年的努力，现在知识产权保护有了根本的变化。现在我们已经深刻地意识到尊重知识产权的重要性。尊重知识产权、尊重前人和他人的成果，是文明社会的一个基本特征。加入 WTO 使得中国经济全面融入国际经济体系，参与国际分工和国际竞争，通过分工、竞争和比较优势，获得了比较利益，实现了经济的快速增长和社会财富的大规模积累，同时也让我们不断地迈向现代文明社会。

加入 WTO 的 20 年，是中国经济快速增长的 20 年，是社会财富空前积累的 20 年。习近平总书记说，中国开放的大门只会越开越大，因为中国的实践告诉我们，开放才能使中国从过去贫穷落后的国家变成小康社会，也将使中国从小康社会变成一个发达国家。

（三）中国经济增长从资源依赖到创新引领

中国经济增长过去主要依赖自然资源、人口红利等要素资源，那个时候也有一系列的制度创新。中国改革开放全过程伴随着制度创新，也伴随着技术创新，但更重要的还是依赖自然资源和人口红利。这种经济增长模式，使中国社会付出了昂贵的代价，环境受到严重的污染和破坏，给人们的健康造成了很大的威胁。东莞也好，深圳也好，吸引了大量打工者，都是在流水线上作业，作为流水线上的一员，一个月收入当时可能有四五百元，当时在农村一个月也就几十元收入，这无疑是巨大的进步，但是的确也付出了健康的代价。我曾亲眼看到那里的工作环境不好，我就跟老板讲，这里空气不好，制鞋厂的味道更大，能不能给他们一人发一个口罩？这应当没有多大的成本，每人发一个口罩就能大大降低恶劣环境给工人身体健康带来的危害。有的工厂就做不到。

有时候想想，中国 40 多年来经济增长很快，但的确是两代人付出了健康的代价，耗竭了资源。有些老板不懂得保护工人的健康，这是非常让人难过的事。所以，有时候不要只看到今天的辉煌，要看到这背后多少人付出了健康的代价。除此之外，资源也是耗竭式的利用，哪里有矿资本就到哪里去，这是不行的。开矿也没有什么环保措施，搞得我们从土地到河流、到水资源、到近海都被污染了，这个代价太大了。经济增长形成了对资源的过度依赖，破坏了环境、损害了健康，代价很大，教训很深。

过去一个时期，我们进行了制度创新，其中制度创新最重要的是探索管理经济的体制和方法，包括如何让民营经济发展起来、如何改革国有经济体制、如何促使政府职能的转型，这些都在不断地探索。进入 21 世纪之后，我们开始重视技术创新，在此之前重点在制度创新。这是一个新的变化。

（四）宏观经济管理从计划指令到宏观经济政策调控

经济运行都是有周期的、有波动的，如何有效地熨平经济周期和波动，减少大幅度波动对经济的破坏，是宏观经济管理必须考虑的。在改革开放前的一个较长时期，是没有宏观经济政策这个概念的。在改革开放之初之也没有，都是通过计划指令来控制经济周期，经济过热时，直接计划指令控制，直接控制投资过热，经济就降温了，通货膨胀也就下来了，经济萧条时直接加大投资，通过计划指令的方式来完成这样一个宏观管理的过程。

那个时候，因为市场不发达，试图通过基于市场的宏观经济政策来影响经济运行的方式非常少。到了 20 世纪 90 年代之后，我们开始抛弃宏观管理的计划指令模式，走向以市场为基础的宏观经济政策调整模式，这期间，财政政策和货币政策发挥了不同的作用。总体而言，在宏观经济政策框架中，在中国，货币政策的作用一直以来都很重要，超过了财政政策的作用。从宏观经济调节职能的角度看，中国的财政政策作用有限，中国的财政政策主要是一种政府收入增长的政策，缺乏周期的概念，所以，在中国，比较少看到主动减税的政策取向。但在货币政策中，利率的调整、货币供应量的扩张和收缩得到比较频繁的运用，遵循了逆周期调节的原则，所以，我对中国的货币政策给予较高的评价。中国经济能有今天，与中国人民银行创造性地使用货币政策有密切的关系。

我经常说，中国人民银行大体上可以和美联储比肩。世界上有两个最有智慧的央行，美联储和中国人民银行，它们都在创造性地使用货币政策。宏观经济政策是个双政策的协调，但在中国，多数时期似乎都是单一政策，无论经济出现了衰退还是过热，主要由货币政策来调节。这可能是中国宏观经济调节的一个特色。在凯恩斯理论框架中，实际上财政政策占据了很重要的地位，但在中国，货币政策却发挥着重要作用。

通过上述四个方面的变化，我们大体可以把握住中国经济运行的脉络，可以试图做一些学理逻辑的归纳。

在经济活动中，要充分尊重并发挥微观经济主体的主动性、创造性。总体而言，我们尊重了这一常识。虽然在某些时候，对市场主体特别是非国有资本的市场主体采取了一些限制性措施。改革开放之初，就有如何理解剥削的争论。私人资本雇多少人是剥削？当时有人引经据典，说超过 7 人就是剥削，7 人以内没有剥削等。现在来看似乎是天方夜谭，当时就是这样的，雇工不能超过 7 人。如果我们不突破这种理论约束，社会资本还搞什么现代工业。这种认知实际上否认了包括私人资本在内的社会资本进入大工业的可能性。这种理论束缚很快就被突破了。

在市场主体平等性方面，我们始终没有很好地解决。《民法典》的颁布意义很大，其中非常重要的是确定了市场主体的平等性，法律已经给出了解释，但是在政策和意识中并没有完全实现，所有制歧视在现实中还是存在的。实际上所有的市场主体在配置资源方面应是平等的。虽然我们的大趋势是沿着市场化方向改革，但我们还是有一些缺陷、存在一些问题。2018 年居然出现了民营经济退出论这样的论调。我们的《宪法》说得很清楚，“两个毫不动摇”。这种言论居然在一个时期还大行其道。从理论和现实出发，我知道这种论调是错误的，当时并没有多少人出来驳斥这种观点。我也想沉默，但是最终还是沉默不下去。有一天，在人民大学财金学院 2018 级研究生新生开学第一课上，我讲了我的看法。这堂课大概来了三四百名研究生新生，我也没有稿子，只有一个 PPT，我一口气讲了三个小时，标题就是“请尊重经济学的常识”。当时我说，经济学有十大常识是不能背离的。

在改革开放 40 多年间，经济体制改革虽也有一些曲折，但方向是不可逆转的。我们同时也意识到，过去那种粗放式的发展模式难以为继，长期会带来灾难性的后果。有一个时期的北京，一年大概有 1/3 是雾霾天气。经济发展战略的转型已势在必行。

二、中国经济发展理论视角的新变化

刚才讲的是经济学在中国的变化，现在重点谈谈中国的经济学在今天和未来可能发生的变化，以及中国经济为什么要转型，如何转型等问题。主要讲三点。

（一）国际经济环境的深刻变化

今天，我国经济发展的战略思维开始发生一些新的变化，是对经济发展国际环境变化所做出的判断。21 世纪初以来，逆全球化思潮开始出现，后来又出现了民粹主义，基于民粹主义的单边主义和贸易保护主义也开始盛行，在特朗普任总统时期，这种思潮达到了一个高峰。国际环境的深刻变化，给中国经济发展带来了新的挑战。从 2001 年 12 月加入 WTO 后，中国经济的外向性或者对外依存度迅速提高，从开始时的 20% 快速提高到 2006 年的 67%，这是非常罕见的，在大国经济体中是很突出的。中国是一个幅员辽阔、人口众多、内部市场潜力很大的国家，但是经济的对外依存度超过了 60%，有其隐忧。2008 年全球金融危机爆发，给对外依存度如此高的中国经济模式形成了严重威胁，2008 年下半年中国经济出现了断崖式下跌，之后我们推出了 4 万亿元的经济刺激计划。这实际上是在逐步改变中国经济的对外依存度，逐步调整中国经济的发展模式。

2020年，中国经济的对外依存度下降到32%。32%的对外依存度，对中国经济来说，仍然是不低的，美国大概是20%。国际环境的变化，给中国经济依靠外国市场拉动经济增长这样一个模式，带来了深刻的基础性的变化，加上中美贸易摩擦所引发的中美关系的全面恶化，美国又与一些国家不断围堵中国，中国经济发展的外部环境变得越来越严峻，这给中国经济带来了新的更大的不确定性。新冠肺炎疫情的暴发和蔓延加剧了这种不确定性。新冠肺炎疫情给国际经济秩序和国际地缘政治带来了重大影响，似乎要形成两个阵容。这对中国经济发展非常不利。我们正在面临巨大的挑战。

过去40多年，中国经济发展与一个相对和谐的外部环境有密切的关系。当年小平同志英明决策，知道在一个可以预见到的将来，和平和发展是世界的主旋律，所以他一方面裁军，另一方面致力于改善与发达国家的关系，营造中国发展的良好外部环境，这是非常正确的。现在对我们来说，一方面要认识到，今天我们所处的外部环境和过去相比已经发生了重要变化，我们要深刻认识到这种变化给我们带来的严重挑战；另一方面，我们又要花最大的努力去改善这种关系。我们所有的人，都应该为改善中国发展的外部环境作出努力。没有一个良好的外部环境，到2035年中国要成为一个中等发达国家，会存在很多新的困难。

一个时期以来，作为一名学者，我也为此做了一些力所能及的民间外交工作。我不太喜欢对外关系中怼的文化，我倾向于听取和平等交流。我们要客观冷静地处理好外部关系，客观理性地看待我们国家的发展，保持高度的理性和冷静很重要。我曾经怀着这样一个目的和多位国际著名学者有过多场理性对话，这些国际著名学者中，有历史学家、哲学家、经济学家、国际关系和国际政治方面的专家。这其中，就有米尔斯海默教授。米尔斯海默教授是芝加哥大学的著名教授，是国际关系领域的著名学者，现在70多岁。之前来中国六次，我与他对话时是他第七次来中国做学术交流，时间是2019年下半年，新冠肺炎疫情还没有出现。这次访问中国，他希望和一位非政治学领域的学者对话，探讨中美关系，组织者邀请了我。我不是国际政治和国际关系领域的专家，但我有基本的常识，常识有时比专业知识更重要，缺乏常识的专业知识容易偏科，容易唬人。如果没有常识，人是很容易走偏的。对话前我看了他写的《大国政治的悲剧》这部著作，这是他的重要代表作。当天下午 2：30，360 个座位的人大逸夫会议中心来了 600 多人，济济一堂。米尔斯海默教授是"中国威胁论"理论的提出者，是 2001 年他在《大国政治的悲剧》中提出来的，同时他还提出了，中国不可能在和平环境下崛起。对这两个观点，从感情上说，我和所有有良知的中国民众一样都很反感。中国社会对持这种观点的学者都是反感的，我也一样。但是我还是想和他做一次深入交流，要让他知道，中国的发展是历史的必然。更要让他知道，中国崛起的目的是什么，当前的中国还面临着哪些重要问题，中国为什么不称霸，为什么不想称霸。米尔斯海默教授告诉我，前六次来中国，都是和你们的国际政治学教授对话，他说，中国的国际政治、国际关系领域的专家没有一次说服他，和他们讨论或对话没有新意。他们要么念稿子，要么大话空话连篇。我对他说，我肯定不会念稿子，也没有人为我写稿子。我会把我的所思、所想告诉你，告诉你一个真实的中国。那场对话很精彩。他还是说他那套理论。我发现他是个非常现实的理性的历史学家，有人说他是进攻型历史学家，我不太赞成这种概括。他为什么提出"中国威胁论"？他说从大国历史交替角度看，新兴大国对传统大国是一种威胁，这是一种历史现象。美国是传统大国，中国是新兴大国，他认为基于历史的经验，对传统大国而言，新兴大国就是一种威胁。实际上，美国取代英国除了文化以外，更重要的是通过第二次世界大战完成了这样一种交替，而不是英美两国之间的战争。美国在 19 世纪末 20 世纪初也受到来自英国和欧洲大陆的严重遏制，只不过没有发生战争。之后特别是第二次世界大战后，美国才真正成为世界上最强大的国家，完成了从大英帝国到美国的转型。基于历史规律，他认为中国会崛起，但中国很难在和平环境下崛起，美国一定会采取各种措施阻挠中国的崛起，甚至联合盟国围堵中国。今天的现实似乎印证了这一判断。

我一直在思考，他说的中国难以在和平环境下崛起的论调与其说是他的主观臆断，不如说这是一个预言。我更倾向于这是一种基于历史经验的提醒。我们有时候容易进入自己的幻想之中。如果这是一种警示，我们就要采取很多措施来瓦解这种围堵。如果一开始我们就把它理解成是他个人的主观意愿，这当然也就没有什么交流讨论的空间；但如果是基于历史经验得出的判断，就要认真对待了，就要思考，我们在未来如何去化解这些障碍、这些困难。他大概讲了 50 分钟，之后我讲了 40 分钟，后来又进行了大概一个小时的对话和讨论。我主要讲中国的发展对世界意味着什么。我说，第一，中国的发展，是对人类社会的贡献，因为它解决了 14 亿人的生存和发展问题，而且，中国的发展是应该的也是必然的，因为中国找到了一条正确的发展道路，中国贫穷落后的历史太长了，从发展周期的历史看，中国的发展周期已经来临了。因为它走了改革开放的道路，这个方向是非常正确的，所以中国一定会发展起来，这个趋势谁也阻挡不了。如果中国还走计划经济的道路，那肯定发展不起来。第二，中国的发展给人类社会的未来发展带来的是一种新的动能，它无意对谁提出挑战，更不可能对美国形成威胁。在未来一个相当长时期里，无论是美国强大的军事能力还是美元的霸权仍然存在，中国无意挑战这种格局，我们没有这个想法，也没有这个能力。中国在海外没有军事基地，在全球没有投放军力的能力，对国际社会尤其对美国不可能产生威胁。美国在全球有多少个军事基地？仅在南海、东海附近有多少？这显然对中国构成了严重威胁。我们的导弹主要是一种防御性的威慑力量，我们需要保护我们国家的安全，不能像清朝那样 GDP 占全球 30%，但是军事能力不堪一击，这是历史的教训，我们必须保卫改革开放的成果，所以，必须发展与中国经济相匹配的军事力量。历史的经验和教训要吸取。但是，我们无意对他国提出挑战，更不可能主动对美国提出挑战，我们没有这个意愿，也没有这个条件。从金融资源看，人民币还没有国际化。人民币都没有国际化，想称霸全球是不可能的，没有这个基础。第三，中国的科技水平在个别领域领先于美国、领先于国际社会，但在大多数领域，我们比发达国家特别是美国要落后 5~10 年，有的领域可能要落后 20 年，我们只是在很少的领域领先一些。从海外投放军力的能力、资源储备和技术水平三个角度看，我们对美国有威胁吗？根本不存在威胁，我们只是在为小康而奋斗。我说，再过一年我们将会实现全面小康的目标。全面小康是什么概念？就是吃饱饭，生活大体无忧。美国人均GDP为6万美元，2019年我们才9 000多美元，差得太远了。

我和米尔斯海默教授讲，现在我们面临着太多的问题，环境恶化非常严重，需要二三十年时间努力，需要大量投资。中国的医疗体系很脆弱，社会保障不完善，教育资源不平衡、不发达，国民的素质还有待提高，贫富差距大，地区之间发展不平衡等，这些都是我们面临的巨大挑战。我们还面临着经济增长的可持续难题。人均 GDP 9 000 美元就停下来吗？我们的一个基本目标是如何成为一个发达国家。成为发达国家可能还需要很长一段时间。为此，我们需要一个良好的外部环境。我相信所有的中国人，也包括我们这些学者，都希望有一个良好的中美关系。我认为，中美关系是全球最重要的双边关系，也是中国外交关系的基石。我告诉他，我还兼任教育部中美人文交流研究中心主任，我到美国访问了很多次，多次表达了类似的观点。中美关系是中国最看重的外交关系，今天的对话来了 600 多位听众，绝大多数都是年轻人，这 600 多位中国年轻人为什么到这里来听我们的对话？是因为他们希望看到一个健康的中美关系，希望中美关系回到正常的轨道，以造福两国人民，造福世界。中美关系搞成这个样子，主因不是我们。这些年轻人没有一个人希望中美关系恶化到这个程度。米尔斯海默教授在认真听我的表达、我的理性和善意，对话快结束的时候，他说，我到中国来了七次，这是第七次，前六次没有一个人能说服我，吴教授说服了我一半，我说能说服您一半就很好了。我不是研究国际关系的学者，但是我知道，我们中国人的诉求是什么，我们思考和关切的是什么。

今年（2021）博鳌亚洲论坛期间，大会秘书处请我主持了一个重要的分论坛，即中美学者对话论坛，其中有美国前财长萨默斯，还有波士顿咨询集团全球主席，中国有几位前部长和著名学者。萨默斯的发言很好，核心观点是中美两国应该和谐发展，实现共赢，谁也不要指望对方衰落。我对萨默斯讲，我完全赞成你的看法，我希望有一个繁荣的美国和一个繁荣的中国，相互和谐发展，互利共赢，这有利于世界的稳定和发展。我说你把你这个观点告诉拜登总统。一个繁荣的中国和一个繁荣的美国，这有什么不好？

我讲这两个故事是想说明什么呢？第一，中美关系特别重要。美国毕竟是西方发达国家的领头者，影响力很大，从战略意义上看，对中国的未来发展特别重要。我们在主权和核心利益上，例如，台湾问题这是我们的底线，谁也不能动，在一些非核心利益上，可以做一些让步，以换取一个更加宽松的国际环境，这有利于中国战略目标的实现。我就是秉持这样的想法去和包括米尔斯海默教授在内的这些著名学者对话的，这样的对话也是要冒一定风险的。第二，理性的对话，实事求是的精神很重要，尊重对方很重要，诚意很重要。不能一上来就火药味很浓，因为对话和交流的目的是消除误解、减少摩擦、避免冲突、增进谅解。

国际经济环境的深刻变化，对中国经济发展模式势必产生重要影响。

（二）中国经济增长内生性趋势

2006 年中国经济的对外依存度是 67%，现在降到 32%，中国经济增长呈现内生性趋势，这是今天中国经济进行战略转型的依据。大国经济增长，特别像中国这样一个市场规模如此之大的大国经济的发展，最终都要通过内生性力量来推动。东南亚一些国家，经济规模相对较小，市场的纵深度有限，通过外部资本短期内能催升经济增长，但经济的泡沫化会给未来金融市场带来潜在的巨大风险。我们要着力培养中国经济增长的内生性力量，也就是说，内生性资本应该不断地成为中国经济增长的主导力量，这对未来中国金融改革和开放，包括人民币的国际化都能奠定坚实的基础。如果中国像东南亚一些国家那样，主要靠外生性资本推动经济增长，在增长红利逐步消失的情况下，一旦金融开放就极有可能出现货币市场的巨大波动，货币危机不可避免，进而由此将引发全面的金融危机。

（三）中国经济发展新目标

今天的中国，经济发展的目标不再是脱贫，甚至也不是小康了，而是要成为一个发达国家。党的十九届五中全会对 2035 年中国经济的远景目标做了全面规划，这个远景目标最核心的一点，就是到 2035 年要成为中等发达国家。成为发达国家，这是中国近代以来最伟大的梦想。过去我们的目标是解决温饱问题，现在是要成为中等发达国家。中等发达国家，从经济指标看，一般认为人均 GDP 大约在 25 000 美元。到 2035 年实现人均 GDP 25 000 美元，这是一个宏伟目标，虽然困难重重，但只要坚持改革开放，坚持走社会主义市场经济道路不动摇，是大概率可以实现的。2020 年实现了小康，人均 GDP 大约为 11 000 美元，经过 15 年的努力翻一番多一点大概率是可能实现的。如果人均 GDP 达到 25 000 美元、14 亿人口基数大体不变和汇率相对稳定，到 2035 年中国 GDP 将达到 35 万亿美元的规模。

从改革开放之初的 1978 年，我们把一个贫穷落后的国家建设成为今天的小康社会，用了 42 年时间。这期间，走一条什么样的道路，实行什么样的经济制度，通过什么样的改革实现这个目标，经过了艰难的探索，包括经济特区的建立、沿海城市的开放、经济发展模式的探索、区域发展战略的设计等，其中，制度改革释放出的巨大能量最为关键，制度释放出的巨大动能就能实现温饱这个初级目标，从全面小康到中等发达国家，制度动能仍然非常重要，但与此同时，必须要有技术进步和技术创新。技术创新比过去任何时候都变得重要。未来我们必须把创新特别是技术创新放在特别重要的位置，否则我们将难以实现 2035 年的目标。制度改革要进一步推进，市场经济制度绝不能往后退，绝不能回到计划经济体制。有些人对“双循环”战略做了不正确的解读，以为是要回归计划经济时代，以为要追求自然经济模式，以为参与国际分工不重要，以为市场机制不重要，以为什么都可以通过政府来完成，一碰到困难就开始想到计划经济时期的一些做法，以为那是解决问题的灵丹妙药。我看到过有些地方在建国有粮站的报道，国有粮站体制能解决中国潜在的粮食危机吗？改革开放前粮食流通市场都被国有粮站垄断了，粮食不能自由买卖，解决了粮食短缺吗？历史已经有了答案。以为国家统管起来就能把问题解决的思路，是没有出路的。也就是说，继续推进市场化为导向的改革，继续扩大开放参与国际分工仍然是我们的基本国策，是解决一切问题的钥匙。

创新是需要条件和环境的，创新不会从天上掉下来，创新是要允许失败的，没有允许失败的制度设计，创新是不会出现的。创新需要容错机制。再往深里讲，创新需要解放思想，思想被束缚，创新是出不来的。不要以为号召一下，创新就来了。创新本质上是对过去的否定，至少是部分的否定，否则就不是创新。创新不是对过去换一个外壳、穿一件马甲，而是一种深层次的否定。在我们国家，创新本质上是艰难的，我们的口号有时喊得很响，但做得比较差。

关于金融创新，无论是新金融业态还是新金融产品，都有其固有的风险，金融创新会有新的风险，这需要正确理解。金融创新一般会赋予更有效率的金融功能，同时，也可能消除或部分消除传统金融风险，从而给社会提供新的金融福利。我们在观察金融创新的时候，不能只看到其带来的新的风险，而忽略创新带来的新的金融福利水平，以及给社会带来的新的金融服务和它对传统存量风险的缩减。通常，人们会放大金融创新的风险和负面性。最近一段时间，我对金融监管的某些做法是有疑虑的，他们似乎没有看到金融创新是一种必然，拿放大镜放大了创新的风险。监管的职责不是把潜在风险现实化，不是要让风险提前爆发。实际上有些潜在风险可能爆发也可能不爆发，不必过度提前释放，时间和经济发展或许能解决一切问题，2005 年之前的工商银行、农业银行、中国银行、建设银行这些国有商业银行，其不良资产已经大大超过资本金，能让这种风险成为现实吗？当然不能。我们必须通过改制上市，进行现代银行制度的转型，用市场机制补充资本金，加强风险管控，现在它们都成了最稳健的商业银行，各项指标都很好。这就是通过改革来解决问题的典型案例。中国社会一定要重视创新，没有创新就很难实现未来的新目标。

三、中国经济发展模式的学理分析：第三条道路

基于上述分析，可以对中国经济发展模式做一些简要概括。

（一）中国经济发展模式的基本特征

从大趋势上看，中国经济发展模式尊重了市场经济的基本原理，包括自由市场、交易、分工、价格决定、政策中性和市场主体的平等性等，这些方面发生了重要变化，虽然有些方面还不完善，但基本的趋势是确立了，市场

主体的自主决策权大部分已经实现了。我们积极参与国际分工，遵守国际贸易规则，实现了比较利益。

在宏观层面，我们已经形成了基于市场作用的宏观调控机制，也就是说，我们开始用宏观经济政策来调节中国经济。在宏观经济政策框架中，货币政策的作用似乎比财政政策的作用更大。中国的货币政策在过去 40 多年的实践中，作用明显。货币供应量平均以两倍于 GDP 增长的速度而增长，从而实现了中国经济的持续增长，这是一个重要特点，我们并没有恪守单一规则理论，这或许是一种创新。

中国人民银行对中国经济发展作出了巨大贡献，包容金融创新，允许探索，通过货币政策和多样化的货币工具推动了中国经济的持续增长，履行了稳定宏观经济的职责。从一定意义上说，中国人民银行既是市场经济的拥趸者，也是凯恩斯政策框架的实践者，两者之间实现了较好的结合。对凯恩斯理论的结构部分，我们做了一些微调，加大了货币的作用，重视金融创新和金融对经济的推动作用，这是一个成功的范例，需要认真总结。美国经济的成功与金融的创新和发展有密切的关系。金融创新除了产品和技术创新外，更重要的是业态的多样性。中国经济要发展，必须推动科技进步。从新科技到新产业，中间具有诸多不确定性，因此，必须创造一个与新科技、新技术到新产业变化过程相匹配的新资本业态，以此推动产业的转型，这一点美国做得很好，中国也在跟进，从天使基金到 VC、PE，再到投资银行、IPO、并购重组、资本市场发展，的确推动了高科技企业的发展。最近某个时期，有人对这种作用提出了质疑，对此我深表不同意。有些人把这种新资本业态的引入理解成新风险的到来，甚至有人说这是“脱实向虚”的表现。这些资本看似没有进入今天的实体经济中去，没有进入钢铁、水泥、煤炭行业中去，流到了今天看似很虚的产业中。今天的“虚”，或许是未来的“实”。这个今天的“虚”，可能是未来引领产业进步的力量。20 年前，互联网企业大都被看成是骗子公司，但它却引领了社会产业业态的巨大变化。在金融与实体经济关系上，我们多少受到什么是现代金融的认识困扰。有人总觉得传统金融业态是最好的。传统金融业态有其存在的价值，但是新金融业态却是未来金融发展的方向。产业的业态催生着金融业态的变化，不同的产业业态要有不同的金融业态相匹配。金融业态的变化与产业业态的变化是一个相辅相成的关系，没有金融业态的跟进，产业的结构性进步会缓慢。

（二）中国经济发展模式的理论逻辑

第一，中国经济发展模式是效率优先、兼顾公平。把效率放置在优先的位置，突显了经济增长的重要性。我认为，从 1978 年到现在、再到 2035 年建设成中等发达国家的过程中，效率仍然是非常重要的。效率是实现公平的基础。效率优先绝不意味着公平不重要。追求公平是现代文明社会的一个基本特征，但实现公平的前提是效率。没有效率的公平最终会沦落为贫困的平均，我们追求的是社会富裕基础上的公平。改革开放 40 多年来，主旋律是追求效率兼顾公平，这是中国经济发展模式的一个重要理论逻辑。现在我们已经进入小康社会，要构建新的共同富裕的发展模式。人类社会的理想是共同富裕，有的人富甲天下，有的人几代都贫穷，这不是人类社会的美好理想，也不是我们建设社会主义现代化国家的目标。共同富裕的价值基础是共同奋斗，而不是等靠要，不是天上掉馅饼。共同富裕有阶段性特征，是有差别的富裕，一定不是均贫富，一定不是分配的平均主义。平均主义严重损害效率基础，进而侵蚀共同富裕的基础。效率来自哪里？微观上来自激励，宏观上来自分工和竞争。有激励机制才有财富创造的动力。财富创造是第一位的，财富分配是第二位的。没有财富创造，何来的财富分配，公平也就失去了现实基础。不重视财富创造的公平，最终会变成贫困的公平。我们追求的是富裕基础上的公平，所以，在任何时候都要重视财富创造的机制，要让财富源源不断地被创造出来。这样的理论逻辑不会也不应该有太大的变化。公平可以通过政府职能、税收手段、转移支付以及加强公共产品的建设来实现。政府提供良好的公共产品，是公平实现的重要机制。再分配不是数字意义上财富的拉平，不是约束跑得快的人，而是要想办法让跑得慢的人，尽可能跑起来，缩小与跑得快的人的差距，要对他们提供帮助。只有有了跑得快的人，社会才有追赶的目标。中国经济发展模式的理论逻辑就是建立在这样一个基础上的。

（三）中国经济发展模式的“第三条道路”

中国经济发展探索出了一条既完全有别于计划经济模式，也有别于自由市场经济模式的新道路，构建了一种新模式，我把这种新模式称为“第三条道路”。这种“第三条道路”能不能形成一种新的理论范式，需要后人们去概括。复制自由市场经济模式，不太适合中国，但是基本原则、制度体制和资源配置机制等市场经济的精髓要保留，例如，分工、市场、交易、激励、竞争、市场主体的独立性是其合理内核，我们必须坚守。但是我们对市场作用的实现方式进行了创新，形成了自身的特点。诚然，“第三条道路”的模式完全不同于计划经济统包统揽、政府统揽资源、统筹资源配置这样的高度集权模式。我们重视市场的基础作用，重视效率，同时也重视政府的作用，重视顶层设计的作用。“第三条道路”既不是集权的计划经济，也不是纯粹的市场经济，我们保持了市场经济的内核，融合中国国情，重视顶层设计。顶层设计，是中国经济发展模式的一个重要特征。

2019 年 3 月 24 日，在人民大学，我与杰弗里 · 萨克斯（Jeffrey Sachs）教授有一个对话，他说中国经济发展模式中有一个优势或特点，就是有一个负责长期规划和综合协调的国家发展改革委。他说，国家发展改革委是中国顶层设计的执行者和综合协调者，在美国，如果成立一个国家发展改革委这样的规划设计机构，总统都可能当不成了。他认为这正是中国的优势，有一个宏观经济的统筹部门很重要。我完全赞成这种评价。

在中国经济发展模式中，地方政府的作用特别重要，这是中国经济成功的秘诀之一。在世界各国，地方政府作为经济主体几乎是没有的。中国在市场经济模式中，大大加强了地方政府在顶层设计到市场转化过程中的作用，这种承接转化作用很重要。地方政府关注经济增长，招商引资，制定地方经济发展战略。每个地方政府根据自身的特点，在中央政府顶层设计的大框架中设立与地区经济发展相适应的开发区、工业园区等。

在顶层设计中，除了五年规划外，我们在不同时期制定了不同的区域发展战略，像今天的京津冀一体化、长江三角洲发展战略、粤港澳大湾区共同发展战略、成渝经济圈以及海南自贸港等，这些区域发展战略有自身的特点，又有战略分工。

（四）不断探寻政府边界和市场边界

在市场化改革的大背景下，我们在不断探寻并试图优化政府边界和市场边界，既没有停留在计划经济时期政府全覆盖的资源配置模式，也没有走市场全覆盖的模式，而是试图在政府和市场之间不断优化其作用边界。在优化过程中，我们仍然坚守市场是资源配置的决定性力量这一基本原则。在实践中，有时候政府作用大了会跨越边界，经济通常就会出问题。实践告诉我们，市场是资源配置的决定性力量，是任何时候都必须坚守的基本原则。

这些可能是中国经济理论范式的基本要素。中国经济 40 多年的探索，的确可以丰富现代经济学的内涵，也就是说，现代经济学应该充分吸纳、体现中国的这些元素。中国经济的发展可以在现代经济学范式中增添新的内涵，从而进一步丰富现代经济学的基本理论，推动现代经济学内涵的多元化发展。

着眼于经济战略转型，大力推进中国资本市场发展

——在《新京报》主办的“资本市场高质量发展论坛”上的演讲

【作者题记】

这是作者2021年7月6日，在《新京报》贝壳财经主办的“资本市场高质量发展论坛”上的演讲。演讲强调了资本市场的发展与中国经济战略转型的关系及其重要性。

非常高兴，能够参加本次新京报主办的论坛，本次发言很是不易，昨天的航班因天气原因取消，幸好买到了今早的飞机票才能如约到达长沙与大家相会。

我发言的主题是“着眼于经济战略转型，大力推进中国资本市场发展”。2020 年我们完成了一个宏伟的目标，就是已经全面建成小康社会。我们下一个目标，按照“十四五”规划和 2035 年的远景目标纲要，我们将用 15 年的时间把中国建设成一个中等发达国家，而当前“十四五”这五年尤为关键。“十四五”的这五年，在经济指标上应当初步达到发达国家人均 GDP 的水平。发达国家人均 GDP 水平在不同时期有不同标准，20 世纪是 8 000 美元，到 2010 年提高至 13 000 美元，现在又提高到 15 000 美元，也就是说，现在要成为一个发达国家，人均 GDP 要达到或者接近 15 000 美元。当然，是不是发达国家，还有其他社会性指标，包括社会发展、人均预期寿命、国际影响力、创新能力和医疗教育状态等，都是作为发达国家的重要指标，但在这些指标中，最核心的是经济发展指标，这其中又以人均 GDP 水平作为主要衡量指标。要完成这一目标，我们需要进行战略转型。

据统计，2020 年我国人均 GDP 约为 11 000 美元，也就是说距最低门槛人均 GDP 15 000 美元还有 4 000 美元的差距。如果经济每年保持 6% 的增长，到 2025 年我们将接近人均 GDP 15 000 美元水平。到 2035 年，我们将可能达到中等发达国家人均 GDP 25 000 美元的水平。中等发达国家人均 GDP 25 000 美元是一个起点线，大约是现在的葡萄牙和西班牙的水平，稍低于意大利，这就是我们的经济发展目标。为完成这一目标，我们必须进行战略调整。

首先是“双循环”发展战略的确立。“双循环”战略必须重视产业结构的转型，注重科技进步，推动创新引领，通过创新和科技进步来推进中国的产业升级，提高中国的产业竞争力和科技水平。或许在未来，中国的上市公司中，科技类企业应占据主体地位。

目标制定后，我们应该如何去实现？制定目标相对容易，最难的是从今天开始向目标迈进过程中，我们通过什么样的体制，走什么样的道路，用什么样的模式才能实现这个目标？这是我们当前面临的最大任务。

概括地讲，我们应该坚持市场化改革，进一步扩大开放，这是最基本的原则。从产业转型、技术进步来看，金融要起很大作用，其中资本市场非常重要。以前资本市场中上市公司的准入标准较为工业化，强调历史、强调连续盈利。如果企业今天亏损了，可能成不了上市公司。所以，机制和标准需要改革。新的《证券法》和注册制的改革应运而生。我们要深刻理解 2019 年 6 月上交所科创板的推出，以及在科创板基础上实行注册制改革的重要意义。我们要深刻理解在深交所创业板进一步深化完善注册改革的价值。深交所在创业板的注册制改革是在上交所的基础上展开的，方向都是一致的。通过注册制改革推动中国资本市场的发展，缓解高科技企业上市瓶颈约束。所以把上市标准做了软化处理，但这绝不意味着上市标准的降低，而是更强调上市企业的可持续发展。实际上企业的成长性一定意义上可能与过去有关系，与今天也有关系，但是和未来更有关系。我们必须重视上市企业在未来有没有成长性。这些科技性企业代表着未来的产业变革方向。要推动资本市场改革，必须从上市机制开始。

我们要高度重视注册制改革，高度重视创业板和科创板的发展，这两个板都是直接对应着高科技企业。需要特别说明的是，上交所创业板针对的是高新技术企业，而深交所科创板则侧重于创新性企业，两者之间有交集，不同之处在于科创板更重视“卡脖子”工程。

当前，外部因素的确给我们带来了一些困惑，使我们在现阶段发展过程中遇到了“卡脖子”的问题。中国长期奉行经济全球化、投资便利化、贸易自由化，这“三化”是中国对外经济政策的基本原则。这是非常正确的。“三化”政策适应了人类社会发展的趋势。“三化”政策建立在全球产业分工基础上，各自基于自身的比较优势，获得比较利益，通过国际贸易解决各自需要的商品。如果人类社会切断分工，每个国家都想搞小而全、大而权的经济体系，这是人类社会的倒退。

无论疫情的蔓延，还是民粹主义、贸易保护主义、单边主义，都给全球分工带来了重大影响，对全球经济的发展不利。这些思潮和行为严重破坏了国际经济秩序，对我们来说，形成了一些“卡脖子”工程，我们也必须想办法解决“卡脖子”工程问题。对此，我认为，国家可以进行政策引导，通过国家的大规模投入去解决“卡脖子”问题并非上策，而且难以为继。国家大规模投入背后最大的问题是，这些技术难以应对未来变化而不断升级。即使底层技术有了，但技术是需要不断升级的，技术升级背后的投入是巨大的且是持续不断的。我们应该利用市场力量完成技术的不断升级，通过资本市场和科创板而非依靠国家直接大规模投资去解决“卡脖子”问题。我主张国家政策引导，运用市场的力量去解决“卡脖子”工程的技术问题。

科创板和创业板都有上述功能。创业板是科创板的先驱。在没有科创板的时候，中国上市公司最具投资价值的在创业板和一些中小板企业上，很少在主板，这和企业特性有关。

在迈向中等发达国家的过程中，我们需要通过市场力量尤其是资本市场的力量去解决“卡脖子”工程。我们要充分理解多层次资本市场的战略价值，并不仅限于沪深交易所。沪深交易所只是交易的机制，必须关注交易市场前端的各类新型资本业态的发展。

金融在不断地变化。金融从传统金融到现代金融，本质的功能发生了变化。传统金融主要侧重于货币流动性的创造，现代金融则侧重于资产流动性的创造，从而金融体系的功能向以财富管理为主的方向变化，这显然要有一种机制去创造资产的流动性，创造资产流动性是现代金融的核心功能。

我们要重视资本市场生态体系的建设，不能只重视沪深交易所。我们要重视沪深交易所前端新资产业态的发展。如果不重视新金融业态或新资本业态的发展，通过现代金融去推动根本进步和科技型企业发展是困难的。我们不能让一个处在高度风险期的企业成为上市公司。投资者没有承担这种风险的义务，因为收益与风险不匹配。金融的基本原则是强调风险和收益的匹配。因此，我们在加强沪深交易所建设和关注科创板、创业板、注册制改革的同时，要大力重视资本市场前端新资本业态的发展。

资本市场最前端的天使投资和创业者，以及政府公共部门的支持，这些投入将帮助高科技企业度过成长的高度风险期，之后 VC、PE，以及后来的投资银行的发展，对资产进行证券化，把非标准化的资产做标准化的处理以提高资产流动性，这些构成了资本市场的生态体系。

有时候有人会把前端的部分称为金融的“脱实向虚”。这种“脱”没有前途的“实”是很重要的，我们需要未来有引领作用的“虚”，今天的“虚”不少是未来的“实”。我们要重视资本市场前端部分的发展，而不要抑制其发展。

众所周知，一家公司 IPO 之前，是需要在一级市场上存续很长时间的。在这段时间里，需要经历天使轮、A 轮、B 轮、C 轮、D 轮、Pre-IPO 轮等多轮融资，对于多数创业企业来说，几轮融资，可能面临进入“死亡谷”的危机。正是通过资本市场前端的几种业态，资金得以进入高科技企业的不同时期，企业才渐渐成长起来了。

现阶段，普及现代金融知识很重要。要深刻理解收益与风险的匹配性原则。我们不能只盯着现在的风险投资者，创业者赚了很多钱，要看到当时他们承担了多么大的风险。深圳、北京、上海有一些当前还属于很小规模的创业企业，十年以后，它们可能成为万亿级别的企业。但是今天你会投吗？这需要现代金融意识。

沪深交易所的发行和交易制度需要改革。我们应该以注册制为核心推动全市场的市场化改革。从发行制度、定价机制到并购重组、信息披露再到监管体制、法制建设以及退市制度，都要进行系统改革。

现在我们在逐步推进这些改革，其中，诉讼制度、特别代理人制度是改革的重点和难点。从目前看，民事诉讼制度、特别代理人制度以及特别投票人制度要有法律基础。这对我国大陆法系是一个挑战，对法官的独立裁量权是个考验，对现行的司法制度是个挑战。如果成功了，那就意味着中国司法制度的巨大进步。注册制改革意味着中国资本市场全方位的变革。这个变革是正确的，需要探索下去。

经济的可持续增长：制度的力量

——在“第八届中国企业家发展年会”闭幕式上的演讲

【作者题记】

这是作者应马蔚华会长的邀请，于 2021 年 5 月 28 日在“第八届中国企业家发展年会”闭幕式上的闭幕演讲。演讲特别强调，在中国，在稳定预期、保持经济的可持续增长方面，制度的力量最重要。

非常荣幸，在“第八届中国企业家发展年会”闭幕环节做闭幕演讲。我演讲的主题是“经济的可持续增长：制度的力量”。

改革开放 40 多年，我们把一个贫穷的国家已经建设成小康社会。经过 42 年的努力，建设全面小康社会的目标终于实现了，这是人类社会的伟大奇迹。在一个 14 亿人口、计划经济的观念如此根深蒂固、自然经济的思想如此悠久的国度里，我们走上了现代市场经济的道路，实现了全面小康的宏伟目标。40 多年来，中国经济总体上看实现了经济的可持续增长，虽然其间也有一些波动，包括 1990 年前后一些特殊原因引起的经济震荡，2008 年全球金融危机期间，中国受外部影响而引发的经济巨大波动，但是，总体上看，由于我们正确处理好了政府与市场的关系，逐步探索并形成了一种适合中国经济发展的制度模式，中国经济实现了可持续增长。

40 多年来，中国经济最成功的经验就是较好地处理了政府与市场的作用边界。我们抛弃了过去所实行的僵化的计划经济体制，那种体制不适合中国，我们走了适合中国国情的中国特色的社会主义市场经济道路。这条道路、这种模式首先是市场经济，这种市场经济又不同于以美国为代表的那样一种市场经济模式。计划经济体制曾让政府的作用达到了极限，几乎没有给市场留下任何作用空间。这种僵化的计划经济模式并没有使中国发展起来。同时，我们也没有完全照搬西方的经济模式，就是市场边界无穷大。我们探索出了第三条道路，我们在不断地寻找政府和市场的边界，不断优化这种边界，这就是中国模式的特点，这就是制度的力量。

过去 40 多年来的经济增长，来自制度的力量。这种制度的核心是坚守了市场化改革的基本方向，坚持走改革开放的道路，从而实现了小康目标。我们未来还有更高的目标。按照我们的顶层设计，到 2035 年要把中国建设成一个中等发达国家，到 2050 年建设成社会主义现代化强国。小平同志在改革开放之初，对中国的改革发展提出了“三步走”的战略目标。我们根据这个目标，设计了一条适合中国发展的模式和制度。按照国际经验，在一个国家人均 GDP 进入中高等收入的时候，容易出现“中等收入陷阱”，很多国家难以迈进发达国家的门槛，即使短期迈进了这个门槛，由于经济的不可持续性，因为货币贬值的因素，其又会退回到中上等收入水平，难以持续成为一个发达国家。对中国来说，我们也面临这样的问题。我们必须保持经济的可持续性，跨越“中等收入陷阱”，持续性成为一个发达国家。按照“十四五”规划的目标，到“十四五”结束的时候，中国应该初步进入或基本接近发达国家人均 GDP 的水平。现在一般认为，人均 GDP 达到或超过 1.5 万美元，就进入发达国家的门槛。过去联合国等国际组织把发达国家人均 GDP 水平定在 1.3 万美元左右，现在这个指标有所提高。发达国家的标准当然不只是人均 GDP 指标，还包括法制、环境、科技创新能力、人均预期寿命、在全球的影响力、医疗、教育和社会公平等非经济指标，它们共同构成发达国家的指标体系。但在这个指标体系中，人均 GDP 是最核心的指标。在非经济指标方面，要成为一个发达国家，我们还要做非常艰巨的探索和努力。但是，保持经济的可持续增长，仍然是最重要的任务。如何在“十四五”结束的时候，接近或者达到人均 GDP1.5 万美元，仍然是我们的重要目标。如果到 2025 年实现了这个目标，那么中国 GDP 总规模届时将超过 21 万亿美元，与美国今天的经济规模相当。再过 10 年，即 2035 年要成为中等发达国家。中等发达国家是什么概念？就是今天的西班牙、葡萄牙的水平，人均 GDP 达到 2.5 万美元左右。如果 2035 年人均 GDP 达到 2.5 万美元，那时候我们的经济总量将是 35 万亿美元，肯定要超过那个时候美国的经济规模。这就是我们未来所要实现的目标。要实现这样的目标，我们必须做多方面的改革，其中最重要的是要完善我们的经济制度。

经济制度是一个很宽泛的概念，核心必须是市场经济制度，这是不可逆转的。这种经济制度要体现以下特点。

第一，是基于分工基础上的竞争机制。经济活动不能允许垄断，无论哪种形式的垄断，都不能存在，要倡导竞争。竞争的前提是分工。我们不能形成自然经济模式，更不能回归原来的计划经济模式，要进一步深化过去 40 多年来在优化政府和市场资源配置方面所做的创造性探索。虽然我们过去在不断地调整政府和市场的边界，但是，市场永远是资源配置的决定性力量，这是基本经验，不可忘却。不能不断地扩大政府在资源配置中的边界，要不断优化其边界，这是过去 40 多年来我们成功的经验。如果说中国经济发展模式有什么规律可以总结，那就是我们在不断地优化政府和市场的边界，没有走两个极端，这正是中国经济的经验所在。分工和竞争，是市场经济体制所必须遵守的。

第二，要有激励机制。如果说宏观层面是分工、协作和竞争，微观层面的制度设计，一定要有激励机制。没有激励机制，人们就没有创造财富的动力和追求，这是市场经济的基本动能。

第三，在政策层面，必须遵守竞争中性原则。竞争中性是市场经济规则的核心要点，强调所有的市场主体都是平等的，他们平等地参与资源配置。

同时我们还要提倡创新，重视人才，重视科技的进步。只有市场机制、科技创新才能保持经济的可持续性。

中国经济发展必须与“30 · 60”目标相衔接。“30 · 60”目标，意味着中国经济社会发展模式的重大转型，对我们来说，是前所未有的挑战。其中技术进步具有非常重要的作用。我们要清醒地认识到目标的艰巨性。

在未来的经济可持续增长过程中，科技创新是关键。科技创新不可能从天上掉下来。新的科技变成新的产业其中充满着风险和不确定性，制度层面上要设计一套相适应的金融业态和机制，助力新科技变成新产业。没有与之相匹配的市场化金融体系和多元化金融业态，试图通过科技进步推动产业结构的调整是困难的。没有金融的市场化改革，科研人员的成果多数只会停留在实验室，要把其变成新产业、新产品，需要相应的金融业态帮助其分担风险。

除科技创新外，制度创新、机制创新也非常重要。创新是一个很美好的口号，说的时候人人都赞成，但在实践中，未必人人都喜欢创新。创新的本质是挑战现有规则，挑战传统产业、传统思想、传统组织模式。我们这个社会一定要形成一种文化，要包容创新，包容创新可能的失败。任何创新都有正负两面性，有些人会经常扩大其负面性，没有看到其正面性。实际上，创新给社会带来的正面性大概率会超过其可能产生的负面性，这就是创新的价值。面对传统力量，有时创新的力量微不足道，经常被扼杀在摇篮中。中国要实现经济的可持续增长，必须要包容创新，包容创新的失败。但是，在中国，经常会用传统的规则去约束创新，甚至扼杀创新。我们总是试图用单一标准去衡量所有的事物。创新的结果必然带来业态的多元性。多元性是社会生命力的体现。科技进步也好，制度创新也好，一般意义上讲没有人反对，但实际上有不少人对创新的结果是不喜欢的。在金融领域，比如说第三方支付，这是一种支付革命，它挑战了传统金融的支付体系。有些人说，这种支付体系可能危及国家金融安全。我不知道根据是什么。有人总是拿大帽子吓唬人，目的就是试图让金融业态回到单一状态。单一状态，是没有生命力的。现在有人谈数字货币谈得很多，以为有了数字货币就可以解决一切问题。中国金融必须进一步推动市场化改革，推动开放和国际化，试图绕开金融的开放和市场化，走捷径，是不现实的。试图通过数字货币，实现国际贸易市场上的支付清算功能，是不可能的。没有人民币的可自由交易的改革，无论是数字货币，还是法定人民币，都不可能在全球支付市场占据重要地位。在国际货币市场上人民币都不能可自由交易，怎么可能在贸易定价和支付功能上占有一席之地呢？我们有时候喜欢喊口号，想当然。

就金融领域来说，首先是要推动市场化改革。金融改革是缓慢的，开放也是有限的。这样一种金融体系，怎么能保证这个国家经济可持续增长？这个论坛定了一个主题，经济的可持续增长是企业家的责任。企业家们当然希望经济可持续增长，但是企业家本身难以保证经济的可持续增长，需要制度保证。通过改革，去构建一个可持续增长的制度基础，经济才可能持续增长。我们要学习、继承、发扬过去 40 多年来成功的经验，尊重市场的作用。在我们奔向 2035 年中等发达国家目标的过程中，仍然要着眼于市场化改革，着眼于开放，着眼于构建一个具有竞争和激励机制的市场体系，重视制度的力量。

资本市场：从哪里来？到哪里去？

——在“2021 清华大学五道口金融学院全球金融论坛”上的演讲

【作者题记】

这是作者 2021 年 5 月 23 日在清华大学五道口金融学院主办的“2021 清华大学五道口金融学院全球金融论坛”上的演讲，重点讲了资本市场的一些基本原理。

刚才认真听了忠民理事长和西庆主席的演讲，他们都是中国资本市场领域有深刻见解的专家。忠民理事长讲了技术进步的深远意义，用深刻的思想阐述未来的发展。西庆主席给我们讲了一堂生动的资本市场法治课。田轩教授说西庆做过“猫”和“老鼠”。西庆还是一位非常著名的法学家。人民大学的法学院很好，但是我很少听到有人像西庆这样幽默、诙谐同时又把内在深刻的法学道理讲出来，这挺难的。讲法讲不好就很枯燥，要把深刻的法理通俗地讲出来，没有对法的深刻理解是讲不出来的，深受启发。

今天我结合“资本市场助推科技创新”这个主题，讲一讲资本市场从哪里来，到哪里去。这也是“不忘初心，牢记使命”。资本市场从哪里来？为什么会有资本市场这种金融业态？商业银行可以贷款，为什么还要有资本市场？

资本市场从哪里来？首先是因为金融脱媒。金融脱媒的动因本源来自对金融管制的一种反抗或者说金融自由化的改革，绕开金融机构，通过市场这个平台完成投融资活动，我们把这个过程称为金融的脱媒过程。

经典的金融学理论对此阐释得非常清楚。脱媒的结果是金融市场出现了，包括股票市场和债券市场，都是因为脱媒而产生的。在中国，金融脱媒，从历史起点上看来自 1990 年底沪深交易所的设立，这时的金融脱媒，则主要来自融资的要求。当时很多企业严重缺乏资金，难以生存，只有通过市场发行股票来融资，基本上是基于这样一种融资需求。这与西方国家基于利率管制的市场化改革有一些不同。在中国，资本市场发展有一个更深、更强大的动力，即来自经济的市场化改革，来自居民收入不断增长后对金融多元化的需求。无论是居民还是企业，不仅仅只有融资需求，尤其在收入增长之后，居民不能满足于那种传统的管理存量资产的方式，需要一种更加市场化的收益与风险相匹配的存量资产配置方式，需要金融体系提供多样化的金融资产，这种多样化的金融资产收益与风险存在不同层面上的匹配性。这是中国资本市场发展的深层动力。

这只解决了资本市场从何处来以及为什么来的问题，但没有说清楚资本市场向何处去的问题，资本市场成长的动能来自哪里的问题。无论是传统金融还是现代金融都有六大功能，但这六大功能在传统金融和现代金融中的结构化顺序不一样，在传统金融中，金融是融资贷款功能，财富管理和风险管理的功能比较弱，这与现代金融有明显的差别。

传统金融虽然也有六大功能，但它更多的是在创造货币的流动性。现代金融的核心和基石是资本市场。我们把这种金融体系称为市场主导型的金融体系。一般把银行主导型的金融体系称为传统金融，把市场主导型的金融体系一般称为现代金融，这里的市场指的是“资本市场”，也就是说，居民和企业的投融资活动以及金融资源的配置主要通过资本市场来完成。

发达资本市场基础上的现代金融，功能会发生重大变化，由主要创造货币的流动性，开始走向创造资产流动性。

我最近正在写一篇论文，核心内容是论述现代金融的本质是创造资产流动性，这是一个非常重要的概念。创造资产流动性是现代金融最核心的功能，因为社会需要具有流动性的资产作为其财富配置的重要工具。这类资产首先具有不确定性，与此同时，又有与这种不确定性相匹配的收益，这种收益大大超过无风险收益是大概率事件。从创造货币流动性到创造资产流动性，意味着金融进入了一个新的发展阶段。

什么样的资产能够有比较高的预期收益？这就涉及上市公司的属性问题。资本市场开始并没有考虑资产的成长性属性，历史动因是绕开金融管制完成金融的脱媒，实现投融资活动的市场化。在这种条件下形成的资产的成长性是有限的。资本市场逐渐演变成社会财富配置的主要机制，这时资产的成长性被置于重要位置。这时的金融与原来资本市场不发达时的金融有重要差别，这时的金融开始关注未来。传统金融则主要关注历史和今天，不太关注未来。现代金融或者说资本市场关注的是未来，关注的是未来的不确定性，这种不确定性的背后也就是关注资产的成长性。

在资本市场的孵化下，和资本市场有内在关联的各类风险资本开始出现了，风险资本关注未来、关注风险、关注不确定性，是为资本市场提供源源不断的有成长性的资产而来的。这也是资本市场助推科技创新的内在缘由。

什么样的产业具有不确定性？首先必须具备创新的特质，一切的创新包括科技创新都具有不确定性，一种新科技要转变成新产业，其中会有巨大的不确定性。基于资本市场基因的各类风险资本业态的蜂拥而出，培育了新产业，进一步丰富了资本市场，从而使资本市场开始具有财富管理的功能，使其有了生生不息的发展动能。很多人有一种误解，认为基于培育未来主导产业的各类风险资本业态，是“脱实向虚”。我始终不这样认为。这类金融业态是脱了今天的“实”，进入今天的“虚”。今天的“虚”可能就是未来的“实”。今天的“虚”大多数会变成未来的“实”。变成未来的“实”之后，资产就开始有了收益的预期性。这就是资本市场助力科技创新的本质含义。

创新在我们国家叫得很响，但坦率地讲，如果真的创新来了，是不容易活下来的，新的产业业态成长之后，会对传统产业提出挑战。实际上，人类社会的进步就是由此而展开的，但是在中国，因为对创新的理解有一些偏颇，创新有时会困难重重。创新是对现有秩序的挑战，如果还维系原有的轨道、原有的规律、原有的秩序、原有的规则，那就不是创新了。

原有的状态是很多人非常熟悉的，很多人也是原有状态的受益者，他不会轻易让现有的状态发生根本性变化。第三方支付是对传统支付体系的挑战，也是对传统支付体系的颠覆，是科技金融对传统金融在支付业态上的颠覆，进而是一种支付革命。它对传统支付的“蛋糕”不是弥补的功能，而是颠覆性的功能，很多人对此就不舒服。支付功能是商业银行最重要的一个功能，如果这种功能被颠覆，加上脱媒后融资功能又受到了严重挑战，对传统金融业态将会产生革命性影响。脱媒使商业银行的客户下移，大客户开始走向市场，居民储蓄存款下降，增量收入不断地进入资本市场进行财富配置。现在支付功能又受到了严峻的挑战，而且，基于金融科技变革基础上的新支付业态不仅便捷、安全、低成本，而且最重要的是跨越了传统支付方式的时空限制，极大地提高了支付效率。

在中国，我们要着力培育一种包容创新的文化。如果创新难以持续，中国经济的增长也会受到严重的阻碍。大力发展资本市场，围绕资本市场而出现的各种新金融业态，对推动科技创新是至关重要的。

这就是我对资本市场从哪里来到哪里去的一种说明。

中国 40 年的经济实践，正在丰富现代经济理论

——在清华大学“第三届政府与市场经济学国际研讨会暨 Journal of Government and Economics 创刊仪式”上的演讲

【作者题记】

这是作者应李稻葵教授之邀，在 2021 年 5 月 22 日参加由他主持的“第三届政府与市场经济学国际研讨会”上的演讲。演讲重点分析了中国 40 年的市场经济实践是如何完善现代经济理论体系的。

稻葵教授这个论坛很重要，关注点也很好。改革开放 40 多年来，中国从一个贫穷的国家，已经迈向了小康社会。从 1978 年中国人均 GDP 大概 100 多美元，到 2020 年接近 1.1 万美元，对一个 14 亿人口的大国来说，这的确是人类社会的伟大奇迹。

从世界范围看，很难看到在 40 年中，把一个计划经济体制如此根深蒂固、自然经济的思想如此悠久的国家，建设成一个正在走向现代化的国家，这其中一定有深刻的原因。

我们经常说中国经济走了一条独特的发展道路，这是一种高度概括，但究竟是什么因素在其中起了关键作用？回到 1978 年，中国可能比印度还要落后。到现在，我们的经济发展水平肯定比印度高很多。可能印度的朋友不同意，据说，印度朋友认为中国上海与孟买相比还有 20 年的差距，这或许是个误解。中国经济发展究竟有什么奥妙？需要认真总结。

改革开放以来，我们完全摒弃了过去近 30 年来所实行的计划经济模式，彻底抛弃了计划经济的那套理念、方法、政策、制度、模式，这种僵化的、低效率的计划经济体制完全不适合中国，甚至完全不适合人类社会。因为它严重束缚了人们的积极性和创造力，严重束缚了市场创造财富的动力。财富是由市场创造的，财富的创造，需要竞争和激励，需要分工和交易。没有分工、生产和激励，我不知道财富是如何创造出来的。

1978 年之前，能说中国人不努力吗？能说中国人不聪明吗？中国人真的是勤劳而又有智慧的民族。那个时候，我随我的父母下放到农村，晚上都在劳作，在月光下作业，但就是富裕不起来。因为方向不对，越努力，就越贫困。党的十一届三中全会对中国的未来作出了历史性的选择，推动改革开放，走市场经济道路，这是一条宝贵的经验。

我们摒弃了原来的计划经济的体制、规则、政策和方法，从而极大地激发了市场主体的创造力，极大地解放了生产力，释放了每个人的激情与梦想。当然这首先得益于解放思想。党的十一届三中全会最重大的贡献，就是确立了解放思想、实事求是的思想路线，解放思想对当时的中国多么重要。翻一翻我们的历史，中华民族的思想被严重束缚的历史有多么漫长，身上背负着沉重的精神枷锁。在这种条件下，这个民族怎么能前行？长期以来处在落后的状态，落后的根本原因是思想被严重束缚了。

党的十一届三中全会确立了解放思想、实事求是的思想路线。小平同志的总结讲话，吹响了中国现代化的号角，那就是“解放思想，实事求是，团结一致向前看”。今天阅读这篇讲话，都会热泪盈眶。那样的年代那样一篇讲话，需要多么大的勇气，因为那个时代计划经济观念是如此根深蒂固。解放思想极大地激发了中华民族的创造力。

40多年来，我们看得很清楚，我们所选择的市场经济模式，一方面吸收了现代市场经济的精髓，无论前面用什么样的前缀词，现代市场经济的精髓必须存在，比如，价格是由市场供求关系决定，比如市场中性原则、市场主体在资源配置中的平等性，比如透明度原则、竞争和激励机制、产权保护等。这些都是市场经济的灵魂，特别是有对财富和产权的保护，人们才有激励机制，才能创造越来越多的财富，社会才会进步。在实践中，我们必须守护市场经济的灵魂。

过去40多年中，我们在不断地探索，不断地认识到包容市场经济精髓的重要性。同时，我们结合中国的情况，在实现形式上做了新的探索。我们没有走以美国为代表的那种自由市场经济模式，高度自由的市场经济模式下，政府基本上就是收收税，扩大一些转移支付，平衡一下贫富差距。我们没有走这样的道路。就是说，我们一方面摒弃了苏联的那一套僵化的计划经济模式，也没有完全照搬以美国为代表的高度自由的市场经济模式，实际上我们走了第三条道路。这条道路首先吸收了市场经济合理、科学、文明的成分，但没有走那种近乎原教旨主义的市场经济，如果走了那条道路，我不认为中国能有今天的成就。

第三条道路是什么？主要体现在如何处理政府与市场的关系。中国经济发展40多年改革开放的实践，在不断地寻找和优化政府与市场的边界，政府与市场的边界不是静止的而是动态的。以美国市场经济模式为代表，市场是高度自由化的，在西方社会，市场的作用大体相近，边界很清晰，政府作用的边界相对较小，而市场的边界是巨大的。

中国在构建市场经济模式中，一直在探索政府与市场的边界在哪里。计划经济模式下是政府的作用几乎覆盖一切，市场几乎没有发挥作用的空间，甚至连市场都不存在。在西方发达国家的经济模式中，政府的边界很小，市场几乎覆盖了全部。

中国经济 40 多年发展成功就成功在边界优化上。中央政府和地方政府各自发挥自己的作用。第一，中央政府主要侧重于顶层设计和宏观政策协调，顶层设计重点在制度和模式选择上，中国应该向谁学习，在方向把握上非常清醒。邓小平同志出访第一站就是美国，后来去了日本，成为领导核心后只去了这两个国家。所以，中央政府的顶层设计是审时度势的，正确地把握了中国未来前行的方向，选择了一条适合中国国情的发展道路。

第二，中央政府还发挥了宏观规划的作用。中国每五年有个中期规划，连起来看，非常了不起，形成了一个可执行的长远规划。五年规划所确立的目标，是指导性的，不是强制性的。特别是改革开放之后的每五年规划，都有不同时期的发展重点。

有一些人经常会批评国家发展改革委，认为其是计划经济的产物。我是学者中少有的支持国家发展改革委的。有人说如果国家发展改革委没了，中国经济就有希望了，这实际上是不了解中国经济的发展模式。在党中央、国务院的领导下，国家发展改革委行使其宏观规划和协调的作用真的很重要，没有一个宏观经济的协调部门，各自为政，那就乱了。当然，不能像计划经济时期，手伸得太长。所以，我认为宏观规划很重要，这也是中国模式的一个特点。

第三，宏观经济政策的协调。凯恩斯主义一般都强调宏观经济政策的调节作用。在相当多的意义上说，在现代社会，从经济政策视角看，我们都是凯恩斯主义者，只是重点程度不同。我们一方面注重财政政策的作用，另一方面货币政策又发挥了更加重要的作用。在这个世界上，货币政策对一个国家经济能起到如此重大的作用，唯有美国和中国。40 多年来中国 M2 平均以两倍 GDP 的速度增长，但是中国社会较少出现通胀，40 多年来的多数年份都是保持温和的通胀。这种情况如在一些国家，货币供应量以两倍 GDP 的速度增长，那一定会出现严重的甚至恶性的通胀，但是中国没有。

在中国，重大基础设施的建设多数都是由国有资本来承担，把它交给民营资本和外资企业，不太现实。中国经济社会发展的战略枢纽一定是通过国有资本来建设的，中国高铁对中国社会的现代化作出了无与伦比的贡献，使中国社会快速进入现代社会。国际友人最惊叹的是中国的高铁怎么会有这么快速的发展，几十公里，甚至上百公里的山洞，在不太长的时间内就能打通，简直无法想象。政府在其中的作用也是一个奥妙，高铁不通，经济就通不了。

对重大事件的应对，我们有自己的方法，这次对新冠肺炎疫情的应对，非常重要，也非常及时。在政府作用中，除了中央政府外，地方政府起了不可替代的作用。中国经济发展的另一个奥妙之处，就在于地方政府的独特作用。过去 40 多年中，地方政府以经济建设为中心，推动了中国经济的发展。没有地方政府这个枢纽，这个政策转换器，中央政府的顶层设计有时难以有效地传递下去。中国的市场当时并不是很发达，地方政府成为重要的转换器和实施者。中国的地方政府不像西方国家的州政府，仅行使服务功能，中国地方政府的首要职能当然也是服务，但是同时又必须要承担起重要的经济职能。地方官员招商引资，过去是他们重要的工作。地方政府的招商引资，也是一种特殊的政府与市场的关系，或者说政府与企业的关系。

我认为，这些都是我们过去非常成功的经验。地方政府以经济建设为中心，招商引资。那个时候说空话、套话的人比较少，干实事的人很多。我们经历了这个辉煌的年代。深圳是干出来的，而不是喊出来的。成都也不是喊出来的，也是干出来的。

地方政府还要有确立地方经济发展模式的责任。各类开发区、工业园区、创新试验区等，虽然有时候可能有些过度了，但对当地产业结构的转型起了重要作用，吸引外资、吸引港资、吸引内资、吸引台资，各类资本都来了。我们对一些发展中国家的援助，有时也会在当地搞开发区。我到非洲访问，非洲也有类似中国的开发区。非洲朋友们非常喜欢开发区，开发区的食堂也非常好。还有，地方区域发展模式也很重要，这是中央区域发展战略的具体实践。

从中央层面看，不同时期有不同的发展重点，改革开放之初是沿海经济特区，从深圳开始，开放沿海经济特区，吸引外资。1978 年中国的金融资源贫乏，城乡居民储蓄存款只有 210 亿元人民币，国家外汇储备仅 1.67 亿美元，靠这点金融资源来搞建设是困难的，所以，要搞沿海经济特区，吸引外资，两头在外，慢慢就发展起来了。现在我们的外汇储备是 3.2 万亿美元，居民储蓄存款达 90 多万亿元人民币，这就是成就。现在我们又在实施新的区域经济发展战略，京津冀一体化、粤港澳大湾区、成渝双城经济圈、长江三角洲、海南自由贸易港等。不同的时期有不同的区域发展模式，各自有各自的相应定位，不重复，不搞恶性的竞争。

我想说的是，在 40 多年来的中国经济发展中，这些理论和实践肯定在计划经济时期是没有的，在西方的教科书里面也是没有的。正是基于这种情况，有人说要有中国经济学。我认为，中国 40 多年的实践，正在丰富人类社会经济学的理论。把过去很多理论和实践做一些概括和理论抽象，可能会有一种区别于现有计划经济和市场经济、类似于第三种全新道路的经济学出现，适合与中国国情相类似的国家，可能会有利于这些国家的经济发展。

金融变革的力量

——在上海交通大学安泰经济管理学院的演讲节录

【作者题记】

这是作者2021年5月19日应我大学本科同学陈宪教授之邀，到上海交通大学安泰经济管理学院所做的一场演讲。演讲部分内容经整理发表在《清华金融评论》2021年第9期。

中国改革开放40多年来，金融对中国经济的贡献功不可没。它用自己富有创造力的政策和工具，推动着中国经济的持续发展。我们知道，宏观经济政策包括两部分：财政政策和货币政策。中国的货币政策、中国金融在驱动中国经济持续稳定增长上起到了独特的作用。

如果我们把中国的经济从改革开放到2020年全面实现小康这样一个42年的时间做一个分析观察期，那么，是哪些力量推动了中国经济完成了历史性的使命，实现了人类社会的伟大奇迹——让14亿中国人摆脱了贫困，实现了小康？在人类发展历史上，仅用40年时间就把拥有14亿人口的贫穷国家建设成小康社会，似乎没有先例。40年的历程不是一帆风顺，40年经济的持续增长必有缘由。这个缘由是什么呢？

第一，解放思想，实事求是。这是党的十一届三中全会所确立的思想路线和指导原则。只要解放思想，中华民族就能焕发出无与伦比的创造力。解放思想，让中华民族摆脱了数百年来的精神枷锁。五四运动开启了中华民族的科学心智，党的十一届三中全会和小平同志的总结讲话，打碎了长期以来束缚人们的精神枷锁，这需要何等的勇气。解放思想、实事求是的精神实质，就是要解决长期束缚人们的精神枷锁，就是要正确认识到自身的落后。只有认识到我们已经落后了，才有改革的动力，才知道我们应该朝什么方向前行，才知道谁是我们学习的榜样，谁是我们要赶超的对象。解放思想、实事求是至今仍具有巨大价值。

第二，改革开放。只有解放思想才有改革开放，才可能探索出一条适合中国国情的市场经济道路。

第三，尊重人才。这里的人才既包括了科技人才、各类专业人才，也包括企业家。人才不仅限于科学家，也不仅仅指知识分子、工程技术人员，还有一类人才很重要，这就是企业家。企业家是特殊人才。我们经常说，资源配置的决定性力量是市场，是说通过企业家和企业家精神来配置资源，企业家用创新的机制、超前的意识，通过市场去优化资源配置。过去40多年我们在这方面做得很好。

第四，金融的作用。金融对中国经济作用的观察性指标很多。在座的各位可能都知道，M_2 的增长是一个观察点。2021 年 4 月，中国 M_2 的存量规模大约是 230 万亿元，1978 年，M_2 大约在 600 亿元。1978 年全国城乡居民储蓄存款余额只有 210 亿元，外汇储备仅 1.67 亿美元，现在居民储蓄存款是 90 万亿元，外汇储备达 3.2 万亿美元。1978 年中国 GDP 仅 3 640 亿元人民币，2020 年是 102 万亿元人民币。这期间，金融指标，无论是金融资产还是货币增速，大体都是以两倍于中国经济增长的速度在增长。存量金融资产是社会财富的重要类型和表现，中国 40 多年的经济增长，已使中国社会开始走向富裕。这种变化蕴含着重要命题：从理论上说，按这样的变动趋势，在经济运行中会出现严重的通货膨胀。大家都知道，货币供应量与物价上涨是一种函数关系，所有的物价上涨、所有的通货膨胀都是一种货币现象。在大学二年级的货币金融学课堂上，老师们一定会讲这个原理。但是，在中国，从长周期角度看，没有出现较长时期的严重的通货膨胀，虽然物价有一些变化，有一些上涨，但是没出现一般理论分析中得出的严重的甚至是恶性的通货膨胀。人民币拿在手上不会慌，这显然是对人民币的一种高度信任。中国 40 多年实现了经济的持续增长，虽然在这期间出现过一些波动，包括 2008 年全球金融危机爆发时中国经济呈现出断崖式的下滑，但这是特定环境下的特定现象，从整体上看，经济是持续增长的。这种状况与金融有密切的关系。在这样的货币供应增长速度条件下，绝大多数年份的 CPI 保持在 2% 左右。我们知道，2% 的通胀率 , 是央行货币政策谋求的目标。央行货币政策谋求的不是价格的一动不动，而是谋求保持一个能够有利于经济增长的通胀水平。多年来我们保持了这样的水平。这就是金融对经济所起的重要作用。

我们一方面要看到金融对中国经济所起的重要作用，另一方面也要看到中国金融改革的步伐是不快的。

金融从传统到现代的转型，判断的标志是什么？什么样的金融变革符合现代金融的发展方向和发展规律？我们对此应有非常透彻的理解和把握。我们不能用过去的经验去否认今天的金融创新。创新是一个国家特别是一个大国金融富有生命力的根本所在。金融是一种制度性供给，最好的检验标准就是看是否适应经济社会包括投资者、金融需求者的需求，能不能满足日益多样化的不断升级的金融需求。这是金融体系或者金融制度创新和金融结构改革所必须考虑的。

金融的变革来自需求的牵引。给你什么你就接受什么，这不是好的金融，不是有效率的金融。有效率的金融一定是适应市场的变化，满足社会和投资者多样化的金融需求，无论这种需求是来自融资方，还来自投资方，这样的金融就是有效率的金融。但要做到有效率的金融，制度和产品就必须创新，机制和结构必须变革。金融变革的内在动力，从根本上说，来自实体经济的需求。从这个意义上说，金融必须服务于实体经济。如果金融创新只是完全地自我循环，实体经济根本不需要，这不是创新，这是泡沫，是金融游戏，甚至是庞氏骗局。

随着中国经济市场化程度的提高，中国走社会主义市场经济的道路是不可逆转的趋势。无论发生什么变化，中国必须走这条道路，这是被 40 多年来实践所证明了的正确道路。坚持改革开放，坚持市场经济，尊重人才，注重创新，中国就能解决前行中的所有问题。千万不要以为我们取得的一些成就是因为“有形之手”功能边界的扩大带来的，恰恰相反，是市场的巨大作用带来的。中国经济的成就，首先是因为尊重了市场经济规律。企业要发展，首先必须尊重市场经济规律，在市场竞争中企业才能成长起来。那些天天靠政府补贴的企业永远是昙花一现，永远不可能成为成功的企业。哪里有政府补贴他就去哪里，补贴拿走了企业也就关门了，这不是尊重市场经济规律的行为，而是在寻租。市场的激烈竞争，是企业走向成功的必由之路。能够走国际化道路的企业，将会是伟大的企业。华为之所以是伟大的企业，是因为有国际视野，遵守国际标准，走国际化道路。现实中，能成为华为一样的企业毕竟很少，但要成为成功的企业，首先必须尊重市场经济规律。企业是这样，国家也是这样。要成为一个发达国家，必须走市场经济的道路。

当然，走什么样的市场经济道路，必须结合本国的国情。中国的成功，一方面是因为保留了市场经济的精髓，另一方面又容纳了中国社会的特殊国情。我们过去全盘照搬苏联，失败了，我们也不可能全盘照搬美国的模式，那也会失败。我们必须走现代市场经济道路，并结合中国的特殊国情，这就是有中国特色的社会主义市场经济道路。金融的发展，大概也会经历这样一个过程，我们必须找到变革的路径。

现在对金融的理解有一些误差。我们对一些重要问题的理论认知是准确的，但是我们对金融的认知有不少偏差甚至错误。中国金融改革有一些徘徊，一会走两步，一会退一步，在反复摸索。其中一个很重要的原因是，不理解现代金融，不理解金融的未来，不理解金融与经济的动态关系。有人以为，金融是经济的附庸，金融要服务于实体经济，银行也好，其他的金融机构也好，就必须要为那些实质上没有前途的企业贷款。我不认为这是正确的理解。不要以为救了它们的命，就是金融服务于实体经济。现代金融最重要的使命是推动高新技术企业的发展。现代金融的精髓是着眼未来，而不是缅怀过去。我们对金融的理解更多的是着眼过去，以为过去的经验就是未来发展的方向。在金融领域，过去的经验需要总结，但不能停滞于此。我们必须深刻地关注未来会发生什么。有生命力的金融一定是关注未来的金融。现代金融不是复制历史，而是在不断地创造历史。在现代金融的视野中，历史未必是未来的标杆。前些天，我在西南财经大学举办的一次学术论坛上，专门谈到现代金融的本质。我特别强调，现代金融的本质就是创造资产流动性。以前观测金融运行正常与否的重要指标，是居民储蓄存款每季度是不是都在增加。如果每季度没有增长或者增长的速度比经济增长速度慢，就会很担忧，认为如果趋势继续下去银行就会出现流动性问题。表象看有道理，深入分析后发现有疑问。如果居民收入部分扣除现期消费后的剩余部分，越来越多地以居民储蓄存款方式进入商业银行，金融结构将无法改变。市场需求呼唤着金融功能的多样性。人们的收入越来越高了，需要金融提供多元化的、可以自由选择、自主配置的资产。这些资产在收益和风险的不同结构层面上是匹配的，是一种复杂的风险组合。所以，居民收入增加后有一种需求，呼唤金融的市场化改革。人们需要金融提供流动性强、透明度高的收益与风险相匹配的资产，以实现有效的资产组合。人们生活的改善不仅仅需要现期收入的增加，更需要存量收入变成存量资产后的增值机制。

金融改革的重要目标就是构建存量资产的增值机制，社会才能进入良性循环。如果只靠每年现期收入的增加，是很难形成一个富裕、安定的社会的。西方发达国家经济增长率很低，2% 就不得了，但是它进入了一个良性的循环，其存量资产得到了有效保护，并有保值增值机制。中国对存量资产的保护做得不好，不重视存量资产的保护和增值。例如，对 20 年前建的房子炸了重建，是经常性的事情，更要命的是还做正面宣传。房子寿命如果只有 20 年、30 年，那是完全不合格的，存量财富片刻之间化为灰烬，存量财富根本留不下来。各位可能都到过欧洲，欧洲有些国家虽小，但存量财富非常富足，不少房子有几百年的历史，仍坚如磐石。为社会提供一种存量资产的保值增值机制，这是金融的责任和义务。

中国金融从形式上看眼花缭乱，但金融的基础设施相当脆弱，一有风吹草动就问题百出。前段时间发生的几起恶意逃废债事件，反映出中国金融基础设施的落后。向商业银行要贷款，商业银行要求必须有足额的抵押品，以防范信用风险，这是由商业银行经营模式决定的。但是，如果全社会的金融模式都是抵押金融模式，资产运用的效率就很低。如果向市场融资，就要求有足够的透明度，客观、独立的信用评级是必不可少的。

发行股票，只要有足够的透明度，就可以向市场融资，从而绕开了商业银行这种融资中介。我们把这种由金融自由化改革所引发的市场行为，称为金融脱媒。金融脱媒的早期理论来自金融制度管制而引发的自由化改革的诉求，以实现市场化的投融资活动。在中国，金融脱媒还来自实体经济的需求，来自社会需要金融体系提供多元化的可以有效配置的金融资产。所以，现代金融的本质就是创造资产流动性。

金融从传统到现代的过渡，脱媒是最基础的力量。脱媒就是要绕开金融中介，通过市场平台完成投融资活动。脱媒的结果是金融市场特别是资本市场的发展，所以，在中国，资本市场发展不是一个权宜之计，而是金融变革的内在使然，是金融结构性改革的推动者。

从这里可以看出，认为居民储蓄存款的减少或者增速下降，可能带来金融风险的认识，这是不了解金融结构性变革的规律的。在经济正常增长的前提下，居民储蓄存款增速的下降，让越来越多的剩余收入进入资本市场中来，这是现代金融结构性变革的一种必然趋势，金融的功能结构也随之悄然地发生了变化。

事物的本质变化来自结构的变化。金融功能的变化来自金融结构的变化。结构改变功能，结构不变，金融功能就不会升级。中国金融必须寻找结构性变革的道路，脱媒是金融结构性变革最重要的推动力量。金融开始由原来的注重融资，或者说从传统的媒介融资，慢慢过渡到以市场为平台的融资和财富管理。财富管理的本质是风险管理。从中介化的资源配置到风险管理，这是金融功能的升级。为什么金融会过渡到财富管理、风险配置的时代？是因为现代金融关注的是未来，重在孵化未来。为什么要孵化那些高科技企业？为什么中国资本市场要进行注册制的改革？是因为现代金融或资本市场着眼的是未来，而不是过去。未来代表希望。不确定性与投资价值有着某种内在的联系。常常有人会问我，某某企业业绩稳定吗？我说，如果业绩稳定那么投资价值就不大了，因为业绩稳定，价格已经表现出来了。我们有一个基本的假设，就是市场的有效性，也就是说市场价格是现有影响因子的综合反映。业绩稳定、可持续，价格已经体现出来了。例如商业银行业绩很稳定，甚至在年初就能计算出它年末的利润是多少，差异很小，通过利差、资产规模的增长等，大体能计算出一年的利润。通常说来，成功的投资者是不会投这些确定性的企业的。所谓的有成就的投资者，主要关注的是不确定性。高科技企业就是不确定的，不知道未来它会发生什么。未来，什么情况都有可能发生，这是一个概率事件。它在考验投资者对产业周期的判断、对这些企业在未来产业中地位的判断，以及这家企业在产业周期中处在什么阶段等。

投资是一门综合艺术，对各方面的要求都很高。如果是一个确定性的资产，比如固定收益投资，虽然其中也有变化，但变化远远低于资本市场上那些不确定性的资产，因为影响收益相对稳定的资产的变量，主要来自利率以及其他资产的收益率。

在实践中，我们对金融脱媒的理解不深，某种意义上甚至曲解了金融脱媒。刚才我举的例子，居民储蓄存款减少了，就想办法甚至阻止金融脱媒以提高吸引居民储蓄存款。实际上，只要金融市场发展了，功能上也就开始转向市场配置金融资源，这其实是金融功能的重大进步。全球性大国，其金融都会走脱媒或市场化的道路，差别只在于脱媒的程度。金融变革的规律和趋势不会因为国别的差别而有根本性差别。国别的差别、制度的差异，在金融脱媒的速度和程度上会有所不同，但趋势不会改变。

在中国，为什么要发展资本市场？因为它是金融结构性变革的重要机制。我最近出了一本书，《中国资本市场三十年：探索与变革》，总结了过去中国资本市场 30 年的成就和教训。30 年三座丰碑。第一座丰碑是 1990 年底沪深交易所的建立，对中国金融来说，这是一个划时代的事件。当时人们不知道，沪深交易所在中国金融结构性变革中的巨大作用，就像万里长征从瑞金开始一样，当时只有极少数人知道瑞金对未来的中国能起到什么作用。沪深交易所的建立开启了中国金融脱媒的时代。除此之外，中国资本市场还有两座丰碑，一个是股权分置改革，另一个是注册制的改革。这三者构成了过去 30 年来中国资本市场改革和发展的三个里程碑。沪深交易所的建立标志着中国金融进入脱媒的时代，意味着结构性改革时代的来临。股权分置改革，意味着中国资本市场开始进入制度规范的时代。注册制改革，意味着中国资本市场进入市场化的时代，开始解决上市公司的准入机制和发行定价的问题。2019 年之前，没有解决发行定价的市场化，没有解决企业上市的市场机制问题，过去的《证券法》对上市标准规定得很详细，比如说必须盈利，但很多高科技企业较长时间都是不盈利的。这些高科技企业，虽然今天不盈利，但经营具有可持续性。不是说不盈利就很好，重要的是必须要有可持续的经营能力。2020 年我们修改了《证券法》，让那些虽不盈利但有可持续经营能力的高科技企业可以上市，这些企业有成长预期。

在中国，一方面金融脱媒在推动着金融的结构性变革，另一方面科技的力量也在深刻地影响着金融业态的变化和效率的提升。

科技对中国金融的重构产生了巨大效应。如果说金融脱媒有利于金融功能的改善和转变，那么科技的力量将大大提升金融的效率。金融从传统到现代，核心是金融功能的转型和发展，与之相匹配的是，金融效率也必须提高。如果效率很低，很难说这是现代金融。什么样的机制才能提升金融效率呢？只能靠科技的力量。科技与金融的结合，形成了一种新科技，即金融科技。当金融科技把金融变成一种相对稳定的新业态时，科技金融也就呼之欲出了。金融科技是一种工具，科技金融是一种新的金融业态，属于第三金融业态。第一金融业态是商业银行，主要从事存贷款等传统业务，解决货币的流动性。第二金融业态是资本市场，通过脱媒解决资产流动性；通过资产证券化，把未来收益变成具有高度流动性的可交易的资产，为社会创造资产流动性。资本市场将资产标准化之后完成了资产形态的转型，这是一个伟大的发明和突破。在中国，这方面做得不够。我们是用非常实的资产进行证券化，实际上有很多专利、技术都可以证券化。这与庞氏骗局有根本的差别，但有时也只有半步之遥。互联网金融在实践中就有类似的问题。我们不能认为互联网金融本身有问题，但在互联网金融的实践中的确出现了问题，这半步之遥没有处理好，比如 P2P。P2P 的本质是想通过大数据平台，通过科技的力量，通过线上征信机制，解决传统金融中长尾客户得不到金融服务的难题。这一难题，通过科技和大数据平台，可以把融资方的信用做清晰的甄别。但为什么 P2P 已经消亡了呢？那是因为绝大多数 P2P 从业者都不认为这是一种信息中介平台，他们潜意识地以为，这是一种新金融机构，还停留在商业银行的思维中。如果用商业银行的思维去做 P2P，就必然出问题。P2P 一定是以完整的、能够甄别信用的大数据平台为前提的。如果在线上不能对客户进行信用甄别，仍然靠线下的联合征信或购买征信去完成线上的融资活动，收益和风险之间已经不匹配了，违背了金融的收益与风险的匹配性原则，已经完全错位了。所以，没有大数据的 P2P，实际上已经埋下了危机的种子，失败是必然的，只是时间问题。P2P 本质上是普惠性金融，要有做公益的心态。如果用追求超高利润的心态去做 P2P，一定会用非法的手段，包括资金池业务。平台业务一旦变成资金池业务，那就成了银行，这就违法了，就变成非法吸收存款了。P2P 不是银行，只是信息平台。P2P 的失败，是因为不了解互联网金融中 P2P 这两个基本特征。有很多 P2P 行业中的小老板，没做几年私人飞机都买了，这样的 P2P 公司一定会出大问题，因为其盈利模式产生不了这么大的利润。平台的收益来自服务。

科技植入金融主要解决的是金融的效率问题。金融效率分两部分，一是金融的普惠性。传统金融由于管理半径的影响，也由于其商业原则的约束，很难服务于小微客户。从本质上讲，小微企业、中低收入阶层，他们有权要求享受到与其相匹配的金融服务。大客户有规模性，可以享受好的服务，小客户也应该得到相应的服务，或许价格会高一些。科技金融成为一种新金融业态后，可以有效地服务小客户。这与美国次贷危机与客户下移有关有根本性的不同。美国次贷危机是金融结构没有变化，客户下移了，风险甄别的机制没有变化，次贷危机内生于其中。经济是有周期的，房价也是有周期的，不可能持续上涨。一旦出现了周期性问题，金融风险就会出现。如果引入了金融技术，解决了市场交易的信用甄别，是能够把客户延伸到长尾客户中去的。

新的信用甄别机制怎么建立？主要通过大数据平台来实现，科技金融具有这种功能。所以，基于大数据平台的小微企业贷款和小额客户贷款，是应该给予肯定的。对于这类新金融业态企业，应该采取新的标准和监管方式。中国金融在不断地创新，但中国金融监管创新相对不足，没有跟上金融创新的步伐，还在沿用一套比较落后的监管准则。用商业银行的监管准则是无法监管所有的金融活动的。不同的金融业态应该用与其风险特征相适应的监管准则。商业银行侧重于资本监管，资本市场主要是透明度监管，科技金融应侧重于技术的信用甄别能力监管。

金融在创新中发展，金融监管要跟上。要研究不同的金融业态产生风险的特点和规律。所有的监管都是为了管控风险的蔓延，但前提是要对不同金融业态的风险来源、性质、结构以及外溢的可能性都做透彻的分析，相应的监管准则才能制定出来。就像医生看病，没搞清楚病因，是无法开出药方的。比如新冠病毒，看似像流感，很多医生开始都认为是流感，鼻涕、咳嗽、发烧，与传统流感很相似，研究后发现是新冠病毒，与传统感冒的病理机理完全不同。这是开发研制新疫苗的前提，更是未来研发特效药的基础。金融监管也是这样。对金融创新和新金融业态的风险，要进行科学分析，找到风险产生的机制。不要让蓬勃发展的金融创新，回归到单一的监管思路之中。金融的生命力既在于功能的改善，也在于效率的提升。金融要很好地服务于实体经济，必须创造多样化的产品，运用多样化的手段，满足日益复杂的多样化金融需求，这样的金融就是好的金融。靠什么实现好的金融？靠科技创新，靠技术进步。金融效率的一个重要内涵，是金融的普惠性。科技植入金融之后，金融的普惠性将得到大幅度提升。

金融效率的另一个重要内涵是金融服务的便捷性。传统金融有时候是不善的。明明病人都垂危了，还要他来现场验明正身，要让客户本人到场，可客户本人已经在 ICU 了。这种做法虽然没有错，但首先不是一个善的金融。现在完全可以通过科技的手段解决这些问题。

科技金融带来了支付体系的变革，引发了支付方式的革命。这是中国金融引以为傲的创新。这种变革，刚开始时也遇到了一些阻力，现在社会似乎已经完全认可了，但在政策层面还是有些遮遮掩掩，对此，我始终有不同看法。为什么对新支付业态要给予额度限制？这是人为地在设计障碍。好的金融是要让消费者感到便捷、安全、低成本。成本既有付费成本，也有时间成本。有些网银设计了两三道密码，设计的验证码也是歪歪扭扭，弄错了又要重新来，这都是时间成本。

从传统金融到现代金融，脱媒的机制和科技的力量非常重要。除此两种力量外，还有第三种力量，即开放和国际化。现代化的金融一定是开放的金融，封闭的金融难说是现代金融，现代国家的金融最终都要走向开放。

美联储的所谓放水，实际上稳定了资本市场的预期和信心，引发了资产价格的上涨，这没有什么大问题。资本市场上一些权益类证券价格的上涨，比房子这类不动产价格的上涨更有利于经济稳定和增长，更比让物价上涨、蔬菜粮食价格大幅上涨要好得多。有时候我们的认知很有趣，我们不喜欢股票价格的上涨，内心喜欢房价的上涨。实际上，房价的过快上涨，对一个国家的未来会带来极大的危害，严重侵蚀了经济长期增长的基石，是虚拟化的财富。美国股票市场的 4 次熔断创造了历史，美联储采取了空前的稳定市场的措施，是一种创新。无论是美联储的量化宽松，还是中国货币供应量的扩张，并没有引起物价的大幅度上涨，这其中必有原因。这与资本市场发展有关，也与金融体系的开放有关。市场的国际化，能消纳过多的货币，减缓对CPI的冲击。所以，开放是中国金融从传统到现代的第三种力量。

中国金融开放的最终目标，是要把中国金融特别是资本市场建设成国际金融中心。金融脱媒的结果，大大推动了资本市场的发展，开放则使资本市场有可能成为新的国际金融中心。

在构建国际金融中心的过程中，必然会遇到一个必须解决的问题：人民币国际化。人民币如果不是可自由交易的货币，资本市场要成为国际金融中心是不可能的。人民币可自由兑换改革如何推进，是当前必须解决的问题。中国的金融问题很复杂，牵一发而动全身。中国金融开放存在一个瓶颈，就是人民币可自由交易的改革还没有完成。在国际金融市场上，人民币还不是一种可自由交易的货币。一个国家的金融要成为国际金融中心，首先本币必须是可自由交易的，这是基本前提。

人民币国际化，包括四个方面的内容：信用可交易、定价功能、国际支付与清算、财富储备。前提和逻辑的起点是人民币的可自由交易，与美元、欧元等国际货币可自由交易，以此形成人民币在国际货币市场上的价值中枢。现在的1美元兑6.5元人民币是不是价值中枢，还难以得知，因为这是在有管理的浮动汇率机制下形成的。在人民币可自由交易的改革还没有完成的前提下，试图用人民币对全球大宗商品进行定价是不现实的，试图实现人民币的国际支付和清算功能，也是不现实的，试图实现人民币的国际储备货币功能，更是困难的。起点没有完成，后面的功能都难以实现。

这个问题的本质，实际上是中国应该选择什么样的金融开放模式，中国金融开放的路径怎么选择。大家都知道金融开放中的“不可能三角”。对这个“不可能三角”，我们必须作出选择。

中国文化中有一个特点，就是把不好的东西都试图去掉，留下最好的。但在这里没有最优，不能三个都选，只能做到次优。既要独立的货币政策，又要资本的自由流动，还要稳定的汇率机制，那是不可能的。应该做何种选择？我们似乎三个都想要，结果是通过沪港通、深港通、QFII、RQFII等实现有限度的资本自由流动，同时执行有管理的浮动汇率机制。这就是目前的现状。我们必须相信人民币即使实现了可自由交易，短期内会有波动，但它一定能找到它的价值中枢，一定会在波动中逐渐收敛。我和我的同事合作写了一本书：《股市危机——历史与逻辑》，其中专门分析了世界各国货币开放后的走势，其中，日元是最好的。日元在国际化过程中，慢慢确立了它的价值中枢，逐步收敛在 1 美元兑 100 日元上下。我相信，人民币自由化改革后的价值中枢是收敛的。要实现这一趋势，必须有一些基础条件，比如说，经济的可持续性、科技创新能力、不断扩大开放等，更为重要的是，第一，必须进一步完善法制，要把法制建设放在头等重要的位置，依法治国，依法治市。法是市场预期的基石。英国似乎在不断地衰落，但其金融市场仍然是非常稳健的，仍然是国际金融中心，因为它有很好的法制。现代金融的很多制度框架和法的精神都来自英国。法制的核心是法的理念，而不完全是法律条文。我们喜欢把法的条文写得很圆满、很丰富，但在灵魂深处缺乏对法的尊重，常常是文件高于法。法的理念、法的精神最重要。《民法典》有重要意义，对市场经济的基本元素做了清晰的约定和保护，例如，市场主体的平等性、财产保护、个人隐私的保护等，大家对《民法典》给予了很高的评价。但是，比这个更重要的是法的精神，其次才是法的条文。有了法的精神，法在执行过程中就会彰显其平等性。所以，在金融开放中，法制的重要性是第一位的。

第二是契约精神。市场经济的纽带是契约。契约精神有两层含义。第一层含义是主体的平等性，在不平等条件下签订的契约是难以执行的。第二层含义是严格的履约精神。我们在这方面都需要进一步改进。

第三是透明度。市场稳定不稳定，在于透明度，在于如实披露信息，这是“三公”原则的基石。在“三公”原则中，公开性放在第一位。为什么？因为只有公开才能保证公平和公正，才能保证交易过程的公平和结果的公正。

在中国，面临如何看待金融创新，如何从传统走向现代，如何注重脱媒的作用和科技的作用以及开放和国际化这些大问题。如果我们遵循了这些原则，中国金融一定能够实现现代化，中国金融一定能够成为新的国际金融中心。我们现在很多的软条件还不完善，我们还要努力，未来的路还很漫长，但我相信，一定能够实现我们所确定的伟大目标。

高度关注地方政府债和企业信用债风险

——在《中国地方政府债券蓝皮书》发布会上的演讲

【作者题记】

这是作者 2021 年 4 月 28 日在由中诚信股份有限公司主办的《中国地方政府债券蓝皮书》发布会上的主题演讲，演讲提出要高度关注地方政府债和企业信用债风险，要加强债券市场的基础建设。

刚才由于手机没有网络，找不到论坛地址，浪费了至少25分钟时间，因此来晚了，很抱歉。刚才孙会长的发言、杨总编的致辞、毛教授的发言都没听到。袁海霞的报告听了一半，蓝皮书写得很好，但是，我还是有一个建议，蓝皮书或研究报告要产生社会影响力，观点必须非常明确。可否直接说，中国有哪些地级市可能会出现财政性危机。至少可以排个序，让地方政府有压力，有危机感。不用"危机"这个词也可以，或用"潜在风险"的提法，这样地方政府就会找你们，研究如何改善地方政府财政状况，报告可以起到一定的督促作用。要做就做有影响力的分析报告。刚才我就想听听中国有哪几个地级市的财政风险处在前十位。当然，这样一来毛振华教授的压力就会很大。或许有些地方政府会觉得数据不准确，那没关系，你们把真实数据告诉我，我们改正就好了，这样反而会使这个报告更加准确。如果我来做这个分析报告，我就这么做，而且不要这么厚，做一个简洁明了、观点鲜明的读本，分析报告后面可以有链接，结论是怎么出来的，通过链接就知道了。这样，这个报告就有影响力了。我就提这么个建议。

我总觉得，在中国还是要善于看到问题，要敢于把问题摆出来。问题都认识不清楚，怎么可能找到解决问题的办法？问题模模糊糊、遮遮掩掩，不正视它，未来的问题会更大，找出问题是为了更好地解决问题。我们现在很多方面都面临这样的情况。在资本市场上，有问题我肯定会说的，不会含糊其辞的，是什么问题就是什么问题，敢于正视问题，是一种敢于担当的表现。

一、关于地方政府债

地方政府债是一个相对比较专业的话题，它是金融和财政的结合部，具有双重属性，它源自财政，最后以金融的方式表现。对此，我讲三点。

第一，地方政府债的问题，折射出中国经济发展模式存在的缺陷。过去那样一种简单依靠资源扩张、不重视内涵式发展和科技创新的发展模式，使得地方政府财政模式固化，现在转型比较困难，中央政府和地方政府的收入分配关系几乎已经固化。这种固化模式不好，会严重约束经济增长模式的转型。地方政府是中国经济发展中重要的枢纽。基于中国改革开放 40 多年来的成就，要总结中国道路、中国模式、中国经验，其中有一条是其他国家难以模仿的，那就是地方政府在经济发展中的特殊作用。在我国，地方政府在经济发展中的作用完全不同于西方国家州及以下政府的作用，中国的地方政府在促进经济增长过程中扮演了重要角色，经济工作是核心工作，招商引资、制定区域发展规划等。这是中国经济发展的重要经验。

我始终认为，发展经济仍然是我们工作的重点。离开了经济发展，一切都是空洞的。过去一个时期，我看地方政府的长官，从省长到市长，都要应酬，要招商引资，不应酬不行。一些地方政府领导，过去一个晚上吃两三顿，不吃饭资金就不会来，要拉近关系，面临着如何与企业家搞好关系，当然这种关系是建立在地方经济发展基础上的，不是个人之间的金钱关系，那是腐败。推动地方经济发展，有时也挺困难的。地方政府的财政状况，折射出中国经济的发展模式是有重要缺陷的。

第二，过去一个时期，中央政府和地方政府的财政收支怎么进行科学划分、收入分配关系怎么调整，是一个长期存在的问题。事权和财权要匹配，匹配基础上怎么才能够形成合理的比例，形成一个符合现代市场理念和现代政府治理结构的中央政府与地方政府的财政分配关系，对此，始终没有得到有效解决。

中国的省一级政府只有一两个有盈余，剩下的都要靠中央返还，这其中就有问题，肯定是收入分配出了问题，如果西藏、宁夏等经济欠发达地区要中央返还一些，是完全可以理解的，但如果一些相对发达的省份，中上等发达的省份还要返还，那一定说明这其中有问题，需要改革和调整。

第三，土地财政来源的固化和单一，也是地方财政困难的重要原因。土地财政固化了地方政府的财政收入，缺乏持续性和成长性。所以，需要调整。

二、地方政府债与经济增长

我们要正确看待地方政府债。主要看地方政府筹集资金所形成的投资方向及其对未来经济增长的作用，分析地方政府债所形成的投资对经济增长的长期影响，以及对综合生产能力和边际生产率的影响。如果债所形成的投资在这些方面有长期的积极作用，短期债务能换来长期发展则是有效的。中国经济不是一个萎缩性的经济，自己在不断成长。今天看来虽然存量债务很大，但是从未来看，并不是很大。发展可以有效地对冲存量债务。

2005年，几大国有商业银行上市的时候，其不良资产是很大的，从当时角度看，规模很大，从今天看则相对小，是因为当时经济规模小，金融市场的规模也很小，面对那样一个当时看来比较大的不良资产，当然是一个严重的问题。但是，从今天看，就不是很大。所以，关注地方政府债，必须关注其投资收益，政府的投资不能仅看短期收益，要看对长期经济增长的边际贡献率，这非常重要。基于这种看法，因为中国经济的规模还在扩张，我们现在GDP的规模是102万亿元人民币，人均GDP接近11 000美元。到"十四五"结束时，人均GDP应接近15 000美元，GDP总规模约21万亿美元。到2035年，按照我们的设想，要建设成中等发达国家，中等发达国家一般说来人均GDP大约在25 000美元左右。与现在的西班牙、葡萄牙的水平相当。2.5万美元乘以14亿人口，GDP应该在35万亿美元左右，如果汇率不变。这是什么意思？是想说明通过政府筹集的资金所形成的投资，如若能有利于我们经济增长目标的实现，我认为这些债务就不是什么大问题。

未来我们能不能实现"十四五"规划设定的目标，乃至2035年的远景目标，首先必须坚持改革开放，必须坚持走市场经济的道路，重视科技创新，坚持竞争中性原则，尊重企业家精神等，这些都很重要。所以，从这个角度看，我们不能硬性地降杠杆，硬性降杠杆可能会引发经济衰退。虽然短期看未来潜在的金融风险降低了，但经济衰退了，实际上风险也就会显现出来。我们有时需要一个平衡和比较，哪怕未来有某些潜在风险，但如果经济是强劲的，投资用在科技创新上，用在基础设施上，用在"卡脖子"工程上，这样的杠杆还是需要的。当然，杠杆不能用在那些不产生产出的领域。所以，要正确看待债务问题和降杠杆。

三、关于信用评级问题

地方政府发债需要中央政府批，要纳入统一的规划中。因为种种因素，一些地方政府的信用已经出现了严重的危机，信用接近于破产。现在一些地方政府发行信用债已经很难了。实际上，有些地方政府的信用真的很差，最近几件债务违约事件，就有地方政府的影子。把优质资产抽出来后让债务企业破产，这怎么行呢？这是严重破坏金融秩序的行为。我们不仅要对企业信用进行评估，也要对地方政府的信用进行评估，这对于地方政府债的价格形成有重要指导作用。债券利率是信用的函数。

有一次毛振华教授跟我讲，他在做资信评级，这是金融的基础设施。中国真的缺乏客观、中性的资信评级。没有客观、中性的信用评级，债券市场是不能发展起来的，如同没有透明度资本市场不能发展一样。信用评级是债券市场的基石，是定价的基准，但是，在我们国家，企业信用评级做得非常糟糕。在中国，信用评级受到各种因素的干扰，政治的、文化的、地方政府的、利益关系的，严重侵蚀了债券市场赖以形成的基石，在这种条件下，债券市场还怎么发展？所以，我跟毛振华董事长讲，我真的希望你能做成一个与穆迪相媲美的中国信用评级机构，把金融基础设施做扎实。中国金融跑得很快，但金融的基础设施太薄弱、太落后。没有一个社会信得过的客观公正的信用评级机制，中国金融是走不远的，国际化是不可能的。社会缺失信用，信用评级机构让人怀疑，金融活动的风险也就内生了。所以，信用评级机构必须解决自身的生存机制。信用评级机构不能商业化，因为它代表社会、代表公众、代表投资者对这些企业或者地方政府的信用进行评估，理应要求客观公正地告诉社会，企业或地方政府的信用状况如何。我们要加强金融的基础设施建设。

四、未来的金融风险在哪里？

我们不妨评估一下未来的金融风险。基于收入结构单一和信用约束不够，一些地方政府债是有较大风险的，其收入来源非常脆弱，但是国债的风险很低。一般来说，要对地方政府债的规模进行约束，国债发行的弹性则较大，在这里，我倾向于现代货币理论（MMT）的理论主张。当然这个主张有前提。前提是这个国家的金融要高度市场化，要有非常宽广而又有厚度的金融市场，国际化程度较高，货币的离岸市场很大。在这种条件下，财政工具和金融工具可以混合使用，可以作为统一的市场工具来使用。当然，在市场化能力很弱、金融市场没有足够的深度和宽度，同时金融又不开放的国家，那是不能混合使用的，必须严格分开，不然就会引发恶性通胀。美国是一个典型案例。有人总在说美联储大放水，我不知道它在放什么水，放一点水又有何妨？美国的金融市场和美元市场是太平洋，放一些水是没有关系的，如果是一个封闭的湖，你放水看看。但是如果是太平洋，情况就不一样了，就有弹性了。美联储知道什么时候要有退出机制。所以，在一个开放、国际化、市场化程度很高的金融体系中，财政金融政策的一体化是有探索意义的。基于这种理解，要认真研究中国金融未来的风险在哪里。总书记在讲到中国的三大攻坚战时，其中把防范系统性金融风险放在首位。在三大攻坚战中，脱贫攻坚战已经基本完成，生态环境战还在继续，防范系统性金融风险战一直在路上。我们要认真分析中国金融未来会出现哪些风险，哪些风险有可能导致金融危机。

我个人认为，第一，中国不会出现货币的危机性贬值。人民币开放之后会不会出现货币危机，像卢布那样，我说不会，怎么可能？中国经济在转型，中国经济的市场化能力很强，虽然转型过程很艰难，但转型的方向是正确的，中国经济处在成长阶段，中国的创新能力也在不断提高。所以，中国不会出现 1997 年亚洲金融危机时很多国家出现过的严重的货币危机，进而导致全面金融危机。当然，人民币在国际化进程中会有波动，但波动会走向收敛，会找到它的价值中枢。这个价值中枢未来是相对稳定的。人民币现在的稳定，是在有管理的浮动汇率机制下形成的，这样的稳定很难说是价值中枢。在人民币自由化改革后，人民币汇率是经济竞争力、信用能力、创新能力的综合体现，价格波动是会收敛的。是收敛到 6.7 左右或是 6.5 左右，还是 6.3 左右，由市场说了算，但是可以肯定，人民币不会出现贬值性的危机，或者危机性的贬值。

第二，近期会出现市场危机吗？金融危机主要是由四种危机交织而成。市场危机主要指的是股票市场危机。在中国，近期再次出现的概率很小。2015 年出现过一次，我们已经知道出现股市危机的节点在哪里，比如过度杠杆化、信息披露和透明度缺失等，这些都是造成股市危机的重要原因。我们在这方面正在吸取教训，加强监管。

第三，银行的流动性危机是一个极小概率事件。在这方面，可能会出现局部性和个体性危机。今天小银行的资本充足机制有问题。像包商银行那种情况未来还是会有的。小银行的过度扩张，补充不了足额资本就会出问题。在中国，银行体系出现全面的流动性危机的概率很小。工商银行、农业银行、中国银行、建设银行、交通银行、招商银行都非常稳健，它们在中国银行体系的占比超过 60%，全面的银行流动性危机难以出现。

第四，债务危机。结构性的债务危机一定会出现。财政金融走向一体化，国债是没有违约风险的。地方政府债务、企业信用债的确会潜伏着巨大风险。经济原来在高速增长的趋势中运行，现在，速度下来了，发债的预期变化了，风险也就出现了。所以，控制系统性金融危机的重点应放在债务市场上，主要是地方政府债和企业信用债市场。这一定是未来我们防范金融风险的重点。

中国经济如何应对新挑战

——在国际货币基金组织（IMF）《世界经济展望报告》发布会上的主题演讲

【作者题记】

这是作者在 2021 年 4 月 22 日参加由国际货币基金组织驻华代表处和中国人民大学国际货币研究所（IMI）联合主办，中国国际期货股份有限公司和中国国际金融学会协办的 2021 年国际货币基金组织（IMF）《世界经济展望报告》发布会上的主题演讲。在演讲中作者提出了中国经济克服挑战的基本思路：第一，妥善处理好复杂的外部环境；第二，进一步完善市场经济体系、深化改革；第三，提高中低收入群体收入；第四，提升科技创新能力。

昨天晚上刚从博鳌亚洲论坛回京。在博鳌亚洲论坛，我主持了一个重要的分论坛，主题是“双循环的中国发展新格局”，中国国务院原副总理曾培炎先生做主题演讲，包括美国前财长萨默斯先生和朱民、彭森、刘连舸、沈丹阳等在内的7位中外专家参加了讨论，主要围绕全球经济展望、中国经济发展和“一带一路”对全球的影响等主题，其中萨默斯先生的发言非常有意义，作为主持人我给了很高的评价。他认为，中美两国应该共同发展、共同繁荣，只有共同繁荣，世界才是和平的，我非常赞赏。他认为，中美之间在一些经济领域的竞争是正常的，更重要的是进行战略上的沟通。

中美关系对全球经济有重要影响。直观来看，疫情使全球经济出现严重下滑甚至衰退。如果中美关系走向正常轨道，相信未来全球经济增长将会有乐观的前景。实际制约全球经济增长最重要的有两个因素：

第一，新冠肺炎疫情。如果疫情在未来不能得到很好的控制，也找不到特别有效的治疗药品，全球经济发展还是会受到严重影响。疫苗固然重要，但比疫苗更重要的是针对新冠肺炎的药品研发，这是影响全球经济信心的重要因素。

第二，中美关系。如果中美关系继续走向脱钩甚至某种意义上的对抗，那将会使得全球经济增长环境严重恶化，给全球经济的未来带来巨大的不确定性。

我仍然对拜登总统上台后中美关系改善持乐观态度。虽然现在没有看到特别明显的变化，但如果两个大国处于对抗状态，世界将会发生重大的分裂。我把这个意思也给萨默斯先生表达了，中国专家们也比较赞成。

一、中国经济的基本情况

Barnett先生和李鑫都对全球、亚洲以及中国的经济增长做了很好的预测。我认为，这个预测是比较恰当的，也是符合实际情况的。对中国经济的预测，2021年经济增长率是8.4%。2020年中国经济增长了2.3%。一般IMF的预测相对要保守一点，比如对2020年中国经济增长的预测是1.9%，后来国家统计局的统计数据是2.3%，这两个数据之间如果取平均数就是2.1%。从这个意义上看，中国经济仍处于复苏阶段，中国经济具有比较强大的韧性和抗压能力。

现在，中国经济实际也遇到一些挑战。“十四五”规划已经确定，中国经济在“十四五”时期，也就是2021—2025年，应该基本跨越包括IMF、OECD、联合国等一些国际组织对发达国家GDP的认定标准，基本跨进发达国家的最低门槛。也就是说，现在人均GDP不到1.1万美元，如果以6%的速度增长，且汇率保持当前水平，到2025年人均GDP应该在1.5万美元左右。所以，“十四五”时期，对中国来说是最重要的发展，中国在2020年已经全面建成小康社会了。

小康水平，在中国人看来非常重要。在1978年改革开放之前，中国是一个贫穷的国家，很多人是吃不饱饭的。经过40多年的发展，中国整体上进入小康社会。小康社会意味着吃、住、行大体上解决了。中国是个14亿人口的国家，从计划经济体制中走来，探索出一条适合中国情况的市场经济道路，对我们来说是观念上的巨大转型。现在我们慢慢知道了该怎么干，这是中国经济的活力所在。市场经济道路让所有的市场主体都有积极性、创造性。

我们实现了全面小康，但还不是一个富裕的国家。我们试图通过5年时间，把中国建设成迈入发达国家门槛的国家，人均GDP达到1.5万美元。2035年，中国将达到中等发达国家的水平。中等发达国家不是中高收入国家，而是高收入国家里的中等水平或者发达国家里的中等水平。到2035年，中国的人均GDP应该是在2.5万~3万美元。

大约15年以后，中国的人均GDP水平和现在的西班牙、葡萄牙差不多，接近于意大利的水平。中国有14亿人口，用14亿乘以2.5万美元，应该有35万亿美元的经济规模。

二、如何克服挑战实现目标

第一，妥善处理复杂的外部环境。中美关系是全球最重要的双边关系。中美关系稳定了，全球就稳定了，两个国家的政府都应该着力改善双边关系。外部环境的紧张会增加巨大的成本和不确定性，要采取一切措施，让中国经济发展有良好的外部环境，这是我们必须面对的问题。

第二，进一步完善市场经济体系、深化改革。现在有很多人谈改革，实际上，改革有它特定的内涵。改革最重要的标志是让所有的人有积极性、有希望、有干劲、有目标。如果具有这种特征，那就是改革。如果企业、个人都没有积极性、创新力，那么这就很难说是改革。改革的基本方向是市场化。这对我们来说仍然是必须坚持的。

第三，提高中低收入群体收入。我们的中等收入群体只有40%多，低收入群体可能更大些。经济发展的动力来自中等收入群体的扩大与低收入群体收入水平和消费能力的提高。中国仍然要重视外部市场和投资对经济增长的贡献，更要重视消费对经济增长的拉动作用。在我们还是相对落后时，进行大规模基础设施投资，对经济增长的影响是很大的。现在我们正在告别贫穷向发达国家迈进的过程中，消费对经济增长的作用将越来越大。要采取一切办法，特别是收入分配政策，扩大中等收入群体。在“十四五”结束时，中等收入群体的比例应该扩大到60%，这是非常艰巨的任务。我认为，“十四五”时期，低收入群体收入要翻番，“十四五”结束时，迈向发达国家最低门槛的标准才可能达到。

第四，提升科技创新能力。我们过去在科技创新方面取得了很多成就，但当前的科技创新能力，我认为是不够的。华为是中国最具竞争力的企业，华为一家企业的专利总和比中国所有其他企业专利的总数还要多。要创造条件，让科技创造成为中国经济发展的新动力。自然资源支撑不了中国成为发达国家，只有科技创新才能使中国迈进发达国家行列。当然，科技创新不会凭空产生，它需要环境和制度保障。没有制度保障和环境的培育，创新是无法实现的。

以上都是我们面临的问题。认清楚了问题所在，把外部环境搞和谐了，中美关系、中欧关系走上正常轨道，继续坚持市场化改革，大幅度提高中低收入阶层收入，同时鼓励科技创新，中国经济一定会有希望，2021年一定能达到IMF报告里提到的8.4%的经济增速。

缓解外部环境，释放内部动能，努力保持经济增长的可持续性

——在《新京报》主办的“新发展格局与‘十四五’大趋势”论坛上的主题演讲

【作者题记】

这是作者2021年4月16日在《新京报》主办的“新发展格局与‘十四五’大趋势”论坛上的主题演讲。在演讲中，作者强调外部环境缓解、内部动能释放，对中国经济的可持续增长至关重要。

非常荣幸，应邀参加《新京报》主办的这次论坛。

当前有包括碳达峰、碳中和这样的热点问题，也有中国经济如何保持持续稳定的增长、保持创新能力这样的重要话题，这些都是我们面临的巨大任务。“30·60 目标”给中国经济带来了新的动能、新的前景、新的目标，“十四五”时期是中国经济重要的转折期。经过 40 多年的改革开放，终于在 2020 年全面实现了小康社会这样一个宏伟目标。“十四五”时期是中国迈向发达国家重要的关键时期，目标是要初步达到或者初步进入发达国家的基本门槛，或者说初步进入发达国家序列。成为发达国家有很多指标，社会指标、环境指标、预期寿命指标、人均 GDP、创新能力、国际影响力等，成为发达国家虽然不仅仅是人均 GDP 这个指标，但人均 GDP 无疑是最核心的指标。

2020 年，中国人均 GDP 接近 11 000 美元。关于发达国家人均 GDP 的标准最近有一些变化。2010 年，一般将发展国家人均 GDP 定为 13 000 美元，现在将这个标准提高到了 15 000 美元，只有人均 GDP 达到 15 000 美元，才是真正进入发达国家行列。2020 年中国人均 GDP 为 11 000 美元，经过 5 年的努力，中国人均 GDP 可能接近或基本达到 15 000 美元，经济总量到 2025 年大约为 21 万亿美元，比 2020 年美国 GDP 规模略少一点。

要实现这个目标，“十四五”时期面临很多问题，有不少困难我们要想办法解决、克服、缓解。

第一，国际环境。国际环境现在越来越复杂。一个国家的经济发展，外部环境的和谐非常重要。改革开放 40 多年来，中国经济之所以能取得这样的成就，与市场化改革有密切关系，与开放有密切关系，与我们有一个和平、协调的外部环境有密切关系。现在国际关系变得越来越复杂了，中国的外部环境变得很微妙，这对我们会产生巨大影响。这个复杂、微妙的国际环境有复杂的背景，包括 21 世纪初开始盛行起来的反全球化浪潮、逆全球化思潮，以及后来盛行的民粹主义和单边主义，这些都造成了国际环境恶化。中国是倡导经济全球化、投资便利化、贸易自由化的国家，与逆全球化格格不入。民粹主义、单边主义在一些国家盛行，似乎还得到了民意的支持。这种思潮不利于中国经济的发展。

第二，中美关系。中美关系仍不乐观，原来以为拜登总统上台后会顺应趋势，改善中美关系，目前似乎没有看到这种迹象。中美关系紧张和恶化会给中国经济带来严重影响，在一些关键技术领域有“卡脖子”的风险。

第三，新冠肺炎疫情。新冠肺炎疫情的蔓延，导致国际间交流大幅度减少。国际贸易是经济活动的重要引擎，新冠肺炎疫情不仅大大减少了国际间人员的交流，也引发了经济形势和政治格局的巨大变化。有人说新冠肺炎疫情就如同发生了一次世界大战一样，之后会改变全球经济、政治版图，全球经济、贸易、金融活动也会发生重大变化。世界各国似乎越来越孤岛化，但我不认为这是一个正确的方向。国际环境的巨大变化，让我们高度意识到其复杂性，我们要主动改善这种环境。

要实现“十四五”经济发展目标，这些都是很大的约束。

经济增长的内部需求仍很乏力，这与人均收入水平有密切关系，也与人们对未来的忧虑有关系。社会保障这些年有很大改善，但每个人对住房、教育、医疗、养老四大领域都存在巨大隐忧，所以刺激内部消费不乐观。在这种条件下，人们的消费是理性的、有限的。中国的消费率是下降的，下降的背后是受到了养老、教育、医疗、住房等压力的约束。收入水平增量也没有明显提高，消费率比较低。我们要正视这样的现实。中国高净值收入群体很大，因为人口规模大，但是中国更多的是低收入群体。虽然今天我们全面实现了小康，但的确也要看到还有不少人仍处于低收入群体。这要求在“十四五”时期，要大幅度提高低收入群体的收入水平，调整收入分配政策。

中国经济发展除了收入水平不高、消费率低外，还有一个约束，那就是环境。昨天下了一场泥雨，3 月有几天这样的情况，昨天又发生了，这意味着我们的环境还比较恶劣，所以，提出“30·60 目标”非常重要。人要有尊严、快乐地生活，这是社会发展的终极目标。无论人均收入水平有多高、经济增长有多快，最后的结果都是有自由、有尊严、体面地在良好的环境下生活。所以，环境的改善，也是我们“十四五”时期面临的巨大任务。2030 年碳达峰，不能一蹴而就，是逐步变化的过程，这其中需要大量投资，需要调整经济发展战略。

人口老龄化、贫富差距、区域发展不平衡等问题，对未来经济增长都有重要影响，对中国在2025年能否进入发达国家门槛都会产生重要的约束力。

对上述问题必须要有系统的思考和深入的研究。首先要把问题看透、看到了问题，才能找到解决问题的办法，看不到问题，解决问题的办法是找不到的。把问题看透、看得比较重要，不意味着我们否认过去的成就。改革开放40多年，中国创造了人类社会的奇迹，把贫困落后的国家，把吃不饱、穿不暖的国家，建设成了全面小康的社会，这难道不是人类社会的奇迹吗？当然是奇迹，但我们不能仅仅限于小康目标。“十四五”规划和2035年远景目标对中国未来的目标做了清晰的勾画。经过15年的努力，到2035年，中国要成为中等发达国家。中等发达国家是什么概念？人均GDP达到25 000美元。如何实现这个目标？

第一，要深化市场经济改革，要坚定不移地走这条路。在市场经济模式下，经济规则的内涵是既定的，比如价格由市场供求关系决定，市场主体是平等的，财产是要保护的，市场是资源配置的决定性力量，政府发挥有效的作用等，这些都是市场经济的基本原则或者基本常识。在经济活动中，各类经济主体是平等的，政策上不能有歧视。实际上，在实践中并没有一以贯之地遵守市场经济的基本原则。一定要深刻理解“市场在资源配置中起决定性力量”的深刻含义，资源不能过多地集中在“有形的手”上。

改革这个词是有特定内涵的，不能什么都往里装。不要以为和过去不同的就是改革。改革最重要的衡量标准，是充分激发市场主体的积极性、创造力，让每个人都有积极性、创造力，每个人都有激情。如果制度的调整束缚了人们的手脚，束缚了市场主体的积极性，我不认为这是改革。为什么我们要摒弃计划经济体制？因为它束缚了人们的积极性和创造力。

第二，要用有效的手段、积极的态度去改善外部环境。中国的发展离不开和谐的外部环境。朋友遍天下，路就越走越宽，机会也就越来越多。当然，维护国家主权利益，是我们的底线。

第三，要调整一些政策，包括收入分配政策。我们实行“双循环”的发展战略，其中内循环为主。这意味着内需市场对经济增长的贡献将越来越大。内需由两部分组成：一是居民消费需求，二是投资需求。居民消费需求在一个国家进入发达国家序列后，会在经济增长中起越来越重要的作用。在迈向发达国家的过程中，投资需求则具有更重要的作用，因为它奠定了经济发展的基础。消费需求与收入水平有关系，与存量财富的增长有关系。居民收入分两部分：增量收入（工资性收入及薪金等）、存量资产（股票、不动产等）的增值。政策的重要作用，除了不断提高居民的收入水平外，还要注重构建社会存量资产收益增长机制，这非常重要。过去房价涨得快，不动产增值很快，但是一个国家不能依靠房价上涨来促进居民存量资产收益率的提高，从长期看，这也是难以为继的，甚至是有害的。因为房地产价格的上涨会影响后续的经济增长，会大幅度增加后续经济增长的成本。房价上涨达到目前这样的水平，是中国经济的重大负担，严重扼杀了人们的创造力，也使人们生存的成本大幅度提高。现在年轻人如果在北京没有房子，真的很难生存下去，况且租房在中国是随时变动的。在西方发达国家，有很多法律约束，房东不能随便调房租，我们这里总是在调房租。我们国家应该出台这样的政策来保护租房人，不能让他们生活在房租随时涨的不安定之中。生活不安定，就没有办法创业。房价再涨真的不是好事。房价涨在一定意义上表示中国金融体系的不发达，没有给社会提供可以自主配置的收益与风险相平衡的金融资产。收入分配政策调整的重点，是中低收入阶层，特别是低收入阶层收入水平要大幅度提高，这样消费需求才能扩展。有研究表明，中国中等收入群体占 40%，高收入群体比例很小。低收入群体占比超过 40%。我们的收入分配政策在“十四五”时期，要实现低收入群体收入倍增的目标，如果经济增长率为每年 6%，他们的收入增长应该高于 6%。这是摆在我们面前的一个非常重要的任务。

第四，要推动中国经济的转型，走科技推动、创新引领高质量发展的道路。这和“30 · 60”目标是相适应的，这里最重要的是科技创新。中国经济不能再走粗放扩张的道路，过度消耗自然资源、破坏环境的路走不下去了。科技创新不会从天上掉下来，喊个口号科技创新就来了？不会的。我们要想办法从制度、机制、环境等方面让新科技有效地转变为新产业，这方面我们的政策做得不太好。新科技到新产业的转化，不会自然生成，中间有巨大风险，让科技人员承担新技术到新产业转化的风险是不可能的。所以，金融要改革。金融要创造多样化的金融业态，推动新技术到新产业的转化。我们必须创造新的资本业态去帮助新技术变成新产业。我们要正确理解现代金融，要发展各种创投、产业基金、创新基金，不要认为这些是金融脱实向虚的表现。我之所以特别支持在上交所增设科创板、在上交所和深交所推动注册制改革，就因为这有利于新科技到新产业的转型，有利于中国产业结构的升级。

要进一步重视缩小贫富差距，改善环境，实现教育、医疗公平。

要重视人才培养，中国需要大量的人才，特别需要实干、有闯劲、敢探索的人才。现在说大话的人越来越多，做实事的人越来越少。深圳是探索出来的，是提着脑袋干出来的。我们应该鼓励这样的人才，社会应形成人才成长的容错机制。

以上这些，都是我们未来要着力解决的。

中国资本市场三十年：探索与变革

——在“第二十五届（2021 年度）中国资本市场论坛”上的主题演讲

【作者题记】

这是作者 2021 年 1 月 16 日在“第二十五届（2021 年度）中国资本市场论坛”上的主题演讲。这届论坛的主题是：回顾中国资本市场三十年的历程，讨论未来发展和改革的重点。

中国资本市场三十年，一路走来非常不容易。刚才尚福林主席把他在证监会九年及后来所做的研究做了一个很好的报告；阎庆民副主席对现在和未来资本市场的发展做了充分的阐释；高西庆教授讲得非常诙谐有趣，非常有见解，从一个新角度来说明中国资本市场的发展历史；宁吉喆局长把我们国家现代化建设思路讲得很清楚。非常感谢他们！

我和宁吉喆是研究生时期的同学。早年我不是从事资本市场研究的，而是研究宏观经济学的。所以，我当教授之前，没有写过一篇关于金融的论文，都是宏观经济分析方向的，早年写的著作和论文几乎都是宏观经济领域的。中国人民大学很厚爱我，1993 年 6 月我被破格提升为教授。当了教授之后，忽然发现，再研究宏观经济学好像没什么意思了，宏观经济的分析框架我已经比较清楚了，而且还取得了一些新的进展。有一天突然发现金融很重要，又有一天突然发现资本市场很重要，我就慢慢地转向金融和资本市场的研究。这一转已经有二十五六年了，研究兴趣始终未变。1996 年，我和同事一起创办了“中国资本市场论坛”，到今年已经 25 年了。1996 年 1 月的第一届论坛，黄达老校长参加了，一直参加到 2018 年，他已 95 岁高龄，这几年来不能出席现场，但仍关心中国资本市场论坛。我记得 1996 年宁局长是国家计委产业政策司的副处长，他参加了第一届论坛，讲中国的产业政策。进入 21 世纪之后，中国证监会做过一次国有股减持补充社保基金的探索。我记得很清楚，争论很激烈，在国务院发展研究中心那个大会议室，高西庆副主席主持征求大家意见，大概来了几十位专家，讨论减持国有股补充社保基金的试点，当时的思路是想市场化减持。试点一年以后没有成功，叫停了。这次试点为后来股权分置改革提供了很好的经验，也提供了一些教训。

2002 年，尚福林任证监会主席。上任伊始，他就在思考中国资本市场制度的改革。我清晰地记得 2004 年，尚福林主席上任一年多以后，他的秘书宋安平打电话给我讲，尚主席要与你通电话。我当时在校园里散步，我说稍等，到了办公室后与尚福林主席在电话里大约谈了半小时，内容就一个：如何推动股权分置改革。我记得当时他说了两条意见，我非常赞同。

第一，中国金融现代化的核心是资本市场的发展。没有资本市场的发展，中国金融很难现代化。当时很少有人有这样的理解。我一直认为资本市场是现代金融的核心和基础，2000 年以来，我一直在做这方面的研究。

第二，股权分置严重阻碍了中国资本市场的发展，一定要花最大的力气推动股权分置改革。

我非常同意这两个观点，甚至可以停两年 IPO 也要推动股权分置改革。股权分置是那个时代的产物。那个时代做事是需要智慧的。如果没有股权分置，资本市场就不可能在 20 世纪 90 年代初产生。所以，不能说那个时代的人僵化、不懂，实际上他们有很高的智慧。只有把股权分置起来，这个市场才能建起来，中国资本市场由此也提前了很多年。

当然，在特殊历史条件下产生的资本市场，的确有一些先天性问题。一是意识形态问题。高西庆副主席说，“有些人总认为，让国有企业上市是国有资产的流失”。所以，一开始国有股肯定不能流通，在这种认知条件下，包括国有股在内的发起人股只能分置起来。二是资本市场一开始时是出于融资需求的，不是出于中国金融改革需要的。出于这种想法，在当时的环境下，就产生了这样的市场。后来的改革，主要是改那个时代留下来的问题。到 2004 年，股权分置改革讨论了很多次，尚福林主席主持，好像每次讨论我都参加了，其中有一次专门去他办公室讨论股权分置改革。最后一次讨论是 2005 年 4 月 30 日，快到“五一”了，因为“五一”就要启动改革了。上午讨论方案，下午我就去三一重工参与他们的股权分置改革。三一重工是三个试点公司之一，到三一重工后，我跟梁稳根他们谈，我说，三一重工是试点公司，又是民营企业，要作出表率。核心是对价要合理，不能抠抠搜搜。把对价做好了，示范作用就出来了。因为股权分置改革的核心是对价，目的是全流通，规范上市公司制度。一个上市公司 75% 的股份不能流通，这肯定不行。都在同一条船上的，利益诉求不一样，公司怎么搞得好。刚才，阎庆民副主席说，要进一步完善公司治理结构，股权分置改革就是在制度和所有权结构层面上完善公司治理结构，是最重要的完善公司治理的制度建设。

股权分置改革非常复杂，这涉及国资委和财政部。国资委说，第一，上市公司国有股占比不能减少；第二，市值不能减少；第三，股份不能减少。

这三个“不能少”实际上很难做到，只能保证国有资产的市值不减少，反而还会有大幅度增加。事后证明，所有上市公司非流通股股东大概付了 3 000 亿元对价，国有股在非流通股中约占 75%，国有股大约支付不到 2 300 亿元的对价，但市值增加了 6 万亿元，从而实现了双赢：一方面，完成了全流通改革，市场获利了；另一方面，最重要的，是对人民有交代，我们的国有股权比股权分置改革前增值了 6 万亿元。

在研究中，我把 1990 年底沪深交易所的成立称为“中国资本市场的历史起点和第一座里程碑”。没有这个里程碑，后面一切无从谈起。在中国证监会举行的中国资本市场三十周年座谈会上，我说，应该向那个时代的人们致敬。在那样的环境下，居然能把两个交易所建起来，真的不容易，需要远见和胆略。那个时候，“姓资姓社”的概念非常强烈，我在人民大学研究资本市场，有人说，吴晓求在研究资本主义。20 世纪 90 年代中期以后，我说，资本市场不是资本主义，它是发展经济的方式、路径、机制，不要和主义连在一起，一和主义连在一起，就很难研究了。30 年前，沪深交易所的建立，是划时代的事件，开启了中国金融脱媒的时代。按道理说，金融脱媒是需要条件的。第一，经济体系要高度市场化。第二，收入水平要很高。有剩余收入才能用于投资，大家都很贫穷，怎么投资？的确，就是在那样的条件下，我们开启了金融脱媒的时代，客观上推动了中国金融的结构性变革。沪深交易所的建立，是开天辟地的伟大实践。

第二座里程碑就是股权分置改革。由于把资本市场的功能定义为融资，同时又怕国有资产未来流失，因此，制度设计就不符合国际规范，这就意味着，在资本市场设立之初，必须不断矫正。先天基因的缺失，意味着后天要花很大的力气把它矫正过来，过去 30 年的改革都在矫正观念，补过去那些制度漏洞。其中最重大的一次制度矫正就是股权分置改革。股权分置改革实现了两个目标。第一，资本市场全流通。这是所有股东利益诉求一致的共同基础，没有这个基础，一切无从谈起。一条船上，掌舵的人想往东边走，坐在船上的人想往西边走，存在内在的利益冲突。第二，开创了中国资本市场制度规范的新时代。中国资本市场从这里开始走向制度规范。资本市场重要的功能是通过市场来配置资源。让什么样的企业上市以及如何定价，应由市场来决定。虽然股权分置改革还没有完成主要由市场来配置资源这个目标，但奠定了金融的制度基础。

到了 2019 年，习近平总书记亲自在上海宣布设立科创板，同时在科创板试点注册制。科创板如果没有注册制，本身意义不大。从产业属性看，它和创业板没有多大的差别。试行注册制，意义就很大。在科创板和创业板推行注册制，是中国资本市场的第三座里程碑。

第三座里程碑的重要贡献，实现了“资源由市场来配置”的最重要原则，这是具体落实党的十八届三中全会关于“市场是资源配置的决定性力量”的重大实践。所以，让什么样的企业上市以及如何定价，都交给了市场。这就是注册制的重要意义，开启了“中国资本市场市场化改革的时代”。经过制度的规范和市场化改革，过去 30 年遗留下的那些问题终于逐步得到解决。30 年来，中国资本市场由 13 家上市公司到超过 4 100 家上市公司，从 40 亿元市值到现在接近 80 万亿元的市值。这 80 万亿元的市值是全流通的，上市公司结构和投资者结构有了巨大变化，高新技术企业开始慢慢占据了主导的地位，这和注册制改革关系密切。

回顾过去，是为了展望未来，中国资本市场的未来目标是什么？未来的目标在哪里？我认为，中国资本市场的未来目标就是构建新时期的国际金融中心。或许到 2035 年，把中国建设成为一个中等发达国家时，中国资本市场成为国际金融中心的目标大体上可以实现。为了实现这个目标，必须进一步夯实基础，完善软硬条件。

第一，要保持经济的可持续增长，推动创新。没有经济的可持续增长，中国资本市场的发展就没有坚实的基础。中国不是一个小国，不是新加坡，可以通过外部资源来发展资本市场。中国和美国一样，是个内生性发展的国家，本国上市公司要占主体，也就是说资本市场的成长是以经济可持续增长为基础的。

第二，要保持人民币的长期信用。人民币如果没有长期信用的保障，中国资本市场不可能发展起来，不可能成为国际金融中心。资本市场的停滞和危机都与本币信用脆弱有内在关系，要在短期经济增长与人民币长期信用之间保持平衡。

第三，我们还是要有强大的国防实力。在现代社会，这非常重要。

除此之外，我们在软实力，包括法制的建设、契约精神、透明度等方面，与发达国家还有较大差距，这对中国资本市场的国际化非常重要。没有法治就没有预期，法治是资本市场预期的基石，要依法治国、依法治市。刘鹤副总理讲的九个字很重要："建制度、不干预、零容忍"。建制度过程中法治是最重要的，一切以法治为基础。契约精神是资本市场的灵魂和枢纽。英国经济体小，但伦敦市场依然是最重要的金融中心之一，因为它有严格的契约精神，外国资本安全、放心。契约精神的核心是公平和严格履约。透明度则是资本市场"三公"原则得以实现的前提和基础。

总而言之，中国资本市场想成为国际金融中心，四个硬条件很重要：第一，经济增长的可持续性；第二，进一步扩大开放；第三，维持人民币的长期信用；第四，建设强大的国防能力。三个软条件是：第一，法制的完善；第二，严格的契约精神；第三，足够的透明度。以此为目标，需要全社会的共同努力。

2020 年的演讲

中国资本市场三十年：三座丰碑一个目标

——在“中国资本市场建立三十周年座谈会”上的发言

【作者题记】

这是作者2020年12月28日在中国证监会主办的“中国资本市场建立三十周年座谈会”上代表专家学者所做的发言，是一篇有原稿基础的发言，首次将中国资本市场发展三十年浓缩成“三座丰碑”。

从 1990 年底到现在，中国资本市场亦即沪深交易所的建立和运行已经三十年了。三十而立的中国资本市场正在展现新的希望，迈向新的台阶，奔向新的目标。

三十年来，中国资本市场虽历经坎坷，但终于走出来了，取得了不凡的成绩：从 13 家上市公司到现在的超过 4 100 家上市公司，从几十亿元市值到近 80 万亿元市值，从几十万投资者到今天的 1.7 亿开户人数，金融资产和社会财富得到了快速增长。

三十年来，资本市场的发展对中国社会的进步和经济发展产生了广泛而深刻的影响。三十年来，我们进行了艰苦卓绝的探索，不断改革，不断前行。三十年艰难探索，留下了三座丰碑。

一是沪深交易所的创设和运行。

沪深交易所的创设和运行，是中国资本市场发展的历史起点，开启了中国金融脱媒的时代，是中国资本市场发展历史上具有开天辟地意义的第一座丰碑。

20 世纪 90 年代初创设的沪深交易所，对中国资本市场来说，是开天辟地的伟大创举，是中国资本市场发展历史上的第一座里程碑，意味着中国金融脱媒时代的来临，拉开了中国金融市场化改革的大幕。我们非常感谢那个时代改革的先驱者、那个时代资本市场创设的拓荒者，感谢他们的巨大勇气和智慧。在当时乃至之后相当长一段时间里，人们并没有深刻地认识到，资本市场对中国经济发展和金融改革所具有的重大作用和深远意义。

二是股权分置改革。

股权分置改革，开启了中国资本市场制度规范的时代，是中国资本市场发展历史上的第二座丰碑。

由于历史的原因，中国资本市场在发展初期，上市公司存在两类股东：流通股股东和非流通股股东。从流动性角度看，这两类股东的股权处在分置状态，这种分置状态一直延续到 2005 年 5 月。市场实践和理论研究都表明，股权分置的制度设计，体现了在转轨经济条件下建立资本市场的智慧，但也不可避免地造成了上市公司两类股东利益的内在冲突，这是上市公司做不好、走不远的重要制度障碍，是制约中国资本市场发展最重要的制度性原因。为了中国资本市场未来的发展，必须推动股权分置改革。

经过几年的探索和理论研究，在党中央、国务院的领导下，在中国证监会的积极推动下，在相关部门的有效配合下，2005 年 5 月，中国证监会正式启动了中国资本市场最波澜壮阔、利益最复杂的股权分置改革。到 2007 年 4 月，股权分置改革全面完成，实现了市场全流通和上市公司股东具有共同利益机制的改革目标。

股权分置改革不仅有效地解决了股权分置对上市公司和市场带来的种种危害，构建了上市公司不同股东之间共同的利益机制，而且还实现了国有资产在改革中获得了巨大增值、市场获得了巨大发展的双赢局面。股权分置改革的成功，使中国资本市场进入了正确的发展轨道。所以，股权分置改革无疑是中国资本市场发展历史上的第二座里程碑。作为一名金融学教授，我有幸参加了股权分置改革的全过程，并贡献了自己有限的力量。感谢那个时代为股权分置改革的成功作出了巨大贡献的人们，历史不会忘记你们。

三是注册制改革。

注册制改革开启了中国资本市场市场化的时代，是中国资本市场发展历史上的第三座丰碑。

2019 年 6 月 13 日，上海证券交易所在新创设的科创板，推行了股票发行制度注册制改革试点。一年后，在深圳证券交易所创业板试行注册制改革。注册制改革得到了市场的积极反应。一年多来，市场总体运行稳中有升，趋势良好。发行制度改革是资本市场制度改革的枢纽。注册制改革回归了资本市场的本源特征，是贯彻落实市场是资源配置的决定性力量的重要体现。随着注册制改革的深入推进，围绕注册制改革而展开的资本市场全方位、立体式的市场化改革已经启动。

注册制改革，开启了中国资本市场市场化时代。中国资本市场由此进入一个新的发展阶段。历史将会为注册制改革树立第三座里程碑。

建设 21 世纪新的国际金融中心，是中国资本市场追求的伟大目标。

三十年，我们不忘初心，牢记使命；三十年，我们卧薪尝胆，艰难探索；三十年，我们不畏困难，勇敢前行；三十年，我们蹚过了急流险滩，翻越了雪山峻岭，留下了三座丰碑。如此艰难而又矢志不渝，我们在追求什么？我们的梦想又在哪里？我们心中始终怀揣着一个伟大的目标：将中国资本市场建设成 21 世纪新的国际金融中心。这个伟大目标，是中国梦的重要元素。

实现这个伟大的目标，需要全社会的共同努力，需要经济的持续成长，创新能力的不断提升，市场化改革的不断深入和开放的大门越开越大；还需要坚实的法治基础，严格的契约精神，足够的透明度和行稳致远的人民币长期信用。

中国需要一个什么样的金融体系

——在“2020（第十九届）中国企业领袖年会”上的闭幕演讲

【作者题记】

这是作者2020年12月7日在“2020（第十九届）中国企业领袖年会”上的闭幕演讲，演讲主题是：“中国需要一个什么样的金融体系”。

闭幕演讲没有压力。去年好像我也是最后一个演讲。最后一个演讲老一代企业家们都跑光了，当然后面还有很多年轻一代的企业家。老一代的企业家都跑光了，是因为他们功成名就了，年轻一代还在学习。

我今天的演讲题目是：中国需要一个什么样的金融体系。

这个题目也是有感而发。中国需要一个什么样的金融？首先要看一看我们现实的基础以及未来的发展方向。经济发展离不开金融。我看过一些非常著名的企业家的访谈，在贬低、指责金融，今天他没有来，如果来了，我想请何社长安排一个我和他的辩论。现代经济活动怎么能没有金融？没有金融的作用经济能有今天吗？中国改革开放 40 多年来，我们把一个贫穷落后的国家建设成一个全面小康的社会，从人均 GDP 100 多美元到现在的 1 万多美元，这其中当然有多方面的作用，但其中有一个不可忽视的因素就是金融的作用。现在问题的关键是，我们需要一个什么样的金融。P2P 式的所谓金融我们不需要。在分析这个问题之前，我们必须把中国经济未来的目标和今天的现实基础讲清楚。

一、中国经济的现实基础和未来目标

第一，2020 年将全面建成小康社会，也就是说，全面建成小康社会是我们今天的起点。按照党的十九届五中全会所确立的“十四五”规划以及 2035 年的远景目标，到 2035 年，中国要建设成一个中等发达国家。从全面小康社会到中等发达国家，这是一个宏伟目标，小平同志在改革开放之初提出了，到下一个世纪中叶也就是 2050 年前后要把中国建设成为中等发达国家，现在这一目标提前了，提前到 2035 年要建设成中等发达国家。

第二，从“十四五”开始，中国经济发展的战略格局会发生重大变化，刚才培勇院长科学、准确地阐释了“双循环”发展新格局的要义和宗旨，在这期间中国经济的发展战略会发生重大的变化，培勇教授说，不要只看到“双循环”，核心是内循环为主，这就要求我们要大幅度提高居民特别是中低收入阶层的收入水平，以此扩大内需，推动内循环战略的实现。同时，“双循环”发展新格局是以创新引领、科技推动、高质量发展为特征。

第三，中国经济发展必须要进行产业的战略转型。产业转型、科技推动是未来中国经济发展的新特征，我们必须告别过去那种过度依赖自然资源、过度依赖所谓的人口红利的经济增长模式，必须要走科技创新的道路。

第四，未来整个经济运行的平台将发生重大变化，数字化、智能化是其基本特征。

第五，中国经济发展的外部环境发生了重大变化，变得复杂而严峻。新冠肺炎疫情进一步加剧了全球经济秩序和规则的变化。

二、中国金融体系的结构性分析

我们把这些基本情况理清楚后，我们就知道，中国需要一个什么样的金融体系。

第一，中国金融体系的主体部分仍然是商业银行，商业银行体系支配着70%左右的金融资源。资本市场的市值现在大约在80万亿元人民币，债券市场余额是110万亿元人民币，中国银行业中外币总资产为290万亿元人民币，这是一个大概的数据。资本市场包括债券市场，如果把债券市场加上，资本市场的市值接近200万亿元人民币，中国银行业中外币总资产超过300万亿元人民币。从宽口径的资本市场存量资产价值看出来，中国银行业还是占据了主体。我们未来需要一个什么样的银行体系？中国银行业改革的重点在于数字化转型。如若不进行数字化转型，中国传统商业银行在未来就会失去竞争力。数字化转型以及服务的普惠性是中国商业银行改革中面临的重要任务。

第二，中国资本市场未来改革的重点在于市场化。市场化改革最重要的是要改善上市公司的结构，要让中国资本市场具有良好的财富管理功能，中国的金融功能不能仅仅限于融资功能，要转向财富管理和风险配置。什么样的金融业态具有财富管理和风险配置的能力呢？资本市场。所以未来要大力发展资本市场，提高资本市场的财富管理的功能变得特别重要，这是下一步金融改革和发展的重点。从这个意义来理解注册制就能理解清楚，因为它要赋予这个市场良好的财富管理功能。

第三，要拓展我们的财富管理平台、财富管理机构。我们现在人均 GDP 是 1 万多美元，到 2035 年，中等发达国家是什么概念？一般认为要人均 GDP 超过 2 万美元，大约在 25 000 美元。现在全世界成为发达国家的 31 个国家中，人均 GDP 最低的也在 2 万美元以上。在中等发达国家建设过程中对财富管理的需求越来越大，这不仅对资本市场提出了要求。而且对财富管理机构也提出了要求。现在的公募基金是财富管理的一个平台，但是其信用相对比较差，过去的“老鼠仓”太多，影响其信誉，当然今天正在改善，但是人们心里的阴影还存在。所以，我们必须打造一个透明的、规范的、具有良好信誉的财富管理体系，这是未来中国金融改革和发展的第三个重点。

第四，要大力推进支付业态的革命。金融除了贷款、财富管理、风险配置功能以外，支付清算功能也非常重要。所以，基于数字化的第三方支付仍然是未来我们要发展的重点。

第五，发展基于大数据、云计算及金融行为的科技金融。不要把 P2P 看成科技金融，它是披着科技金融外衣的另类。P2P 的失败有其内在逻辑，是必然的。P2P 的失败并不意味着科技与金融结合的失败。科技金融仍然是未来中国金融发展的重点。

第六，数字化金融。我们必须跟上这个时代的步伐，数字化金融的重点，一是征信的数字化。征信的数字化是金融变革的基础，是新金融时代到来的标志。不解决征信的线上能力和数字化，新的金融业态就出现不了，所以数字化金融的标志在于构建征信的数字平台。数字金融的第二个内容是支付的数字化。最后才是货币的数字化。金融数字化最重要的是征信的数字化。这是未来我们需要一个什么样的金融的第六个方面。

第七，跟踪金融变革，适应时代变化，推动金融监管创新。未来的金融业态多样，监管的准则、标准、方法也应该是多样的，我们不能用一个监管准则和方法去监管多样化的金融业态，所以中国的金融监管要加快创新的步伐，不能以不变应万变，未来的金融业态是多样化的。

基于上述结构性分析，如果再加上开放和国际化，这就是未来中国所需要的现代金融。

中国应用经济学的责任与使命

——在“第二届中国应用经济学年会（2020）”上的主题演讲

【作者题记】

这是作者2020年12月5日在中国人民大学主办的“第二届中国应用经济学年会（2020）”上的主题演讲。

欢迎大家参加中国应用经济学年会（2020）。

这是中国应用经济学第二届年会。在昨天下午举行的应用经济学学科发展论坛上，24 位专家就中国应用经济学的发展做了深入的交流。国务院学位委员会应用经济学学科评议组的运行机制目前还没有完全确定下来，原来以为到 12 月初应该可以确定，但这不影响我们研究讨论中国应用经济学的发展。今天讲一讲我个人对中国应用经济学学科发展的一些看法。主要讲三个问题。

一、中国应用经济学发展的时代背景

在国务院学位委员会的学科目录中，有理论经济学、应用经济学之分，逻辑上说，经济学是一体化的，但在学科目录中把经济学区分为理论经济学和应用经济学，实际上是根据中国的实际情况做的分类，不是说要把经济学的逻辑割裂开来，也不是说应用经济学就没有理论逻辑。经济学还是要经世济民的。经济学不是一个小众学科，不能停留在象牙塔，既要服务于我们国家经济社会的发展，更要研究中国经济社会发展中的重大问题，要概括出基于中国实践同时又具有普遍规律的经济学规范，所以，中国经济学的责任重大，要讨论和概括经济发展的一般规律，这个一般规律中要有中国的元素。中国是一个经济发展最具有典型意义的国家，从高度集权的计划经济体制转型到具有现代市场内核的社会主义市场经济体制，内容非常丰富，其中一定有经济发展带有规律性的特征。实际上，把中国经济问题研究透了，对经济学的贡献是巨大的。中国人口众多，产业链非常完整，同时又是一个转型的国家，还是一个新兴的国家，它身上有非常多的需要研究的内容。中国过去 40 多年处在改革开放的探索期，如何由一个高度集权的计划经济体制改革成符合现代市场经济一般原则的社会主义市场经济体制，这是包括应用经济学在内的整个经济学都要深度思考和研究的。过去 40 多年来的改革开放实践，为中国应用经济学的发展提供了肥沃的土壤。改革开放让我们从一个贫困、落后、封闭的国家，迈向了一个全面小康、不断开放的正在走向现代化的国家，这其中，经历了非常多的坎坷、困难和挑战。对这一人类历史上伟大的实践我们要进行科学研究、理性思考和客观分析。

中国经济发展从 1978 年人均 GDP 只有 100 多美元到今天超过 1 万美元，这期间有大量的中国经验需要概括，包括宏观规划、体制改革、政策设计和产业布局。“五年规划”是中国经济发展非常宝贵的经验，国家发展改革委的宏观规划和协调是非常重要的。社会主义市场经济体制并不否定国家宏观规划的作用，因为顶层设计站得高、看得远，每五年制定一个发展规划，我认为，这是中国经济发展一个非常宝贵的经验，这也是国民经济学所要研究的重要课题。

在中国经济发展过程中，地方政府的作用很大，经济功能显著，制定区域内的发展战略。地方政府在中国经济发展中的特殊作用，是西方国家所没有的，这应该说是中国发展经济的一个经验。

在中国，针对不同的目标和任务，制定了不同功能的区域发展战略。从改革开放之初的沿海开放城市经济特区的设立，到现在的京津冀一体化、粤港澳大湾区、成渝经济圈、长三角一体化、东北经济圈等，这些都构筑了不同时期的区域经济发展战略。我认为，这也是中国经济发展成功的经验，可以总结出一些理论逻辑和范畴。

40 多年来，我国经济发展也是有周期的，任何经济活动都是有周期的。如何降低经济周期的消极作用，减弱经济的波动幅度，是宏观经济政策的重要目标。在中国，财政政策与货币政策如何协调，以保持经济的持续稳定增长和合理预期，有一些中国特色。其中，货币政策和金融的作用尤为突出。40 多年来，中国金融发展非常迅速，应该说，中国现在已经成为全世界金融业态最多样化的国家。科技与金融的结合，推动中国金融的跨越式发展。对金融学科来说，这些都是重大的课题和研究对象。M_2 较长时期保持快速增长，M_2 存量已经超过 210 万亿元人民币，中国经济 GDP 规模为 100 万亿元人民币，就是在这样一个条件下，中国并没有出现一些国家经常出现的严重的通货膨胀现象。在过去 40 多年中，绝大多数时间没有出现严重的通胀现象，只是在 1990 年前后价格双轨制及并轨初期出现了比较严重的通货膨胀，之后就没有出现过，这就是货币之谜。

在中国，如何推动产业的结构性调整和升级换代，如何在促进经济增长的同时，让一部分人先富起来，同时又要照顾到中低收入阶层，让他们也获得相应的发展，中国的财税政策，特别是转移支付政策，对此都做了一些有意义的探索。

在我们政策的设计中，产业政策也起到了重要的作用。更为重要的是，2011 年，人类社会进入工业 4.0 时代，也就是第四次工业革命时期，以智能化、数字化为代表，中国经济跟上了世界的步伐，在某些领域甚至领先于世界。在新的时代，一个重要特征是数字经济，政策如何推动数字经济的发展，同时又不能让中国产业空心化，重复一些西方发达国家出现的现象，如何防止这种现象的发生，我们都要有很深入的研究。更重要的是经济体制改革总体上来看是成功的，我不能说我们的改革一点弯路都没有走，但方向是既定的、正确的。我们在社会没有出现大的动荡情况下，完成了从一个高度集权的计划经济体制到现代市场经济体制的转型，这里面有丰富的思想需要研究。

2019 年 3 月 24 日我与哈佛大学著名经济学家、“休克疗法”的创立者杰弗里 · 萨克斯教授在人民大学有一次两小时的对话，专门就他的“休克疗法”和中国渐进式的改革进行了讨论。萨克斯教授高度评价中国渐进式改革所取得的成就。中国 40 多年的改革开放有大量的丰富内容，滋养着中国应用经济学的发展。应用经济学有十多个二级学科或研究方向，随着经济的转型、时代的变化，这些已经确定的无论是目录内还是目录外的学科，都要跟上时代的步伐。我们一方面可能要更换学科名称，另一方面，二级学科或研究方向的内涵要发生深刻的变革。我们必须高度认识到数字化时代的到来给整个经济学特别是应用经济学带来的全面挑战，必须高度认识到科技以及外部世界发生的重大变化对应用经济学科所带来的深刻影响。我们必须清醒地认识到这些变化。我们必须与时俱进，赋予应用经济学中这十多个二级学科或研究方向以新的内容、新的生命。学科的发展一定要与时俱进，抱残守缺是不行的。在这十多个二级学科中，坦率地讲，有一些蓬勃发展，有一些过去很辉煌，今天似乎边缘化了。不是说它研究的对象和内容匮乏了，是我们的思维方式、研究方法没有跟上时代的前进步伐，严重落后于这个时代，甚至拖时代的后腿，观念、思维还停留在40多年前的那个环境中、那种状态中。中国社会浩浩荡荡，只会前行，不会后退，梦想回到计划经济的时代，是不可能的。我们既不可能回到计划经济时代，也不可能回到封闭经济的时代，改革开放是中国的时代潮流，未来只会深化改革，扩大开放。这就是我们的时代背景。这个时代赋予应用经济学巨大的内涵、丰富的养料。如果说在这个伟大的时代，应用经济学科还不能发展，只能说明我们这些教授出了问题，院长出了问题，甚至校长出了问题。因为这个社会如此浩荡，你不研究它，还停留在过去的理论框架、思维方法中，还在怀念那个已经远去的没有生命力的时代，那还有什么意义？没有任何意义！这个时代给了中国应用经济学科无与伦比的丰富养料。

二、应用经济学的发展与未来中国经济

刚才我说经济学不是一个小众的学科，不是象牙塔中的学问，它要经世济民，要服务于国家、服务于社会，推动经济的发展，这是中国经济学特别是应用经济学科的责任和使命。过去，中国应用经济学科推动了中国经济社会的改革和发展，未来我们有更大的使命、更大的责任去推动经济的发展和社会的进步。从1978年到2020年，我们全面实现了小康的战略目标，中国全面进入了小康社会。按照党的十九届五中全会确定的“十四五”规划以及2035年远景目标，未来5年乃至未来15年，中国要从一个小康社会建成社会主义现代化的国家，到2035年要成为中等发达国家。这个目标一点都不会比过去40多年的目标轻松，可能会更复杂、更艰难。在中国，只要解决了体制问题，释放了人们的积极性、创造性，吃饭问题是能解决的。我们过去之所以吃不饱饭，是因为体制、观念的严重约束，体制问题解决了，吃饭问题就能解决。但是，建设成中等发达国家，对14亿人口的大国来说，是一项极其艰难的事情。这是一个极其宏伟的目标。应用经济学科要认真思考研究在全面建成小康社会走向中等发达国家这15年中，我们将会碰到哪些问题？如何解决这些问题？如何为社会、为国家贡献出我们的智慧？这其中有太多的

问题需要深入研究。

首先，在“十四五”时期，我们将面临着如何跨越“中等收入陷阱”。“中等收入陷阱”是很多新兴国家难以跨越的一种现象。这些国家即使短期达到了发达经济体人均 GDP 的指标，但难以持续，会迅速地倒退回来。我们在座的各位都清楚，学术上把这个现象称之为“中等收入陷阱”。我们现在是一个中上等收入国家，“十四五”时期一个非常重要的任务就是跨越“中等收入陷阱”，进入高收入国家行列。按照联合国和 OECD 及一些国际组织的标准，人均 GDP 达到 12 400 美元是一个基本门槛。如何跨越它？跨越之后如何实现经济的持续增长？都是我们要面对的问题。成为中等发达国家，是我们未来 15 年面临的最重要的任务，这一目标就摆在我们面前，必须深度思考，但这的确必须进行国别的比较研究，从中找到启示和教训。关于这个话题，我今天就不展开，这是一个很重要的问题。

这其中，最重要的还是要走市场经济道路，坚持改革开放，推动科技创新，保持高质量人才支撑以及完善收入分配体制等。这些都是跨越“中等收入陷阱”的核心元素。除了制度作用外，“十四五”时期我们如何推动创新特别是科技创新，是非常重要的。没有科技创新，经济的持续增长难以为继。科技创新与人才培养密切相关。我们如何培养出与发达国家相适应的现代化人才特别重要。这里说的人才，非常重要的在于思想观念，思想要解放，要有国际视野，要有担当精神，如果没有这些元素，很难说这样的人才可以适应未来的发展。在未来，如何防范可能出现的系统性金融风险，是中国金融改革和发展所必须关注的重要问题。还有诸如生态环境、城乡一体化、中国农村和农业的现代化，以及如何面对未来越来越不确定的国际环境，我们应作出什么样的应对，都是我们要思考的问题。

如何防止产业的空心化，如何保持中国产业体系和价值链的完整，同时又要坚持开放，我们如何平衡好？我们不能搞封闭的经济体系。“双循环”战略的核心是内需推动的发展、高质量发展、开放式发展，是创新驱动、科技推动的开放的经济体系。这都是未来我们应用经济学所要研究的，这其中既包括宏观经济的协调、新时期区域经济发展和产业的布局，也包括财税政策，如何实现公平与效率的平衡，如何推动中国金融的开放和国际化，推动科技金融的发展，提高金融的普惠性，防范金融风险，提高金融的效率等，这都是未来面临的重大课题。应用经济学应为中国未来经济发展作出自己的贡献。

三、应用经济学研究的问题导向与科学性的统一

任何学科都要有自身的理论逻辑，没有理论逻辑就成不了学科。应用经济学科必须建立在理论逻辑基础上，同时也要扎根中国大地，研究中国经济社会发生的问题，找到解决问题的方案或思路，从中概括出普遍规律。这是学者的责任。与此同时，我们又必须坚持研究方法的科学性。客观理性的精神，在当今变得特别重要。我们必须客观地看待问题、理性地分析问题，不能人云亦云，那不是科学。科学有时候是讲死理的。作为一个学者，有时候是要讲死理的。什么是死理？就是心中的真理，就是那个理论逻辑。在现实生活中，由于认知上的缺陷，有些政策并不完全符合逻辑，甚至违背常识，我们要用锐利的眼光看出问题，在这里，理性分析非常重要。我们一定要坚持问题导向和科学性的统一，科学、理性、客观，在学术研究中特别重要，它是学术研究的灵魂，一旦离开了实事求是，离开了理性的精神，离开了科学的思维，我们离学术就越来越远了，离谬误越来越近了。中国应用经济学科应秉承这样一个原则。同时我们又必须要接地气，研究要扎根中国大地。我们有一些学者研究经济问题，用一个简单的模型，套一些中国数据，就想得出新的结论。中国经济学的研究，一个时期以来出现了一些不恰当现象：唯模型论。唯模型论的研究方法走向了一个极端，甚至形成了新八股之风，误导了中国经济学界。我不知道这种研究有多大的价值。我们不能沉迷于这样一个现象。我们的学术评价出了一些问题。我看过一些著名的学术期刊基本上不发表对问题进行理论逻辑或制度分析的论文，我很困惑。用大量篇幅论证人所共知的逻辑，不知道这种研究对中国经济发展有多大的作用，对理论体系的构建和完善有多大作用。当然，整体而言，对中国应用经济学科来说，科学性仍要大幅提高，我们一方面要反对唯模型论，另一方面，研究的

科学性要提高，数据和理论逻辑是科学性的重要基础。我相信，中国应用经济学科的发展在扎根中国大地、坚持问题导向和科学性统一方面，在新的历史时期会有重大进步，我也相信应用经济学科在整个“十四五”时期，乃至到 2035 年会与我们这个国家、这个时代共同进步，为中国经济社会发展作出自己的贡献！

从小康社会到中等发达国家：如何实现2035年愿景

——在“中国教育发展战略学会2020学术年会”上的主题演讲

【作者题记】

这是作者2020年11月28日以中国高等教育发展战略学会高等教育专业委员会理事长身份在“中国教育发展战略学会2020学术年会”上的演讲。演讲的重点是如何实现2035年的远景目标。

非常高兴来参加中国教育发展战略学会 2020 学术年会。

三年前，我荣幸地被中国教育发展战略学会聘为高等教育专业委员会的理事长，几年来勤勉履职。今天上午有很多会，包括人民银行主办的中国金融学术年会，周小川行长等都将在上午发表演讲。学会秘书处专门问我能不能参加上午的开幕式和大会，我说今天上午召开“中国教育发展战略学会 2020 学术年会”，作为高等教育专业委员会的理事长，理应忠实履职。

刚才认真听取了闵维方会长的主题报告，还有孙霄兵执行会长的报告，很有启发。闵维方会长是一位教育学家，但是他今天的报告更像一位经济学家，讲得非常好，数据也非常清楚，经济学的逻辑也很好。教育学家讲经济问题，有时候会诚惶诚恐，但是我在底下听，我认为他还是讲得非常富有经济学的逻辑，很多数据是准确的、专业的。

孙霄兵执行会长关于“十三五”教育规划纲要的报告，的确让我全面了解了教育规划纲要的核心内容。人民大学全面贯彻教育规划纲要，很好地落实了党委领导下的校长负责制。同时他提到 2014 年教育部关于高校学术委员会的有关文件，这个文件的精神在人民大学得到了全面贯彻。根据教育部 2014 年关于高等学校学术委员会的文件精神，人民大学重组了学术委员会，大大扩大了校学术委员会在高校治理中的重要作用。学科建设、人才培养、学术评价、职称评定等都要经过学校各级学术委员会，真正实现了学术委员会是高校最高学术机构的职能。我认为，这个文件是历史性的，是一个重大突破，高校应当全面贯彻落实学术委员会在学科建设、学科评价、人才培养等方面的重要作用，这对建设世界一流大学、实现双一流目标具有重要意义。

我本人现在还担任人民大学学术委员会的副主席。人大学术委员会的重建，是在学校党委的领导下，我协助校长完成的，它是最高的学术权力机构。过去各大学的学术委员会基本上是一个橡皮图章，不起什么作用。评个奖、评个项目而已，至于学科规划、人才培养、人才评价、职称评定，并不是学术委员会的权力。现在我们全面纳入了这些职能。人民大学学部、院（系）级也发挥了学术委员会的重要作用，这是现代大学治理结构非常重要的基础。这是刚才我听了两位会长报告的一点体会。

我是一位经济学的教授，说实话对教育的理解非常肤浅，我经常会从一个经济学教授的角度去理解教育。在我的理念中，教育是一个国家软实力的重要特征和最后保障。一个国家的竞争力，可以直接通过经济、贸易、科技、金融和企业的竞争力等来体现，但最后的竞争是教育的竞争。教育的竞争就是人的竞争，所以，教育在一个国家处在特别重要的地位。我们国家坚定不移地把对教育的投入维持在 GDP 的 4%，这是非常正确的，是高瞻远瞩的决定，具有战略眼光。

今天我要讲的主题是“从小康社会到中等发达国家：如何实现 2035 年愿景”。

首先，从改革开放到现在，经过 42 年的努力，中国社会已经全面进入小康社会。在适当的时候，中央会宣布中国全面进入小康社会。我看到一个消息，2020 年 11 月 23 日，贵州省最后几个贫困县，也宣布脱贫了，也就是说脱贫攻坚战已经基本完成。如果我们从一些大城市来看，早就进入了小康，但中国的小康不仅仅是城市和发达地区的小康，很重要的是必须帮贫困地区解除贫困，这样才能说中国社会整体进入了小康社会。这个目标应该说已经实现了。

全面进入小康对中华民族来说，是一个伟大的事件，也是人类社会的伟大成就。中国是一个 14 亿人口的大国，发展不平衡，在这样一个大国要全面实现小康，是非常困难的。40 多年前，中国是一个贫困落后的国家，那个时候，人均 GDP 只有 350 元人民币，按当时汇率计算也只有 100 多美元，1978 年经济总规模仅 3 560 亿元人民币，非常少。今天中国的 GDP 超过了 100 万亿元人民币，人均 GDP 超过了 1 万美元。40 多年能取得这样的成就，主要是我们走了一条正确的发展道路。

党的十一届三中全会和小平同志开启了中国现代化的进程，最重要的是解放了思想。回望过去 42 年来的成就，你会发现解放思想比什么都重要。中华民族、中国人民有无与伦比的创造力和想象力，勤劳而聪明，只要思想解放了，只要精神没有束缚，就能创造出惊天动地的成就，40 多年来的发展说明了这一点。中华民族几百年来饥饿贫困，不要看满清王朝的电视剧那么辉煌，那是一个没落的时代，腐朽的王朝。多少年来，中国老百姓就没有过上吃饱饭的生活，更不要说富裕的生活。一直到 1978 年改革开放前，我们的生活仍然处在一个贫困的状态，吃不饱饭是当时中国社会的普遍现象，饥饿和贫困成了这个民族的深刻记忆，深深地烙进了这个民族的基因，所以，向往富裕生活、解决贫困问题、能够吃饱肚子，那是当时改革的一个基本目标。

1949 年中华人民共和国成立之后，中国共产党人始终在思考如何让中国富裕起来，让老百姓过上幸福快乐的生活，这是我们党始终追求的目标。所以，1949 年后，中国共产党人进行了艰难的探索，当时全面借鉴了苏联那套计划经济体制、理论和政策，在经济建设方面，在解决老百姓的温饱方面，应该说走了一些弯路，甚至付出了巨大代价，也就是说，那套计划经济体制不适合中国。那套体制最严重的问题是束缚了人们的创造力和积极性，每个人都被束缚住了，一切等着上面给，没有创造性，没有创造财富的动力，社会长期处在贫困的状态。

党的十一届三中全会是中国现代化的历史起点。从那时开始，中国找到了正确的发展方向，开始向富裕中国、文明中国的方向前行。40 多年来，我们最重要的是找到了正确的发展方向，解放思想，走社会主义市场经济道路，推动改革开放，这些都是我们成功经验的法宝。这些法宝在从小康社会到中等发达国家的未来 15 年中，仍然有其重要的传承意义。既然过去能解决贫困问题，未来就一定能够实现富民强国的目标。

小康社会有一些基本定义，一般是指，人们的总体生活状态基本无忧，包括吃住行穿等方面基本有保障，生活环境质量有保障，社会环境包括法制、道德、秩序都比较好。这些都是小康社会的基本标准。从总体上看，中国社会应该说进入了小康社会。从人均 GDP 这个单一指标看，我们已经大大超过世界银行等国际组织所认为的小康社会的水平。当然，生活环境指标我们还要改善，我们的空气质量还有一些问题，需要长期努力。社会指标仍要提高，包括法治和社会经济秩序要进一步完善，这些都是未来在奔向中等发达国家过程中，需要不断努力和改进的。

党的十九届五中全会制定了“十四五”规划纲要以及关于 2035 年远景发展目标。十九届五中全会是一次非常重要的会议，其中关于“十四五”规划的建议以及 2035 年远景目标，给了我们很大的鼓舞。从贫困落后、吃不饱饭到小康社会，过程是非常艰难的，但是从小康奔向中等发达国家，应该说这一任务一点都不轻松，未来面临的环境可能更加复杂，绝不可能一帆风顺，尤其是国际环境现在发生了复杂的变化，这个变化给中国经济的发展带来了新的挑战、新的困难。“十四五”规划的建议内容丰富而全面，要认真学习。“十四五”时期，中国经济发展模式要进行战略转型，其中最重要的就是要从原来的国际大循环转变为国内国际双循环协调发展的新发展格局。这种战略转型是非常正确的，是适应国内外形势变化而作出的科学决策。

在过去一个较长时期，逆全球化浪潮一浪超过一浪，民粹主义、单边主义、贸易保护主义愈演愈烈，似乎成为国际社会的主流色彩。这说明，国际社会正在历史性倒退。同时，新冠肺炎疫情的蔓延也在改变全球经济、贸易、金融的规则，中国经济社会的外部环境不像以前那么宽松了，应该说越来越复杂，甚至越来越严峻。

面对这种情况，我们要调整我们的战略。

中国经济的对外依存度，在加入 WTO 之后迅速提高。我们过去一般都在 20% 左右，加入 WTO 后，中国经济的对外依存度快速提高，到 2006 年达到历史性的 67%。67% 的对外依存度，表明这个国家经济的外向性极高。外部性一旦出现动荡和巨大的变化，将给中国经济带来巨大的不确定性。

2008 年全球金融危机之后，我们大幅度地启动了内需。中国是一个大国，不可能靠国际贸易立国，必须驱动庞大的内需市场，必须提高居民收入水平，提高他们的社会保障水平。所以，全球金融危机之后，我们在着力激发内部需求，同时也在逐步提高居民可支配收入。到 2019 年，中国经济的对外依存度已经下降到 32%。从全球性大国角度来看，32% 的对外依存度仍然处在较高的水平。也就是说，国际需求、外部市场对中国经济仍然具有重大作用，但经济发展的主要动力正在逐步走向内部需求，这符合大国经济发展的规律。所以，基于经济发展结构的调整和外部形势的巨大变化，中央作出了科学的决策，走“双循环”发展的道路。在“双循环”发展中，国内主循环是基础，国际大循环是目标。在“双循环”发展战略中，会遇到很多的障碍，一些障碍在“十四五”时期必须解决。

首先，遇到的第一个障碍是，人均收入水平相对低。我们还有6亿人的月收入在1 000元左右，中等收入群体只占40%，而且这些中等收入群体受到了包括房价、医疗、教育负担在内的多重挤压。如果经济不能发展，这40%的中等收入群体，会有一部分变为低收入群体，房价对他们来说是一个巨大压力。中国的高房价给中国经济发展带来了极大的危害。虽然高房价在名义上使中国的财富膨胀了，但这种财富是一个泡沫化的财富，没有什么意义。

从这里你可以看到，以国内经济循环为主，我们必须解决居民收入的增长问题。这其中特别是这6亿人的月收入1 000元人民币，要有大幅度提高。在“十四五”时期，一定要把这6亿人的每月1 000元收入实现倍增。在“十四五”时期，他们怎么也应该增加到月收入2 000元。如果能增加到2 000元，同时，中等收入群体由现在的40%不断扩大，我认为，“双循环”的良性机制就形成了，国内主循环就有保障了，不然的话，是循环不起来的。没有低收入群体收入水平的大幅度提高，试图实现国内循环为主是很困难的。

其次，不要以为这种战略转型是要搞自然经济模式，是要走封闭的道路，是要回到计划经济的老路。这些想法都是不对的。无论是自然经济、封闭经济，还是计划经济模式都解决不了中国的问题，唯有改革开放，唯有走社会主义市场经济道路，才能使中国发展起来。这是经过40多年的探索，得出的一个真理。现实生活中，很多人就想走回头路，碰到问题就想起了计划经济年代的那些做法。我曾经看到过一些报道，比如说粮食问题。厉行节约是美德，必须提倡，如果外部环境严重恶化，粮食是会有问题的。中国粮食进口的数量比较大，如果外部环境显著恶化，对中国来说，14亿人口的粮食安全是我们的底线，比芯片要重要得多。对此要有底线思维，粮食安全怎么才能保证？

现在农村土地荒芜的规模太大了，我们必须要让这些土地有生产效率，怎么办？有些人想起来要让城里打工的农民回去种地，以保证粮食安全。我不认为这个建议是正确的。中国农民为中国现代化作出了无与伦比的贡献。他在城里打工一个月 3 000 元钱还是有的，到农村可能一年才 3 000 元钱。问题的实质不是说让他们回去，而是要想办法改革我们的土地使用制度，提高土地的使用效率，不能用计划经济的老办法。

说到粮食安全，有些地方开始建国有粮站，我不明白这是什么意思。国有粮站能解决中国的粮食问题吗？如果能解决，我们在 1978 年之前粮食就不会有问题。因为那个时候都是国有粮站，没有一个市场去卖粮食，但并没有解决中国人当时吃饱饭的问题。我们不要碰到问题就想回到那个时代，以为那个时代的方法是正确的。实际上，改革就是要改革这种计划经济的做法。传统计划经济扼杀了企业和个人的积极性。改革的目的就是要让企业、让每个人都有积极性。如果不能让企业有积极性，这不是改革。

“十四五”时期是迈向 2035 年中等发达国家关键的历史时期。现在人均 GDP 超过 1 万美元，“十四五”时期正是跨越“中等收入陷阱”的时期。有不少案例表明，一些国家到了这个时候经济会停滞，难以前行。“中等收入陷阱”，是一些新兴国家在迈向发达国家过程中经济难以持续增长的一种现象。它要么没有跨越“中等收入陷阱”，没有成为发达国家，没有成为高收入国家就停滞了；要么即使跨越了，由于经济难以持续，之后又衰退回来了。对中国来说，第一，必须跨越过去；第二，经济要保持持续增长。巴西、阿根廷、南非等国家是非常典型的案例。

在“十四五”时期，中国必须跨越“中等收入陷阱”，而且还要为 2035 年成为中等发达国家奠定良好的制度基础和人才保障。我把制度基础和人才保障放在同等重要的位置，是因为这些国家陷入“中等收入陷阱”有一些共同的原因，比如说人才保障跟不上，高等教育滞后。

制度缺乏激励机制也是一个重要原因。市场经济有两个重要机制，一是从宏观层面看，要形成竞争机制。必须在制度、政策和法律层面上形成竞争机制，垄断是没有出路的。垄断既产生腐败又低效率。二是在微观层面上要有激励机制。有激励才会有效率，才会有前行的动力。没有激励机制，社会就不能前行，经济就不能发展。现在关于激励机制讲得少了，以为讲激励就是追求个人利益。激励机制是正向机制，有了激励机制人们才会有积极性，不要把激励机制与个人利益至上画等号，这是两回事情。现在我们强调监督，这是正确的。过去我们的确缺乏有效的监督，导致腐败严重，权钱交易、以权谋私，所以必须加强监督，加强公权私用的监督。但与此同时，我们还是要重视激励机制的作用。没有激励大家都不干事了，现在不干事的现象太严重了。

我昨天去东北的一个重工业城市参加一个论坛。这个城市当年多么辉煌，现在似乎真的落后了。落后的根本原因有社会环境、营商环境方面的问题，更有观念意识落后、不作为现象严重的因素。社会出现这样的氛围，是很危险的。必须重视激励机制的重要作用。

我们这个社会还要完善容错机制。现在情况这么复杂，谁天生都不可能正确，没有容错机制谁敢创新？追责是对的，但这个追责是追以权谋私的责，追权力腐败的责，探索、创新失误的责不能追。否则，谁去干？不干事是不会出问题的。干得越多风险可能越大，干得越好妒忌你的人可能也越多。所以，中国社会形成容错机制很重要，构建和谐的环境很重要。中国改革开放这些年来，一个重要经验就是要让那些有能力的人去不断探索。如果这些有能力的人都不敢探索，社会就会失去前行的动力。等、靠、要是创造不了财富的。中央只能给大政方针，具体的政策还是要我们去探索。

深圳不是天上掉下来的，不是的。小平同志说，深圳要搞经济特区，剩下的就是要人们去探索，这里面有禁区，这些禁区你要闯过去，有理论禁区、意识形态禁区、政策禁区，你都得闯，不闯禁区哪来的深圳？海南自由贸易港已经三年了，我真的没有看到有什么大动作，没有看到有什么重大创新之处。海南要成为全世界最大的自由贸易港，就必须要有独特的吸引力，要有独特的魅力，这需要大胆探索。现在是一个历史性大好机会，但是真干事、能干事的人太少，有担当精神的人太少。

我们必须推动改革，让所有的人都有积极性和创造性。跨越“中等收入陷阱”，是“十四五”时期必须实现的。之后，再用 10 年时间把中国建设成中等发达国家。

什么是中等发达国家？中等发达国家比 OECD 所说的人均 GDP12 400 美元要高很多，12 400 美元只是进入高收入国家的基本门槛。高收入国家和发达国家是有差别的，不能混同。发达国家除了人均 GDP、人均可支配收入比较高以外，还有法治、社会秩序、生态环境和国际影响力等，发达国家是一个综合概念。把中国建设成为发达国家是不容易的。其中，最核心、最重要的指标是人均 GDP 水平要超越 12 400 美元。在全球，被称为发达国家的有 31 个，其中亚洲有 4 个，日本、韩国、新加坡和以色列，这是大家公认的亚洲的发达国家。中东那些石油国家，虽然人均 GDP 非常高，但并不是发达国家，是因为其他方面没有达标。发达国家至少是一个文明国家，至少是法制健全的国家。男女平等是社会文明的基本标志。贫富差距不能太大，种族之间是平等的，法治是相对完善的，有良好社会风尚，良好的社会秩序，良好的生活环境。除亚洲外，发达国家在北美洲有 2 个，在澳洲有 2 个，剩下 23 个，都在欧洲。31 个发达国家之间也有差别，一般认为，最发达的国家是美国、日本、德国。无论从哪个指标看，它们都属于最发达国家。中等发达国家，在我的认识里，一般指的是西班牙、葡萄牙。

如果按照 5% 的年经济增长率计算，在汇率大体稳定的条件下，通过 15 年的努力，应该说中国人均 GDP 将达到 23 000~25 000 美元。也就是说，未来 15 年，中国经济要以 5% 左右的速度增长。为了实现这个目标，我们要做很多改革，要有很多创新，既包括“十四五”时期的改革，也包括“十四五”之后的那 10 年。我们要做什么？

第一，还是要解放思想，深化改革，扩大开放。这是放在第一位的，也是过去 40 多年来中国经济发展成功的法宝和经验。为什么要强调解放思想？是因为未来前行中有越来越多的困难，有越来越复杂的问题，有越来越艰难的目标。不解放思想，只等中央给具体指令，那是不行的，等、靠、要是建设不了中等发达国家的。中央只能给大政方针，具体的探索、碰到的实际问题，要我们自己去解决。

与此同时，有担当精神也非常重要。面对创新和探索，可能会失误，社会要有一种容错机制，谁也不是圣人，我们反对的是以权谋私、公器私用。

深化改革的核心是深化社会主义市场经济体制，这里我就不展开了。有一个时期有一些杂音，包括民营经济可以退场、可以休也等言论。必须深刻地理解社会主义市场经济的精髓，包括如何理解政府与企业的关系、政府与市场的关系、市场主体之间的平等关系。市场经济的基石是市场主体，是企业而不是其他，因为只有企业才能创造财富。在座的各位，包括我的工资都是财政部核准以后发的。国家财政收入的主体是税收，企业是创造财富的主体。政策的重心是要发展经济，焕发企业活力和创新能力，推动财富的创造。经济运行需要秩序，我们要制定负面清单，告诉企业和社会哪些不能做。我们不能搞正面清单管理。

市场经济的核心是正确处理好政府的边界和市场的边界。党的十八届三中全会对此做了精辟的阐述：让市场在资源配置中发挥决定性的作用。这个概括是对改革开放 40 多年坚持市场经济原则作出的科学总结，但是，在实践中，在相关政策上并没有很好地体现这种原则，政策有时还会表现出严重的歧视。所谓竞争中性原则，就是所有市场主体都是平等的，在面对资源的配置时是平等的。但是，有些政策并不是这么做的。我们有时候说得很好，做得不好，一些政策的制定与中央讲的原则有时候是背离的。比如贷款，说实话，民营企业获得的贷款，银行表内的贷款比例比较低，表内贷款 80% 以上都给了国企，还有一些给了大型民营企业，绝大多数民营企业是得不到表内贷款的。表内贷款利率也就是 6% 左右，表外贷款通过其他中介利率要达到 10%~12%，这是不公平的。同样的企业、同样的资质、同样的信用，为什么获得的信贷政策不一样？是因为客观上存在政策歧视问题。

所以，最重要的还是要解放思想，深化改革，扩大开放。对外开放仍然是非常重要的国策，不要以为走国内国际循环协同发展，就以为国际循环不重要，对外开放在新的历史时期更重要。中国是个大国，必须融入世界，融入世界才能影响世界。关起门来成不了伟大的国家。总书记在 2018 年博鳌亚洲论坛上特别强调，中国开放的大门会越开越大，所以，我们必须朝着进一步开放的方向走。

第二，必须重视创新。要实现 2035 年成为中等发达国家这样一个宏伟目标，没有创新是难以想象的。创新包括制度创新、思想创新、理论创新、科技创新等，其中科技创新特别重要。中美贸易摩擦暴露了一些重要的“卡脖子”技术，严重影响着我国经济的安全。中国是一个善意的国家，以为通过经济全球化、产业国际分工和国际贸易机制可以有效解决我们的短板。国际环境变了，危机和风险也就来了。

我们一直主张经济全球化、贸易自由化、投资便利化，中国领导人和中国政府在多个国际场合反复强调这一主张。在中国加入 WTO 之前，美国和欧洲国家都在游说中国，核心是经济全球化、贸易自由化和投资便利化。当时，我们有点担忧，担忧竞争不过他们，因为中国的民族工业当时很弱。2001 年 12 月中国加入 WTO 之后，中国经济得到了实质性增长，经济竞争力大幅度提升，我们自信了。

科技创新不会从天上掉下来，所有的创新都来自思想没有被束缚，思想被束缚了是很难创新的，紧箍咒把你卡住了，你怎么创新？旁边有个学术权威，学术权威给你很大压力，你还能创新吗？学术权威一定意义上影响了学术繁荣。学术研究上人人平等，没有谁穷尽了真理，学术权威不利于创新。所以，思想解放、思想没有包袱对创新来说非常重要。

第三，人才和教育很重要。没有人才和教育的支撑，宏伟的目标是实现不了的。中国的教育尤其是高等教育在过去 40 多年小康社会目标的实现中作出了巨大贡献。有些人认为，中国的高等教育不怎么样，因为没有人获诺贝尔奖。中国人学术研究的表达符号有特殊性，不太国际化。如果世界上通行的文字是中文的话，中国可能还是有不少学者能得诺贝尔奖。中国经济过去这么贫困落后，40 多年实现了 14 亿人的小康生活，这是多么大的成就！谁解决了这些问题？小平同志解决了。他是最应该得诺贝尔经济学奖的，是不是？

未来中国的高等教育，承担着为实现中等发达国家目标培养高质量人才的责任。在这方面是有一些隐忧的。现在好像学生告老师成为一个热点，对此我很忧虑，我真的不喜欢看到这种现象的蔓延。老师在师德方面要严格要求自己，至于讲课时说了一些不同的学术观点，应被认为是一种正常现象。天伦是不能被破坏的。为安全起见，老师们似乎只能照本宣科了，读教材谁都会，离开教材做一些发挥是必要的。目前这个问题很严重。我认为，我们应该构建一种新时期相互信任的新型师生关系。

人才一定是有担当精神、有创新能力的。创新来源于没有约束的思想。中国要成为世界上有影响力的伟大国家，需要一批又一批有国际视野、有专业能力、有担当精神、有人文情怀的现代化人才，这是社会的责任，更是大学的责任。中国之所以能有今天的成就，和 20 世纪 80 年代的思想解放有密切的关系。那个伟大的时代，给了那个时代大学生特有的品格。在座的有不少都是 70 年代末、80 年代的大学生。70 年代末、80 年代的大学培养了一批又一批中国改革开放和现代化建设的精英人才。中国靠谁来建设？首先，靠党的领导，其次，靠这批有担当精神、有国际视野、有专业能力、向往未来文明的人来建设，靠勤劳智慧的中国人民来建设。所以，人才培养非常重要。

现在大学里形式主义的东西太多，与科学研究、人才培养没有关系的活动太多，工程太多，计划太多，项目太多，评选太多。大学还是要回归本源，真正地从事科学研究，潜心地培养人才，我们不能忘了大学的初心和使命，大学要有内在定力。只有这样，中国教育、中国的高等教育才有希望，才会不负重托，中国才能够在 2035 年实现党中央提出的建成中等发达国家的宏伟目标。

中国金融为什么要开放?

——在 2020 中国金融学会学术年会上的演讲

【作者题记】

这是作者 2020 年 11 月 28 日在 2020 中国金融学会学术年会上的演讲，重点分析了中国金融为什么必须开放这一主题。

首先，非常感谢中国金融学会的邀请。人民币国际化是中国金融改革和发展的一个重要战略问题。在“十四五”时期，中国金融的开放会明显加快。在“十三五”即将结束的时候，中国金融开放的速度没有停下来，通过金融机构的开放来展现中国金融开放的着力点。

从世界各国看，大国金融的开放，本币的自由交易是金融开放的起点和基础，因为最终金融体系和金融市场是要对外开放的。就中国来说，在中国金融开放过程中，有一个选择项，从一般逻辑看，多数学者已经得出了结论，认为中国应选择资本的自由流动和独立的货币政策，可以放弃固定汇率机制，汇率的形成要通过市场机制、经济竞争力和国家信用能力来确定。从战略目标看，这种选择是没有问题的，中国的金融改革也在朝着这个方向发展，方向本身不会变，也不能变。这种选择涉及中国金融的未来目标是什么。中国作为一个全球性的大国，人民币应该成为国际货币体系中的重要一员，这是逻辑上的必然结论。中国的开放是历史趋势，否则难以完成 2035 年的发展目标。党的十九届五中全会所确定的中国 2035 年远景目标，是要把中国建设成为中等发达国家。中等发达国家是什么概念？从现在看，全球成为发达国家的有 31 个，亚洲 4 个，欧洲 23 个，还有北美 2 个，澳洲 2 个。到 2035 年中国要成为中等发达国家，金融的作用非常重要。这么大的经济体，人民币不是国际货币体系中的重要一员，不是自由可交易的货币，这是难以想象的。所以，“十四五”时期，应该加快人民币国际化的进程。我们中国的对外开放特别是人民币国际化方面还是比较缓慢的，中国在金融开放方面，显得比其他领域谨慎得多，这可能与 2008 年全球金融危机，甚至和 1997 年亚洲金融危机给我们带来的深度影响有密切关系。我们在小心地推进这样的改革。我认为，在“十四五”时期，人民币可自由交易的改革是一定要完成的。中国金融开放的战略目标，我个人认为，是要把中国金融市场特别是资本市场，建设成全球新的国际金融中心，也就是说，除纽约、伦敦之外，最重要的新的国际金融中心。基于这个目标，在“不可能三角”中，我们必须选择资本自由流动和独立货币政策，并进一步扩大开放。可能有些专家不同意这种选择，认为会带来巨大风险，特别是国际风险的传递。我认为虽然开放过程中会有风险，但这些年中国对如何管控好国际传递的风险已经有所准备了。

我们还是要回到中国金融为什么要开放，人民币为什么要国际化这个问题上来。这涉及一个基本问题：中国金融未来要成为什么样的金融？未来的中国金融是什么样的金融？对中国经济的发展有什么贡献？中国金融目前面临三个问题：第一个问题是金融功能的改善或金融的结构性变革。易纲行长最近两篇论文写得非常好，主要论证中国金融结构性变革的趋势。结构性变革最重要的推动力是金融脱媒的力量，脱媒的力量将会改变中国金融的结构，进而改善中国金融的功能。这是一个非常好的逻辑，这个逻辑是完全成立的。脱媒改变金融功能，提升金融功能的作用。从资源配置到风险管理，到财富管理，到支付体系，都要重新调整。所以，金融结构的变革以及以其为基础的金融功能的改善，是基于市场的力量。

第二个问题是基于金融效率的判断。金融效率的提升主要靠科技力量。科技对金融会产生重构甚至颠覆的作用。科技的作用主要表现在提升金融的效率方面，科技和金融的结合不会重新产生新的金融功能，金融功能已经确定了。金融体系有六大功能，这已基本确定。科技对金融的渗透、重构，会提升金融的效率，为什么要高度重视科技对金融的作用，就在于此。金融效率的提高也包括金融普惠性的提高，包括长尾客户服务的扩展，包括风险结构的改善，都在金融效率的范畴之内，科技与金融的有机结合能解决这些问题。

第三个问题是必须解决中国金融在全球范围内的资源配置，这只有开放才可能实现。中国经济体越来越大，在现有资源下，进一步保持经济的持续增长是有困难的。美国经济的跨世纪增长可以总结出很多经验，包括科技、人才、社会环境等，但最重要的可能还是美元的国际化。美元的国际化，助推了美国经济 100 多年来的繁荣发展，美元国际化带动了金融市场的发展。

对中国来说，这个逻辑是同样存在的。我们没有必要去怀疑金融开放之后会有什么新的风险，当然会有新的风险，但开放获得了新的资源，同时也提高了中国金融体系全球风险配置的能力，有助于提高金融效率，所以中国金融必须开放。

中国金融开放的意义非常重要。其重要性可能比我们加入 WTO 还要大。加入 WTO 意味着中国经济全面融入国际经济体系，中国金融的开放意味着中国金融逐步并将全面融入国际金融体系。中国金融开放的逻辑起点一定是人民币国际化。人民币国际化有四重含义：第一，货币具有可自由交易性。货币的本质是可交易的信用，人民币国际化是将这种可交易的信用拓展到国际市场上。当我们拿着人民币可以在纽约、伦敦、非洲，自由地换成美元、英镑，这就成功了。我们首先要完成这个目标，这个目标完成不了，后面的计价、结算、储备的功能也就不可能实现。第二，定价功能。第三，清算功能。第四，储备功能。这几个功能是逐渐递进的。一开始就想实现储备功能是不可能的，因为，连交易信用都没有实现。人民币国际化要把重点放在交易信用上，这个如果完成不了，后面的功能是实现不了的。

中国金融的开放、人民币的国际化和建设新的国际金融中心，最重要的是能提升我们国家治理的现代化。金融开放了，人民币成为国际货币体系中重要的货币，对我们要求是很高的。除了经济的可持续增长、科技创新能力两个硬基础外，四个方面的软实力非常重要。一是法制基础。没有坚实的法制基础，金融是不可能开放的，人民币也不可能国际化。开放会倒逼我们完善法制。二是契约精神。契约精神是灵魂、是公平，只有公平的环境才能产生合理的契约。契约精神的核心是严格履约。契约精神对于一国金融开放是基石，是支柱。昨天说的今天又改了，金融还能国际化吗？三是透明度。透明度是金融市场特别是资本市场赖以形成和发展的基石，我们在透明度方面要改善。四是人民币的长期信用。这就要求我们在经济增长的宏观政策协调中，要以爱护人民币长期信用为前提。美国是以爱护美元的长期信用为前提，人民币国际化也需要在短期经济政策和人民币长期信用中寻求平衡。从这个角度看，中国金融的开放以及人民币国际化多么重要。市场化、科技化、国际化，这是中国金融未来面临的三大任务。

科技金融与监管创新：如何构建适应新经济的金融业态

——在“第四届赣江金融高端论坛”上的主旨演讲

【作者题记】

这是作者 2020 年 11 月 22 日在江西财经大学主办的“第四届赣江金融高端论坛”上的演讲。演讲的重点是科技金融与监管创新的关系。

我演讲的主题是“科技金融与监管创新：如何构建适应新经济的金融业态”。我从来没想到过在论坛上讲金融问题还要反复琢磨用什么词，琢磨会不会引起误解，这让我非常忧虑，所以，我就用了这样一个非常长的题目。中国金融问题是当前大家特别关心的一个热点问题，有时候我也不想发表看法，讲多了，总是不好，讲多了人家会挑毛病，要讲得滴水不漏也挺难的。但是，我想我是研究金融的教授，如果我是研究经济学的教授我都不讲。前天在亚布力论坛上，组织者也要我讲讲金融问题，本来大会主题是中国宏观经济，主办者说你讲讲金融问题吧。

今天肯定不能讲宏观经济，只讲中国的金融问题。对当前的问题，我总觉得作为金融学的教授、教师、研究者，有责任把所思所想、考虑的问题以及我的判断讲一讲。但我会用理性、客观的态度，从金融理论逻辑的角度去思考分析一些复杂的热点问题。

第一，我在想金融是做什么的？也就是说金融的功能是什么？在座的很多人都知道，金融有六大功能，对这个概括虽然仍有不同的看法，但大体上把现代金融的功能概括得比较清晰。无论是跨期资源配置还是财富管理，还是便捷支付，以及着眼于未来的风险配置等，在不同的国家、不同的金融体系中，金融功能的特点和权重是不一样的。

在一个相对传统的金融体系中，非常强调其融资功能，强调商业银行的融资功能及其重要性。在这样的金融体系中，市场化的能力是比较弱的，金融脱媒的力量不是很强大，效果也不是很明显，市场化的金融仍然处在相对弱势的地位。当经济发展到一定水平、经济的市场化程度比较高，金融脱媒的趋势会日益明显，也就是说，基于市场的投融资活动越来越活跃。金融脱媒的理论架构很久以前就已讲得非常清楚。改革开放之初，中国没有金融市场化的基础，金融脱媒在中国几乎是天方夜谭，但到今天，中国金融脱媒的趋势非常明显。金融脱媒推动了金融的市场化进程，特别是资本市场的发展。资本市场发展的理论基础主要来自金融脱媒。

基于这样一种趋势，金融的功能结构会发生重要变化。虽然经济的市场化程度还在过程之中，居民收入水平在不断提高，但金融功能正在悄然地发生变化，金融业态也开始多样了。虽然融资功能仍然是金融功能中的一个基础性元素，但财富管理或风险管理功能正在变得愈来愈重要，金融的功能结构正在发生重要变化，动能来自脱媒的力量。金融结构的变化预示着金融功能的变化。最近易纲写了一篇关于金融结构变化的论文，和他以前写的那篇文章一脉相承。这和我两三年前写的那篇分析金融结构变化的论文观点接近。我的这篇论文，主要探讨中国金融结构的变化，以此来说明中国金融的功能结构也在发生重要变化，开始朝着现代金融体系的方向演进。我想特别强调的是，中国金融体系的多元性已经完成。中国金融体系不可能回到原来的单一业态，单一业态看起来风险可控，但实际上是一个风险存量化、效率不高的传统金融体系。这种金融模式满足不了经济活动中多元化的金融需求。金融本质是一种供给，必须与金融需求相适应。要满足不断变化的多样化的金融需求，金融就必须创新。金融创新的动能来自市场化的力量。中国金融必须走业态多样化的道路，因为日益市场化的经济活动呼唤着多样化的金融业态，社会有这种需求，金融就应该满足这种需求。

第二，关于金融效率。在一个月前江西财经大学深圳校友会主办的论坛上，我讲过类似的问题，只不过今天的背景不同。当时是纯理论性的讨论，今天有一些针对性。有关于金融效率也是研究金融问题的一个重要视角。如果说金融结构变化和金融功能的提升，是通过市场的力量来完成的，那么金融功能效率的提升则主要依靠科技的力量，科技对金融的重构会使金融业态更加丰富，金融业态的多样性与科技有密切的关系。金融科技虽然没有改变金融的功能，也创造不了新的功能，但是大幅度提升了金融的效率。这是非常重要的。科技与金融的结合，出现了科技金融。科技金融是一种新的金融业态，虽然具有金融属性，但与传统金融有着重要差别。这种差别主要表现在业态、非物理属性和金融效率上。我们要高度地认识到金融科技对中国金融效率的巨大价值。我们没有必要过多地指责科技金融给社会带来的某一些不确定性。虽然它会带来新的不确定性，但是它又以更高的金融效率覆盖了新的不确定性。要深刻认识到金融的未来变化。

金融科技和科技金融，是有本质区别的。前者是一种技术或工具，后者是一种新的金融业态。社会上质疑的不是金融科技，而是科技金融。有不少人认为，科技金融活动给体系带来了新的不确定性，比如说诱导年轻人的过度消费，形成了新的制度套利等。这样的说法很多。总体而言，科技对传统金融的植入、渗透或者重构，从而形成科技金融业态，给金融带来的作用是积极的，进步的作用远远大于其所可能带来的消极作用。任何一种创新包括金融创新都会带来新的不确定性，但是克服了或者减弱了传统金融的风险，不是风险的叠加。如果风险是叠加的，这个就不是创新，风险叠加会进一步加剧金融体系的不确定性。

我说这段话的意思是一定要重视中国金融改革发展中科技的重大作用和巨大价值。科技有利于提升中国金融的效率。金融科技最重要、最成功的作用主要表现在支付业态效率上，使中国支付体系和支付业态发生了革命性的变化。科技特别是信息技术、通信技术对支付体系变革的作用是非常明显的，我们要深刻认识科技所引发的金融革命，以及这场由技术而引发的金融变革所具有的深远价值。不少人对这种深远价值看得比较短浅。深远价值短期内是看不清的，时间越久，价值越大。就像 2000 年前后，人们把互联网看作泡沫化的技术一样，20 年后互联网对人类社会和经济活动的影响起了多么大的作用。

对新生事物，并不是多数人的意见就一定正确。回到 20 年前关于互联网的讨论，那时并没有很多人认为未来互联网有太大的意义，“泡沫”是那个时代的流行词，今天几乎很少有人否认互联网对经济社会的巨大作用。我想，科技金融有类似的特征。今天虽然有比较多的批评，但这些批评有不少并没有理解科技金融在未来的巨大价值，传统金融因为技术的约束，也由于观念和体制，物理化地受时空约束。有些人把这种受到时空约束的金融业态看作是永恒不变的，实则不然。这种受时空约束的传统金融迟早会被新技术所淘汰，这就是进步的重要性。今天我们已经看得非常清楚。金融活动完全可以以高科技为载体，不要以为以高科技为载体金融就一定会出现重大危机，这其中的核心问题在于如何去识别新风险，以及如何构建一个以大数据为平台的征信体系，未来一定会向这个方向发展。今天看似是有缺陷的，未来未必就走不下去。金融创新的平台来自科技，金融创新的动力来自社会需求，当社会对金融创新有强烈需求的时候，这种金融创新或者金融新业态一定会有巨大的生命力。我们不能为创新而创造，所有的金融创新都来自实体经济的需求、来自社会需求。经济的发展和社会进步呼唤着新的金融服务、呼唤着新的金融工具，金融必须适应时代的变化。

金融效率的提升除了体现为支付的便捷外，另一种体现是，由于征信系统的数字化，金融服务的群体会不断扩大和延伸。普惠金融的实现，也是金融效率提升的标志。小微企业融资难融资贵的问题，是一个永恒的话题。我们首先必须解决小微企业融资难的问题，要解决融资贵的问题，必须解决征信的数字化。资金价格体现的是信用的差异，是风险的函数，我们必须尊重市场规律，提供不了足够的信用甄别，就要付出相对高的资金成本。但尽管如此，我也不希望基于这种理论得出高利贷的结论。虽然有人说高利贷有深层的社会需求，但我仍然反对这种观点。高利贷是社会的寄生虫。金融的普惠性是金融效率的重要特征。金融改革和创新的重点之一就是拓展金融服务面，不能只停留在大企业、富人层面上。我们必须通过技术创新、制度改革，不断延伸客户群体。传统金融中长尾客户的规模是很大的，他们中的很多人难以进入金融服务的视野之中，传统金融的门槛标准很高，大多数人达不到这个标准。中国金融改革一定要在普惠性方面迈出前行的步伐。金融的普惠性，除了必要的政策安排，更重要的是通过技术创新，促进金融业态的多样性，实现金融的普惠性。单一金融业态、单一金融工具是满足不了不断升级的金融需求的。

第三，关于监管创新。金融的市场改革和金融的技术进步，给监管带来了新的挑战。如果监管严重滞后，市场化改革、金融脱媒以及技术对金融的重构，势必对金融体系的稳定形成巨大挑战，甚至会带来巨大风险。这种风险从表面上看，是由金融创新带来的，但实质上更多的是因为监管滞后、监管没有跟上。监管必须跟进创新的步伐，你可以滞后于一个时点，但是不能落后于一个时代。监管要跟上创新时代，就必须研究创新之后金融新业态运行的机制和风险特征。研究它与传统金融的差别在哪里，特别必须研究金融创新后的风险来源、风险形成机制、风险结构。如果我们深入研究风险的衍生过程，但不知道新金融业态的风险起源在哪里，不知道这种风险溢出的拐点在哪里，那你就无法制定出一个与新的金融业态相匹配的新金融监管准则。我为什么强调监管要创新，因为监管对象发生了重大变化，因为监管最重要的目标就是防止风险外溢，收敛风险。我们不能用一个规则去监管多样化的金融行为。

基于大数据的网贷是一种新的金融业态，我们不要把这种网贷简单看成小额贷款，也不要把基于大数据的网贷等同 P2P。这种新金融业态首先是基于大数据平台，贷款行为的背后有数字化征信能力的支持。这种网贷当然存在风险，但首先要看到风险源在哪里。它和主流商业银行一样，形式上虽然都是贷款行为，都是一种金融活动，但它们的风险来源是不一样的。基于大数据的网贷都是小额的，而且不要风险抵押物。这种贷款活动是基于大数据基础上的征信。这种征信不是统计意义上的大概率事件，而是一个主样本。大数据、人工智能，对统计学中的大概率方法提出了挑战，为什么现在很多统计方法包括美国大选的问卷调查，和实际情况有重大误差。大数据描述了每个人的行为，是一种主样本趋势，大概率重要，小样本也重要。

我们必须考虑这样一种现实，即征信的数字化是一种重要的金融资产，因而是可以定价的，对其他资产具有加持效力。这种对其他资产具有加持功能自身又可定价的数字化征信，可以有效地对冲潜在的风险。对这类新金融业态的金融监管，其指数要求显然要低于传统商业银行的监管指数，是因为它具有可定价的征信资产。如果没有可定价的征信资产，那么这样的网贷就滑向了现实中的 P2P，这其中有深刻的金融逻辑。如果对这类金融新业态还是基于商业银行资本充足率、存款准备金制度和拨备覆盖率等监管指数去监管，首先是不恰当的。这种监管理念会使其难以生存。我们只有回到新金融业态、科技金融的本质，才能找到新的监管准则。望文生义、简单套用老规则，是很难制定科学的监管准则的。监管创新对中国金融的未来非常重要。我在很多场合讲过，中国金融向何处去？这实际上表达了我内心的一种担忧。我们要深刻地理解中国金融的未来趋势和变革方向，望文生义是理解不透的。

新金融业态的风险拐点值得深入研究。所谓风险管控，第一道防线就是防止风险外溢。金融监管的重点就是不要让风险外溢。就数字化网贷而言，风险外溢的拐点，可能是ABS的杠杆倍数。那么，这个杠杆倍数是多少呢？分歧就在这里。有一点可以肯定，杠杆倍数或杠杆率要明显低于商业银行，因为它有一种特殊的加持资产，即数字化征信。所以，拐点和起源是新金融监管准则，就新金融业态的监管来说，风险起源和风险拐点，是制定新监管准则的基础。对此，如果没有精准的理解，我们就很难制定恰当的监管准则。

中国金融应该是善的金融

——在“第四届赣江金融高端论坛”上的闭幕演讲要点

【作者题记】

这是作者2020年11月22日在江西财经大学主办的“第四届赣江金融高端论坛”上的闭幕演讲要点，其中谈到关于什么是“善”的金融。

经过一天的讨论，我对中国需要一个什么样的金融这个主题，应该说有所收获。金融科技、金融创新和金融监管是一个永恒的话题，只不过在今天更具现实性。中国需要一个什么样的金融？这的确是一个需要深入研究的问题。

中国需要一个什么样的金融体系，有不同的坐标系。基于不同的坐标系，有不同的回答。我始终认为，中国金融应为中国经济的持续增长、社会的进步，为实现“十四五”规划的目标、为到2035年成为中等发达国家的目标，作出自己的贡献。离开金融的支持，经济难以运行，这些目标难以实现。具体而言，不同视角的人对中国未来需要什么样的金融有不同的解读。有人说，中国金融创新过度，从而出现了很多风险。也有人对新金融业态、科技金融提出了质疑。新金融业态出现的问题很多，有时会对一些过于年轻的没有现实支付能力的年轻人出现诱贷，出现人为的信贷风险。我认为，金融创新和金融工具的设计，首先必须是善意的，而不能是恶意诱导的，恶意的诱导，就是一个恶的金融。

金融的本质是解决人们面临的各类金融问题，而不是诱导人们走向深渊。我们提倡的是，要帮助人们在困难的时候解决问题，帮助人们渡过难关，促进经济发展，而不是来设计种种陷阱，获取不义之利，这样的金融是我们要抛弃的。我对一个时期大学校园里充斥的形形色色的现金贷非常反对，因为它在恶意诱导在校大学生消费，把他们带进了一个个陷阱。我不希望科技金融或者说新金融业态朝这个方向发展。消费信贷没问题，只要未来有预期收入和跨期的合理安排，就属于一种金融创新。年轻时多消费点，年纪大了节省一点，金融有这种跨期配置的功能。

我在上午的演讲中对科技金融、金融创新总体上是肯定的。我们在新金融业态中，应当嵌入一种机制，以防范出现加害诱导模式。在这种金融模式中，要有一个身份识别机制，并不是所有人都可以通过这种模式实现透支式消费。就像在西方国家18岁以前不能喝酒一样。从单纯意义上说，喝酒似乎是每个人的权利，但对18岁以前的年轻人要约束。这是在保护他们，而不是限制他们的权利，因为他们的心智还不是很成熟。在新金融业态中，我希望有这样一种限制机制，约束透支式消费。金融应该是趋善的，而不应是诱恶的。新金融业态必须建立内部风险的自控机制，这是包括新金融业态在内的所有金融业态必须建立的第一道风险防控机制。

商业银行不仅有像《巴塞尔协议》这样的监管准则，而且任何一家商业银行都有风险的内控机制，内控机制与外部监管的结合，构筑了商业银行完整的风险管控体系。对新金融业态来说，必须构建与其风险相匹配的内控机制，这是新金融业态当前面临的最重要的任务。

同等重要的是，我们必须加强新金融业态的外部监管，制定与其相匹配的外部监管准则。这本质上就是在推动金融的创新和发展。无论是内控机制还是外部监管，都要让金融成为一种善的金融，去恶存善，这是金融监管的重要目标。

在债券市场上，最近出现了恶意风险。风险是分类的，有些风险是自然的，比如由经济周期、市场波动、经营不善导致的风险，这种风险的存在是正常的，可以理解。金融的本质就是经营风险，都有失败的可能，但是，对恶意行为产生的风险则不能任其发展，比如说恶意逃废债，这是极其不道德的行为。市场不能为不道德的行为埋单。债务违约也是一种经常发生的金融风险。在经济活动中，由于经济周期，也可能由于经营不善，或者融资结构安排不当、流动性准备不足等，到期不能兑付债务本金和利息，都是一种市场行为。但是，蓄意逃废债、恶意违约的现象，显然不是一种市场行为，不能把两者混为一谈。中国债券市场绝不姑息、容忍恶意逃废债行为的存在。否则，金融秩序就会受到严重破坏，金融市场就会处在混乱之中。

永煤债事件的出现，严重破坏了以地方融资平台为担保的信用基础。一个 3A 级信用债严重违约，随意逃废债，反映了中国金融基本制度和基础设施的脆弱性。一个没有扎实基础设施的金融体系是难以运行的，也是没有未来的。一个 3A 级企业在极其短的时间内违约，说明中国根本就没有严格的信用评级机构。没有客观、中立、公正的信用评级机制，债券市场是不可能发展起来的。债券市场的基石是信用评级，就像股票市场的基石是透明度一样。最近的这两个事件，反映出中国金融的基础设施非常薄弱。金融的基础设施建设具有某种公益性，对一国金融的发展有深远意义。中国金融研究的路途漫长，一方面要有科学、理性的精神，另一方面又必须客观而冷静地观察金融活动中所存在的问题。离开了科学理性，离开了客观冷静，只是表达一种情绪，这对中国金融的发展是不利的。

学术研究是一种艰难的活动。学术研究不是望文生义，它需要特别犀利的眼光迅速捕捉到问题所在，这是一个研究者的基本素养。我们不能人云亦云，不能教条主义，不能封闭僵化。在学术研究中，开放的思想特别重要。所有的创新都来自开放的思想，所有的美好都源自自由的天空。思想一旦受束缚，得出的结论很难正确。我就是中国金融改革和市场化的推动者。我不认为中国金融要回到过去单一的状态，回到单一的金融体系。那是一种没落的金融，这种金融不可能推动中国经济社会的现代化，也满足不了中国社会多样化的金融需求。这种金融在结构上是脆弱的，是没有弹性的。一个没有弹性的金融结构效率低下，隐含着巨大的不确定性。

中国需要一个什么样的金融体系：从金融功能、金融效率和金融风险三维视角所做的分析

——在“金融科技创新论坛暨货币金融圆桌会议”上的演讲要点

【作者题记】

这是作者 2020 年 11 月 14 日，在中国人民大学财政金融学院、中国财政金融政策研究中心、中信证券股份有限公司联合主办，中国人民大学国际货币研究所（IMI）、中国人民大学金融科技研究所、中信证券研究部承办的“金融科技创新论坛暨货币金融圆桌会议”上的演讲。在这篇简短的演讲中，作者首次提出应从金融功能、金融效率、金融风险三维视角对“我国需要一个什么样的金融体系”进行分析，认为金融功能的结构性变化只能通过市场化来完成，金融效率的提升需要通过科技进步来完成，在金融创新的过程中要高度警惕金融风险，并不断创新金融监管。

今天我主要讲一讲中国需要一个什么样的金融体系。

第一，金融功能的结构性变化只能通过市场化完成。无论是市场化改革还是科技重构、金融开放，会不会让金融功能得到改善，是我们思考金融变革时一个非常重要的视角。目前，我国金融体系还处在转型期，证券化金融资产的比重在扩大、市场化趋势正在显现且在逐步加快，但由于法律、文化及政策等因素的影响，在过去和今后一个较长时间里，中国的金融体系可能仍是以传统商业银行为主体。基于这种情况，我国金融体系的融资功能很强，但财富管理、风险配置功能相对较弱，而后者是现代金融体系所必须具备的。金融功能的结构性变化只能通过市场化改革来完成，这个结论是确定的。

第二，金融效率的提升需要通过科技来完成。金融服务业的扩大和金融效率的提升，一方面要通过政策引导，更多的还是要通过金融和科技的结合产生新的金融业态，才能带来金融效益的大幅度提升。

我们要正确看待科技与金融的结合，要正确理解科技和金融的结合对金融业态所引发的某些突变。

金融业态的创新本质上是对现有规则、现有业态的竞争和挑战，理论上不存在“基于科技的金融创新是违规的”这种说法，“创新只能在沙盒中进行”的观点令人怀疑。实际上，所有金融创新客观上都要突破现有边界，“绝不能让金融科技或科技金融套利”的看法也值得商榷。金融的活动本质上就是套利的过程，只有套利才能达成均衡，也能使制度更加完善。“金融科技诱导年轻人过度消费”的逻辑令人疑惑不解，因为这种逻辑本质上是在否定消费信贷的金融行为，更是对信用卡的全面否定，人们把预期的收入提前消费是一种正常的消费行为。“网络贷款不能跨行政区域”的观点实际上没有正确理解和把握现代金融的基本原理，互联网络是没有边界的。诸如此类的观点在提示我们，中国需要一个什么样的金融体系，需要认真思考。

金融业态创新需要把握两个重要的趋势：一是降低对资本的信赖和要求。资本是昂贵的，如果一种金融业态对资本的依赖超过了商业银行，那么这种金融业态创新是没有前途的。二是通过科技的力量进行创新，进而产生新金融业态。这是我们观测金融创新的两个基本着眼点。

对于新的金融业态，由于其基础平台具有良好的有别于传统金融的征信系统和风险甄别能力，商业银行的监管准则并不一定适用于对新金融业态（如网贷）的监管。我们必须制定与新金融业态的风险相匹配的监管准则，这是金融监管改革的重点。

第三，高度警惕金融风险。所有的金融创新和科技金融都会产生新的风险，要正确认识这种风险。新风险的出现是以传统存量风险的减弱甚至消失为前提的。对新金融风险的监管核心是创造与其相匹配的监管准则，以形成一个新的风险对冲和风险收敛机制。

中国金融向何处去

——在天津大学马寅初经济学院举办的“第二届天津大学博士生学术论坛经济学学科分论坛”上的主旨演讲要点

【作者题记】

这是作者 2020 年 11 月 8 日应邀在天津大学马寅初经济学院所做的演讲。这个演讲要点是天津大学马寅初经济学院一位在场听讲教师的笔记要点，其中讲了一些当时大家都十分关心的问题。

一、如何实现十九届五中全会提出的在 2035 年建成中等发达国家的目标

中国已经进入小康社会，人均 GDP 已经超过 1 万美元，经济已经达到中高收入国家的水平。但是，要建成中等发达国家，不仅要满足经济水平的要求，还要达到社会治理水平和文明水平等方面的要求。类比来说，中国大概需要达到和葡萄牙、意大利等国家接近的水平。

应该说，这是一个比较高的要求，在 15 年内建成中等发达国家，其难度明显高于建成小康社会，这个过程中存在着多方面的挑战。

第一是能否深化改革体制，使体制符合中等发达国家的体制要求。政治体制需要符合中国自身的国情，但经济体制则必须是市场经济体制。只有在市场经济体制下，每个个体才能得到充分的激励，这样社会的可持续发展才有内生的动力。

第二是能否坚持开放。国家提出“双循环”战略，而“双循环”必须是开放的“双循环”。只有开放，才能接触到世界上最先进的技术和理念，有了追赶的目标，社会发展才能有新的方向感。

第三是能否不断创新。过去 40 多年中国的发展主要依靠的是自然资源以及人口的红利。但要保持可持续发展，就必须依靠创新。创新源于思想的活跃，在约束下是很难创新的。创新要适合社会的需求，不能事先设定边界。而要创新，就必须要有一批具有国际视野、竞争意识、专业能力、勇于探索及勇于承担责任的人才。要创新就必须勇于探索，勇于承担责任，而不能用集体研究的方式来推卸责任，最终扼杀创新。

第四是能否缩小社会不公平。“中等收入陷阱”与严重的两极分化，需要引起高度重视。如何改革收入分配体制，通过调整一次与二次收入，来实现效率与公平的统筹兼顾。

第五是能否保护好私营企业和企业家。在中国，私营企业受到各种约束，政府部门在政策上也无法做到竞争中性，整个社会对企业的保护不够。社会对企业有三大误解：一是认为企业的利润都是不义之财；二是认为办一

个企业非常容易；三是认为企业的利润都是政府恩赐的。从建设中等发达国家的角度考虑，社会必须要善待企业家。

二、中国金融向何处去

很多企业家都在公开场合批判金融，认为金融是吸血鬼，起到了非常负面的作用。这种想法是非常幼稚而无知的，对金融缺乏常识性的了解。金融是社会经济发展的发动机，如果没有金融的存在，社会经济的运行是非常低效率的。

最近在上海外滩金融峰会上，有人提出，大数据能够改变金融监管的形式，《巴塞尔协议》已经过时了。这样的说法，部分正确，部分错误。

（一）有人认为，中国金融没有系统性风险，因为没有系统

这是不正确的。金融是经营风险的行业，风险带来了金融的收益，关键在于收益与风险是否匹配。系统性风险指的是该风险是否会对整个金融体系造成影响，而与是否有系统本身关系不大。中国金融业态是多样化的，但是风险会感染。虽然分业管理有风险墙的存在，但是风险危机仍然不小。因此，金融危机的防范必须放在金融监管的重要位置。在我国金融体系中仍然处于核心地位的商业银行，由于较高的拨备，相对风险较小，但进行风险管控还是非常重要的。

（二）有人认为，《巴塞尔协议》已经过时了

这也是不正确的，不能够否认《巴塞尔协议》的作用。商业银行具有无限创造信用的能力，而这种能力必须通过准备金的方式加以限制，使其创造的总信用能够收敛。《巴塞尔协议》的关键在于保护储户的权益。储户得到的收益并不足以覆盖其需要面临的风险。由于存在不确定性，为了对冲预期的风险，不能够将风险转移给储户。因此，必须要从制度和收益两方面来保护储户的权益。

除了上面提到的通过准备金来限制商业银行的信用扩张之外，《巴塞尔协议》还限制了商业银行的风险资产占比，提高了商业银行的资本充足率。

而这两点，是保证风险不外溢的重要保障。

《巴塞尔协议》还规定了商业银行的拨备比例，以此来对冲风险。

最后，《巴塞尔协议》还对外部监管进行了相应的规定，以此作为维护以上几点准则的重要保障。

总的来说，在我国，商业银行还是金融系统的主体部分，需要约束、收敛和对冲其风险。

（三）有人认为，不能用传统的监管准则来监管新的金融业态

金融行为都需要在监管下进行，关键在于使用什么样的准则进行监管。

传统的小微贷款公司没有新的信息甄别机制，不拥有大数据的信用甄别方法，因此风险较大，但以大数据为平台的新兴金融则不同。

应该说，以大数据为平台的新兴金融至少有以下五大贡献。

第一，支付宝的出现是一场支付革命，将交易场景从原先的面对面交易转变为了线上交易。支付宝大大促进了我国的线上交易及相应的经济发展。

第二，余额宝为中低收入阶层提供了一个存量资产的市场化理财平台。原先银行存款的利率较低，中低收入阶层无法有效地对存量资产进行理财。而银行则通过垄断与规模带来了大量的利润。花呗和借呗作为小额贷款方式，填补了商业银行服务的相对空白。对于大型商业银行而言，对小额贷款进行信用甄别的成本相对较高，因此其往往不愿意提供小额贷款。而花呗和借呗的出现，则让更多的人享受到了金融的服务，这完全符合普惠金融的要求。普惠金融，普应该在惠之前，金融不能够只服务前 20% 的群体。

第三，受限于信用甄别方式和较高的甄别成本，商业银行往往不愿为小微企业提供融资服务。而新兴金融平台，利用大数据增加了风险识别的精确度，通过增加金融服务的链条，解决了小微企业贷款难的问题。社会上有个误区，认为金融服务于实体经济，就意味着需要对利率进行限制。但利率的形成应该由市场决定，而不应该由政府或者法律决定。如果人为限制利率的上限，就将使得一大批原先存在的民间借贷消失。而民间信用的收缩，将使得大量小微企业无法得到资金的支持，最终反而会损害实体经济的发展。应

该让利率在市场中形成均衡，而不应该进行过多的干预。

第四，传统金融的资产金融化的激励非常弱。而新兴金融，通过小额贷款打包（ABS）的方式，实现了资金的快速流动，做了传统金融不愿意做的事。ABS 通过市场交易，分散了风险，提高了资金的利用效率。当然，为了规避风险的小概率事件，可以通过一定的手段来适当控制 ABS 的规模，使其整体信用扩张有所收敛。但不需要使用《巴塞尔协议》中针对商业银行进行管控的手段来监管 ABS，因为这样会彻底破坏其正常的发展。不过，使用拨备以对冲不良资产是有必要的。

第五，蚂蚁信用解决了征信问题，解决了基础数据的信用问题。实时信用数据非常准确。而 P2P 平台之所以会因为无法解决风险问题而最终倒闭，就在于其缺乏信用数据。

三、中国金融必须着眼于未来

金融不保护落后，而是着眼于未来，孵化创新。像我国的商业银行那样通过垄断和规模带来利润是不能够鼓励的。

现实中，商业银行就如同是大江大河，而其他各种诸如民间借贷、新兴金融之类的金融业态就如同小河小溪。大江大河好管控，但是如果小河小溪干涸，中国金融系统的效率将极为低下。金融生态不够丰富，对于小微企业的发展极为不利。要发挥科技的作用，科技不仅能解决金融的信用问题，还可以扩大金融的服务范围。

传统金融在一定程度上确实类似当铺，借款者需要提供一定的抵押物，商业银行才进行放贷。抵押的作用是为了完全隔绝风险，但这种以保护自己为主的方式，也减弱了传统金融的服务功能。而新兴金融则以服务为主，利用大数据，经过较短时间的信用甄别，就可以放贷，也就极大地满足了小微企业的融资需求。

我国金融的改革要坚持三点。

一是要进行市场化方向改革，这是金融脱媒的力量，要金融去中介化，这是金融改革的逻辑起点。

二是要进行科技化改革，通过科技进步大幅提升金融的效率，扩展金融的功能。

三是要进行国际化改革，金融的发展必须要国际化，不能够封闭发展。

从三个维度观察金融的变革和创新

——在江西财经大学深圳校友会上的演讲

【作者题记】

这是作者2020年10月31日在江西财经大学深圳校友会举办的“首届赣深金融科技高端论坛”上的演讲，这篇演讲深化了中国金融改革“三维”视角的重要性。

非常高兴，参加江西财经大学深圳校友会举办的首届赣深金融科技高端论坛。

第一，我们这样一个高端论坛，应该说是国家级水平，国家级的主持人，讨论的问题都是金融学的前沿问题。对这些前沿问题，大家都在思考和讨论，没有结论。之所以说是国家级水平，主要是讨论的问题很前沿，有巨大的不确定性。

第二，我参加过很多论坛，首届论坛之后就再也没有了，既是首届也是最后一届。我希望这个首届论坛不是最后一届。至于是每两年办一届还是一年一届，由江西财经大学决定，但是，千万不能成为最后一届。

第三，作为江西财经大学的毕业生，我有责任、有义务来参加这样一个高水平论坛，几乎所有江西财经大学的活动我都会给予支持，这个也不例外，加上桂荷发又是我的学生，所以需要给他站台。

第四，中国人民大学和江西省人民政府有一个合作协议，在三年前签署的，签署了一份全面战略合作协议，其中有一项就是中国人民大学要帮助江西财经大学建设一个高水平的金融研究院。为此，每年我都要和人民大学七八位教授到江西财经大学举行一次学术研讨会，试图把江西财大的金融学科提高到一个新的水平，争取在中国处在一流水平，在国际上有影响力。已经过去三年了，应该说有一些成效，这也是我为母校江西财经大学应该做的一件事。人大金融学科在全国排第一位，这个第一位是遥遥领先的第一位，它和第二位的差距很大，人大财政金融学院金融专业有 6 位长江学者特聘教授，还有几位青年长江，学术实力很强。每年，我会和他们一起到江西财经大学做学术交流、合作研究。在正式演讲之前我把这四个情况说一下。

我刚才非常认真地听了最后一场的对话。振山主持得很好。这个对话挺有意思。我有一个特点，不明白的事情不讲，其中数字货币是我不明白的一个领域，我不知道它的意义在哪里，目的又是什么，如果仅仅是为了反洗钱或者是防止腐败，那成本太高了。区块链也好，数字货币也好，都是非常时髦的东西，都挺深奥的。刚才五位专家做了一个很好的解读。

以我的认知和理解，金融最重要的问题首先是要促进金融功能的转型和升级。制度改革也好、技术重构也好，目的是要改善金融的功能，功能结构要发生变化，这是金融改革和技术进步所必须考虑的。其次，要有利于金融效率的提高。最后，要改善金融风险。这三个问题始终是金融最重要的三个问题。我们不能为改革而改革。所有的改革都必须有利于改善金融功能，有利于提升金融效率，有利于金融风险的有效管控，我们必须思考这些宏观层面的问题。

第一，要关注金融功能的改善和升级。

中国金融功能目前主要还是以融资功能为主，虽然金融脱媒之后有一定的变化，证券化的金融资产规模在扩大，比例在提升，金融的财富管理功能在改善，但就总体而言，中国金融体系目前还是过于侧重融资功能。在某些金融峰会上的争论，有其产生的知识背景，体现出不同人对金融的不同理解，其中，对金融功能就有不同的理解。比如，监管部门就特别强调《巴塞尔协议》以及基于《巴塞尔协议Ⅲ》所形成的中国现代商业银行监管准则的重要性，这是非常重要的。因为，中国金融体系的主体部分仍然是商业银行，商业银行主要提供融资服务，市场化程度不高，风险管控主要通过三条线来实现：一是资本充足率，二是存款准备金制度，三是风险拨备。通过这三项制度，试图管控、收缩、对冲不同的金融风险，这种风险制度设计是有效的。有人强调，中国金融体系在未来应该大幅度提升财富管理的功能，不能仅仅停留在融资服务上。这有一个角度问题，有一个未来的金融应该是一个什么样的金融的问题，这是一个非常深刻的命题。有些人认识不到这个问题的重要性。金融功能是评判一个国家金融体系改革方向最重要的标准。如果一个国家的金融只侧重于从制度和政策层面重视融资的功能，这个国家的金融体系可能是落后的，也会严重阻碍金融脱媒的进程。脱媒是金融现代化的必经阶段。随着经济市场化的推进和收入水平的提高，金融需求的多样性日益丰富，多样性的金融需求靠什么来满足？靠金融脱媒，也就是金融的去中介化。金融脱媒客观上会推动金融结构的变革，金融结构的变革意味着金融功能的结构性变化。这也是我非常关注金融结构变化的原因所在。

当从融资为主走向融资和财富管理并重的金融体系时，实际上金融的现代化进程开始了。金融体系现代化的推动者是基于市场的金融脱媒。我关注的是金融功能的变化，我希望中国金融的功能能不断升级，升级为现代金融体系。现代金融体系有很多标志，显然不限于融资服务，还包括财富管理和风险配置。金融的风险配置功能非常重要。如果具备并有强大的风险配置能力，我们认为，这个国家的金融已经开始现代化了。风险配置的核心在于金融必须关注未来。在高科技变成新产业的过程中，需要一种风险分散机制来推动经济增长，以达到金融服务于实体经济的目的。金融不是为落后的经济业态服务，其核心作用是要推动高新技术到新产业的实现过程，这才是金融服务实体经济的实质内涵。对此，很多人不是这样理解的。金融的本质不是复制传统，更不是保护落后，而是推动创新。这就是现代金融为什么必须着眼于未来。如果金融的功能不是着眼于未来，没有孵化新技术到新产业的功能，没有风险分散的机制，这种金融一定是落后的。美国金融体系的发达就在于其有这个功能。中国金融体系相对落后，是因为这个功能比较弱。所以，在金融的改革中，要特别关注金融功能的变化。

第二，要关注金融效率的提高。

金融效率通过什么机制来提高？主要通过科技的力量。科技对金融的重构、颠覆、渗透，有利于提高金融的效率。科技本身不会创造新的金融功能，但能提高金融功能的效率。金融有六大功能，通过市场化和脱媒，金融的六大功能会发生顺序上的变化，功能结构会发生微妙的变化，进而推动金融的现代化。金融效率的提升，主要通过技术更迭和技术创新来实现。科技与金融的结合，会使传统金融的基因发生变化，这种基因上的变化会使金融功能和风险结构发生变形。对此，要有深刻的认识。

从宏观层面看，我们要注重防范系统性金融风险。所谓系统性金融风险，指的是这种风险一旦蔓延开来，会对金融体系有重大感染，进而爆发全面的金融危机。与系统性金融风险相对应的是非系统性金融风险。金融的非系统性风险，指的是局部风险。比如，一家商业银行倒闭了，这是金融风险，但是如果我们管控得比较恰当，没有因这家银行的倒闭而对银行体系产生预期性的影响，没有对储户产生系统性的负面影响，也没有引起银行体系的流动性危机，那么这家银行的倒闭就属于非系统性风险。如果一家银行的倒闭引起体系性的连锁反应，整个商业银行出现了储户挤兑，造成了银行体系的流动性风险，这种情况实质上会引发系统性金融风险。

在中国，金融生态并不丰富，甚至不那么绿色。中国金融特别关注大江大海，这是对的，但对小河、小溪和湖泊不是十分关注，这是一个问题。金融生态体系不是很丰富，毛细血管也不太丰富。主动脉没有问题，但毛细血管不丰富，也会影响身体健康。只有毛细血管丰富了，金融的生态系统才能丰盈。毛细血管丰盈的目的，是要服务于中低收入阶层，服务于中小微企业。或者说，金融要服务于中小微企业和中低收入阶层，金融体系中的毛细血管就必须丰富起来，才可能渗透到经济运行的各个层面。但是，中国金融的毛细血管是不太丰富的，监管风暴一来，就把毛细血管给堵上甚至直接关闭，以为未来的风险来自丰盈的毛细血管。一个时期以来，金融监管严控风险，就开始查影子银行、商业银行表外以及各种金融创新，试图让毛细血管统统回归长江黄河。这可不行。我们国家经济规模很大，生态如此多样，仅长江黄河是不够的，我们还要有无数条小河、小溪，金融的作用才能丰富起来。

如何让中国的金融业态和生态环境丰富起来？只有科技的力量才能丰富金融的业态。科技与金融的结合，能够有效地克服传统金融的时空约束。通过科技对金融的重构，金融才能与数字经济相匹配。科技与金融的结合，可以有效地改善金融业态，进而可以有效地提高金融的普惠性，使传统金融的长尾客户得到相应的与其信用相匹配的金融服务。企业不能因为规模小、收入低，就得不到金融服务。它们可以为此付出比大企业、大客户相对高的成本，这是由金融的商业规则决定的。不确定性相对大，成本当然也要高一点。我们经常谈，要解决小微企业融资难融资贵的问题，核心是融资难的问题，融资贵一些是符合金融逻辑的，这些小微企业不太可能比大企业融资更便宜，因为其风险相对较高。所以，融资难融资贵的问题，首先要解决融资难的问题。解决融资难的问题靠毛细血管，靠金融生态体系的建设。融资贵可以通过政策导向和市场机制来解决。我们通常强调，金融要服务于实体经济，这个提法本身没有问题，问题是服务于实体经济必须建立在市场化的基础上。离开了市场化，强行地让金融去为那些风险难以甄别的企业提供融资服务，那是有很大潜在危险的，不良率会大幅提升。代表未来的企业，风险资本以及创投类新兴资本业态会为其融资的，这类资本对市场有高度的敏感性。它们能发现什么是未来的企业，什么是成长性企业。当前政策的重点是要解决那些有前途同时又相对稳定的小微企业的融资服务，这只能通过毛细血管的丰富来完成。

小微企业有个特点，信用甄别难，风险难以定价，小微企业甚至连资产负债表都没有，信用难以评估，也没有什么资产可抵押，所以，要通过数据平台去完成征信。数据平台不是人为地主动构建的，很多人总想主动搭建一个大数据平台。实际上，如果没有丰富的经济活动和商业运行，是得不到大数据的。大数据运用如何不侵犯隐私，同时又如何转化为公共资源，需要研究。线上信用甄别能力能大幅度提高风险定价能力。传统投资理论现在受到了挑战，基于盈利能力的估值方法似乎已经落后了，科技正在影响企业估值。一个企业的科技水平及其未来创新的方向，将大幅度提高企业的估值水平，即使是亏损企业，也会有很高的估值。资产定价模型中影响变量的顺序正在发生变化。这是现代金融的一个显著特征。

我想表达的是，要提高长尾客户金融的普惠性，就必须丰富金融的毛细血管，必须丰富金融生态系统，这其中，科技的因素变得非常重要。商业银行作为传统金融业态，估值通常只有五六倍，但如果加入了科技进步的元素，估值可能就要到 50 倍了，因为成长性和不确定性增加了。资产定价最重要的是成长性和不确定性，一旦进入稳定状态，投资价值就不大了。投资的核心是不确定性，而不是确定性，这是金融投资理论的重要变化。

金融效率是我研究金融问题的重要视角。如果创新不能提升金融效率，任何创新都没有价值。有些所谓的创新，可能对某些局部有一定的改进，但是付出的成本比其新增效率要大，这种创新给社会带来的福利水平不能覆盖其所增加的成本，这种创新就没有意义。

第三，要关注金融风险的变化。

有效地控制风险始终是金融监管的首要任务，也是最重要的目标。所有的创新、改革、技术引入，都要有利于改善风险结构，要让风险流动起来或者使风险流量化。风险一旦存量化，金融体系就会出问题，到一定时候就会把血管堵住，我们必须要让风险流动起来或者流量化。所以，改革和技术进步的目的，是促进风险的流动。风险流动是风险配置的前提。金融的核心功能就是跨时空的风险配置。

金融有两面性：一面是风险，另一面是收益。不同类型的金融资产，收益与风险匹配性是不同的。金融改革为什么要推动金融产品的多样性？就是要形成收益与风险在不同层面上的匹配。风险与收益的匹配性，有利于改善金融体系的功能和效率，从而提升管控风险的能力。风险管控不是静态的。有一个时期，我对金融监管提出过批评，因为其试图回到传统体系中，试图要求金融的风险只有一种，就是商业银行不良的那个风险，以为这种风险是可控的。实际上，这种风险是危险的。不要以为资本市场每天的价格波动是风险，实际上这种价格波动是风险的释放。

金融风险结构的变化与金融结构有关系。有什么样的金融结构就有什么样的金融风险结构。我们有时候对新金融业态采取限制的措施或采用传统的管理方式，是因为不了解新的金融业态的风险与传统金融业态风险的区别。对金融新业态的风险，我们通常会用传统办法去管控它，结果收效甚微。

在金融研究中，我比较关注这三个问题。我经常思考，金融改革和创新对这三个问题是否有所优化，若有所改进或优化，就要推动这种改革和创新。

再谈谈数字化货币。我曾和有关专家讨论了为什么要推行数字化货币，原因是什么。是人民币没有信用吗？他们一般都会说，这是人民币国际化的一种路径。我相信这个说法。但尽管如此，只要是人民银行发行的数字化货币，背后一定是中国政府的主权信用，这是基础。无论货币以一种什么业态存在，背后还是主权信用，或者说以具有足够信用的货币存量作为抵押品。如果没有主权信用的担保或背书，发行什么货币也都不太可能。主权信用是基于国家的法治和国家经济力量，也就是偿付力。所以刚才提到货币锚，与此有关。货币的锚是一个非常复杂的理论问题，在不同阶段不同时期寻找的锚机制是不同的，最后的锚都是国家主权信用，最后都要回归到这里。所以，我在想，数字货币与人民币纸币并存的时候，大家会如何选择？如何保护数字货币使用中人们的隐私权？《民法典》对隐私权有充分的保护。不同国家价值标准和法律体系的基准会不同，但有一些价值标准是要高于经济标准的。比如，人的隐私权应该高于经济的便利性。我主张，人的隐私权是要保护的，只要没有违法行为，人的隐私权不可侵犯。通过大数据平台，违法行为基本上跑不掉。在资本市场中，大数据可以发现内幕交易、洗钱等违法行为。但我不希望金融创新冲击法律底线。法律是有底线的，对人的基本权利包括隐私权的保护，是法律的基本准则，当公民的权利都不能得到保护的时候，所有的创新就都失去了意义。这里有一个对法律精神的理解。对公民权利包括隐私权的保护，现在变得特别重要。一种行为只有威胁到国家安全的时候，才可以通过特定机构去了解真相，一般情况下是不可以的。这种价值标准在中国已经受到了严重挑战，包括鼓励告密，学生告老师。在我看来，这种行为严重破坏了社会的基本秩序，正常的社会要有基本秩序。当我们连基本的原则都不能坚守，社会就会误入歧途。

再简单讲一下中国经济的战略转型。国际大循环是正确的。国际大循环在中国就是走开放的道路，开放使中国经济获得了突飞猛进的发展，特别是2001年12月中国加入WTO后，中国经济获得了空前的实质性的发展。我经常说，中国经济发展最大的制度红利是开放。没有开放我们就无法对标，中国经济就不知道向何处去。千万不能低估开放对未来中国经济的战略意义。

中国经济的战略转型不是马上就能完成的，我们还有不少瓶颈。收入水平低是一个瓶颈。我们有6亿人人均月收入在1 000元左右，只有40%的中等收入群体，消费率也只有38.8%，远远低于美国的68%、德国的52%以及韩国的49%。这种现状既表明中国居民收入水平低，也表明内循环的动力不足。我们必须扩大中等收入群体，提高6亿低收入群体的收入，要让他们在“十四五”时期收入倍增。收入不增加，转型会很困难。要全面提高收入水平，无非是推动改革，走市场经济道路，改革分配体制。为此，我们只有做深度的改革，经济发展战略的转型才能成功。

从国际大循环到“双循环”，不是低水平的“双循环”，不是复制20世纪80年代、90年代以劳动密集型为标志的“双循环”。我们现在所倡导的“双循环”，是创新驱动、科技推动、高质量发展的“双循环”，这其中，产业结构的转型很重要，科技推动很重要。

科技与金融是什么关系？金融必须着眼于未来，着眼于高科技到新产业的转变。只有通过金融业态的多样性和金融变革，才能完成高技术到新产业的转变。以新技术为特征的新产业需要风险分散机制。风投也好，各种创业资本也好，起了非常重要的作用。要深刻理解金融服务于实体经济。有人说，中国金融这么多创投、这么多资本到处在找项目，这是“脱实向虚”，我不同意这个判断。过去的“实”，可能是落后的“实”，没有竞争力，今天的“虚”，可能就是未来的“实”。我们必须谋划未来的“实”。科技对金融的渗透以及金融的市场化，可以有效地完成“双循环”战略中金融的作用，这样的金融主要从结构转型、高质量发展、科技推动等角度来发挥服务于实体经济的作用。

如何全面准确理解“双循环”发展新战略

——在中国人民大学财政金融学院2020级研究生新生专业同一课上的讲座

【作者题记】

这是作者2020年10月27日在中国人民大学财政金融学院2020级研究生新生专业同一课上的讲座。为人大财金学院所有研究生新生做新学期第一场学术讲座，已成惯例。在这次讲座中，作者特别强调要全面准确理解“双循环”新发展战略。

非常高兴，新的学年又来了。新生，包括博士生、硕士生，大家都到人民大学财政金融学院来参加同一堂课的学习，由我来主讲，原来称为研究生新生第一堂课，但由于疫情的因素，博士生新生报到相对延后，所以今天这堂课就不能称为研究生新生专业第一堂课，只能改称同一堂课。

今天讲座的主题是，介绍当前乃至于未来中国经济金融一些重要理论问题和未来发展趋势。今天我们能够在一起讨论中国经济和金融的未来，是非常快乐的。在疫情非常严重的时期，大家都度过了一段特别难忘的、困难的、复杂的、艰难的日子。在上学期，校园里非常冷清。有时候虽然需要冷清一段时间，但大学校园里一个学期都没有学生活动，没有现场教学，显得非常落寞，而且还有一种失落感。

但是，我坚信新冠肺炎疫情一定会过去的。我们国家采取了坚决有效的措施防止了新冠肺炎疫情的蔓延。我们将以人民生命为核心作为防护疫情的重要指导思想。所以，我们在座的各位都非常健康、非常安全，大家怀着希望之心来到人民大学学习。刘伟校长会在今年的开学典礼上代表学校表达欢迎之情。

我再一次欢迎大家来到中国人民大学学习！

在座的各位有的可能是从本校考上的，对人民大学的历史、特点都有很好的了解；也有不少是从外校考来的，对人民大学可能不是十分了解。中国人民大学是中国最好的大学，特别是在人文社会科学方面，尤其是在金融学、财政学这两个学科上是中国最好的大学。我说中国人民大学是中国最好的大学，当然不是说硬件有多先进，而是说软件好、学风好。人民大学有一个最大的优点，就是包容的精神。大学最重要的特质就是有包容精神。在中国人民大学尤其在财政金融学院，不同的观点可以自由而友好地在一起交流。

在人民大学财政金融学院，虽然教授之间会有不同的学术观点，但这种学术上不同的观点绝不会带来人身攻击。不同学术观点的存在，是学术繁荣的基础。如果都是一种声音，学术是不能繁荣发展的。我们的学术之所以能够繁荣，就是有多种的观点。多种声音能在一起相互探讨、平等相待，这是一所大学、一所学院重要的精神性质。我不喜欢学霸风格。成就还不那么大，就以为掌握了真理。我对所谓的“学术权威”是不认同的，因为任何人不可能穷尽真理。我们一定要维护平等的学术交流环境。

人民大学财政金融学院一直在保护这样一种传统。这个传统是从黄达校长那里传承下来的。黄达校长有着广阔的学术胸怀，允许不同学术观点的讨论。财政金融学院继承了他的学术理想、学术风格和学术道德。我希望人民大学财政金融学院的学生一定要继承发扬这种风格，也就是平等、尊重、自由探讨。一个人是这样，一所学校是这样，一个国家也是这样。平等相待，相互尊重，学习他人的先进思想和理论，自身才能丰满起来。在信息大爆炸的时代，谁也不可能对所有的信息都作出正确的甄别，谁也无法把握所有的信息。所以，听取不同的意见就变得特别重要。只有在这种环境下，学术之树才会常青。我特别强调学术生态，不要把学术生态变成沙漠，那是没有生命力的。一棵树再大也成不了森林。财政金融学院有很好的学术生态，我有几位很有学问的学术后台，我经常向他们请教，遇到不清楚或似是而非的问题，我都要向他们请教。财政金融学院有这样几位教授，我经常从他们那儿汲取学术的养料。

诚然，学术的发展更多地源自中国社会的深刻变革。中国社会正处在一个急剧变革的时代，过去我们体会不到急剧变革意味着什么，今天我才理解中国社会的确进入了一个历史的关键时期。中国发展的内外部环境发生了或正在发生重大的变化，需要我们理性而客观地分析所面对的各种复杂问题。在今天的中国，实事求是的精神、理性的精神变得特别重要。没有实事求是的精神，没有理性的光芒，我们就会忘记过去，我们就会得意忘形，我们就看不到自己的问题，我们就会难以找到正确的前进方向。

所以，这是一个特别的时代，在考验每一个人的人性、思想、情怀和品格。我有时候也会诚惶诚恐，不知道未来会发生什么。

今天我要给大家讲的这个题目，是经过较长时期思考的：如何理解“双循环”新战略。

从国际大循环到“双循环”，是社会各界特别关心的重大问题。学者们有很多解读，这些解读有一致的地方，也有不同的重点。我主要讲五个问题。

一、“双循环”战略及其转型：内涵及背景

大家都知道，在“十四五”时期，中国经济要进行战略转型。从原来的国际大循环向现在的“双循环”转型。首先，我们要分析一下，我们过去实行很多年的国际大循环战略的背景、作用和意义。国际大循环战略，是20世纪80年代中后期提出的，当时中国的改革开放刚刚开始。中国的改革开放以党的十一届三中全会的召开为标志。1978年底，我们召开了具有划时代意义的党的十一届三中全会，揭开了中国社会波澜壮阔的改革开放的伟大时代，开启了中国现代化的征程。

党的十一届三中全会和小平同志矫正了中国社会前行的航向，找到了中国社会发展的正确的理论模式和发展道路，确立了解放思想、实事求是，以经济建设为中心的指导思想。这个时候，我们实际上已经明确了中国要走以市场为导向的社会主义市场经济道路，虽然在党的十一届三中全会及其之后的文件中没有这么明确表达，只有到了十四大才明确提出要走中国特色社会主义市场经济道路。

在20世纪80年代，出于意识形态以及改革策略的考虑，没有提市场经济，但是从党内不同时间的文件以及小平同志的讲话中可以看得出来，我们一定要走中国特色的社会主义市场经济道路。这个道路的核心是以市场化改革为导向。与此同时，如何解决中国与国际社会的关系，中国经济如何融入国际经济体系，是一个现实问题。当时的中国，金融资源非常贫乏，1978年，中国的外汇储备只有1.67亿美元，GDP仅3 560亿元人民币，城乡居民储蓄存款仅210亿元人民币，这就是我们当时经济发展所能够调配的金融资源，经济基础和金融资源非常薄弱，仅靠这点金融资源，这点经济基础，要实现现代化，是非常困难的，所以必须要有创造性的新思维。

1987年，有学者提出，中国要走国际大循环的道路，这位学者我相对熟悉，比我年长几岁，他提出了走国际大循环的经济发展战略。报告提出后，中央决定做一系列调研。1988年1月，小平同志在关于沿海地区经济发展战略问题的报告中作出批示，表示完全赞成，要加快步伐，千万不要贻误时

机。1988 年 2 月 6 日，中共中央政治局会议讨论通过了组织实施我国沿海地区发展战略的决定，3 月 15 日到 3 月 19 日，中共中央十三届二中全会召开，讨论实施沿海发展战略，我国沿海地区对外开放的态势已经呈现。

国际大循环的经济发展战略构想，提出在沿海地区进一步扩大开放，发展劳动力密集型企业，发展加工业和外向型经济，一方面解决农村剩余劳动力的出路问题，另一方面面向国际市场推动经济发展。国际大循环的战略要点，一是充分利用我国人力资源丰富的优势，在沿海地区大力发展劳动密集型产业。二是沿海加工业坚持两头在外，大进大出，也就是说要把生产经营的两头，原材料和销售都放到国际市场上去。三是积极引进外资，重点吸引外商投资，大力发展“三资”企业。这就是当时国际大循环的重点。

当时我们必须考虑劳动力规模优势和人口红利，所以，可以多发展一些劳动密集型产业，解决就业问题，同时也解决了外汇短缺问题。劳动力大规模就业，开启了中国现代化的进程，农村人口缓慢地向城镇迁徙。

2001 年 12 月，中国加入 WTO，中国经济全面融入国际经济体系。中国经济在加入 WTO 之后，获得了空前的高质量的快速发展。中国从 1988 年开始实行国际大循环的开放战略，到 2001 年 12 月，这期间着力推进市场化改革，以适应中国经济的全面开放。

2001 年 12 月加入 WTO 之后，我们在不断考量过去的市场化规则是不是与现代市场经济相匹配。在这之前，我们是按照自己的理解来构建市场经济体制，这其中，当然有一些可能与国际规范不相适应的地方，包括一些具体的政策和规则。加入 WTO 后，国民待遇原则是一个通行的原则，没有谁优先，也不应当存在市场主体的政策差异。过去，因为所有制差别的问题，客观上存在着市场主体的歧视性政策。加入 WTO，应当消除这种歧视性政策。

所以，我们要根据国际规范做一个校正，更为重要的是，要把中国的企业推向国际市场，参与国际竞争和分工。过去我们总是害怕竞争，总觉得自己的民族工业技术水平、管理方法落后，只是成本低，其他的都不行，以为加入 WTO 之后，参与全球分工和竞争，我们可能会处在不利的地位。在这之前，虽然经过了 22 年的市场化改革，做了充分的准备，但从技术和管理上看，中国还是要明显落后于西方发达国家。

但是，关起门来搞建设总是不行的。关起门来是不可能让中国发展起来的，只有走开放的道路，才能使中国强大起来。加入 WTO 后的 18 年，可以说中国经济获得了前所未有的高质量发展。

2001 年，中国 GDP 为 111 000 亿元人民币，人均 GDP 为 9 000 元人民币；2019 年，中国 GDP 接近 100 万亿元人民币，人均 GDP 达到了 1 万美元。

从这个最核心指标看，国际大循环推动了中国经济的快速发展，中国经济全面融入国际社会获得了巨大成功。从外汇储备看，2001 年底不到 2 000 亿美元。1978 年到 2001 年，外汇储备从 1.67 亿美元增加到 2 000 亿美元，是翻天覆地的变化。尽管如此，2001 年的中国是没有达到小康社会的，但那时人们可以吃饱饭了，这对我们的国家、我们的民族来说是一个巨大的进步。在这之前，多少年来，有些中国人是吃不饱饭的，我对此有深刻的记忆。

1949 年中华人民共和国成立，我们的理想是要让老百姓过上幸福的生活。我们一直在探索，1978 年前实行的是计划经济体制。实践表明，这种僵化的体制没有解决中国人的温饱问题，因为这种体制严重束缚了人们的积极性和创造力，人们都没有创造性，企业没有自主权，一切听从上面的安排，这种经济发展模式是没有效率的。到 1978 年，虽然中华人民共和国成立快 30 年了，但是人们的温饱问题始终难以解决，所以，才有党的十一届三中全会确立的伟大改革，随后我们吃饭问题解决了。

一个时期以来，中国还有不少贫困人口，还有一些人没有彻底解决吃饱饭的问题，但从总体上看已有了巨大进步。中国的国力有了很大提高，从 1.67 亿美元到 2 000 亿美元的外汇储备，这无疑是一个巨大进步。我们要看到，从 1978 年到 2001 年期间所做的市场化改革，以及沿海对外开放政策所具有的明显成效。质和量上的重大变化，是中国经济全面融入国际经济体系、全面开放带来的。加入 WTO 后，中国外汇储备从 2 000 亿美元增加到 3 万多亿美元，这是一个多么了不起的成就。2019 年人均 GDP 已经达到 1 万美元，中国进入中上等收入国家。我们下一个目标，就是要建设成一个发达国家，这也是“十四五”时期乃至未来更长时期内面临的最重要任务。

与此同时，因为我们走对外开放的道路，对内推行市场化改革，双管齐下，中国发生了全方位的历史性变化。经济的对外依存度在逐步地提高。1978 年在 10% 左右，到 2006 年则到了历史顶峰，对外依存程度高达 67%。2007 年美国次贷危机开始出现，2008 年爆发了全球金融危机。面临外部环境的变化，中国着力扩张内需，加强了内需对中国经济增长的推动力，中国经济增长的结构开始发生重大变化。在"三驾马车"中，经济增长的动力结构发生了重要变化，到今天，中国经济的对外依存度下降到 32% 左右，从一个大国经济角度看，仍然是比较开放的经济体。中国实行国际大循环的战略，全面推动了中国经济高质量发展。

过去这些年，外商直接投资（FDI）是衡量对外开放的一个重要指标。FDI 逐年增长，2019 年达到了 1 381 亿美元，也就是说，外资对中国经济的增长也起了重要推动作用。我们对此要有深刻的认知。

在任何时候，我们都要高度重视开放对中国经济的巨大作用。只有市场化改革和开放才能使中国经济获得勃勃生机。从一定意义上说，开放是中国经济发展最大的政策红利，市场化改革则是中国经济发展最强大的原动力。我们只有有这样一种深刻的理解，才会重视对外开放，才会重视中国经济发展外部环境的改善。

我们要尽最大的努力，去构建一个和谐的对中国经济发展有利的外部环境。这是特别重要的条件。参与国际大循环，推动了中国经济的快速增长，市场经济成就了一个小康社会。我们继续沿着这样一条道路走下去，在一个不太长的时间内，中国一定会成为一个发达国家。

二、中国经济发展面临的新挑战

第二个问题，从外部环境看，中国经济发展现在乃至未来会面临哪些新挑战？会出现哪些新变化？

（一）逆全球化思潮的由来和盛行

从外部环境来看，逆全球化思潮给中国经济发展带来了新的不确定性、新的复杂外部环境。1999年11月，世贸组织新一轮谈判在美国的西雅图召开，会场外的反全球化人士聚集在一起，砸毁了作为全球化代表的麦当劳连锁店，反全球化思潮随即在全球范围内蔓延开来。也就是说，在20世纪末，全球就开始出现了反全球化思潮，之后越来越盛行。反全球化有很多标志性事件，一个是英国脱欧，还有一个就是美国大选特朗普获胜。

2013年1月23日，英国前首相卡梅伦首次提及脱欧公投，2020年1月31日，英国脱欧，这是一个非常重大的事件。特朗普当选美国总统后，高举保护主义大旗，这都是逆全球化的重要标志。

刚才，我说到中国经济对外依存度最高时达到67%，也就是进出口贸易的规模占到GDP的2/3，这是一个高度外向型的经济。这种经济结构对经济的全球化、贸易的自由化具有高度的依赖性。逆全球化思潮给中国经济外部环境的不确定性留下了隐患。

（二）民粹主义、单边主义和贸易保护主义兴起

一个时期以来，民粹主义在国际上似乎成了一种流行的思潮。民粹主义有极大的煽动性，其结果就是闭关锁国和国际霸凌主义。民粹主义通常会披着华丽的外衣，打着爱国主义的旗号蛊惑人心，对每一个公民来说，爱国主义是必备的要素，人人都应爱国。但是如果打着这个旗号，行民粹主义之实，一切凌驾于他人之上，就会产生严重的排他性，会给社会带来严重后果。民粹主义必然演变成国际事务中的单边主义、经济上的贸易保护主义。

在美国，这个问题看得非常清楚。在我们国家，也有一些人具有民粹主义思想。所以，在中国，理性和客观变得特别重要，我们一定要站在未来发展的战略高度，理性地处理好国际关系。民粹主义有时候容易获得掌声，获得点赞，获得欢呼。民粹主义会破坏中国经济发展的外部环境，理性的精神、务实的态度很重要。

首先我是一个爱国主义者，同时也是一个国际主义者。我深切地爱着我的国家，我希望我的国家融入国际体系，对人类文明的进程作出自己的贡献，共同推动人类社会向着文明的方向前行。我们要站在人类文明前行的方

向看待所有的事情。我不喜欢单边主义。单边主义，我行我素，是得不到别人尊重的。在经济贸易活动中，无论是单边主义还是保护主义，都是行不通的。单边主义只会把世界搞乱，甚至会升级为对抗，这个世界就会变得非常危险。所以，互利、协商、谈判非常重要，我们现在所处的外部环境已经发生了微妙的变化。

（三）中美贸易摩擦不断升级及全面“脱钩”的风险

前面两种情况的变化，导致中美贸易关系恶化，给中国经济发展带来重大影响。从 2018 年 6 月 15 日开始，特朗普政府首先发动，之后愈演愈烈。中国怀着极大的善意，试图解决中美贸易争端。如果只是贸易问题，那就是我们逐步减少对美贸易顺差，美国试图减少逆差的问题。刘鹤副总理非常辛苦，一轮一轮去谈判，总是怀着一种特别的诚意，希望每次谈判都能成功。作为一位学者，我现在还担任教育部中美人文交流研究中心的主任一职，非常乐意看到一个稳定的正常的中美关系。

2018 年，我带领一个智库小组去过一趟美国，和美国的六大智库有过深入的交流和对话。从当时的情况看，美国的精英阶层还是希望有一个良好的中美关系，不太认同特朗普总统的对外政策。六大智库都在华盛顿，离白宫大概几公里。他们说的最多的是，虽离白宫几公里，但彼此的心相隔万里。这些智库的专家与总统的想法不一样。中美关系是中国对外关系的基石，也是全球最重要的双边关系。这个关系处理不好，全球就会乱。

中国现在还不是一个发达国家，中国经济还要继续增长，我们还面临着诸多问题。我们希望有一个稳定的外部环境，其中，稳定的外部环境的基石就是中美关系。

我非常不喜欢情绪激烈的言论。有些学者不顾实际情况，夸大其词，煽动情绪。我希望平和理性地进行对话，客观介绍中国的发展，不要夸大其词。最近两三年来，我与国际上的一些学者有过一些对话，做过一些演讲、报告。其中，有一个对话是重要的，就是 2019 年 10 月 15 日下午 3 点开始的与国际著名政治学家米尔斯海默（John J. Mearsheimer）教授的对话，对话进行了近三个小时，就在今天我讲课的逸夫会议中心。当时，来了近 600 人，这里的座位是 300 多个，居然来了近 600 人，可见大家多么关注中美关系。

米尔斯海默教授是著名的政治学家，美国芝加哥大学政治学教授，是国际关系方面的著名学者，可以上墙的，可以上墙就意味着是权威专家，国际上数一数二的国际问题专家。米尔斯海默教授之所以著名，在中国之所以招人忌讳，是因为他有两个观点中国人非常不喜欢。第一，提出“中国威胁论”；第二，提出中国不可能在和平的环境下崛起。他过去来过中国 6 次，有过很多场对话，似乎没有人能说服他。

我对国际关系和国际政治没有研究。当天下午 3 点开始对话，上午我花了一个半小时快速浏览了他的两本代表作，《大国政治的悲剧》和《大幻灭》，浏览后知道他想说什么，他的理论逻辑是什么。

一位国际著名的学者应该有他的理论逻辑，我也想听听他为什么会有这种观点。在对话过程中，我认真听取了他的阐述，之后我理性地阐述了我的观点。

第一，中国的发展会给世界带来新的变化、新的机遇。从历史角度看，世界格局一定会发生新的变化，要正确地看待中国的发展。中国的崛起是历史的必然。因为中国选择了一条正确的道路，中国人又这么聪明、这么勤奋，我们走的是市场经济道路，我们为此推动改革开放，我们非常重视教育的优先发展。中国这个国家已经落后了很多年，我们有了强烈的、发自内心的改变这个国家命运的渴望，我们必须解决我们的温饱问题，我们的发展无意挑战哪个国家。

第二，我们是新兴国家的代表，是全球第二大经济体。从 GDP 规模上看，已经接近美国的 2/3，我们不是一个发达国家，还只是一个中上等收入国家，我们有责任反映新兴国家的一些诉求。过去的中国很落后，只能接受这些成文的规则，今天的中国可以参与全球新规则的制定，提出自己的合理诉求。我们不想领导这个世界，也没有精力去领导，无意取代美国的地位。中国的发展对世界、对任何国家特别是美国没有任何威胁。为什么呢？我说有三个原因：首先，中国在全球没有投放军力的基础，我们有强大的防御能力，但要把我们的军力投放到全球，目前还没有这个能力。其次，人民币和中国金融没有国际化，人民币没有国际化，金融资源就非常有限。美元全球化，可以制裁这个可以制裁那个，通过美元体系就可以实现制裁。我们在这方面的能力非常有限，对美国构不成任何威胁。最后，技术相对落后，虽然我们有华为，但从整体上看，中国的技术与美国相比，还落后很多年，我们只在少数领域，跟你们平起平坐或者稍好一些，绝大多数领域还是落后的。仅此三个原因，中国会产生威胁吗？

第三，我们目前还面临着大量问题，环境污染、贫富差距、地区发展严重不平衡、脆弱的医疗卫生体系、中等收入群体只有 40% 左右、还有大量的中低收入阶层等。解决这些问题，要花多长的时间？我们也还有一个发展不均衡的教育体系，如此等等。这些问题我们可能需要花 30 年左右的时间，才能逐步解决，我们没有太多的精力顾及外面的事情。

我也讲了国有企业为什么在中国占据了非常重要的地位。中国国有企业有其历史原因。中国这么大，现代化发展历史这么短，中国需要大规模的基础设施，没有一个民营企业可以承担中国高铁的建设，中国的高铁哪个民营企业能干？中国的战略输油管线哪个民营企业能干？当然，这些也不太可能给外国企业来干。只能国有资本来投资、来管理。

米尔斯海默教授是一个非常温和的人。他先后来中国 6 次，无论是官员还是政治学者，他说没有一个人能说服他。我说的这些话都是实话，我也没有念稿子，没有不着边际的话，坦诚相待，实事求是。他说，你的发言有一些道理，说服了我（指米尔斯海默教授）一半。①

举这个例子想说明什么呢？想说明理性对话很重要，坦诚、务实、客观、相互尊重的交流很重要，大话、套话、唬人的话解决不了分歧。如果我们都能进行理性对话，就有了解决问题的基础。再回到中美贸易争端这个话题。从今天看，这已经不是一个贸易问题了，已经不是一个经济问题了，是

① 吴晓求，等.探讨中国发展之路——吴晓求教授对话九位国际顶级专家 [M]. 北京：中国经济出版社，2020：154-167.

一个守成大国对一个新兴大国的战略遏制。中美关系会不会出现过去历史上曾出现的修昔底德陷阱，不得而知。那是我不喜欢看到的结局。人类社会在进步，为什么要重复过去的历史悲剧？贸易摩擦之后又进入科技对抗，甚至出现了某种形式的金融对抗，现在似乎出现了文化教育方面的脱钩。一个全球这么有影响力的大国，为什么害怕中国的年轻人去学习？主动关起门来，实际上就是衰落的开始。中美关系的确存在全面脱钩的风险。

这种风险应当引起我们的高度警觉。我们要有极限风险思维，当极限风险来临的时候，我们这个社会能不能正常运行。华为做得好，就是它有极限风险思维。我看过任正非先生的访谈，他在若干年前就想到，如果有一天，美国断供了，华为能不能生存下去。在这之前华为做了一些储备，进行了一些替代性研究，华为在最好的时候做了最坏的打算。所以，美国断供了华为还在运行，这就是极限思维。我们国家应该有极限思维。

（四）新冠肺炎疫情的深远影响

新冠肺炎疫情对全球经济乃至人类社会的未来，将会产生久远而深刻的影响。新冠肺炎疫情是人类社会的灾难，也是对过往人类行为的警告。全球疫情还在恶化、蔓延，没有停下来的迹象。中国把人民的生命安全放在第一位，采取了有效的防控措施，有效地遏制了疫情的蔓延，才有了今年国庆中秋双节黄金周 6 亿人出行的宏大场面。大家在家待了半年，憋不住了。因为人太多，所有的景点都难以承受，突破了极限。新冠肺炎疫情改变了很多生活习惯。这种大规模出行，会不会使新冠肺炎疫情再次暴发？潜在的无症状的会不会传染？现在已经过去 14 天了，应该说，没有看到特别异常的情况。冬天马上就要来了，疫情会不会再次发生？需要警惕。

新冠肺炎疫情给经济活动带来了深远影响，同时也改变了社会的秩序和人们的生活观念。社会的观念、文明的生活方式得到了提高。

我看过一篇文章，说新冠肺炎疫情如同二战一样，对全球秩序会产生重要影响。二战之后产生了一些新的规则、新的国际组织、新的集团。新冠肺炎疫情也在催生一些新规则、新组织。新冠肺炎疫情让我们深刻地意识到，重大危机来临的时候，社会能不能正常运行。

疫情开始时，西方国家的口罩供应严重短缺。口罩短缺，抵御疫情的第一道屏障就不存在。戴口罩，会使新冠感染率大幅度下降。过去基于国际贸易，口罩是一个微不足道的商品，到哪里都可以买到。可是新冠肺炎疫情来了，口罩居然成了问题，生产来不及，病毒传播的速度太快。这凸显了完整产业链的重要性。

在中美贸易摩擦中，我们体会到芯片断供的严重性。在高端技术领域，过去是基于国际贸易规则，从美国进口，从欧洲进口，但是如果国际形势发生了重大变化，他们宁愿自己不赚钱，也不把这些重要的高技术产品卖给我们，形成了“卡脖子”工程。我们要高度重视“卡脖子”工程，要有危机的底线思维，不能让人在危难时卡住了我们的脖子。解决高科技产品的“卡脖子”工程，只能走国家政策指导、市场化机制的模式。我不赞成所谓的举国体制模式，因为举国体制解决不了市场需求和基于市场需求的技术持续创新问题。

（五）中国经济对外依存度的变化

中国经济对外依存度，还在发生重要变化。2008 年全球金融危机后，中国着力扩大需求，无论是内部消费需求还是投资，内需对中国经济增长的贡献力在不断提升。中国要保持经济的持续性成长，进而成为发达国家，仅仅依靠外部需求是不现实的，有巨大的脆弱性。

当然，应当看到中国的内部需求以及内部增长动力还相对乏力，但中国经济增长的结构的确已经发生了一些重要变化，内需的贡献正在变大，内需的动力也在增强。这是我们调整经济发展战略和模式的重要基础。所以，基于外部形势的复杂变化和中国经济增长动力结构的调整，我们应主动调整中国经济发展模式，从国际大循环主动调整到“双循环”协调发展的战略模式上来。

我认真学习了习近平总书记关于战略转型的重要讲话。总书记讲得非常概括，非常有高度，他说，我国经济正处在转变发展方式、优化经济结构、转换增长动力的攻关期，经济发展向前向好，但也面临着结构性、体制性、周期性的相互交织所带来的困难和挑战，加上新冠肺炎疫情的冲击，目前我国经济运行面临较大的压力。

他强调，面对世界经济深度衰退，国际贸易和投资大幅萎缩，国际交往受限，经济全球化遭遇阻碍，一些国家保护主义和单边主义盛行，地缘政治风险上升的不利局面，必须在一个更加不稳定、不确定的世界中谋求我们的发展。

这个判断是在今年的两会上，总书记在全国政协的经济组的讲话，讲得非常概要，非常准确。庄院长是全国人大代表，她有幸参加了一些座谈会。同时总书记还强调，要面向未来，要把满足国内需求作为发展的出发点和落脚点，加快构建完整的内需体系，大力推进科技创新及其他各方面的创新，加快推进数字经济、智能制造、生命健康、新材料等战略性新兴产业，形成更多新的增长点，着力打通生产、分配、流通、消费各个环节，逐步形成以国内大循环为主体、国内国际“双循环”相互促进的新发展格局，培育新形势下我国参与国际合作和国际竞争的新优势。在这种大背景下，总书记提出了中国经济发展新格局。这个战略转型从“十四五”时期开始。

三、“双循环”面临的阻塞点和风险点

“双循环”有哪些阻塞点和风险点？中国是一艘巨轮，要进行巨大转型，会有不少障碍和风险。转型过程中会遇到哪些问题？哪些阻塞点？哪些风险点？哪些是痛点？哪些是难点？需要深入而理性地分析。

（一）国内人均收入水平较低：基本动能乏力

“双循环”战略转型，面临的首要问题是国内人均收入水平不高、转型的基本动能乏力、低收入群体规模较大、中等收入群体规模相对狭小。李克强总理在2020年5月28日举行的记者招待会上说，中国是一个人口众多的发展中国家，人均年可支配收入是3万元多一点，但是有6亿中低收入人群，他们的每个月收入也就是1 000元左右，1 000元收入在城市生活，有较大困

难，这是我们的一个基本国情。据国家统计局公布的数据，2019 年全国居民可支配收入是 30 733 元。同年城镇居民人均可支配收入是 42 359 元，月均大约是 3 500 元，农村居民人均可支配收入是 16 021 元，月均大约是 1 300 元。这就是我们当前面临的一个现实。

在这样一个收入水平基础上，试图通过国内循环为主，推动中国经济迈向发达国家是有很大难度的。因为可支配收入太低了。我们有时候会混淆需求与需要之间的根本差别。需求是以可支配收入为基础的有效需求，需要则是一个目标，可以脱离人均可支配收入的约束。我们必须在有效需求的概念基础上思考经济问题，这是我们分析问题、制定政策的着眼点。所以，从目前情况看，转型的基本动能是乏力的。我们要看到问题所在。只有看到了问题，才能找到解决问题的办法。

另一个约束条件是中等收入群体规模不大。中国的中等收入群体只占 40%，难以持续支撑内需为主的中国经济持续成长，这是我们面临的必须着力解决的重要问题。而且，这 40% 的中等收入群体面临子女教育、医疗和房价等因素的影响，他们中有的可能难以维持在中等收入群体内。他们中的少数可能会变成富裕阶层，也有一小部分可能稳定在中等收入群体中还有一些困难。中等收入群体的扩大面临较大压力。

我们必须把中等收入群体由现在的 40% 不断扩展到 50%、60%、70% 甚至 80%，这是一个非常艰难的任务，需要较长的过程。低收入群体规模大、中等收入群体占比不高，是战略转型遇到的第一个阻塞点。

（二）创新机制：持续能力约束

第二个约束是创新机制市场化激励功能不足，创新能力比较弱。创新能力不足会对“双循环”战略转型产生持续性的约束。也就是说，“双循环”发展的持续能力会受到创新机制不足的约束。中国走“双循环”发展的道路，不是走低水平的以劳动密集型为主的过去那样的发展道路。过度消耗自然资源，这不是今天的“双循环”的特点。

过去走了那样一条道路，有历史原因。那个时候经济增长以自然资源和人口红利为基础，具有粗放式特征。现在的“双循环”战略，是创新引导、科技推动、高质量发展的模式。无论是创新引导还是科技推动，都与创新有密切关系。创新最核心的是科技创新。没有科技创新，经济就没有持续性。经济增长长周期的出现，是因为技术革命带来的产业革命。我们在创新机制和创新能力方面，有重要缺陷。

中国的大学在创新能力方面是不足的。中国人民大学当然是一所非常好的大学，从创新角度看，中国大学整体上落后于中国社会，知识、观念、精神状态和创造能力等方面都相对落后。很多新科技的创新性研究都在企业完成，这种状况需要反思。中国的大学是需要大踏步前进的，要跟上时代的步伐，要大力提高其对国家、社会和民生的影响力。大学是社会的灯塔，是社会前行源源不懈的动力。它应是思想的摇篮，引领社会进步，推动科技创新，提供高素质人才，这是大学的功能，也是大学存在的社会价值。

现在中国社会做表面文章的太多了，形式主义很严重。大学的三大功能——孕育思想、科技创新和人才培养——没有很好地发挥出来。大学的这三大功能是非常重要的，我们对此缺乏深刻的认识。大学要把人才培养放在首位，但有一个重要前提，就是科学发现、技术创新和思想的活跃。

大学有时候太功利了。无论是国际的还是国内的排名拼比，我都非常不喜欢。有些排名十分关注学校科研经费，关心大学的总收入，我很莫名其妙，这又不是办企业，还追求收费？如果按收入标准排名，人民大学是无论如何也排不上名次。有的学校一个大型工程项目经费就相当于我们学校经费的一半，这又能说明什么呢？我还看到有些大学书记、校长在总结成绩时，强调今年创收了多少，总收入有多少，在全国高校的名次。有人对此嘲讽说，收入 100 多亿元甚至 200 多亿元，真的不是个大企业。华为的收入是用百亿美元来计算。大学比收入让人汗颜。这种趋势和价值观与大学的追求有关系，与社会环境有关系。

创新是会有风险的，社会要为创新提供容错机制，在这方面应该说现在做得不好。现在不作为现象很严重，喜欢做表面文章，说一些大话、空话就完成任务了。社会的发展是要实干，是要创新。只有科技创新，才能推动产业的升级换代，才能使新产业取代传统产业，才能提高经济的竞争力。

（三）高科技产业瓶颈：阻塞点

“双循环”中有一些阻塞点，要么是肠梗阻，要么是脑梗死，很严重。阻塞点的存在会影响产业链、供应链的安全。这里包括大家都熟悉的芯片产业。关于芯片供应，我们以前是比较乐观的，认为建立在国际分工基础上，通过国际贸易机制是可以解决的。基于分工和比较优势原则，我买你的优势产品，你买我的优势产品，优劣互补。今天芯片是美国的优势和欧洲的优势。中国也有很多优势的商品，所以，互利交易不是很好吗？各自获得比较利益，各自获得各自需要的商品，各方需求都能得到满足。经济活动是要讲成本、讲效率的，小而全、大而全，自给自足，这不是现代经济的运行方式，也与国际贸易原则格格不入。但是，在这个特殊时候，你会发现，即使赚钱也不卖给你，卡你的脖子，这不但是阻塞点，更是“卡脖子”，是谋杀。我们要看到这个巨大风险。这样的阻塞点，不是短期内就能解决的，不像口罩，短期内就能解决。芯片不行，有技术门槛，也有成本约束。有专家告诉我，芯片技术不仅仅是投入问题，更是这个国家现代化工业水平的集大成，没有相应的工业和技术生态系统，是生产不出来的。同时，机制也很重要，因为技术要适应市场的变化，要升级换代，要适应需求和竞争的变化。所以，需要一个较长的过程，更要找到正确的发展思路。现在蜂拥而至搞芯片，遍地开花，搞得一塌糊涂。芯片既不是房地产，也不是原子弹。机制和生态系统很重要，不要以为有几台电脑、投多少钱就可以干成芯片。作为国家战略，我们要高度重视芯片产业的发展。

（四）民生安全底线：基础风险点

民生的安全底线，是最基础的风险点。

这个风险指什么？指的是粮食安全。如果真的出现了国际关系严重对抗，粮食安全是个问题。这个问题比芯片严重得多。

技术先进的芯片没有，可以等级低一点，但还能运行。不是说中国制造不出先进的芯片，也能造出来，只是商业化成本太高，不是商业级的。中国造的飞行器已经在奔向火星的途中，遥感技术很发达，其中肯定有芯片。这个芯片应该不是美国造的。能把飞行器弄到火星上去的国家，什么技术不行？只是商业成本太高，不是商业产品。做成手机芯片不行，成本太高，买不起啊。手机不需要那么高等级的芯片。与粮食安全相比较，芯片还有一些替代性。

也就是说芯片产业，我们没有优势，但似乎还能活下去。但粮食还有能源，这是我们国家的生存底线。没有能源社会就无法运转。我深切地体会到能源的重要性。有一天我外出开会，开车时发现，电瓶没有电了。车再好，没有电瓶，就是一堆废铁。无论是 10 万元的车，还是 100 万元的车，没有能源都是废铁。车可以低档一些，但电瓶要有电，车才能跑，否则就一文不值。所以，能源对我们来说是一个仅次于粮食的战略问题，不可轻视。要始终把能源战略放在重要的位置，未雨绸缪，做好充分的准备。

比能源还重要的，那就是粮食。粮食不足，社会恐慌，一切无从谈起。现在粮食进口量很大，本来我们粮食基本上能自给自足，现在不知道什么原因，农村土地有不少荒芜了。袁隆平先生那么努力来提高粮食单位产量，但是土地荒芜了，粮食的风险始终潜伏着。这是一个战略问题，要高度重视。

如何解决这个重大问题？如何消除这个巨大的潜在风险？有人建议，让农民工回到农村去，把原来荒芜的地种起来，还可以解决就业问题。

这不是解决中国粮食安全的有效办法。我们必须改革农业农村土地使用制度，核心是要让土地流动起来，要有规模性，要有种粮的积极性，要有效率。通过新体制、新模式和新的生产方式，提高土地使用效率，而不是简单地让农民工回到农村。城市化、城镇化，是中国现代化进程的重要趋势，人们都愿意到城市生活，这里有良好的基础设施，为什么要让他们回去？我们有一个习惯，总想用落后的办法，而不是改革的方式去解决现在遇到的新问题。殊不知，那个落后的办法就是改革的对象。

把农民从土地的束缚中解放出来，让他们慢慢成为城市人口，从此推进中国社会的现代化，这是历史的趋势，也是改革的结果。在谈到粮食安全时，有人把注意力放在流通环节上，主张恢复国有粮店，以此确保粮食安全。我不认为这个政策建议是有效的，甚至怀疑其正确性。

如果建国有粮站能解决中国人的吃饭问题，我们早就解决了。1978 年之前，国有粮站垄断了粮食流通，为什么粮食还短缺呢？不要以为未来如果出现粮食危机，原因在于流通体制的市场化，相反，市场化的流通体制，对中国粮食生产起到促进作用。

我们现在有个习惯，遇到问题就想到过去的计划经济时期的一些老办法，总觉得这个老办法灵，希望政府什么都管起来。过去 40 多年来，中国经济的成就，实际上是因为我们尊重了市场经济规律，尊重了市场在经济活动中的决定性作用。今天遇到的任何问题，还是要回到这个认识上来。民生风险问题，只有通过改革的办法才能解决。

四、“双循环”战略面临系列问题的解决思路和对策

如何解决“双循环”战略面临的诸多问题？

（一）不能走计划经济的落后老路、自然经济的低效之路

我们不能走计划经济的落后老路和自然经济的低效之路。我刚才举的例子，就有走计划经济落后老路的迹象。在经济领域，我们要让“有形的手”的作用边界有约束，而不是不断地扩展其作用边界。如前所说，中国经济 40 多年的发展成就，是因为我们不断地坚守市场是资源配置的主体性力量这样一个原则。“有形的手”，核心是优化作用，也就是说，在一些顶层设计和经济出现重大动荡时，政府可以发挥相应的作用。在更多的时候，经济运行是能自动找到正确的方向的。不要以为只有政府的引导，经济才能够找到正确的方向，市场的作用更重要、更持久。“双循环”不是要走计划经济的老路，不是说要扩大政府资源配置的边界和提高干预市场的程度。“双循环”也不是说要实行小而全、大而全的自然经济模式。

（二）继续深化改革，走开放道路，绝不能走与世界经济脱钩的封闭之路

要继续深化改革，走开放的道路，绝不能封闭，不能轻视开放对中国经

济的重要作用。刚才我们用了一个新词，开放是中国经济发展最大的红利。所以，中国经济绝不能封闭。现在国际环境是有一些大的变化，但我们要积极拓展国际市场，要有国际视野，要走开放的道路。外部环境虽然有些改变，但实际上，美国能离开中国吗？现在天天说脱钩，能“脱钩”吗？中国对美出口没有减少，只是增速有所减缓，总量还是在扩大的。我们要主动地拓展外部市场，努力改善与外部世界的关系。

（三）增强经济增长的基本动能：收入倍增计划和扩大中等收入群体

要增强经济增长的基本动能。我曾提出，“十四五”时期，应努力实现低收入群体的收入倍增计划并不断扩大中等收入群体。数据刚才大家也都看到了，6 亿低收入人群，在“十四五”时期，可否从月收入 1 000 元左右增加到 2 000 元呢？他们收入低，增加到 2 000 元，翻倍了，由于基数小，相对来说并不是特别困难，而且他们收入的边际消费倾向高。我们要有这样一个低收入群体收入倍增计划。要实现这个计划，重点必须推进相应的改革，包括初次分配和再分配体制的改革。要进一步推动经济的有效增长，这是前提。在这个前提下，我们才能实现低收入阶层的收入倍增目标。与此同时，要扩大中等收入群体，由现在的中等收入群体占人口的 40%，扩大到“十四五”时期的 60%，同时，有一部分低收入群体进入中等收入群体。如果这两个目标都能实现，我们走国内循环为主、国内循环与国际循环相互协调发展的新发展格局，就一定能实现。

我看到有学者写文章，说我们现在要着力发展劳动密集型企业，以解决就业难的问题。如果政策的重心放在发展劳动密集型产业，且不说我们已不存在人口红利，我们已经进入人口老龄化的时代，这样的政策导向能完成高质量发展吗？

作为经济发展总的指导原则，一定是创新引领、科技推动，一定要把发展高科技企业和战略新型企业放在优先位置，政策应向这个方向倾斜。为什么我特别支持注册制的改革，是因为它侧重科技推动、创新引领的发展模式。通过发行制度改革，让那些过去按照传统工业标准不能上市的新经济企业可以上市，因为过去的上市标准比较工业化，有资产规模、注册资本、盈利水平等要求，有很多硬指标，这些工业化时期的硬指标让那些高科技企业望尘莫及，根本达不到上市标准。高科技企业不少开始都是亏损的，即使盈利也不太多。怎么办呢？是继续让那些没有什么成长预期的企业继续上市吗？现在一些地方商业银行不断上市，从全局看，没有太大意义。其上市可能对企业本身有价值，但对改善市场大格局没有实际意义。对上市地方银行来说，多了一条核心资本的市场化补充机制，对市场资产结构的改善没有实际价值。

与其让这些没有成长预期的企业上市，不如让更多的高科技企业上市，只要做到信息的充分披露，由市场来定价就可以。这是实实在在地在支持高科技企业的发展，在推动中国产业结构的转型，提升科技企业和整体经济的竞争力。所以，劳动密集型企业，对解决就业有重要意义，但从新时期经济发展的指导原则来看，还是要向科技创新型企业倾斜。

要继续坚持市场化改革，走市场经济的道路，让所有企业都有积极性、有创造性，没有心理压力。过去很多年，为什么会有这样好的发展局面，是因为人人都安居乐业，人人都有梦想，人人都在创造财富，没有恐惧感，很开心。我有几个同学，都是 80 年代末 90 年代初拿到博士学位的，也做了教授，后来下海创业去了。当时，我们觉得非常可惜，浪费了人才，怎么能下海创业呢？是不是缺钱了？还是贫穷逼的？实际上那个时代虽然不富有，但生活还能正常。后来才知道，只有那样伟大的时代，才会激励这些知识分子下海创业。有时候我想，如果能让高级知识分子下海创业，那个时代就是伟大的时代，因为他们没有后顾之忧。

要实现低收入人群的收入倍增，就必须调整初次分配和再分配体制。初次分配包括在国家、企业、个人之间的分配，比例要调整。总体而言，企业和个人的税负太重。在座的有税务研究方向的研究生，我问过朱青教授，中国的税负水平如何？有人说不高，有人说高，究竟高不高？我认为比较高，因为与纳税人享受的服务相比，有些高。我们应当把税负降一些，通过初次分配机制的调整，提高低收入群体的收入，激发人们的创业积极性，激发企业的活力，这很重要。我问了一些企业家，各种税费缴完，忙了半天，不挣钱，还承担那么大的风险和责任。这是一个重要问题。再分配环节包括对低收入群体的间接补贴，也包括提供高质量的公共产品，这些都是再分配的内容。公共产品的完善，对中低收入阶层来说，是一种间接福利。我们要提供高质量的公共产品服务，重视公共基础设施建设。公共基础设施要尽可能价廉物美，这实际上是在间接提高中低收入阶层的收入水平。我们很多政策都应从这个角度去思考。

我们有时口号喊得很响，实际效果甚微。一些部门喜欢做表面文章，不注重实际效果。新冠肺炎疫情暴发后，中小微企业遇到了很多困难，没有现金流。在差不多半年时间里，生意非常冷清，房租交不起，税费又不能少，利息也不变，成本太高，照这种情形下去只有关门。

基于这种严峻的情况，党中央、国务院提出了让中小微企业渡过难关的政策指导。第一，房租要减免。企业现金流都没有，怎么交房租。第二，降低或减免税费。第三，减免利息，贷款展期。第四，也可以适当调整工资收入。只有这样才能共同渡过难关。这些改革建议，实际上并未真正落实。

有些部门弄一些眼花缭乱、花里胡哨的政策，做表面文章。国务院提出的是三个月免房租，谁做了免三个月房租？房东都不愿意。税费减缓了一些。贷款利息是一个沉重的负担，贷款做了一些展期处理。政策整体上看不实，做表面文章的多。各个部门都在发文件，表态做样子，做给领导看。纾困政策要实实在在。美联储的一些政策要认真研究。美国股票市场今年上半年四次熔断后，美联储知道，这样下去，美国金融体系就会崩溃，所以采取了史诗般的操作手法，稳定了市场，稳定了信心。美联储的这种操作手段和教科书上说的已经不一样了，颠覆了人们的理念，教科书要重写。他们知道，当前首要任务是稳定市场、稳定预期，要采取一切手段告诉社会，美联储有能力解决这个问题。所以投资信心恢复了。我们在一些重大关键问题的应对上，没有创造性，不坚决。党中央、国务院定的原则是非常明确的，但一些部门扭扭捏捏，没有决心，没有创新。

（四）经济高质量发展的驱动力：科技创新

要着力提高经济高质量发展的驱动力，核心是科技创新。产业的升级换代来自科技创新。没有科技创新，就没有产业的升级换代和经济的可持续增长。创新来自哪里？创新来自没有被约束的思想，一切创新都来自没有被约束的思想。思想一旦被束缚，就停滞了、僵化了，还有什么创新？改革开放 40 多年，因为有了解放思想、实事求是的思想路线，才会有生机勃勃的创新。深圳怎么建成的？靠不断改革创新，靠解放思想。在深圳发展过程中，是要闯很多禁区的。不解放思想，能闯过去吗？在深圳经济特区建立四十周年庆祝大会上，习近平总书记发表了重要讲话，总结了特区的发展经验，对未来的改革有重要的指导作用。海南自由贸易区（港），我总觉得有点迈不开步子。不知道做了什么具有创新引领的改革，似乎把希望都放在上面的政策上，等、靠、要是出不来国际一流的自由贸易区（港）的。等是等不来的，要不断探索，要勇于探索，要有担当的精神，要有国际视野。前面的路虽然没有走过，但只要坚定地向前走，就会有出路。海南不能有太多的禁区，禁区太多，是不能办成自由贸易区（港）的。从法律到经济政策，到政府与企业的关系，甚至到公司治理结构、资本投资形式，都要去探索。当年深圳就是这么探索来的。

所以，创新来自思想上没有被约束。解放思想，推动创新，才能解决前进中的各种困难和问题。中国社会未来面临的问题，比过去 40 多年可能更复杂，内外部矛盾情况发生了很大变化，怎么去解决？唯有解放思想，唯有创新，才可以解决我们前行中出现的各种问题。

（五）着力打通经济循环的阻塞点

要着力打通经济循环的阻塞点。现在政策已经非常明确，首先是要大力扶持高科技企业的发展。刚才我讲过，财政政策、税收政策、金融政策以及其他各方面的政策都应该扶持高科技企业的发展。发展芯片产业，社会有共识，必须通过市场化机制解决这些“卡脖子”技术。

只要尊重市场经济规律，尊重常识，鼓励人们去创造、创新，激活人们的积极性、创造性，解放思想，鼓励创新，就一定能打通经济“双循环”的阻塞点。

（六）正确处理国内循环与国际循环的关系

要正确处理好国内循环与国际循环的关系。在“双循环”战略中，国内循环是经济基础，国际循环是导向。国内循环成为经济增长基础的前提是，要提高居民的可支配收入，特别是低收入群体的收入倍增和扩大中等收入群体。如果这个问题解决不好，就会影响国内循环的主体地位。以国内循环为主体、为基础是有条件的，不要以为国内循环必然成为主体。我们不要低水平的国内循环。高水平的国内循环是以收入水平提高和技术创新能力为条件的。国际循环是导向，引导未来发展的结构和方向。国际市场是风向标。中国经济和国内市场还没有到国际风向标这样的水平。为什么华为能发展起来？它着眼于国际市场，瞄准国际先进水平。华为在国际上取得了巨大成就后，人们才知道华为手机，才会买华为手机。相当长时期里，有些人总鄙视华为手机，现在华为手机是世界上最好的手机，因为它着眼于国际市场、国际标准、国际水平，到国内市场就有很大竞争力。以前，在国内很少看到华为的广告，若到北美、南美、欧洲和非洲，华为的广告到处都是。2017 年我访问南美洲，到巴西、阿根廷访问了 10 天，目的主要是研究为什么它们没有跨越“中等收入陷阱”。与当地智库研究机构专家开展座谈，探讨他们发展中的一些问题。

到阿根廷访问，路过马拉多纳的博卡青年俱乐部，马拉多纳是我们那个时代的天才球星。博卡俱乐部所在的城市以及那个球场及体育用品商店内都是华为的广告，包括队服，让人非常吃惊。也就是说，华为在当地影响很大。华为着眼于国际市场，国际市场是风向标。

只要瞄准国际市场、国际水平，无论是技术标准还是消费时尚，都有竞争力。在国际上能生存下来，到国内易如反掌。这就是为什么说国际循环是导向，因为它是标准的制定者，要向这个高标准靠近，不要对标低水平的标准。高效的外循环与有发展动能的内循环，是“双循环”战略高质量发展的重要保证。

所以，要正确处理好国内循环与国际循环的关系，不能轻视国际循环。国内循环是基础，是主体，基础要扎实。同时，坚持开放，仍然是“十四五”时期的重要国策，仍然是中国经济未来发展的重要引擎。

五、“双循环”战略转型：金融的作用

最后讲讲“双循环”战略中金融的作用。金融的变革和产业革命是息息相关的。有什么样的产业业态，经济处在什么阶段，金融的作用和业态也会随之发生重大变化。金融必须服务于实体经济。金融不是自我循环的游戏，不是庞氏骗局，一定要满足实体经济的有效需求。实体经济的结构在变化，产业业态在变化，不同的产业和不同的经济结构对金融的需求是不一样的。这正是金融变革的重要推动力量。

人类社会从 1764 年开始出现了第一次工业革命，即蒸汽机革命。蒸汽机革命是划时代的，开启了工业文明时代，解放了劳动对人的奴役，由机器部分地替代了人力。这是人类历史上划时代的变革。第二次工业革命的标志是电气化，开始于 1870 年。电气化时代是 1764 年工业革命的升级。电气化工业革命大幅度提高了劳动生产率。第三次工业革命的特征是自动化，起始于 1969 年。第三次工业革命开启了计算机和电子数据为代表的科技时代。第三次工业革命仍然处于工业文明时代，是工业文明时代的再次升级版，生产更有效率，财富创造速度更快。

第四次工业革命，即智能化革命，一般认为，是从 2011 年开始的。第四次工业革命以物联网、大数据、云计算、AI、互联网等为特征，人类社会进入智能化的全新时代。智能化时代已经不仅仅是工业化时代的延续，意味着已经跨入了一个新的时代。虽然它仍然以工业革命为基础，但其对信息处理的能力得到了极大提升。通过大数据和互联网，在云上再造了一个人类社会。这是人类社会的巨大变革。

所以，互联网、大数据、云计算和以此为基础的 AI 等推动着经济运行

方式的根本性变革。第四次工业革命有很多新的特点，最重要的是构造了一个数据化的经济社会。每一次工业革命都呈现出一些基本趋势，从手工业到机械化、自动化、信息化、智能化，这是一个基本发展趋势。第四次工业革命，数据化、智能化、互联网、物联网、人工智能等，成为这个时代的新特征。

第四次工业革命，的确不像第二次、第三次工业革命那样，是对第一次工业革命的升级。第四次工业革命实际上是一种变革。人类社会的双重性已经出现了，是一个巨大的飞跃。

四次工业革命和金融都有密切关系。在新的发展格局下，基于第四次工业革命的历史进程，我们应该思考金融如何通过变革去推动第四次工业革命后的实体经济的创新发展。从历史轨迹看，金融与不同时期的经济有着不同的联系，虽然不是一一对应的，但从主流趋势看，似乎有这么一种相关性。

第一次工业革命时期，商业银行发挥了重要作用，金融以商业银行为主要特征。第二次工业革命，投资银行的作用在提高，市场的作用在加强。第三次工业革命，以创业投资体系为特点，也就是说在金融体系中，风险投资、创业投资、新的金融业态开始发挥重要作用，这类市场化的新金融业态开始具有对新技术孵化成新产业的功能。

在第四次工业革命时期，商业银行、投资银行、创业投资、风险资本和金融科技集合在一起，发挥了综合作用，其中，科技对金融的重构，是这个时期的显著特征。金融体系能否有效推动第四次工业革命，关键在于金融如何变革，才能支持基于第四次工业革命的实体经济创新发展。这必然涉及金融科技、金融创新和金融监管的关系。

监管者，一般都强调金融风险，也强调金融服务于实体经济，希望不要出现监管套利，不要出现创新套利，包括金融科技的创新套利，强调加强监管。总的来看，强调这些没有什么问题。但是，金融在进步，尤其是金融科技发展迅速，监管如果仍用落后的办法、传统的准则，那就无法达到监管的目标。所以，监管创新是重点。

在金融监管中，必须重视金融风险，要防范出现系统性金融风险，同时，又必须打破刚性兑付。这是监管所必须平衡处理的问题。

与此同时，我们要看到中国的金融生态体系要进一步改善。我以前多次讲过，中国金融只关注大江大海，对小溪、小河、湖泊关注不够，不太关注毛细血管的建设和丰富。一旦强调加强监管，似乎主要就是对毛细血管的监管，似乎只要大江大河安全，中国金融就安全了。实际上，没有丰富的毛细血管，金融机体很难说是健康的，虽然心脏仍然在跳动，但活得很不舒适。中国金融关心心脏，关心大江大河，不太关心毛细血管。毛细血管的丰富，是身体健康的重要表现，手脚都在溃烂，虽然心脏还在跳动，那又有什么意义？

我的意思是，要构建与第四次工业革命相匹配的新的金融业态、新的金融生态链，这很重要。

所以，我们要着力发展金融新业态。通过什么来发展呢？通过脱媒和科技。市场和科技这两种力量，将使中国金融的生态体系得以丰富。金融业态的丰富和多样，将为中小微企业和中低收入阶层提供相匹配的金融服务，无论是融资服务还是财务管理服务。第三方支付推动了中国金融支付体系的变革，科技推动了第三方支付的蓬勃发展，让所有人都能享受到快捷安全的支付服务。目前融资和财富管理服务是不够的，这只有通过金融生态的丰富才能实现。

我们应当创造一些产品、业态和机制，解决中低收入阶层的财富管理诉求。财富管理不仅仅是富人的事，中低收入阶层也有这个需求，只不过规模较小。有人说，融资和财富管理客户群的下移，会引发新的风险。任何一种金融活动都有风险，哪一种金融业态都存在风险，就看如何创新监管。新金融业态在克服了传统金融业态风险的基础上，的确增加了新的金融风险，但其前提是化解了旧的存量风险，同时提供的金融服务效率比其所可能引发的风险要大得多，也就是说它对社会提供的福利是正向的。

监管不能只看到风险，还要看到金融创新对社会提供的新福利。这种福利水平，如果可以完全覆盖风险成本，这种金融创新就是有价值的。

从目前看，中国金融体系的主体是商业银行以及类银行金融机构，加强对它们的监管成为中国金融监管的重中之重。《巴塞尔协议Ⅲ》以及以此为基础形成的中国商业银行监管准则是一项重要的基本监管制度。从存款准备金制度、资本充足率、拨备标准以及其他一些风险指标角度制定规则，以防止商业银行的信用过度扩张和商业银行过度追求利润所可能引发的风险。通过这些指标来控制风险蔓延，使风险处在收敛状态。中国金融体系能有今天，就是因为我们恪守了这样一个严格的监管准则。

当然，从目前状况看，中国金融体系有点传统。第一，这种金融体系对高科技企业的孵化能力比较弱，在推动科技创新、产业转型方面相对弱。现代金融的本质，是为新而来，不是为旧而存在。如果为旧而存在，这个金融就是落后的金融。所以在这方面，在为新而来，把新培养成未来经济和发展的主导者方面，中国金融仍然是不足的。第二，财富管理的功能也是弱的。中国金融变革有两种力量在推动着，一是脱媒的力量。要加快脱媒的进程，加快金融市场化进程，以完善金融的财富管理功能。提升金融的财富管理功能，通过什么才能完成？只有通过金融市场特别是资本市场的发展、市场脱媒的机制来完成。市场脱媒后的结果，就是中国金融的结构性变革。二是通过科技的力量，让中国金融具备着眼于新、着眼于未来的功能。科技金融就具有着眼于未来的功能。

概而言之，我们一定要深化金融改革，扩大金融开放，提高金融的科技水平。这对在“双循环”战略中不断提升金融的作用至关重要。中国金融不能回归落后的金融体系。

正确处理好金融专业学位教育中的“五种关系”

——在“2020年全国金融专业学位研究生教育工作会议暨第四届中国金融教育发展论坛”上的主题演讲

【作者题记】

这是作者以全国金融专业学位教育指导委员会副主任委员的身份于2020年10月18日在兰州就金融专业学位教育所发表的演讲，第一次提出在金融专业硕士培养中，要正确处理好“五种关系”。

我们国家现在正处在历史的关键时期，即将发布“十四五”规划。这些年来，民粹主义、贸易保护主义、单边主义、逆全球化思潮的盛行，给中国经济发展的外部环境带来了新的复杂变量。新冠肺炎疫情的暴发和在全球的蔓延，更使全球经济出现了新的不确定性，对中国经济的发展提出了严峻挑战，使中国经济在过去长时间所具有的相对稳定的和谐的外部环境变得敏感而复杂。在这样一个外部环境发生重大变化的时候，结合我国经济发展的实际状况，中央提出了在新时期经济发展的新格局、新模式，也就是从过去的国际大循环到未来的“双循环”发展的战略，这意味着中国经济发展模式发生了战略性转型。这种判断是科学、准确的，是考虑了国内外形势的变化，同时也考虑了中国经济发展的实际状况所作出的科学决策。

“双循环”战略和过去的国际经济大循环有所不同。这种战略转型绝不意味着我们要回到传统计划经济的老路，绝不意味着我们要奉行自然经济、自给自足的发展模式，绝不意味着我们要走封闭的道路。实际上，在未来的经济发展中，我们要更加开放、更加市场化，实现创新引领、科技推动的新发展模式。这一经济发展模式和过去一个时期曾经出现的以国内循环为主的发展模式完全不同，它突出了创新引领和科技推动。为此，我们要有很多新的改革。这个话题非常大，奇帆市长有深入研究，大家可以看看他最近的一些演讲。这里我就不展开了。

我重点谈谈金融人才培养如何适应我国经济战略转型的要求。金融人才是稀缺人才，对于一国经济发展，对于资源配置、效率的提升，对于如何防范金融风险都是至关重要的，其中金融专业学位又是理论与实践相结合的一种人才培养模式。对金融专业人才或者金融专业学位人才的培养，我始终认为，应该处理好这五个方面的关系。

一、正确处理和认识中国国情与国际规范的关系，不可偏废

金融人才培养要服务于国家大局和国家战略性需求，必须对中国国情乃至未来变化要有深刻的把握，这对培养单位提出了很高的要求。中国金融向何处去？我们要有深刻的把握，才可以培养与未来相适应的人才。与此同

时，我们必须系统学习金融活动的国际规范和国际上成熟的金融理论，不能走偏门。金融领域国际规范的理论是我们学习的重点，特别在研究生阶段，必须深刻理解现代金融的一系列常识、规则和理论规范，不能太功利、太短视、太现实，否则，走不远。要走很远，必须要把理论学透。我强调，金融的理论学习、了解金融活动的国际规范，要掌握风险是如何定价的，公平的交易规则是如何制定的，金融脱媒的理论逻辑是什么，科技和金融结合将带来什么样的深刻变化，以及金融市场价格波动背后的原因、规律等。这些都是金融领域的基本常识和基本理论。在大学时期，无论是研究生阶段还是本科生阶段，这都是学习的重点。与此同时，又必须要了解中国国情，特别是中国金融未来变革的趋势。

二、必须处理好扎根中国大地和具有国际视野的关系

我们的学习和研究都必须扎根中国大地，因为我们要服务于国家和人民，不是只到顶尖杂志上发几篇论文。在人才培养中，我们一方面必须扎根中国大地，另一方面又必须要有国际视野。具有国际视野，对金融人才来说尤为重要。没有国际视野，就不了解金融活动的国际规则，思考问题就会偏颇而狭窄。有水平的专家、学者、领导和专业人才一定都有国际视野，放眼全球，看到中国的情况在全球中的地位和作用，没有国际视野，就会坐井观天，甚至会演变成民粹主义。我不希望中国金融人才变成民粹主义人才。我希望他们有深刻的理性思考和宽广的国际视野。国际视野的本质，是要求金融人才有深刻的理性思考和深远的战略思维。在今天，理性思考比什么都重要。理性而客观地看待现实中的问题，比什么都重要。今天在很多问题上，我们似乎缺乏客观、理性的思考和判断。

三、要处理好案例教学和理论教学的关系，两者不可偏废

案例教学是专业学位教育的基石。没有案例教学，就没有合格的专业学位教育。案例教学是每个培养单位和教指委必须重视的。金融教指委在郭庆平主任委员的领导下，做了一些很好的案例。虽然有些案例可能还不太成

熟，但毕竟已经有了案例教学的意识。由于认识上的误区，我们对案例的理解有时会有偏差。案例是有普遍特征的。案例不是故事，也不是简单的经验总结。案例具有可重复性，重复中有客观规律。案例中透视出的问题，有多种解决办法。我们有时对案例的理解过于简单，处在经验总结的认知阶段。案例要给学生们广阔的思考空间。一个案例做出来之后，学生们至少要有两种以上的解决方案。

在案例教学的同时，必须重视理论教学。没有理论教学，没有对金融活动背后理论逻辑的理解，案例教学就没有方向感。对案例要作出科学判断，必须要有充盈的理论逻辑。只有这样，才不会就事论事，才能举一反三。案例教学和理论教学要相互渗透，不能把专业学位教育变成一种简单的职业教育。金融专业学位教育不是简单的职业教育。

四、要正确处理好课堂教学和实践教育的关系

要重视课堂教学，课堂教学是基础。实践教育必须基于课堂教学。不要以为随便找一个实习机会，就认为是实践教育。当前，课堂教学要加强。同时，又要去体会金融实践，这需要有计划、有组织地进行，不能放养。金融专业学位是一种高标准的专业学位，一定意义上说，比学术性金融硕士培养起来要难得多。

五、要正确处理好问题导向和方案解决的衔接

问题导向是金融专业学位的着眼点。例如，关于货币问题，金融专业学位教学的知识节点不主要在于货币的功能、货币结构的形成机理，而在于要告诉学生货币结构的变化对市场所可能产生的影响；货币量的变化，对未来中国经济所可能产生的影响；货币政策和货币存量结构性的变化，对财富管理和金融结构变革所可能产生的影响；等等。这就是问题导向。至于货币产生的机理应不是教学的重点。同时，对相应的问题，还应给出解决的思路。

在金融专业学位人才培养中，要高度关注这五种关系的统一、平衡。今天来了很多培养单位的院长，希望大家深刻理解和处理好这些关系。

我们一定要深刻地理解金融专业学位的意义和特点，一定要把金融专业学位做成比肩中国 MBA 学位的专业学位。我们有能力、有条件比肩 MBA 甚至超越它。我们一定要以这样的胸怀和目标去完成金融专业学位教育的宏伟目标。

这是今天我讲的第一个问题。

这次论坛既涉及人才培养又有金融发展问题，我讲的第一个问题是如何适应国家经济战略转型，我国金融人才培养应注意的问题。

第二个问题，我讲一讲有关中国金融发展问题。

在经济发展战略转型过程中，金融要发挥至关重要的作用。从国际大循环到“双循环”的战略转型，侧重于创新引领、科技推动、高质量发展，不是低水平的“双循环”。这里科技创新、产业升级和产业革命非常重要，金融在其中将发挥重要作用。金融要助推这种战略转型。为此，中国金融必须推进结构性改革，扩大开放，构建多元化金融业态。

社会已经进入第四次工业革命时期。1764 年的第一次工业革命具有人类历史划时代的意义。蒸汽机的发明和应用，意味着人类社会开始进入工业化时代。第一次工业革命，摆脱了劳动对人的奴役，这是一个划时代的进步。第二次工业革命开始于 1870 年，标志着电气化时代的来临。1969 年前后的自动化是第三次工业革命的标志。无论是第二次工业革命还是第三次工业革命，都是对第一次工业革命的升级，继续朝着提高科技和劳动生产率的方向演变，继续摆脱劳动对人的奴役，经济发展水平空前提高。每一次工业革命都带来了经济长周期的出现。经济长周期出现的逻辑起点一定是科技创新带来的产业革命。一般认为 2011 年是第四次工业革命的历史起点，其标志是智能化、物联网、互联网、大数据、云平台等其基本特征。第四次工业革命是对前三次工业革命的重大变革。智能化使经济活动发生了质的飞跃，从物理世界变成数字化世界，这无疑是人类社会的巨大进步。面对这样的进步，金融也要发生相应的变革。金融要服务于不断变革、不断进步的实体经济。金融不是自我循环、相互游戏的机制。随着科技的进步和第四次工业革命的到来，金融的功能和作用方式也要随之发生变化。

第一次工业革命时期，商业银行的作用很大。第二次工业革命时期，以资本市场为基础的投资银行开始发展起来，金融脱媒的趋势已经呈现。第三次工业革命时期，科技成为经济发展的主导力量，基于资本市场平台的以风险资本、创业资本为特征的新金融业态悄然兴起。这种新金融业态推动了经济发展，加快了新技术到新产业的转化。在第四次工业革命时期，一方面基于资本市场平台的新金融业态仍发挥重要作用，另一方面新科技广泛地应用于金融，金融进入科技金融时代，并开始脱离传统金融所固有的时空约束，金融的效率得到前所未有的提高，金融的普惠性日益明显。当科技重构金融后，金融的效率和功能将得到极大的提升，这与第四次工业革命的内在特质是相匹配的。

我们一定要深刻理解金融的这些新特点、新作用。相对而言，中国金融是落后的。落后的金融，怎么去提升经济增长中科技的贡献？如何孵化新技术到新产业的转变？中国金融必须加快脱媒的步伐，提高科技水平，创造多样性的金融业态以满足实体经济日益多元的金融需求，提高风险分散和风险配置的能力。新科技到新产业的形成，其中充满了不确定性，金融必须把这种不确定性通过其制度、工具、产品设计予以分散，以推动新科技到新产业的实现。这是中国金融面临的巨大任务。

在大多数人眼中，金融似乎就是商业银行，商业银行似乎就是金融。实际上，商业银行只是传统金融的主流业态。商业银行及类银行机构，在中国经济运行和金融活动中，无疑占据着非常重要的地位，发挥着极其重要的作用。但金融业态的多元性是一个基本趋势，特别是科技金融和基于脱媒的资本市场具有越来越重要的作用。这是未来金融的发展方向。有时候，我们会把金融的这种变化理解成“脱实向虚”，对此，我始终不太赞成。现代金融必须脱没有实质意义的“实”，因这种“实”并不创造财富，也不代表未来。脱这个“实”是为了向那个“虚”。那个“虚”可能是未来的“实”。今天的“虚”也就是未来的“实”。金融的核心作用是服务未来的“实”，不是简单地为今天落后的“实”服务。当然今天很多“实”是国民经济运行的基础，对这些“实”当然要服务，但对那些明显不创造财富的“实”，金融是没有必要服务的。所谓的市场淘汰机制，就是要完成对这些不能创造财富的“实”的淘汰，让新生事物得以成长。

这就是中国金融面临的巨大任务。结构性改革、市场化方向、科技对金融的重构以及中国金融的国际化，这些都是未来中国金融面临的艰难任务。

“十四五”与跨越“中等收入陷阱”

——在人大重阳金融研究院举行的“后疫情时代的中国经济金融与世界局势”系列线上直播的讲座

【作者题记】

这是作者2020年10月29日在人大重阳金融研究院所做的线上演讲，重点讲中国如何在“十四五”时期跨越“中等收入陷阱”，进入高收入国家。

各位听众，我的这次讲座本来安排在一星期前，因为当时有一个特殊情况，没有办法赶回来，所以，请了其他专家代讲，非常抱歉。今天我早早来到重阳，不能迟到，更不能再找人代讲了。

今天，我讲的主题是"'十四五'时期如何跨越'中等收入陷阱'"，在讲这个话题之前，我讲讲大家都关心的问题。两天前有个金融峰会很热闹，监管部门领导和企业家都对中国金融发展谈了自己的一些看法。当然，这些看法因为角度不同，思考问题的着眼点不同，引起了很大争议。这些争议，透视出人们对中国金融未来的理解还是有比较大的差异。不同看法的双方，都有其非常重要的理由，其中好像少有学者发表看法。因为社会都关心这些问题，所以，在主题之前，我也会用比较短的时间谈谈我对相关问题的看法。

一、对相关金融问题的看法

（一）对中国金融来说，防范金融风险是非常重要的

我们一般会将金融中的风险分为系统性风险和非系统性风险。非系统性金融风险是局部的，不会感染到整个金融体系，比如某一家商业银行破产倒闭了，如若处置得比较恰当，没有感染到其他商业银行，更没有感染到整个金融体系，这种风险就是局部的、非系统性的金融风险。又比如，有些地方融资平台出了一些问题，不能及时兑付，这都属于局部风险或者非系统性风险。金融风险如若蔓延开来，影响到整个金融体系的稳定，甚至变成金融危机，我们说这种风险就变成了系统性金融风险。

从金融的改革、开放和发展看，我们的底线是要防止中国金融出现系统性风险，也就是金融危机。

另一方面，从与会者的发言中可以看得出来，有些人似乎在强调中国金融体系的毛细血管并不是很丰富，只注重了大江、大海，只关注大机构、大客户，对小河、小溪、湖泊这些毛细血管注意得不够。应该说，中国金融的生态环境是不丰富的，实际上这在提醒我们，既要关注大企业、大客户，更

要关注中小微企业和中低收入群体对金融的需求，关心他们是否能够获得相应的金融服务。显而易见，这就要对中国金融进行结构性改革，要丰富中国金融生态环境。

中国金融生态链的建设，要关注中小微企业的金融需求，让他们也能得到相应的金融服务。有很多人对此缺乏深度的理解。的确，这是中国金融体系存在的重要问题之一。如何改变这种状况，是未来中国金融改革的重要任务。只有通过市场化改革，通过科技对金融的渗透和重构，才可以丰富中国金融体系的毛细血管，也就是说，中国的金融体系除了大江大海要丰盈，流量要足够大，小河、小溪、湖泊也要有适量水的流动。

（二）关于对《巴塞尔协议Ⅲ》的批评

从目前情况看，中国金融体系的主体部分还是商业银行，虽然，我也认为，这种商业银行主导的金融体系是需要改革的，但从目前看，如何防范中国金融体系中主体部分的商业银行的风险，仍然是金融监管所必须关注的重点。从这个意义上说，必须对在中国金融体系中占据重要甚至主导地位的商业银行加强监管，不能任由它追求自己的利润，任由其无限地去扩张信用，这肯定会带来巨大的问题。所以，《巴塞尔协议Ⅲ》，以及我们根据《巴塞尔协议Ⅲ》所制定的中国商业银行的监管准则，我个人认为，是恰当的。

在商业银行监管准则中，无论是对资本充足率的要求，还是存款准备金制度，还是拨备要求等，对信用的扩张和风险的覆盖都是非常重要的，也是非常成熟的。在中国现阶段，保持商业银行的相对稳定，对整个中国金融体系的稳定具有基础性、主导性作用。所以，对这个问题，有些人似乎不太了解，中国目前的金融结构，实际上对中国金融风险的管控是至关重要的。

当然，我们必须改变这种金融结构，要不断地推进中国金融结构的市场化改革。中国金融结构的市场化改革的主要目的是提高中国金融的功能和效率，改善风险结构，扩大金融服务面。要让中小微企业和中低收入阶层享受到包括融资、财富管理以及支付在内的一系列高质量的金融服务，这唯有通过市场化改革才能完成。

要重视科技对金融的推动作用。我也看到了一些人的发言，似乎在轻视甚至指责金融科技对金融的重要积极作用。这种观点，我认为是不恰当的。中国金融的进步除了市场化改革外，金融科技也发挥了非常重要的作用。这种作用在各方面已经显现出来了，其中支付业态的变革，基于高科技的第三方支付，实践证明，非常便捷、有效而且安全。我们必须大力地推进中国金融的科技化水平，这是至关重要的。虽然社会上有形形色色打着“金融科技”的外衣，行骗人之实的这种情况，但不能否定金融科技对中国金融巨大的推动作用。所以，我们还是要理性、客观地看待金融科技的发展。

（三）金融创新和金融监管的关系

创新和监管是一个永远的话题。在我们国家，金融在一段时间内有相当快的发展，是因为一个时期的包容式监管。我们要容忍金融创新，因为现在人们的金融需求非常多样，对金融的要求越来越高，不通过创新很难满足他们的要求。

金融创新的重要标志，就是是否为实体经济和消费者提供了高质量、高效率、低成本和安全的金融服务。在金融领域，任何一种创新都会有风险，这种风险可能是增量风险，与此同时，它可能又会克服传统金融中那些存量风险。对金融的创新包括产品创新和技术创新，还是应先观察，提倡包容式监管可能会很重要。金融监管的理念需要创新和跟进。监管的坐标系、观察问题的坐标系，监管在金融创新之后会发生一定的变化，我们的确不能够用过去那套监管办法去监管新的金融业态。商业银行过滤风险或抑制风险的办法的确与当铺有着千丝万缕的关系。商业银行贷款需要抵押物，没有抵押物就难以控制风险。随着科技的进步，要运用科技手段去甄别信用，进而控制金融风险。过去传统的做法是抵押和担保。这实际也在提醒我们，对金融风险的甄别以及信用评价，应该更多地借助大数据平台，借助科技的手段，可能能够更好地提高金融的效率。

对商业银行而言，要更多地运用科技成果，运用大数据、云计算这些能够对信息进行有效整合的机制。现代金融有很多新特征，包括业态的多元性、功能的复合性，甚至还包括征信系统和风险识别机制都已经发生了重大的变化。我们必须适应时代的变化。

（四）概括性结论

我们必须深刻地理解，中国金融未来的发展方向在哪里？改革的动力在哪里？改革从哪里开始？我们对这些问题有时候把握得不太好。有些人对中国金融的情况不是很了解，有一些概念可能不知道其本质内涵。

我的观点是：第一，我们必须重视金融风险的防范。第二，从目前看，中国金融虽然离未来的目标还有不小的差距，但它是中国金融的现实起点，有一些规则必须适应今天的改革。第三，要着眼于未来，要重视金融生态系统的建设，让中国金融的生态体系更加丰富，更好地满足中小微企业、中低收入阶层的金融需求。第四，要特别重视金融科技对中国金融进步的重大意义。

二、“十四五”时期，如何跨越“中等收入陷阱”

现在进入今天的讲座主题：“十四五”与跨越“中等收入陷阱”。

（一）“十四五”时期，是中国经济发展的关键时期

“十四五”时期是我国承前启后的发展时期，是全面建设现代社会主义国家的第一个五年规划。按照总书记在十九大报告里讲到的，2020 年中国将全面实现小康，用 10~15 年的时间，建设成社会主义现代化国家，到 2050 年，建设成社会主义现代化强国，也就是发达国家的前列。全面实现小康的目标已成定局，没有什么问题。“十四五”时期开启了新的五年发展时期，也是处在“百年未有之大变局”中的第一个五年规划。

短期看，中国经济正在摆脱新冠肺炎疫情带来的严重冲击，正在慢慢地步入正轨。国际货币基金组织等重要国际组织都认为，中国经济在 2020 年虽然遭受了严重的新冠肺炎疫情以及外部环境不断恶化的内外部冲击，但 2020 年中国经济会进入正增长，一般认为增速在 2% 左右。

我们正在摆脱疫情的困扰，但全球新冠肺炎疫情第二波已经来临，而

且更加严重。中国经济发展的外部环境仍然在发生重大变化。中国经济如何正视这些问题、如何发展，的确需要我们进行深度思考，包括重大战略的转型、重要政策的重新制定、发展目标的重新确定等。这些都要放到大环境下来重新思考。

从一个中长期目标看，我们必须在制度、规则以及政策取向等方面思考和研究，中国如何保持经济的持续稳定增长。

在“十四五”规划中，有非常丰富的内容，也有很多重要的目标，有需要解决的一系列问题。必须研究如何克服外部经济越来越大的不确定性；同时，还要研究中国经济的战略转型。在“十四五”时期，中国有一个重要的目标，就是如何跨越“中等收入陷阱”。2019 年，中国人均 GDP 为 1 万美元，今年如果按 2% 增长率来计算，人均 GDP 也会在 1 万美元以上。这是目前我们的实际起点。

在未来的五年，要通过经济的可持续增长去跨越“中等收入陷阱”，进入国际社会所认可的发达国家的门槛。从经济发展角度看，未来五年面临着重要任务。

我们国家已经进入中上等收入国家水平。有人说，中国一定会跨越所谓的“中等收入陷阱”；我也认为，只要我们坚持市场化改革的方向，坚持走社会主义市场经济的道路，坚持不断改革开放的基本国策，同时激发市场主体的积极性和活力，推动一系列制度改革，推动包括科技创新、制度创新、观念创新等在内的一系列创新，中国在“十四五”时期，达到国际社会所确定的发达国家经济发展水平的基本门槛，是完全可以期待的。

这里所说的发达国家经济发展水平最低门槛，按照 OECD 过去所确定的标准，人均 GDP 1.24 万美元及以上，这是基本的标准。“中等收入陷阱”是世界银行在 2006 年对一些中等收入国家在迈向发达国家后出现的停滞现象所做的概括。有些国家很难跨越这样的门槛，有的虽然短期内跨越了，但由于种种原因，又退回到中等收入国家，难以在发达国家标准之上实现经济的持续增长。经济学家把这个现象称为“中等收入陷阱”。

我们要认真地总结，过去一些国家，为什么有的跨越了这个陷阱，有的即使跨越之后又退回到中等收入国家。成功跨越“中等收入陷阱”的国家，韩国是个案例。但更多的，有典型意义的国家，像巴西、阿根廷、南非、墨西哥以及中亚一些国家，仍然属于中等或中上等收入国家。这些案例需要认真研究。

（二）影响跨越“中等收入陷阱”的重要因素

“十四五”时期是中国跨越“中等收入陷阱”的关键时期。这期间，中国应进入发达国家行列，“十五五”之后，中国经济还要保持持续增长，以向更高的标准迈进。我们要研究为什么一些国家跨不了这个陷阱，或者短期跨越之后又退回来。我们要对这些国家的情况、原因做系统的研究，才能找到有效的措施，才能找到改革的重点。

总的来看，这些国家难以跨越“中等收入陷阱”或者跨越之后又退回来，大体上有这么几个原因。

1. 不思进取或思想僵化

成为发达国家之后，面临的问题要更加复杂一些，而且过去的经验难以解决今天出现的新情况、新问题。面对新问题，需要创造新办法；同时，思想不能封闭、僵化。思想的开放、思想的活跃都很重要。如果思想僵化了，自以为是了，社会就会停滞，停滞就会倒退。这是一个非常重要的潜在原因。

2. 制度缺乏激励

无论从宏观层面，还是微观层面，制度一旦缺乏激励，经济的主动和效率就会大幅度下降。经济的活力和效率来自竞争和激励。如果没有竞争，经济就没有压力，没有压力，就没有创新力和活力。垄断不可能有活力，也不可能有效率。所以，竞争机制非常重要，垄断只会使经济衰退。同时，在制度层面、机制层面上要有很好的激励机制。激励是动能，是产生效率的重要来源。这其中有个正确处理收入分配体制和贫富差距的问题。在初次分配机制中，要更多关注激励，体现效率，有了激励就有了前行的动力。在再分配中，要更多地关注公平。中国要避免过早地进入福利社会。

宏观层面上，我们提倡奉献是必要的，但对更多人来说，制度的设计还是要给出非常明确的、有效的激励机制。

3. 创新能力不足

进入高收入国家或在迈向高收入国家的过程中，创新的思想非常重要。中国经济在过去相当长一段时期里，过度依赖自然资源，对自然资源的耗竭非常严重，从而破坏了环境。治理污染是我们的三大攻坚战之一，要保护生态环境，让人们的生存环境越来越好。

创新能力不足主要体现在科技创新上。科技创新是经济持续增长的原动力。经济不能过度依赖自然资源，不能过度依赖人口红利。今天的中国人口红利已经不存在了，虽然人口基数仍然比较大，14 亿人口，但中国正在进入老龄化时期。我们不要把太多的政策放在如何扩大人口规模上，我不认为扩大人口规模是发展经济的正确思路。虽然，过去在人口政策上或许存在一些失误，但从未来中国经济发展的着眼点看，科技创新是首要的。只有科技创新，才能大幅度地提高中国的劳动生产率，才能有效推动中国经济和产业结构的转型，才可以提升中国经济的竞争力。

科技创新是一个国家迈向发达国家重要的推动力。这从韩国等国家的发展都可以看出来，科技对于发达经济体有重要促进作用。

我们正在从国际大循环战略转向“双循环”战略，这个转向是中国经济重大的战略转型，这个战略转型是中央根据国内外实际情况的变化作出的科学判断，正在塑造一种新的发展格局。我看到某些学者的观点，指出仍然要关注劳动密集型企业的发展。劳动密集型企业的发展对于改善就业、提高就业率是很重要的，但从中国经济发展的战略角度来看，我认为还是要十分重视科技创新对中国发展的长远作用。

“双循环”战略的核心是创新引领、科技推动、高质量发展，是一种新的发展模式。这其中，科技创新特别重要。与科技创新相适应的环境，包括容错机制、宽松的社会环境，这些都是创新所必需的。创新是要冲破一系列思想的约束和制度的藩篱。所以，需要和谐的环境，为创新提供必要的条件。没有相应的环境，创新是难以实现的。创新需要温度和环境，有了适当的温度和环境，创新自然而然就会出来。科技创新对规则和制度的改革要求也很高，包括如何鼓励科技人员，如何与实体经济相结合，贡献他们的技术、知识。这都要提供适当的平台和机制，不要让科技人员有顾虑。

4. 人才约束

发达国家和中等收入国家对人才的要求是不一样的，尤其是当跨越了“中等收入陷阱”，跨进了发达国家的门槛，对人才的需求更高。过去 40 多年来，中国从一个经济上非常落后的国家，通过改革开放、坚持走社会主义市场经济道路，建设成了小康社会，给人才提供了无限广阔的舞台。这 40 多年，是人才辈出的时代，他们有理想、有激情、有干劲、有目标、有担当。

中国是 14 亿人口的大国，它的发展需要一大批一大批的人才才能推动。在未来五年乃至未来更长时间，我们对人才的渴望和要求比任何时候都强烈，因为这个时候，经济发展中面临的矛盾和问题是越来越多、越来越复杂。经济发展、产业的升级换代对专业技术人员要求越来越高，需要越来越多的创新技术。过去也许我们可以复制一些技术，学习外国的一些先进技术，现在则要求技术的不断创新。当然，我们要学习外国先进的技术、先进的管理方法，更需要我们有越来越多自己的技术创新，这对人才的要求越来越高。现在，每前行一步，困难都很大。对人才的渴望不仅仅是科技水平方面，还有思想的高度、担当的精神。

现在不作为的现象比较严重，不担当的现象更严重。人才培养既是大学的责任，也是社会的责任，社会要形成一种让人才脱颖而出的机制。社会要形成一种容错机制。前面的路崎岖漫长，需要探索，探索就有可能走弯路，有可能失败，要正确地看待走弯路和失误。追责追的是以权谋私、以公权力谋私利的责，对为未来发展探索而出现的失误，需要给予宽容，这本就是非常宝贵的精神财富。我特别强调，社会对人才一定要有宽容的环境，如果求全责备，人们就不敢越雷池一步，就不敢前行。这么大的国家，要建设成现代化的国家，没有成千上万的人才，是完成不了的。

5. 要素市场效率比较低

制度性藩篱阻碍了要素市场的自由流动。要素市场的自由流动是要素效率提升的基本前提。生产要素市场包括资本、土地、人才、技术的市场都应该有很好流动和组合机制，不要画地为牢，设置种种障碍，以局部利益为重，这些都是有问题的。中共中央、国务院专门颁布了改善要素市场流通的意见，这是非常重要的，分析了要素市场中存在问题的一些根本原因。

土地市场、人才市场、技术市场，有专家做了很好的研究。这里最重要的就是让这些要素流动起来，流动到最有效率的地方，发挥它们的作用，不要画地为牢，让其处在停滞状态。就资本市场而言，要着力推动资本市场的市场化改革，使资本市场有很好的流动性，让资本能够流动到符合中国经济高质量发展的领域、行业和企业中。

最近，中国资本市场有很多重大改革，其中最重要的改革就是在科创板和创业板试行了注册制。注册制意味着回归了资本市场的本源。在资本市场上，让什么样的企业上市，成长性是放在最重要的位置。注册制改革的目标实际是让市场选择上市的企业，通过市场来上市。注册制改革之前，实行的是核准制，通过以专家为主的发行审核委员会来决定企业的上市资格和发行价格。这些都是要素市场改革的重要进步。

我们已经意识到了，要推动中国经济的持续增长，跨越“中等收入陷阱”，持续地达到发达国家的经济水平，推动要素市场改革势在必然。要素市场改革体现了党的十八届三中全会所强调的，市场是资源配置的决定性力量这一基本规律。

6.腐败和不作为

我们国家早就意识到腐败对经济发展、社会进步所带来的严重危害。十八大以来，党中央非常重视社会健康机体的建设，把反腐败作为重要任务，并取得了重大成绩。同时，我们也要防范社会“不作为”现象的蔓延。通过我的观察，“不作为”现象似乎越来越严重。这些人认为，做到不腐败就可以，实际上，“不作为”也同样对中国经济发展和社会进步产生了重大的危害。因为“不作为”现象严重，经济运行经常出现阻塞点，出现肠梗阻，经济难以有效运转。所以，在注重反腐败的同时，也要注意治理这些“不作为”的行为，要有一整套考核指标，来约束这种行为。

7. 货币因素

所谓的发达国家人均 GDP 的基础标准是以美元来计算的，未来美元的市场走势如何，今天不讨论。从已有案例看，信用脆弱的本币仍然是一些国家退回到中等收入国家的重要原因。一个时期内已经超过了人均 GDP1.24 万美元的标准，但由于本国货币信用基础脆弱，在货币自由化改革后，与美元相比较，经常出现本币的大幅贬值。按美元计算，人均 GDP 水平就会出现大幅度的下降，重回中等收入国家。

在中国，对这个问题的认识还缺乏深刻的理解，缺乏长远的战略眼光。我们要正确地处理好短期经济增长和人民币长期信用之间的平衡关系。短期内，经济可能会有一些波动，可以选用财政政策和货币政策进行逆周期调节。经济下行时，一般会采取相对宽松的货币政策以及相应的财政政策。如何在适度范围内熨平短期经济的波动，这是货币政策和财政政策的职责所在，也是现代社会宏观经济管理的重要方法。

但是，我们要注意的是，不能够单纯地、简单地通过货币发行和货币数量的增长来推动经济的短期增长，长期看，这种认识不利于人民币长期信用的稳固。货币的数量扩张虽然能带来短期的经济增长，如果长期如此是要付出代价的，这个代价是人民币长期信用的侵蚀。在实现了人民币可自由交易之后，人民币信用会通过汇率机制反映出来。我们对此还是要有长远的、深刻的理解。

美国经济保持了 100 多年的持续增长，美国经济强大的竞争力，可以总结很多原因，包括人才战略、科技水平、制度创新等，但有一个极其重要的原因，就是金融的作用。金融对经济的巨大作用主要表现在两个方面：一是金融市场对美国经济的推动作用，特别是金融制度的市场化创新所具有的巨大价值；二是美元信用及其在国际货币体系中的核心地位。美元信用和美元的国际化是美国经济的基石，如果美元信用被破坏，美国经济的基石就会被侵蚀。

同样，人民币良好的信用也是中国经济要保持长期增长的重要基础，这不仅仅只是在“十四五”时期，而是国家应长期坚守的重要的金融战略。不能为短期达到发达国家标准而损害人民币的长期信用。我们一定要从战略的角度为未来经济的可持续增长奠定坚实的金融基础，这个基础具备重要的内核，就是人民币的长期信用。对中国金融而言，人民币的国际化是至关重要的。如果人民币的长期信用受到了侵害，会极大地延缓中国金融的开放，也会对人民币国际化带来巨大的潜在风险。

所以，我特别强调，要爱护人民币的长期信用，这一点并不是很多人都意识到的。爱护人民币的信用，要像爱护自己的眼睛那么重要，是我们国家必须坚守的一个基本政策底线。

（三）几个结论

概括来看，中国经济如果把握了以下几条，前景一定是可期待的。

第一，市场化改革。走社会主义市场经济的道路，提倡竞争，正视激励，尊重市场在资源配置中的决定性作用。

第二，进一步扩大开放。开放使中国经济获得了质的飞跃，开放也让我们知道了不足，让我们了解了前行的方向，给我们增添了信心。所有的信心都是在竞争中确立的。中国人今天的信心，是因为我们开放了，我们在开放中取得了比较优势。

第三，坚持创新。创新中最重要的是科技创新和制度创新。有活力的创新来自没有约束的思想。没有创新中国社会就会停滞。

第四，尊重人才。尊重人才不是个口号，而是实实在在的行动，其中，最重要的就是不要对人才求全责备，人才也有缺点，要看主流，要看他对社会的正向作用。

第五，重视金融的作用。要素市场中最核心的是金融市场，它是要素市场的灵魂、枢纽。为此，必须推动中国金融的市场化改革。一定要重视科技对金融的巨大作用。不必怀念传统而落后的时代。时代在进步，进步中会有新的风险，不必惧怕，更不要指责。不要因为金融创新以及科技与金融的结合而出现了新的、过去所没有的风险，就指责这种金融创新，因为，它大幅度提高了金融的作用。

在金融制度中，人民币的信用基础最重要。一定要爱护人民币的信用，让大家对持有人民币和持有人民币计价的资产有充分的信心。有了这个信心，我们才可以比较好地推动中国金融的开放，才可以有信心跨越“中等收入陷阱”，不至于因为货币贬值的因素而难以为继。在一个开放的时代，一个国际化的时代，人民币的信用是空前重要的。

对我们来说，只要我们能做到上述五个方面，对中国来说，跨越“中等收入陷阱”，在“十四五”时期进入发达国家的门槛是完全可以期待的。“十四五”之后，在奔向 2035 年社会主义现代化国家的过程中，就有坚实的基础。

中国资本市场三十年：从历史走向未来①

——在“黄山论坛”上的演讲

【作者题记】

这是作者 2020 年 9 月 19 日在黄山市人民政府和上海证券报社联合主办的“黄山论坛”上的演讲要点。在此次论坛上，作者被聘为黄山市发展顾问。

① 刊发于《中国经济评论》2020 年第 9 期，标题是《中国资本市场三十年：三座丰碑，一个目标》。

沪深交易所成立并运行已经30年时间，中国资本市场成绩很大，从几百亿元市值到80万亿元市值，从12家上市公司到现在超过4 000家上市公司，投资者从原来几十万人到现在1.6亿的开户人数，为中国经济发展提供了强大动能，金融资产和社会财富得到快速增长，这些都是资本市场对社会作出的重大贡献。更为重要的是，资本市场通过上市公司让中国社会知道遵循法定义务的重要性，让社会明白透明度多么重要。资本市场的基石是透明度，现代社会秩序的基石也是透明度。缺乏透明度的社会，很难做到公平和正义。资本市场让我们切身地体会到透明度的重要性。透明度是实现资本市场公平公正的前提基础。为什么在“三公”原则中，把公开性放在最前面，是因为透明度是基石、是前提。这种观念和认识对中国社会的改革非常重要。在没有资本市场之前或在资本市场发展初期，我们对透明度的理解非常缺乏。企业在未上市之前，有几套账，对税务是一套，对股东是一套，管理层还有一套，有时不知道哪套账是真实的。上市之后，企业的财务数据必须真实透明。秩序混乱的重要根源在信息不透明，信息如果透明，市场就会有序地运行。市场为什么混乱，就是信息不透明、规则不一致，有一套对他人的规则，还有一套对自己的规则，几套规则在运行，几种信息同时存在，市场当然乱了，大家不知道什么是真实。资本市场需要真实的信息，需要信息的充分披露。30年来资本市场发展对中国社会的进步和经济发展起到全面而深刻的作用，不能只用融资规模来衡量其作用，那只是非常小的侧面。

我在思考，30年来我们做了什么？昨天晚上我也提了这个问题。《上海证券报》的年轻记者回答得很好，他们把我今天讲的主题事先揭开了，即三十年三座丰碑。

第一座丰碑是开天辟地的大事，是1990年底沪深交易所的设立与运行。从今天看，可以看到它有多么重大的意义，当时还看不清楚。当时的中国“八九风波”之后，国际环境很恶劣，经济遇到空前的困难，企业要发展，最缺的是资金。当时金融资源非常稀缺，只有向社会募集资金，所以发行股票筹资，股票发行后要交易，沪深交易所应运而生。从今天看，沪深交易所的设立开启了中国金融现代化进程。沪深交易所的建立是中国资本市场开天辟地的大事。用学界术语来说，交易所的出现开启了金融脱媒的新时代。没有资本市场之前，企业是通过金融中介和商业银行来融资，融资活动主要通过商业银行来完成，商业银行是相对古老的金融业态，但在功能上有重大缺欠，嫌贫爱富。今天所有银行都给你授信，你若有一些风险可能所有的银行都会封你的账。很多企业都希望通过市场融资，市场融资可以进行周期性安排，不会因为经济周期的变化而受到影响。企业在发展过程中总会有起伏，没有一家企业是持续稳步上升的，当你有起伏时最大的压力来自商业银行。所以，企业希望通过市场来完成融资活动，我们把这样的过程称为脱媒。资本市场生生不息是其脱媒的力量。随着人们收入水平的提高，消费之后的剩余收入希望投资，早期市场不发达，金融资产种类很少，人们一般将剩余收入存入银行，通过储蓄存款来防范未来的不确定性。人们发现储蓄存款的收益越来越低，这种收益实际上是对近期消费的补偿，不是投资性收益。这种收益与经济增长没有关系。所以，社会必须要创造一种机制，让越来越富裕的人群有投资的机会，资本市场顺应了这种要求。虽然中国的资本市场不是基于这个目的产生的，而是在解决企业融资难的现实问题上产生的。之后，由于经济市场化进程的提高、居民生活收入水平的提高，提供多样化的金融组合资产的需求越来越强烈。

沪深交易所建立之后，因为当时的初衷是企业融资，所以，在中国资本市场发展的相当长时期中都把资本市场定位为融资的市场和企业融资的平台，这种定位差不多有二十七八年，这种初始的认识误区客观上造成中国资本市场存在基因上的缺陷，不重视财富管理，不重视企业选择标准的市场化，不重视企业成长性。基于这种认知和功能定位，从市场建设之初到2000年之前，亦即1999年《证券法》产生之前，中国资本市场股票发行实行的是额度基础上的行政审批制，企业分到额度就可以发行股票并上市，几乎没有什么标准。企业上市几年就ST，再并购两三次这个公司就要退市了。本来并购是为了企业更好地成长，企业市值不断提升，但在那个时代，我们的并购成为掏空上市公司的重要手段。定位的差异导致出现了一系列的问题。在相当长时期里，中国资本市场都是在混沌的环境下运行，各种违法违规行为频发，欺诈发行非常疯狂，人们都在着迷于造假，有些上市公司几乎所有的财务数据都是人为造出来的。在这样的环境中资本市场怎么会有发展？这样的市场几乎成了掠夺投资者财富的市场，这样的市场是注定搞不好的。

受1990年初意识形态的影响，上市公司有两类股东，控股股东或实际控制人的股份是不能流通的，存在制度上的股权分置状况，在不能流通的股份中，国有股占到70%。这是中国资本市场基因缺陷的重要表现形式。两类股东的利益诉求有重要差别，但是把控上市公司的控制股东绝大多数都是非流通股股东，他们会想尽各种办法通过高溢价发行增厚净资产价值。在过去相当长时期内，中国几乎没有好的上市公司，一个重要原因是利益机制存在严重缺陷。就像一条船上有两类人，把舵的不想到太平洋，想在海上转一转就可以了，利润增长多少、资产价格多少与他们没有关系。对流通股股东来说，利润增长了，股票的流通溢价就有了，但把舵的是控股股东，对于非流通股股东而言，船永远在原地转悠，没有前进的动力和方向。所以，那个年代几乎没有好的上市公司，因为对非流通股股东、控股股东没有激励机制。经济的活动来自两个重要因素：一是竞争。有竞争才有压力，如果是垄断肯定没有活力。二是激励，没有激励就没有积极性，就没有前行的动力。经济活动中的人都是有利益诉求的。我们可以提倡奉献，奉献是很高的境界，这是对个别的先锋人物的要求，但99%的人的积极性是要靠激励机制的，有激励才会有积极性。一个社会不能只讲监督而不讲激励，那是不行的。我们现在踩刹车的人很多，踩油门的人越来越少。社会要发展，发展靠激励。

时间到了2005年。在进入新千年时代后，学界已经认识到中国经济的蓬勃发展并没有带来资本市场的成长，资本市场的市值不过3万亿元人民币。1990年到2005年，中国经济有了巨大发展，特别是在2001年中国加入WTO后，经济更是以前所未有的速度在增长，但是中国资本市场长时间停滞不前。为什么会产生这种严重背离的情况？制度机制有问题，股权分置的制度设计有问题。这个问题是从娘胎里带出来的，是一种基因式特征，后天要改变非常困难，要花巨大的改革成本。怎么改？股权分置改革摆在我们面前。

30年前两个交易所的成立是中国资本市场史上第一座丰碑，我们应该对那个年代给予很高的敬意。小平同志在历史的关键时间保护了这个市场。南方谈话对交易所和证券市场提出了重要意见，使市场得以存在下来。30 年来，中国资本市场最庆幸的是这个市场得以存在下来。在当时的环境下，不少人认为资本市场是资本主义的东西，意识形态环境非常严酷。我在中国学界是较早研究资本市场的，迄今为止没有停止。早年我在人大研究资本市场也承受着很大的压力，有人认为我在研究资本主义的东西。实际上资本市场是现代市场经济的灵魂和心脏，资本市场是现代金融体系的基石。中国能有如此成就，我认为与当时一批又一批人在思想解放的旗帜下探索如何发展中国有密切关系。中国的现代化不是天上掉下来的，大话空话创造不了财富，需要实实在在地探索前行。首先要解放思想，要突破一个个禁区，如果思想被束缚，创新是来不了的，创新是思想活跃、思想解放、思想没有束缚、精神没有压力的结果，所有的创新都来自思想的解放。所以，在那个年代思想解放了，才会有沪深交易所。当时有一批人挺身而出创新探索。中国现代化的进程非常漫长，需要一批一批思想的先驱者。我们现在比较缺乏的是创新的思想、勇敢前行的胆量、担责的精神。我们越来越缺乏这种东西。过去 30 年，有一大批探索者，探索就会有失误，这种失误需要宽容，一失误就追责，那没有人探索。

我们必须着力改变这种制度设计。股权分置的时代，资本市场的运行平台是倾斜的，在倾斜的制度平台上跳舞是跳不好的，况且这个倾斜的平台还充满了陷阱和漏洞，所以那个年代有那么多违规违法的行为。我们要通过改革扶平这个倾斜的制度平台，堵住这个平台上的陷阱和漏洞，这是推动股权分置改革的缘由，目的是构建一致的股东利益诉求，有分红也有流动溢价。在一条船上，风险收益是一致的，要奔向大海，要有一致的目标，否则到不了大海深处。2005 年 5 月股权分置改革正式启动。2003 年我与我的同事写了一本书：《股权分裂的十大危害》，系统列出了股权分置的危害性。股权分置改革的核心目标就是要造就一个制度规范的时代。在近两年的时间里，我们完成了 98% 的上市公司的股权分置改革，这需要很高的智慧，还要冒巨大的意识形态风险。股权分置改革需要周密的方案设计，因为涉及两类股东的利益。原来的非流通股股东的股权是没有流动性的，要获得市场流通权就必须付出对价。在这之前的 2001 年，我们有一个国有股减持的试点，失败了。失败的根源就在于没有流通权的股份要按市价减值，相当于按市价流通，这是不公平的，也没有任何理由。在资本市场上，公平很重要。契约精神的前提是公平性，按市价减持或流通，既没有履行契约也没有公平精神。国有股减持之后我们在反思，如何让包括国有股在内的非流通股流动起来。在中国，国有资产流失了要承担很大的责任，我们有责任在改革中让国有资产增值保值，我非常反对用改革的旗号去掏空国有资产。我们要让所有股东受益。这就有一个问题，非流通股股东怎么获得流动权，要获得流动权逻辑上要给予对价，我们找到了非流通股股东支付对价的理论基础和法律基础。股权分置改革前的某一天，我与时任证监会主席的尚福林就资本市场发展和股权分置改革讨论了半小时，核心内容主要有两点：一是中国金融改革的重点在资本市场；二是资本市场要发展，必须推动股权分置改革，即使暂停 IPO 也要推动股权分置改革。经过近两年的努力，股权分置改革非常成功。

中国金融现代化的基石在于发达、透明、有成长性的资本市场，没有这个基石现代金融体系不可能建立起来。总书记在十九大报告中说，我们必须构建现代金融体系。没有现代金融体系，中国经济就没有持续增长的动力。现代金融体系的基石是什么？是透明有成长性的资本市场，这样金融体系可以有效分散风险，也可以成为财富的储备机制，没有以资本市场为基石的现代金融，高科技会很长时间停留在实验室，无法成为新产业、新产品，只有资本市场的发展和与资本市场相匹配的金融业态才能有效地推动产业的升级换代。我们一直缺乏这种认识。有时候我们在看到各种新的金融业态时，会认为是在偏离实体经济，是脱实向虚的表现。我不认为这种认知是正确的。孵化新产业，是现代金融的核心功能之一，金融不能复制传统。为什么说要大力推动资本市场的发展，因为它在孵化未来。美国市场的上市公司，前十家都是高科技企业。中国的沪深交易所市值前十位的上市公司是茅台酒加金融机构（主要是商业银行）。这个令人忧虑，不值得高兴，这表明中国金融很落后，对高科技企业的孵化能力太弱，利润分配机制也不市场化。我们对现代金融缺乏深刻理解，以为金融业态的多样性是脱实向虚，其实这不重要。资本是逐利的，哪些产业未来有成长性，资本就会流到哪里。未来有成长性的企业都不缺钱，华为缺钱？当然不缺。在正常情况下，如果连工资都发不出，这样的企业是没有前途的。新的企业或产业会去取代它，以完成产业的升级换代。现代金融不是复制传统，对那些明显产能非常落后的企业，救它没有什么意义。要相信资本的力量，它能够找到哪些产业和企业是有希望的，我们要对现代金融有深刻的理解。

股权分置改革是中国资本市场三十年中的第二座丰碑。在股权分置改革启动之前，虽然找到了对价的理论和法律基础，但是没找到对价的标准，对价率多少合适。最后我们找到了这样的标准，记得在 2004 年 4 月的一次座谈会上，有专家问我对价的标准在哪里？怎么确定对价率？我说付 30%。因为当时的增发价是市价的 7 折左右。后来的实践表明，股权分置改革的对价在市价的 30% 左右浮动。由于理论准备充分、发挥民主、解放思想、科学讨论，到 2007 年 2 月，股权分置改革全面完成。从资本市场制度建设角度看，股权分置改革的确具有里程碑意义，是继沪深交易所建立之后的第二座历史丰碑。没有股权分置改革的成功，就不可能有今天 80 万亿元市值的市场。没有激励机制的上市公司和资本市场是不可能成长起来的，股权分置改革就是要构建共同的利益机制，矫正残缺的激励机制。

金融有六大功能，激励机制是现代金融的六大功能之一，没有激励机制，经济就失去了前行的动力。金融的六大功能是指资源的跨期配置（融资），风险管理或财富管理，支付、清算，激励机制，所有权分配，提供信息。在不同时代，金融六大功能的顺序是不一样的，在传统金融体系中融资排在第一，而在现代金融体系中，风险管理或财富管理则排在第一。中国金融正在从融资为主过渡到融资与财富管理并重的时代。股权分置改革的成功，开启了中国资本市场制度规范的时代，意味着中国资本市场全流通时代的来临。在全流通时代，所有的股东都关注企业利润的增长、创新能力的提升，因为它们会对市值和股票价格产生重要影响，股东的利益趋向完全一致。

1999 年 7 月 1 日《证券法》颁布实施后，我们推动了股票发行的额度审批制到核准制的改革，核准制相对额定审批制，是发行制度的重大的进步。核准制的思路是试图让专业人员分析某些上市公司的数据和资讯，在此基础上决定股票是否公开发行。这与额度基础上的行政审批相比显然是巨大进步。核准制当然也有缺欠，定价没有市场化，监管部门一般将 20 倍市盈率作为发行定价的基准，人为的僵化的定价机制，导致企业上市后连涨 10 个涨停板的现象比比皆是。这种现象反映了这种发行制度亦有重大缺欠，于是乎也就出现了打新基金这种怪胎，打新基金是那个时代的产物。资本市场发行制度的改革就是要改变打新基金，打新基金是发行制度扭曲的表现。如何改革核准制，我们探索了十多年。我认为，价格是由市场来确定的，不是行政部门确定的，企业有没有成长性也不是由专家来判断的，专家可以对信息披露和财务报表的真实性进行核查。我有幸成为核准制后第一届发审委中来自高校的委员。我这个人比较严格，企业都不太喜欢我来审它们，统计结果表明，我参加审核的企业过会率都不会太高，大大低于平均数。核准制条件下，发审委委员不仅要对上市公司信息披露的真实性进行审核，还要对其成长性作出判断，这是一件困难的事情，成长性是要交给投资者通过市场机制来判断的，让发审委的专家把好这个关，目的是善意的，有时候目的善意但方法不对可能会带来更糟糕的结果。就像父母关心小孩的成长，目的很好，但如果方法不对，结果和良好的目的会背道而驰。我们很多事情出发的目的都很好，但方法错误，结果适得其反。所以方法很重要，方法要尊重自然规律、尊重常识，资本市场的制度、规则设计要符合资本市场的本质要求，符合经济规律。资本市场的发展要求对核准制进行改革，呼唤注册制。

2019 年 6 月 13 日，上交所科创板正式运行。科创板设立的重要意义在于其实行注册制改革。科创板和创业板从产业属性看，虽有差别，但没有根本差别，它们之间最重要的差别是科创板实行了注册制。注册制改革试点之后的新《证券法》于 2020 年 3 月 1 日起实施，这为注册制改革的全面推行奠定了法律基础，过去的《证券法》重视工业社会的经济特征，重视拟上市企业的有形资产，对资产规模多大、是否盈利、盈利多少等非常重视，不太重视创新力、未来成长性。中国这种情况，即使在完成了股权分置改革后，也没有根本性变化。在发展资本市场方面，我们的理念一直没有根本变化，还是试图由非市场机制来配置金融资源，突出体现在发行制度上。实际上，市场是资源配置的决定性力量，什么样的企业可以上市应由市场来决定。有了这样的理念和认知，才会有注册制基础上的科创板。科创板试点一年后，深交所创业板也开始试行更高标准的注册制。科创板和创业板试行的注册制改革，有一致的一面，但在试点一年后，创业板注册制有了新的内容和特点。我为什么现在有一种欣喜，是因为我们国家经过 30 年的探索，终于认识到在中国为什么要发展资本市场，如何发展资本市场，在这两个问题的认知上，我们觉醒了，找到本源了。过去相当长时期我们对这两个问题是不清楚的，那时你若问，为什么要发展资本市场，一般都认为，为企业提供融资平台，再深入一点，就是为公司治理结构提供市场化的平台。那时，我们不知道资本市场发展是现代金融体系的基石。在一次中央政治局学习金融的学习会上，我看到公报上有一句话，资本市场是现代金融的枢纽，这个认识是非常正确的。有人认为，在中国怎么可能建成一个发达的资本市场，认为金融的主体是商业银行，我不认同这种观点。中国金融现在的主体的确是商业银行，但这种金融结构必须改革，这不是现代金融体系，传统商业银行可以解决融资问题，但很多新的金融功能实现不了，比如说对高新技术企业的孵化，比如说财富管理等。银行会给成熟企业贷款，不会给创新创业和处在风险期的高新技术企业贷款。新金融业态中的风险资本对创新企业、高新技术企业则有强烈的投资意愿。成功了大家分享利润和价值成长，失败了就算是风险投资。传统金融能做到这个吗？做不到。银行不能提供成长性和收益风险匹配的金融资产，银行只能提供储蓄产品和理财产品，无法满足投资者对资产配置多样化的需求。资本市场不发达，投资者都去炒房子了。中国房价高是中国金融结构畸形的结果。现在北京四环旁边的房子 10 万元人民币一平方米，这是巨大的泡沫，美国的股票市场和中国房价是世界上两个最大的泡沫。所以，必须推动资本市场的发展，必须推动资本市场的市场化改革。

注册制改革开启了中国资本市场的市场化时代，这是我们多年的梦想。

注册制还资本市场之本源。定价由市场来决定，同时重视存量的并购重组。过去我们只重视 IPO，不重视并购重组，甚至把并购重组等同于内幕交易，所以过去投资对并购重组采取的是严控政策，实际上，并购重组是市场发展的动力。在注册制下，监管的重心发生了根本变化，由实质监管转变为透明度监管。过去监管是前置的，放在发行审批环节；注册制之后，重心监管后移，移到中后台，尤其对内幕交易信息披露进行重点监管，以确保市场的透明度。监管核心理念开始发生重大变化，注册制之前的监管是全覆盖监管，注册制基础上的监管是透明度监管，透明度监管是监管的精髓，证券监管不是指数涨跌的监管，核心是要确保市场信息披露的真实透明。只有做到这一条，才能说投资有风险，风险自承担。投资本质上是收益大于风险的，否则大家为什么来投资。投资是财富的唯一来源，投资也是财富成长的根本途径，银行的储蓄产品、理财产品实现不了这一功能。投资使财富增长，是基于收益与风险的比较在更高的层面上达成均衡。一般来说，富起来的人大体都是通过投资来实现财富的增长的，这既有实业投资也有股票投资。所以，监管的重心在透明度。

透明度监管的基本意义是保证每一个投资者的起点是公平的。至于投资的结果是什么样的，则因人而异，不能平均。就像当年的高考，人人都可以，无论出身怎样，也不要领导批准也不要政治审查，人人都可以参加高考，高考给了每一个人公平的机会，公平的起点。至于高考考进了哪所大学，那没有关系，只要制度、规则给了你公平的机会。监管不能保证结果的公平，但必须保证起点的平等。

我们为什么要翻越三座大山，立下三座丰碑？为什么要如此艰难地过草地翻雪山，心中一定有一个伟大的目标。毛主席带领红军走二万五千里长征，目的是奔向延安，去开辟新的根据地。我们翻山越岭留下了三座丰碑，目标是什么？我问了一些人，一个年轻的上海证券报社的记者回答说要构建世界一流的证券市场，这是对的。当然一流的证券市场很多，什么是一流说法也不一。中国发展资本市场的战略目标，就是构建 21 世纪新的国际金融中心。中国梦是中华民族的崛起，作为中国梦的重要组成部分，对中国金融来说，就是构建新的国际金融中心。我们三十年的改革与发展，就是要把中国资本市场建设成新的国际金融中心。

三十年中的相当长时期里，我们对在中国为什么要发展资本市场，理论上不清楚；如何发展资本市场，政策上不清晰；中国资本市场的彼岸在哪里，方向上不明确。现在这三个问题都开始明晰了。这也是我们为什么要进一步推动改革开放。

刚才，有一个发言者说到“双循环”。“双循环”不是要回归自然经济道路，更不是走计划经济老路。现在有一种思潮，认为计划经济很好。计划经济作为一种经济制度，严重扼杀了人民的积极性和创造性。一个伟大的制度要让所有人有梦想、有积极性。20 世纪 80 年代、90 年代，很多知识分子下海，那是追梦的时代，知识分子敢下海，就意味着对未来充满希望。伟大的制度都是在激发人们的积极性。中国今天的成就是改革释放了所有人的积极性、创造性，思想解放了人们才有积极性，才有创造力，才有想象力，这是衡量是否改革的重要标志。让所有人有梦想，这个民族才会有希望。清朝多么没落，有几大恶习，女人的裹足、男人的辫子、思想的禁锢，这样的社会怎么能进步。中国共产党追求梦想，通过改革释放所有人的积极性。中华人民共和国成立后，我们想加快建设，尽快让人民富起来，但经济建设走了歧路。“文化大革命”是中华民族的浩劫，精神枷锁达到了无以复加的地步。所以，才有党的十一届三中全会的解放思想的号角，思想的解放迸发出了多么大的创造力，才会有今天的深圳。

中国资本市场的伟大目标有了，就是建设新的国际金融中心。国际金融中心不会从天下掉下来，要经过更加艰苦卓绝的探索才能实现，这比我们加入 WTO 要难上百倍。首先中国金融要开放。中国过去 40 多年有很多经验，其中，开放是中国经济发展最大的红利。开放，让我们有信心；开放，拓展了我们的国际视野；开放，让我们的产业在竞争中提升竞争力；开放，让我们在世界舞台上找到了自己的角色，知道了前行的方向和目标在哪里。

中国资本市场的彼岸，离我们可能还比较遥远，构建新的国际金融中心的路途崎岖而复杂，但目标很清晰。一般而论，构建国际金融中心要有四大硬条件和三大软实力。哪四大硬条件呢？第一，经济的可持续增长。经济增长没有可持续性，要构建国际金融中心不太可能。怎么保持经济增长的可持续性？需要经济发展模式的战略转型，要激活市场主体的积极性，尤其要把民营企业的积极性释放出来。市场化改革是保持经济可持续增长最重要的制度安排。第二，走开放的道路，促进国际经济活动、贸易投资和资本的自由流动，这是国际金融中心形成的基本前提。第三，要有持续的科技创新能力。资本市场的成长来自科技对产业的推动。在资产定价影响因素中，科技是排在第一位的。产业中科技权重低，定价也就比较低。传统商业银行的定价为什么很低？蚂蚁金服定价为什么很高？都与科技有密切关系，科技力量会大大提高金融的效率。在市场定价中，科技创新能力非常重要。第四，要有强大的国防实力。国家和社会的财富是要有保护和威慑机制的，国防实力是国家重器。中国正在不断地改善这四大硬条件。

三大软实力是指：第一，坚实的法制基础，深入人心的法制理念。依法治国，特别重要。法制基础不坚实，国际投资者是不会来的，市场预期的第一保障来自法制。目前，中国资本市场上境外投资者只占3.5%，如若要建设成为国际金融中心，境外投资者至少要占到15%。中国法制建设改革开放后有了大进步，特别是加入WTO之后进步更加明显，在诸如保护知识产权保护专利等方面有了根本性进步，但是，整体而言离国际金融中心的法制要求还有相当大的差距。中国法制基础的差距主要表现在法制理念上。必须形成法不可撼动的威严。

第二，契约精神。契约精神的前提是主体的平等性，其次是承诺的履约。契约精神是现代社会的基本规则，是社会秩序形成的基础。对此我很忧虑。中国社会正在蔓延违约现象，契约精神受到了严重的挑战。各地的乱拆强拆行为，让人忧虑。我们知道现代社会契约精神非常重要，既是文明的元素，更是秩序的基础。资本市场特别需要坚如磐石的契约精神。

第三，透明度。透明度是资本市场的灵魂。没有透明度就没有资本市场。

上述三元素是构建国际金融中心的软实力。如果这三种软实力我们都具备了，就可以实现十九大报告提出的到 2030 年建成社会主义现代化国家，到 2050 年实现社会主义现代化强国的目标。这两步走的战略目标都包含了金融的作用，包含了中国资本市场是新时期新的国际金融中心这个前提。我确信在我们有生之年，能够看到中国资本市场成为新的国际金融中心这一目标的实现。路漫漫，只要我们坚定不移地走改革开放的道路，坚定不移地走社会主义市场经济道路，中国资本市场一定能建设成新时期新的国际金融中心。

中国经济必须进行战略转型

——在一汽丰田主办的“财富论坛”（北京站）的演讲

【作者题记】

这是作者2020年8月29日在一汽丰田主办的“财富论坛”（北京站）的演讲。

非常感谢一汽丰田和长盛的邀请，感谢各位的光临。刚才长盛为我美言了几句。实际上，作为一个大学教授和学者，的确在这个时代，应当客观理性地去思考中国的问题。理性思考和分析问题，现在变得特别重要。

一、中国经济处在重要的战略转型期

中国现在处在一个特别重要的历史转折期。如何让我们的国家能够沿着改革开放 40 多年来的方向前行，保持中国经济的持续稳定增长，让中国社会进入一个文明法治的时代，向现代文明方向前行，让我们的人民有幸福感、社会有活力，这些都是我们应当思考的。我相信叶檀、朱宁和清友，他们三位也在思考这样一些问题。其他的问题我缺乏深刻的研究，我是一位经济学教授，侧重金融学的研究。但是，最近中国正在发生重大的变化，这个变化与世界的变化是密切相关的。中国的发展离不开世界。中国如果离开世界，我不认为会有活力。世界也离不开中国，中国在全球几大经济体中，是非常有生命力的。中国与世界是相连的。近几年来，我们的外部环境正在不断地发生微妙的变化。这个变化是连续的。我们一直是比较善意的，这种善意甚至比较天真，总认为中国可以在宽松的环境下来建设我们的国家，发展我们的经济。但是实际趋势我们已经看得非常清楚，不是这样的。

（一）逆全球化、民粹主义似乎正在成为国际社会的一种主流

这些年来，全球有一种现象，就是民粹主义盛行。民粹主义在国外有，在中国也有。可能我把自己抬高了一点，我是爱国主义者，也是国际主义者。我不认同民粹主义。民粹主义经常会打着光鲜的旗号，民粹主义蛊惑人心，会把这个社会、这个国家带到深渊中。民粹主义本质上是不善良的，总希望别人不好，别人坏了他很高兴。再一个现象就是逆全球化、反全球化。美国的头号人物大概就有这么个特征。这样的思潮实际上给我们国家整体发展带来了越来越严重的威胁。

中国经济发展主要靠两种力量推动。第一，改革的力量。市场化改革奠定了中国未来经济运行的基础。目前我们还没有找一条比这条道路更好的

道路，即走市场经济道路。市场经济制度激活了人们的积极性和巨大的创造力，确立了市场主体的平等性，而不是所有制歧视。实践表明，社会主义市场经济道路是我们经济发展的唯一道路。第二，开放的力量。改革是中国经济发展最大的动力来源，它让中国人民焕发了无与伦比的积极性！回望过去，从 20 世纪 70 年代末到整个 80 年代，那是梦一般的时代。人们都在创业，都在追求梦想，振兴中华就是那个时候的最强音，代表那一代中国人的理想，这种理想一直延续到今天。开放是中国经济发展最大的红利。开放的核心目的就是要和文明社会接轨。我最近看过一些年轻一代的学者写的一些文章，写得非常好。谈到为什么改革之初小平同志第一次出国去的是美国。小平同志在飞机上和记者有个对话，看完之后非常感动。因为他洞察了未来，他知道中华民族的复兴应该走什么样的道路，应该向何处去，应该跟谁多接触，他是非常清楚的。没有开放，就没有今天的中国。开放让我们知道我们的定位，也树立了我们的信心。我们今天的信心是在开放中形成的。我们是在和世界的竞争中树立了我们的信心。2001 年 12 月以后，经济上的一些重要的指标开始发生根本性变化。无论是金融资产的规模，还是国家的外汇储备，还是国际贸易的规模、经济增长的速度、人均 GDP 水平，都在 2001 年 12 月以后有了突飞猛进的一个增长。这就是开放的力量。这些年来，我们真正体会到开放对中华民族意味着什么。所以，现在我们是经济全球化最重要的推动者。

（二）关于中美贸易摩擦

从战略角度看，中美贸易摩擦，是一个守成大国对新兴大国的战略遏制。所以，这不是一个经济问题。开始时，我们还以为是个经济问题，我们很善意，总是与美国政府谈。但是人家想的不是这个事儿，今天才知道，原来是想从战略上遏制我们的发展。中美贸易摩擦到现在已经看得非常清楚，中美关系真的正在滑向“脱钩”的边缘，美国政府似乎真想脱钩，我们从来就不想脱钩。我们年轻一代都向往到美国去学习，他们不让我们去，或者不希望我们去。中美脱钩不是我们希望看到的，那是特朗普政府的目标。我们知道，我们要与文明社会、发达国家对接，虽然今天的美国不一定文明，但是我们还是要向发达国家学习，这是改革开放 40 多年来我们成功的经验。我们这代人在 70 年代末 80 年代初，如饥似渴地读国外经济学教科书和著作，小册子一本一本地读。说实话，这些著作给予了我们这一代人新的理念，让我们觉得向发达国家学习，是中国发展的根本。但是，中美贸易摩擦加剧甚至脱钩，让我们在思考怎么办。世界很大，东方不亮西方亮。我们还是要抱着开放的态度向发达国家学习，善意地表达我们的意图。我们在这方面，过去有一段时间，做得不是很好。善意的表达非常重要，不要让人感觉到你的发展让人很害怕。要告诉他们，我的到来可能带来了新的福利，我们可以和平共处，可以相互合作，告诉他们，我不想号令这个世界，我只是这个世界中应该值得尊重的一员。这种理念非常重要。我不喜欢咄咄逼人，也不喜欢怼的文化。我们国家虽然已经脱贫了，进入了小康社会，但还不是一个发达国家，只是中上等收入国家，我们的发展才刚刚起步，我们只是脱离了从前的那个苦海。我们只是把饥饿解决了，我们还要埋头苦干，还要把自己的事情做好。我始终认为，把自己的事情做好特别重要。中国社会虽然发展很快，但也留下了大量社会、环境问题。需要我们用最大的努力去解决。环境污染、贫富差距、医疗卫生教育、区域发展不平衡，这都是我们面临的问题。我们要花很多时间去解决这些问题，所以我们要善意地表达。我不喜欢那种特别犀利的言辞，看似很过瘾，实则不好。我们需要一个让人理解的语境环境，让他们理解中国，理解中国的善意。我们没有太多时间去管那么多事，当然，我们应该参与国际经济新秩序的制定。中国已经不再是旧规则的接受者，现在是新规则制定的重要参与者。

（三）关于新冠肺炎疫情

新冠肺炎疫情是人类的一场灾难，但同时也给人类社会特别是中国社会带来了新的思考。我个人认为，对新冠肺炎的认识和防控，客观上推动了中国社会文明程度的提高。过去人与人之间说话太近，说话太近会感觉到非常不舒服，我一般都会保持适当的距离。但是，过去我们热情一上来就拍肩膀，让人很不适应。现在后新冠肺炎疫情时代，个个都彬彬有礼，现在握手都少了，开始拱手了，说话都能保持一个恰当的距离，而且都重视戴口罩。今天本来我也戴口罩，因为讲者不必戴口罩，所以上台时也就没戴。我认为，这是一个进步。经济全球化是有逻辑基础的，是在全球分工基础上获得了比较利益。自然禀赋、专业分工和竞争机制基础上的交易是非常重要的，即国际间贸易对双方都是互利的。这是经济全球化的逻辑基础，也是经济效率提升的前提。如果一个国家都搞大而全、小而全的经济，这是没有效率的，世界将会是一个一个孤岛。但是，现在即使有重大的损失，也不与你交易，宁愿双输，现在这个苗头出现了。中国是一个大国，中国经济是一个大国经济，其经济体系是要完整的，尤其要重视一些核心技术领域、“卡脖子”领域。比如，现代社会已经进入信息化社会，大家都知道芯片在现代社会的重要性，如果芯片的自主产权没有，社会形态就会停滞甚至倒退，因为这是信息社会的枢纽，是灵魂，没有它社会就空壳化了，就丧失了竞争力。但是，实际上我们有能力解决这个问题，中国人非常聪明，把我逼急了，也能搞得出来，不是我们搞不出来，是我们的芯片商业化程度很低，商业成本太高，价格没办法接受。我们能把航天器送上火星，难道这些问题解决不了？中国的技术还是很先进的，但是如何商业化，大幅度降低成本很重要。我们不但要有完整的现代工业制造业体系，而且在那些最尖端的科技领域里，不能过度依赖他人，特朗普总统也意识到这个问题，疫情开始时，美国的口罩短缺，他们生产口罩的成本可能很高，世界各国现在都发现了这个问题，一旦环境变得严峻起来，安全感就出了问题，国家安全出了问题，人们的生活就出了问题，这引起我们的深度思考，必须有底线思维即如何保持国家和经济生活的安全。

（四）中国经济的内生性正在起主导作用

一个大国要成为发达国家，不可能持久地通过外部需求的拉动来实现，小国或许可以，大国是难以持续的。一个大国要成为未来在全球有影响力的国家，内生性需求非常重要。外部需求也非常重要，是经济发展和结构调整的重要引力。

所以，从以上四点看，中国经济发展的外部环境和内部结构都发生了重要变化。正是因为过去执行的是国际大循环战略，中国才有了今天的发展。

正是基于上面四点考虑，我们应当思考中国经济发展的战略转型，所以才有从国际大循环到“双循环”的转变。这个战略转型，从今天来看是符合时宜的，也是必要的。这是我讲的中国经济战略转型的时代背景。

二、中国经济如何进行战略转型

战略转型的原因讲清楚了，下一个问题很关键，就是如何进行战略转型。

（一）坚持市场化改革的基本方向

我认为，最重要的还是坚持市场化改革。战略转型，首先经济要有活力，企业要有竞争力，要有激励机制，核心就是要继续进行市场化改革。改革有很多要义，包括市场主体是平等的、竞争中性原则、价格由市场供求关系来决定、市场是资源配置的决定性力量等。这些都是市场化改革的核心元素。但是，我们有的时候会忘掉这些核心元素，有时甚至会夸大“有形的手”的作用。我始终认为，中国经济发展的成就，在过去相当长时期里是我们尊重了市场规律，哪一天我们牛哄哄地觉得“有形的手”就可以搞定一切，我们经济就会不好。所以，政府与市场的关系始终是重要的。这是其一。

（二）鼓励创新、鼓励探索

鼓励探索就要形成容错的机制，构造和谐的营商环境，这很重要啊。创新中技术创新特别重要。中国产业的转型升级，需要技术创新来完成，技术创新不是天上掉下来的，不要以为技术创新能从天上掉下来，它需要宽松的环境和容错的机制。创新都会有失败，所有的创新都会有 N 多次失败，最后才会走向成功。我们如果对一次失败都不能容忍，甚至让人们觉得失败了很恐慌，创新就会停止。所以，容错机制很重要。

创新和思想解放有密切关系。任何一次技术创新、科学革命都是思想解放的结果。没有一次是思想僵化，但有大量的科学发明和技术创新。从世界科学技术发展史你可以看得非常清楚。每一次科学的飞跃、技术的革命，都是来自思想的解放。人如果一旦思想被束缚，是不可能有创新的。我想说，我们不能仅仅只关心创新，要重视创新的思想前提。技术创新是有前提的，不要把前提忘掉了。直奔结果，那结果也是得不到的。没有创新，我们的内循环很难完成，就只会在一个低水平上循环。中国的内循环，一定是在产业结构不断升级的过程中完成的，所以技术创新很重要。除了技术创新外，还有组织创新、观念创新以及体制创新等，这些创新，都来自思想没有束缚。

（三）努力补齐短板

战略短板一定要补上，这可能需要一些时间，成本可能也比较高，但补上战略短板，能使我们整个经济安全不受他人威胁。

（四）要正确处理好内循环和外循环的关系

内循环和外循环不是隔绝的，它们之间是相互转换的，目的是提高效率，形成更高的经济福利水平和要素流动。这非常重要，所以，我们制定了一些与“双循环”匹配的战略，包括粤港澳大湾区、长江三角洲区域发展、京津冀一体化、成渝经济圈等，这些区域经济发展战略很重要，但不能同质化，一定是错位发展，形成战略分工。

三、战略转型中应注意的倾向

我们这个社会有一个特点，容易走极端，一提什么就极端化。从国际大循环到“双循环”，很多人的理解就开始走极端了。

（一）不是走向自然经济模式

“双循环”也好，内循环为主也好，不是说要走自然经济的道路，大而全、小而全，自给自足，丰衣足食，我想不是这样的模式，这个模式是没有出路的。要想成为一个发达国家，自然经济怎么能成为发达国家？没有交易，也没有科技进步，没有竞争，没有激励，经济活力来自哪里？这些都是现代经济的基本特征。所以不要搞大而全、小而全。

（二）防止走计划经济老路

AI 也好，大数据也好，可以做很好的信息处理，但不能让经济运行模式回到计划经济的老路。计划经济是一种制度。这个制度本身扼杀了人们的创造力和积极性，所以不要把 AI 或者大数据作为新的计划经济体制的理论基础，这是错的。我们一定要走现代市场经济的道路。市场经济制度最大的好处就是人有积极性、有未来空间、有梦想、有追求。有了这些东西，何愁不发展？一种制度把所有的积极性都控制死了，这个国家还怎么发展？那是不可能发展的。所以，从国际大循环到"双循环"，不是说要重回计划经济的老路。

（三）避免关起门来搞经济

我们绝不能也不会回到闭关锁国的时代。我们怎么可能走那样的道路呢？经验告诉我们，改革开放给中国带来了多么大的进步。总书记说，中国开放的大门会越开越大。这就是我们的方向。现在有一种思潮认为外面不重要，我们自己搞就行啦。我在很多地方调研，很多当地的干部就这么讲！这是一种思潮，他们不知道开放对中华民族意味着什么。开放意味着现代文明社会的到来，意味着我们将会成为发达国家。我们自己关起门来搞，是搞不出发达国家的。要是可行，我们早就成为发达国家了。

上述三种倾向，值得警惕。

从国际大循环到“双循环”：中国经济发展模式的战略转型

——在新网银行举行的一个内部论坛上的演讲要点

【作者题记】

这是作者 2020 年 8 月 20 日在新网银行内部论坛上的演讲要点，首次提出“双循环”战略要警惕三种倾向。

一、新形势下的中国经济发展

从国际大循环到“双循环”，中国经济增长模式的战略转型，这是大家十分关心的一个话题，从理论界，到学术界，再到政策研究部门都在研究。在过去相当长时期里，中国经济的视野是在国际舞台，所以，融入国际经济体系、走国际经济大循环，是我们长期以来确立的基本国策。事实已经证明，过去我们融入国际大循环的经济发展模式是非常成功的。

二、国际大循环对中国经济的影响

从 2001 年 12 月中国加入 WTO 后，中国经济就开始融入国际经济大循环的模式中。中国经济发生根本性变化，是加入 WTO 全面融入国际经济体系之后。在 2001 年之前的 22 年的改革过程中，我们在着力推进市场化改革，这为后来的经济增长和开放提供了一定的市场化基础，也形成了适当的过渡期。

从 1978 年到 2001 年这 20 多年的时间里，我们按照自己的理解来推行市场经济模式，并推动了一系列改革，包括国有企业改革、农业体制改革、经济体制改革等各个领域的改革。那时我们还不十分清楚当时的改革是否符合国际上公认的规则，是不是真正意义上的市场经济体制和机制。所以，加入 WTO 对我们有一个重要作用，这个作用也是我们后来才理解到的，就是让我们过去的改革有一个现代化的接口，让中国经济最终和国际接轨。加入 WTO，检验了我们过去的一系列改革，并进行了适当矫正，从而使中国的经济全面进入现代市场经济的轨道中。

2001 年 12 月加入 WTO，意味着中国经济全面开放的时代到来了，中国经济开始全面融入国际经济体系。也正是从这一年开始，中国的很多经济指标发生了重大的变化，不论是经济增长速度、企业的国际竞争力，还是金融的各项指标，都发生了根本性变化。比如，金融中一个和开放密切相关的指标，即外汇储备规模就发生了巨大变化。中国外汇储备在加入 WTO 后迅速增加，在不到 20 年的时间里，外汇储备从 2 000 亿美元，很快增加到 3 万亿美元，这就是开放带来的巨大变化。举这个例子是想说明，过去实行的国际经济大循环下的开放对中国来说是完全正确的政策。按道理，我们应该继续按照这样一个思路走下去，但是，近年来，因为我们面临的国际环境发生了重大变化，也因为中国经济发展的动力结构悄然地发生了变化，所以我们发展经济的大战略也要进行转型。

中国的崛起，使西方世界发达国家俱乐部成员日益不安。以前 G7 主宰了整个世界经济的发展方向、规则、政策，这和二战后所确立的布雷顿森林体系等一系列规则有密切的关系。这些规则体现了那个时代的特征，也推动了战后 70 多年全球经济的发展。

我不认为战后的那些规则都是不合理的。在那个时代，这些规则维护了全球的秩序和规律。当时的中国还比较贫弱，我们一开始是接受并遵守了这些规则。

中国在改革开放后经济得到了快速发展，2010 年成为全球第二大经济体，中国经济规模日益接近美国经济规模的 2/3，于是 G7 国家特别是美国开始感到不安。一般说来，一个国家的经济规模如果达到美国经济的 60%，就一定会被美国打压，因为美国觉得已经不能控制局面了。2008 年全球金融危机到 2019 年，中国经济仍在快速地成长，经济规模越来越大，到 2019 年，已经达到了美国经济规模的 2/3，美国自然会感到更加不安。

三、新形势下的中国经济发展方向

中华民族是一个伟大的民族。中华民族过去之所以长时间贫弱，一方面是受到思想的束缚，中国人的精神枷锁在过去特别重，说一句话都要反复斟酌，非常小心。如果长期处在这样的环境下，这个国家不可能发展起来。另一方面，长期实行闭关锁国的政策。这两个原因严重束缚了中国的发展。

改革开放以后，小平同志解开了中国人的精神枷锁。在党的十一届三中全会上，小平同志做了一个划时代的讲话。党的十一届三中全会和小平同志的伟大贡献就是彻底解放了人们的思想，使人们没有精神枷锁，可以无限地创造，无限地追求，无限地想象，这样的国家肯定能发展起来。

美国看到中国的发展后无法再容忍中国继续向前走，于是中国的国际环境发生了重大变化，催生了中美贸易摩擦。中美贸易摩擦本质上不是贸易问题，而是守成大国对新兴大国的战略遏制。这种遏制战略几乎导致了中美关系的脱钩。我们希望和美国成为朋友，但是，在这样一个环境下，美国妒忌的怒火已经是达到了不可控制的地步。他要动用全世界的力量来遏制中国的发展，从而使中国经济发展的外部环境以及作为国际经济大循环的基础条件发生了重大变化。

事实上，中美彻底脱钩很难。与美国脱钩不是我们的本意。经济全球化是一个趋势， 经济活动的效率性是要基于专业分工的比较优势，这是国际贸易理论的一个理论基础。有些产品可能短期内我们生产过于昂贵，于是我们就会去购买相对便宜又优良的产品，比如芯片，但这并不是说中国造不出芯片，而是因为商业成本太高。分工、成本和比较优势是国际贸易活动的一个基本前提。

我始终认为，经济活动必须遵循经济的基本原则，这就是分工、交易、比较利益、互赢，万事不求人的自然经济思想，违背了分工交换的原则。如果每个国家都这么做，人类社会的冲突就会出现。经济向着相互分工和合作共赢的方向去发展，才符合文明社会前行的基本原则。

中国的崛起确实带来了外部世界的非理性反应，正如 19 世纪后半叶美国的崛起也引起欧洲传统强国的不满一样。美国取代英国成为世界霸主，相对来说是一个顺利的转换。我无意说中国在短时间内可以取代美国成为全球第一。我们要看到自己面临的一系列问题。

当我们成为全球有影响力的国家之后，应该通过理性的声音告诉世界，中国的未来目标是什么。

中国虽然取得了很大的发展，但中国仍然是世界上最大的发展中国家，至少目前还不是发达国家。我们应该去反映中国以及其他发展中国家、新兴国家对某些规则、政策修改的诉求。我们目前还没有能力去领导这个世界。因为我们自身存在的问题还很多，包括经济发展水平较低、生态环境恶劣、贫富差距大、医疗卫生脆弱、教育还不发达等，发展仍然是我们当前最重要的任务。我们的医疗卫生体制需要改善、教育要发展，中西部地区的发展需要协调，生存的自然环境要改善，外面的事情无暇多顾。我们要向国际社会传达的是，我们正着力解决国内的问题，世界的问题可以参与并提供一些建议，以此来消除他们的不安。

我是一位经济学者，金融学的教授，同时，担任教育部中美人文交流研究中心的主任。我经常到美国去访问，和美国的智库对话。通过对话和了解，才知道理性的对话多么重要。

基于环境的变化，一个时期以来，逆全球化的浪潮以及民粹主义思想盛行。在国际社会，如若民粹主义成为一个国家的主流民意是很棘手的，也是很危险的。实际上，中国现在是最提倡经济全球化的国家，因为我们认为，这符合比较利益原则，对全球的经济发展有积极推动作用。一些国家开始出现闭关锁国的倾向，也使得中国经济的国际环境发生了微妙的变化。

新冠肺炎疫情进一步催生了国际经济关系和规则的重大变化。似乎世界各国的经济安全都受到了威胁，基本生活物资突然短缺。过去依靠国际贸易去解决口罩的供应并不是问题，但是新冠肺炎疫情之后，没有口罩就如同失去了重要的防护屏障。这样一个小的产业在新冠肺炎疫情面前变得相当敏感。很多国家意识到，必须要构造一个有利于国家经济安全的产业体系。

特朗普总统作为一个商人，从一开始就说制造业要回流美国，同时也希望国际资本进入美国。这两个重要的举措说明他想完善美国的产业链，希望美国经济自己能运转起来，国际贸易只是一个补充。美国经济过去是一个高度开放的经济，当国际经济关系处在严重不确定的时候，它也缺乏安全感。

四、从国际大循环到“双循环”发展战略

中国过去的国际大循环现在遇到严重的挑战，“双循环”战略是考虑了国内外形势的重大变化后所作出的重大战略转型。按照中国经济目前的发展趋势看，是时候注重激发内部需求对中国经济增长的贡献了。过去，因为我们太贫穷，我们需要出口创汇，所以，我们把稀缺的资源出口创汇，使用外汇购买我们特别需要的产品和技术。今天，外部环境和中国经济发展出现了

结构性变化，驱使我们提高国内市场对中国经济增长的贡献率。我们需要客观地评价拉动经济的“三驾马车”——消费、投资和进出口贸易的作用。

现在，国际贸易规模占中国 GDP 在 35% 左右。中国过去是一个经济对外依存度较高的国家，但是，中国是一个大国，一个大国是难以通过外部需求持续成为发达国家的。要成为经济上的强国，一定要扩大内部市场，内部需求是主导力量，外部需求是导向性力量，是经济增长新动能的来源。这种模式非常清晰。封闭不能成就伟大的国家，只靠外部需求也难以持续成为发达国家。这两种逻辑要同时思考。

“双循环”发展最重要的节点是什么？我在思考这个问题。如何去打通内循环和外循环的良性互通是一个关键。它们中间有很多有机的联系，内循环不能成为一个封闭的体系，必须是一个开放的体系。没有有效的外循环，内循环是难以良性循环的。

第一，要重点思考如何培育国内市场，如何扎实做好中国经济发展的基础。涉及外部世界的市场仍是中国经济要着力考虑的事情。从内循环到外循环，有一个转换连接的机制。

第二，要研究内循环的动力来自哪里。现在受新冠肺炎疫情的影响，就业受影响，居民收入水平不高，有 6 亿人每人每月 1 000 元收入，这是一个基本国情。

我们并不是富裕国家，虽然中国进入中上等收入水平，但中等收入群体并不是很大，这种基本国情严重制约着经济的战略转型。我们要着力培育国内市场，6 亿人原来每月 1 000 元的收入要逐步提高，使居民收入倍增，上升到每月 2 000 元、3 000 元，只有这样我们的内循环才能活起来。所以，要实现这样的战略转型，我们至少要让 6 亿人的收入提高。只有发展经济，改变我们收入分配的体制，才能提升基础部分的收入。

第三，要着力提升经济的创新能力。创新是经济发展最大的动力和源泉。如果仍然走依靠人口红利和耗竭自然资源的经济增长模式，内循环就只能是一个低水平的经济发展模式。产业不断升级的内循环，靠的是科技创新、组织创新、管理创新和理论创新，其中科技创新特别重要。我们一定要走科技引领的经济发展模式。市场化和科技引领是"双循环"模式的灵魂。

以上三个节点，在战略转型过程中非常重要。

五、"双循环"模式，需要警惕三种现象

在我们国家，有一个现象，就是容易走极端。中国经济才刚刚好一点，才刚刚吃饱饭，就有人说民营经济可以退出历史舞台，试图回到国有经济占绝对主导地位的时代。实际上，这些人已经忘记了过去贫困和苦难的原因，以为小康社会是从天上掉下来的。实际上，制度变革推动了经济的市场化，是因为我们坚持走改革开放的道路才有了今天的中国，是因为思想解放才有了巨大勇气去创新，中国经济才有今天。因为我们走了市场经济的道路，尊重了市场的规则，中国经济才发展起来了。我们不能因为稍微富裕一点就忘掉了过去贫困的原因。

贫穷、落后的原因来自思想的僵化和束缚。思想一旦僵化，贫困会很快到来，天上不会掉馅饼。我们花了40多年时间，把一个贫穷、落后的国家建设成一个小康的社会，多么地不容易。我们的国家正处在艰难上坡的阶段，稍不用劲，后退的速度将比前进的速度快得多。

所以，第一，我们要警惕的现象就是计划经济体制的回归。党的十八届三中全会、十九大报告，以及中共中央、国务院最近发布的两个重要文件，就是在强调市场才是资源配置的决定性力量的理念，千万不要以为"有形的手"的作用能让中国成为一个发达国家，实际上只要让"无形的手"成为经济发展的主导力量，尊重经济学的常识，中国就一定能成为发达国家，就如同我们过去由贫穷落后的国家，变成一个小康社会一样，起最重要作用的是市场。"有形的手"可以起到矫正的作用，我们可以优化政府的作用，但不能放大它的作用。我们要非常警惕这样一种思想的回潮。

第二，需要警惕的是，有些人正在试图降低开放对中国经济社会的巨大推动作用，低估开放对未来中国发展所具有的深远影响。虽然闭关锁国在今天的中国几乎不可能，但我们还是要防止这种倾向。正如习近平总书记所说，中国开放的大门只会越开越大，这是中国未来之希望。所以，在"双循

环”战略中，我们必须警惕这种轻视外部世界的作用以及轻视开放对未来中国深刻影响的思潮。

一些外国朋友都有这样一个疑问：中国是如何通过短短 40 多年两代人就取得了这么大的成就，创造了一个又一个的奇迹，解决了中国社会几百年来面临的饥饿和贫困难题？从经济层面上看，主要归功于两个原因：一是思想解放；二是市场化机制。前者为经济社会发展提供永续动力，后者为经济的有效活动提供竞争的平台。

经济的活力和效率，主要来源于竞争和激励。我们在追求公平的同时，也一定不要否定激励机制的作用。在现阶段，我们还是要关注经济活力和效率。活力来自竞争，效率来自激励。竞争和激励是中国经济取得今天成就最重要的制度安排。有竞争才有压力，有激励才会有追求，才会往前走。如果只有风险，没有激励，人们是不会去做任何事情的，至少绝大多数人不会积极主动地做。重视激励机制的作用非常重要，它有助于经济的发展。

第三，我们需要保持警惕，不能走自给自足的自然经济模式。我国是一个幅员辽阔的国家，有各种分工不同的区域发展模式，比如在西南有成渝经济圈，在南方有粤港澳大湾区，东部有长三角经济圈，北部有京津冀发展圈等。这是中国区域发展的一些案例，也是中国经济发展的成功经验。地方和区域经济的发展需要基于整体战略的产业分布。

所以，我们需要警惕这三种现象或思潮：一是追求自然经济模式；二是回归计划经济体制；三是轻视开放对未来中国的战略作用。

六、金融与科技

“未来银行”作为今天论坛的主题非常好。作为金融学教授，在这方面，我做过一些研究。

中国金融的变革受三种力量的牵引。第一种力量是市场化，这也是基础性的力量，是中国金融结构变革的第一推动力。金融市场化的基础是金融脱媒。中国作为一个人均 GDP 1 万美元、14 亿人口的大国，对金融的需求空前迫切。金融的需求如今已变得更加多样化，所以，金融业态也必须是多样化的，以满足不断变化的金融需求。中国金融的市场化进程正在明显加快。在现代金融中，无论是融资还是投资都是基于市场平台而展开，这是一种基本的趋势，这对银行业来说是巨大的挑战。我们必须深刻地理解金融脱媒的价值，理解金融脱媒对我们意味着什么。随着市场化程度的提高，越来越多的资金、资本会走向市场，所以，我们必须适应它，必须顺应趋势，利用市场的力量来改造中国金融结构。

第二种力量是科技的力量，这也是颠覆性的和重构的力量。首先，虽然科技金融或金融科技不能产生新的金融功能，但是将大幅度提高金融的效率。科技金融最核心的作用是能够跨越时空限制，所以科技能够对金融产生重构的作用，对银行的影响尤为明显。

金融脱媒的力量催生了资本市场。资本市场发展是金融变革的重要力量，这也是一个发展中国家到发达国家的必然进程。

其次，相较于对金融其他业态的较小影响，科技对银行业态的影响巨大，主要体现在服务模式的改变、理念的转化、风险评价的升级，以及风险甄别机制的改善上。科技会跨越传统银行对上述一系列元素的评价。不要因为现在互联网金融的一些业态存在一些问题就否认科技对金融的巨大作用。

近年被认为是糟粕的互联网金融中的 P2P，其实本来是没有问题的。问题的出现，主要在于两大约束。一是数据平台不够大。没有足够大的数据平台，P2P 就无法甄别客户的信用，风险定价也就无法完成，从而导致整个 P2P 行业金融链条的断裂。风险和定价天生就是一体的，价格是风险的函数。因此，如果没有足够大的大数据平台，互联网金融的 P2P 是难以生存下来的。二是从业者怀着一种冒险和暴利的心态。互联网金融这个领域是微利的，它的利润比传统金融机构的利润要低。

互联网金融中多数业态都带有普惠性质，它服务于小微企业和中低收入阶层。有些 P2P 平台出了问题，并不意味着科技金融或金融科技本身有问题。科技对银行的变革很重要，银行面临着来自脱媒的巨大压力，科技金融为银行提供了一种新的模式去再造业态。

第三种力量是国际化的牵引。开放对中国金融来说是一个巨大的机遇。

如果说过去 40 多年的开放让中国经济有了快速发展，那么未来金融的开放，也会为中国金融乃至经济社会发展赢得更大的发展空间，将使中国金融成为新的国际金融中心，也会让人民币会成为国际货币体系中的一员。

中国金融的变革不外乎这三种力量及其交织的作用，就看我们如何去把握未来的趋势。

中国资本市场未来改革的重点在哪里

——在《新京报》主办的“夏季峰会”上的演讲

【作者题记】

这是作者 2020 年 8 月 6 日在《新京报》主办的“夏季峰会”上的主题演讲，后《新京报》刊登了部分内容。

中国资本市场已经30年了。30年来我们进行了一系列改革，其中两次改革非常重要，一是2005年开始的股权分置改革，这是一次里程碑式的改革，对后来中国资本市场制度的规范起到奠基性的作用。应该说这次改革难度很大，但是最后还是朝着既定的目标完成了这次改革。

二是科创板实施注册制的改革，注册制的改革应该说是中国资本市场制度层面第二次深度变革。这次变革给中国资本市场以新的预期，完全符合资本市场本来的要求。也就是说，发行定价、投资价值判断等这些都交给市场来完成，重视信息披露，重视市场透明度，重视企业的成长性。这些都是完全符合资本市场发展的要求的。

未来我们的改革还要继续。未来改革最重要的有三点。一是以注册制改革为先导的整个资本市场的系列制度变革。现在科创板实施注册制改革已经一年了，创业板也开始试点。未来条件成熟的时候，我们应该在中小板和主板市场上都要推行注册制改革，这是资本市场现阶段最重要的改革、最市场化的改革。

未来如果在中小板、主板也推行注册制改革，中国资本市场就完成了发行制度的注册制改革。之后，并购重组、信息披露、退市机制等都要沿着注册制改革的逻辑思路来进一步完善后面的后续制度，这些制度改革的基本方向是市场化。并购重组是市场发展的重要力量，一个国家的市场能够成长、企业能够成长，虽然和其所在的行业有密切的关系，但是并购重组是外部成长的重要推手，所以世界各国都非常重视并购重组对资本市场的推动作用。

我们的并购重组在政策和法律方面是有待进一步完善的。我们对并购重组缺乏深度的理解，长期以来都把并购重组看成是一种内幕交易的代替词。实际上只要信息披露充分，并购重组应该是未来中国资本市场改革和发展的重点。

我们过去把重点放在IPO上，放在增量资源的配置上，注册制就是一个重点。未来我们还要更加重视存量资源市场化的配置。这是未来改革的一个重点。

第二个重点就是退市机制的改革和完善。注册制和市场化的退市机制是高度匹配的。如果退市机制不是市场化的，注册制很难成功，我们必须建立一个与注册制相匹配的高度市场化的退市机制。

过去退市机制也有，但是效率很低。受种种因素的阻挠，退市机制的功能很差。退市机制不好，这个市场的定价能力就会受到严重的腐蚀和削弱，不知道什么是好的企业、好的资产，资产如何定价。在这个市场上鱼目混珠，劣币驱逐良币的现象经常发生。所以，一定要让退市机制发挥其重要的作用。

第三个改革重点，就是监管制度的改革。这也是未来改革新征程的重要内容。监管制度改革的核心是监管重心要发生重大的变化。过去的监管主要是对 IPO、对企业发行的质量进行监管，把监管的重心放在前台，监管前置，试图让“好”的企业上市。但是什么是“好”的企业，标准是不一样的，不一定过去很有历史的企业就一定是“好”的企业，不一定今天是辉煌的企业就一定是“好”的企业。“好”的企业的实质性含义，从资本市场角度来看，是未来要有成长性，与历史和现状既有联系又没有太大的联系，与未来有密切关系。

监管重心的变化意味着监管的重心要后移，要移到中后台，核心是要对上市公司的信息披露进行监管，要保持市场足够的透明度，这样才能保持市场公开、公平、公正原则的实施。

“三公”原则，公开性是放在第一位的。什么意思呢？就是监管的重点要放在信息披露上，放在保持市场有足够透明度上，这样才能确保投资者的环境是公平的。所以，监管要发生重大变化。

这就是注册制改革带来的一系列深层次改革，也是未来中国资本市场改革的新征程的主要内容。

改革新征程除了内部构建市场化的体制外，很重要的是开放。开放，是中国资本市场改革新征程中非常重要的内容。如果中国资本市场不开放，实际上改革的力度是有限的，改革的效果也是有限的。开放是中国资本市场最大的改革。

当然，资本市场改革与我们国家金融改革是密切相连的，它不可能孤军奋战，不可能孤独地走在前面，需要配套改革。开放是资本市场未来的基本方向。

中国金融的开放，现在走了一条优先开放金融机构的路子，外国的金融机构可以在中国不受股权比例限制开设金融机构。这项开放正在启动，正在实施中。

资本市场真正的开放是来自对投资者的开放，也就是说中国资本市场的资产，全球的投资者、境外的投资者都要配置，这是真正的开放。一个国家金融市场是否开放，外国投资者或境外投资者占比是一个重要的观察指标。中国资本市场境外投资者或者外国投资者的投资比例只有 3.5% 左右，这个比例还是在深港通、沪港通的额度取消之后的结果。

3.5% 的比例，对中国资本市场来说不能说是一个开放的市场。中国是一个大国，金融开放的指标和一些国家有所不同，但是，未来它与美国市场开放的指标应该是非常接近的。中国经济体量非常大，内生性资本的作用很大，但是外部的资本也要起到足够的作用。

如果境外投资者在中国市场上投资的占比达到了 15% 左右，我认为这就是一个开放的市场。当然，更重要的是投资者在遵守中国法律的前提下，可以相对自由地进入中国市场投资，所以从 3.5% 到 15% 还有一个漫长的过程，是一项艰巨的任务。

开放这个市场有一个前提，人民币要完全可自由交易。如果人民币资本项下不能实现完全的可自由交易，中国资本市场的对外开放就难以彻底完成。

现在我们主要是管道式开放，像深港通、沪港通。管道式开放不是制度性开放。所以制度性开放是未来中国资本市场面临的最大改革。

开放过程中里面有一个风险的评估。受 1997 年亚洲金融危机和 2008 年全球金融危机的深刻影响，我们对风险产生了深刻的记忆，总认为开放的金融的风险巨大，甚至有人说亚洲金融危机也好，2008 年全球金融危机也好，都是因为过度开放带来的。的确，金融开放会使风险在国际间传递和蔓延。但如果不开放，中国资本市场是没有前途的，一个内陆湖青海湖再大也就是一个青海湖，你要成为太平洋必须开放，要融入太平洋，要成为太平洋的有机组成部分。这就是开放。

金融开放是有目标的，不仅仅是为开放而开放。开放的目标究竟是什么？我始终认为，中国金融特别是资本市场开放的目标应该是成为21世纪新的国际金融中心。

虽然现在国际环境变得越来越严峻，人们谈国际化都非常小心，也给国际化赋予了新的含义。现在人们在思考未来的新的国际化是什么意思。过去所倡导的经济全球化以及国际化，都是基于产业的分工、基于比较利益、基于利益互换、基于互赢的基本思路展开的。

现在，中美关系已经恶化，加上新冠肺炎疫情的蔓延，的确对国际化以及全球化带来重大影响。在这个背景下，如何考虑中国金融的开放，原来的视角和角度已经不太一样了，原来有一个比较固定的坐标系，现在这个坐标系已经发生了重大移动，正在产生新的坐标系。

现在人们越来越担忧中美脱钩。首先我真的不愿意看到中美脱钩，因为它是一个互利的关系，但是有一些事情也不是说我们愿意就一定能实现的。底线思维和基于底线思维的理论分析与政策架构是要建立起来的。

中美关系越来越有明显的脱钩迹象。脱钩就是两个体系了，这是一个非常重大的事件。中国的国际贸易规模非常大，占到GDP的1/3以上，外部环境的变化对中国国际贸易也会带来重大的影响。中国国际贸易通过美元体系结算，占65%~70%，比例非常高。

我们深切地感受到外部环境变化给我们带来的重大威胁。中国有一些人是非常乐观的，觉得没有什么可怕的。当然了，从最终意义上来说也没有什么可怕的，但是我们还是要做好足够的准备，一旦情况剧变我们怎么办。

所以，我们的开放为什么而开放？要有战略研究。实际上，中国的开放，首先要保持经济的可持续增长，防范外部环境不确定性所带来的风险，特别是来自国际贸易以及结算体系的风险。我们要有深刻的认知。资本市场的开放和构建国际金融中心，从今天看比过去五年、十年所遇到的困难可能要更大，因为外部环境发生了重大变化。尽管如此，中国金融是不能封闭的，要走一个开放之路，只不过策略、思路、困难有所变化。

我坚定地相信，中国资本市场的发展方向一定是国际金融中心，能不能实现我们再说，但那是我们的目标。为了这个目标，我们要设计各项改革。建成国际金融中心是一个极其重大的改革，远远比我们加入 WTO 对中国法律、政策、制度的要求要严峻得多，要严格得多。所以，第一，向国际金融中心的方向迈进，法制就必须进一步地完善，要有特别好的法制环境、深入人心的法制理念，这是市场预期的基础。一个国家法制的完善和法治的理念、法治的水平是这个国家成为国际金融中心最基本的前提条件。因为它涉及预期机制。

第二，必须改变企业的投资价值，这是注册制改革的目标。要让那些未来有成长性的企业成为上市公司的主体。企业要有成长性，今天可以亏损，只要如实披露信息，但是，未来要有新的不确定性，要有预期。改变中国上市公司的标准是非常重要的，让它赋予这个市场成长性。资本市场不是融资的市场，更多的是财富管理的市场。对市场认识也要发生深刻变化。

过去我们主要认为资本市场是一个融资的市场，投资功能放在第二位，这是完全不正确的。财富管理的功能应放在第一位，融资是第二位的。我们的认识刚好是相反的，我们的市场难以有成长性。

第三，一定要有很好的契约履约能力、坚定的契约精神，资本市场不是随便就能变的，国际金融中心哪有随便想变就变的，你随便干预就可以了？不行的。“有形的手”要远离这个市场，市场才会有一种预期。

契约精神很重要。很多事情我们可以想很久、讨论很久，但是一旦说出去了、公布了，就得执行。履约精神是保持市场稳健、稳定的重要基础。

对资本市场而言，履约精神，某种意义上比国家的经济能力更重要。国家的经济水平可以很高，但是相比较契约精神来说，契约精神优先于国家的经济发展水平。当然，国家不能是很落后的国家、很贫穷的国家，国家还应是一个相对发达的国家。英国经济规模不是很大，但是它的市场是很发达的，是基于英国具有很好的契约精神，这是它的金融传统。契约精神和法制的完善密切相关，它们之间有内在联系。

第四，一定要有足够的透明度。透明度是资本市场生存的基础，没有透明度就没有资本市场。资本市场和透明度是一个硬币的两个方面，两者是完全一体化的。投资者为什么到市场上投资？是因为这里有足够的透明度，所以所有的决策自己做，投资有风险，风险要自担，但它有一个前提，就是市场要有足够的透明度，风险才能自担。如果信息披露监管没有做好，让投资者全部承担市场风险，是不恰当的。

为什么说开放是最大的改革？是因为如果开放了，我们朝着国际金融中心的方向迈进，就意味着我们要做这四个方向的改革，这些改革的成功也是中国社会现代化的特征。中国社会的现代化、国家的现代化和这四个方面的改进有密切关系，现代化不仅仅是人均 GDP 水平，那只是一个方面或者说一个基础，很重要的是我刚才说的法制、透明度以及契约精神，这三个元素是社会现代化的重要前提，也是一个国家资本市场发展的重要保障。

所以内部的市场化改革和外部的对外开放，是中国资本市场未来新征程的核心内容。这个路将会很漫长，困难会很大，比过去碰到的困难要大得多。过去中国资本市场只碰到了股权分置改革，如何把两类股东的不同股权合二为一，具有共同的利益目标，具有一样的流动性，当时看来也是很难的。但是，与我们现在的资本市场改革目标赋予的新内容、新任务相比较，后面的任务是非常繁重的，对此我们一定要有足够的估计。

互动环节

记者：刚才您提到了中国金融开放的问题。我们的目标是建立国际金融中心，但是您刚才提到了现在我们改变的是新的坐标系，在现在这种情况下，我们听到很多声音变成了要追求的是经济的内循环，不知道您最近关注到这个词没有，您怎么看待这个问题？

吴晓求：提高中国经济内循环能力对中国经济的作用与提高内需对中国经济的作用大体上是一个意思，当然，还有构建完整体系的内容。增加内循环的作用，我认为，有一定的道理。但是中国经济不能够只进入内循环，我们的外循环仍然是非常重要的，没有一个国家的内循环能使这个国家现代化，没有一个国家的内循环能够使得我们经济有充分的竞争力，使得人均GDP 和人均可支配收入有大幅度的增长，没有一个国家内循环能使这个国家成为发达国家。作为克服当前经济某些困难的措施，不是不可以，但是这似乎不能成为我们国家未来经济发展的战略指导思想。

所以，我们还是要努力地推动开放，拓展外部市场，努力地提高外循环体系对中国经济的作用。

记者：这会对我们中国资本市场带来很大的挑战吗？

吴晓求：这与资本市场的关系不是特别密切，因为它指的是如何利用内部的资源体系构建一个比较完整的经济循环体系。从战略层面上，这种思路不应成为中国未来经济发展的指导原则。

要为有担当、有闯劲的人提供容错机制

——在中国人民大学国家发展与改革研究院国家高端智库“名家讲坛”上的演讲要点

【作者题记】

这是作者2020年7月15日在中国人民大学国家发展与改革研究院国家高端智库“名家讲坛”第14期上的演讲，演讲提出在当前，容错机制非常重要。

中国经济延续了几十年的高速发展，整体上已进入小康社会。当然，我们还没有达到发达国家的水平，只是一个中上等收入国家。

中国经济发展到今天，外部环境发生了重大的变化。我们希望在和平的环境下发展经济，但有人不愿意，总要制造一些障碍，对此我们必须要有深刻的洞察力。

根据国际货币基金组织（IMF）和世界银行的预测，全球一些主要经济体经济都将出现较大萎缩。它们预测，美国经济今年将萎缩 8%，欧元区将萎缩 10.2%，日本将萎缩 5.8%。同时，从国际贸易看，全球第二季度的贸易额比第一季度下降了 26.9%。中国国际贸易总规模占 GDP 超过 1/3，外向性非常明显，外部经济的萎缩会给中国经济带来重大影响。

外部需求萎缩了，我国经济增长的动力会下降。对于未来外部环境的演进和恶化给中国经济所带来的深远影响，我们不能掉以轻心。英国又在对华为有动作，这是在意料之中的。

尽管如此，我仍然认为我们要着力推进经济全球化，着力推进开放，不能由此就让中国经济进入内循环时期。外部环境的严峻不是我们不开放的理由。开放是一个伟大国家产生的重要原因。只有开放，我们才可以找到前行的方向，也能够在全球范围内配置资源。

我不认为未来的世界会演变为一个个孤岛，大可不必这样悲观。我也不认为民粹主义能够盛行多久，这不符合人类文明的发展趋势。孤岛是没有意义的，生活成本高，经济运行成本高，又没有效率。

只不过，未来国际间的关系以及国际贸易领域可能有新的规则产生。现行的规则，包括国际货币体系、国际政治体系、国际政治架构、国际贸易规则等都是在二战后确立和完善起来的。

这些规则成果对于全球经济的增长具有非常重要的推动作用，减少了不必要的摩擦和成本。但经过了 70 多年的变化，以中国为代表的新兴经济体的崛起，的确改变了二战时的利益结构。我认为，有一些新规则的制定应该听取这些新兴经济体的呼声。过去中国是国际规则的接受者，现在则是国际规则改革的参与者。

党的十九大报告提出，到2035年我国基本实现社会主义现代化；到2050年建成社会主义现代化强国。未来我国所遇到的困难绝不会比过去40多年遇到的困难少，可能更复杂、更艰难。

短期来看，新冠肺炎疫情给中国经济带来严重冲击，但中国经济正逐步步入正常轨道。不过也需注意，新冠肺炎疫情的后遗症仍然巨大，全球范围内新冠感染人数还在屡创新高，这给中国经济带来的压力也非常大。短期来看，中国经济仍需纾困。

从中长期目标看，我们必须思考如何让中国经济恢复活力的问题。未来几年，我们会遇到重大的挑战，这个挑战即“中等收入陷阱”。如何在未来几年跨越“中等收入陷阱”，同时能够保持经济的可持续性，是我们的政策设计、制度改革以及各项措施所要考虑的重点。

我们现在的问题除了要考虑下半年经济的复苏和明年经济的趋于正常（明年GDP增速达到5%相对来说是完全可能的）外，更重要的是如何让经济保持可持续性，并成功跨越“中等收入陷阱”。

跨越“中等收入陷阱”是未来大概五年我们要完成的目标，我们需要把握好以下几个原则。

第一，解放思想。中国的现代化不是从天上掉下来的，而且中国的独特性使得我们无法复制任何一个国家的现代化经验。我们只能探索自己的发展道路，因此在思想上不能有大的约束。

在过去40多年的改革开放进程中，有一大批提着脑袋干事的人。他们知道前面是禁区，可能也会犯错误，但是你不过去谁过去？未来中国面临的困难只会比过去大，因为要成为一个发达经济体，光靠人口红利、自然资源禀赋是行不通的。我们必须通过创新才能解决问题。

第二，坚定不移地走改革开放道路。什么叫改革？改革一定要释放人们的积极性。当每一个经济主体都充满积极性，去创业、去创新、去创造，没有顾虑，就可以创造财富。改革就是要让所有人能够很好地实现人生的梦想和追求，这是判断改革的重要标志。

市场化是经济改革的基本方向。改革开放40多年来，我们成功的做法是成功处理好了政府和市场的关系。价格是由市场决定的，政府不能过多地决定价格。有一段时期，我们过多介入了价格的决定，造成的危害性很大。资源要更多地交给市场去配置，这是 40 多年来我们取得成就的原因。如果政府大包大揽，我不认为我们能够取得很好的成绩。

我们要尊重企业和企业家，要保护企业家精神，保护人们的财产权，落实竞争中性原则。全国人大通过了《中华人民共和国民法典》，这是中国社会法制的巨大进步。我希望《民法典》能够得到非常有效的执行。每一个市场主体都在平等地创造社会财富，他们之间不应该存在歧视，这是《民法典》制定的基本准则之一。

改革和开放是连在一起的。开放是最大的改革。我们的实体经济在我国加入 WTO 后得到了很好的发展，但目前我们还有一个重要领域没有完全开放，即金融体系。到现在为止，应该说我们只走了一步，比如，金融机构的开放幅度很大，外资金融机构在中国可以不受股权限制。人民币并没有实现完全可自由交易，在相当长时期内，人民币国际化的进程缓慢。

总结亚洲金融危机和 2008 年全球金融危机的经验教训时，有一些观点认为，过多的开放会导致国际金融风险的大规模输入，但实际上我不是这么认为的。化解危机最好的办法就是开放。危机本身是中性的，出现危机一定是经济体系或金融体系中出现了结构性问题。经济危机当然会导致大萧条，导致很多企业破产、倒闭和大量人员失业，但是它也有一个好处，即把那些落后的产能淘汰掉，剩下精华。2000 年纳斯达克市场的确存在很多泡沫，但经过危机之后，很多竞争力不强的高科技企业倒闭、退市了，留下了精华，才会有今天的纳斯达克市场。今天的纳斯达克，市值前十家的上市公司都是高科技企业，看不到金融机构的影子。谁也不愿意看到危机出现，但有时危机是一种矫正经济体系的机制。靠政府的行政手段发现风险和危机是困难的。

要加快人民币的国际化步伐，如果能够相对快地推进人民币国际化，我相信人民币是有吸引力的。人民币国际化的基础，来自中国经济的可预期性，来自中国经济转型的可预期性。中国经济不是泡沫化的经济，不是靠外资大规模涌入而推动的泡沫化经济。中国经济不是短期的繁荣，总体来看是相对健康的经济。人民币国际化的基础是乐观的。当然，未来人民币币值会有波动。市场的本质就是波动的，波动没有什么了不起的。波动就是让人民币找到恰当的定价机制。

人民币的国际化非常重要，对于我们国际贸易的安全、全球经济体系的稳定，包括国际货币体系的改革都起着极其重要的作用。中国金融体系的开放，包括金融市场的开放和人民币的国际化，会大幅度提升中国的契约精神。契约、法治和透明度是发达金融市场的三大要素。没有法治、没有契约、没有透明度，要建成国际金融中心是不可能的。

第三，我们必须要有创新的精神。中国经济只有通过一系列的创新才能实现持续成长，包括科技创新、组织创新、模式创新、管理方法创新、体制创新等。所有这些创新都和思想创新息息相关。科技创新特别重要，如果一个国家经济中没有科技创新，那将是不可持续的，就会陷入“中等收入陷阱”。

第四，法律制度的完善。建设国际金融中心，法治的完善要摆在首位。

后疫情时代的政策方向，更重要的还是激活市场主体的活力，让他们有安全感、积极性。未来中国经济的持续增长，要求政府职能转型。未来政府的角色是积极营造良好的营商环境，而不是自己做投资主体。转换政府职能，营造良好的营商环境非常重要。

第五，要形成容错机制。要为那些有担当、有干劲、有责任感的人提供保护。中国未来面临的困难非常复杂，真的需要一批又一批人去闯，这需要有担当的人不断试错。只有在试错的过程中扩大容忍度，人们才敢去试错。人才是稀缺资源，社会需要保护他们。

只要把这几条做到位，我认为，中国经济的发展一定有可持续性，一定能实现社会主义现代化强国的目标。

深刻认识中国金融的结构性变革

——在《中国资产管理业务监管研究》课题报告发布会上的演讲

【作者题记】

这是作者 2020 年 7 月 7 日在吴晓灵主持的《中国资产管理业务监管研究》课题报告发布会上的演讲要点，曾刊发于《清华金融评论》2020 年 8 月刊。

中国金融发展到今天，结构性变革非常强烈，这种结构性变革的核心不仅表现为金融机构的多样性，也来自金融功能的变化，大力发展资产管理业务顺应了中国金融结构变革的趋势。金融结构的变革也引发了金融风险结构的变化，我们要深刻认识中国金融结构性变革的趋势。

一、中国资产管理和财富管理发展的逻辑基础

资产管理和财富管理有相当大的重叠，中国经济发展到今天，人均国内生产总值（GDP）已超过 1 万美元，在这样一个 14 亿人口的国家，贫富差距仍相对比较大，但高净值客户规模也越来越多。在人均 GDP 很低时，资产管理需求并不强烈，因为那时人们主要是解决吃饱饭的问题。现在中国社会整体已经进入小康，对财富管理或资产管理的需求日益强烈。从这个意义上说，中国社会的金融体系和结构正在发生重大变化。

基于经济增长和居民收入提高，金融体系产品供给的多样性趋势非常明显。基于这样的变化，加上经济市场化进程的推进，客观地推动着金融脱媒的加速。中国金融脱媒的速度在一定程度上受到了政策限制，我们有意或无意地在阻止脱媒速度的加快，但随着经济市场化和居民收入的提高，金融脱媒是大势所趋。

金融脱媒来自融资者的需求，也来自投资者的需求，两者叠加推动着金融脱媒的加速。金融脱媒的加速客观上推动了金融市场的发展，特别是资本市场的发展，推动融资的市场化，或者投资产品的多样性，这是一个必然现象。

中国金融发展到今天，结构性变革非常强烈，这种结构性变革的核心不仅表现为金融机构的多样性，金融机构的多样性只是金融结构变化的表象特征，深层次来自金融功能的变化，来自金融产品结构的多样性。随着金融结构多样性的出现和脱媒的推动，中国金融的功能正在发生重要变化。

一种金融体系的金融功能，主要是通过产品结构的多样性来实现和完成的。目前在中国金融体系、金融产品的结构中，证券化金融产品（不包括非标部分）规模已迅速增长，比例在逐步提高，这意味着中国金融体系的功能

由过去比较单一的融资功能，慢慢演变成融资和资产管理或财富管理并重的多元时代，或者二元时代。这个时代已经来临。

大力发展资产管理和财富管理业务，顺应了中国金融结构变革的趋势，我们必须顺势而为，不能逆势而为。要深刻地看到中国金融结构性变革的趋势，才能够顺应历史的潮流，才不会出台一些阻碍中国金融现代化、阻碍中国金融脱媒的政策。

从过去一些年的经历可以看出，我们在理论上并没有很好地认识到这样一种基本趋势。中国社会的实践呼唤金融市场的发展，呼唤金融产品的多元性。经济增长、居民收入提高，推动了中国金融的结构变革，推动了中国金融的多样性，这一点非常重要。

二、大力发展资产管理业务，推动资本市场发展

市场化是资产管理或财富管理业务发展的基石。市场化的核心是推动资本市场的发展，没有资本市场的发展，金融资产缺乏流动性和透明度，就没有资产管理或财富管理的未来。

资产管理或财富管理的核心要点是，市场要有足够的透明度，透明度是改善风险管理最基础的保障。没有透明度，没有充分的信息披露，就像在黑洞中进行资产管理，风险是巨大的。没有市场足够的透明度，就如同在黑暗中摸索。现代金融最核心的元素是透明度，这是现代金融的基石。

无论是资产管理，还是财富管理，都是现代金融最重要的功能。现代金融也有其他的功能，但这是其最核心的功能。所以，推动市场化，提高市场信息披露和透明度，是一项基础工程。

三、深刻认识中国金融风险结构的重大变化

风险结构来自金融的资产结构。金融资产结构的多样性带来了风险的多样性。中国金融体系的风险已经变成二元了，由原来单一的机构风险慢慢过渡到机构风险和市场风险并重，由原来的资本不足的风险过渡到透明度不足风险、资本不足风险并重的时代。

过去监管的重点主要是对金融机构进行监管，现在除了对金融机构监管以外，很重要的是要对市场的透明度和信息披露进行监管，对金融机构的监管和对透明度的监管变得同等重要。因为，透明度的监管主要面对的是资产管理或者财富管理的产品，主要面对的是社会大众以及投资者的一种风险管控。如果没有透明度监管，风险是不可能管控住的，仅靠道德约束和自律是不够的。

对信息披露的监管，要有足够的认知。因为风险结构发生了变化，监管的改革要随之推进。理论政策对相关的一些概念的认定要规范，法律要给出非常明确的边界。法律边界的确定，对于完善金融监管非常重要。金融监管既有交集，也有边界，也有合作，核心是要降低市场所带来的巨大风险。从理论到现实，对监管和风险的认识，可能是我们发展资产管理业务和资本市场重要的认知前提。

中国经济如何走出困境?

——在中国人民大学商学院 2020 级 EMBA 开学典礼上所上的校长第一课

【作者题记】

这是作者 2020 年 7 月 1 日在中国人民大学商学院 2020 级 EMBA 开学典礼校长第一课上的讲座内容

谢谢商学院的邀请。首先我代表中国人民大学对人民大学商学院 2020 级的 142 名 EMBA 的同学，在这个特殊的时候能够来到人民大学学习，表示热烈欢迎！

人民大学是一所有情怀的学校，基础非常扎实，特别是商学院，最近这些年来，有了较快的发展，尤其在学科建设、人才培养、师资梯队，以及包括中国管理案例研究等方面都作出了重要贡献，在对中国公司的研究方面，应该说是最了解中国情况的商学院，这也是人民大学商学院的愿景，就是要做最懂中国的商学院。我认为它应该说具备了这样一个称号，也正在实现这样一个目标。

我今天主要和大家来讲一讲中国经济。今天是一个特殊的日子，是中国共产党创建 99 周年，是一个非常吉利的日子，99 也是一个非常吉利的数字。在这个特殊时候，举行网上开学的典礼，并开讲第一堂课，是非常幸运的。今天，我讲的题目是“中国经济如何走出困境”，主要讲三个问题。

一、中国经济的困境：外部需求收缩，内部需求不足

从 1978 年改革开放以来，中国经济获得了长足的发展。1978 年，中国还是一个贫穷落后的国家，GDP 的总规模只有 3 650 亿元人民币，到 2019 年 GDP 接近 100 万亿元人民币，并实现了人均 GDP 1 万美元这样一个重要目标。从发达国家的人均 GDP 水平看，这个目标当然不算高的，只是处在一个中上等收入国家水平，没有达到发达国家最低门槛标准，但是对中国而言，是一个了不起的成就。

40 多年前，贫困和饥饿始终威胁着我们。不少人吃不饱饭，一天吃两顿是普遍的，可能还有一顿是红薯。那个时候吃红薯，是饥饿的象征、贫困的象征，今天红薯似乎是一种高级食品。我们用了 40 多年的时间让中国真正开始走向现代化，真正实现了全民小康的目标。现在吃饭问题我们已经解决了，到 2020 年结束的时候，中国整体进入小康社会，这个目标我们正在努力实现。所以，40 多年来，中国的确发生了翻天覆地的变化。在这 40 多年中，我们始终坚持了几个基本原则。首先是解放思想，实事求是，以经济建设为

中心。小平同志在党的十一届三中全会的讲话已经为未来指明了方向，因为有了解放思想、实事求是的精神，同时确立了以经济建设为中心，结束了当时的以阶级斗争为中心的错误路线，大踏步地推进中国的改革开放。这个改革是市场化的改革，开放是向世界开放，学习发达国家的经验，结合中国的情况，走出了一条中国特色的社会主义市场经济道路。

40 多年过去了。回望过去，应该说我们走的这条道路是非常正确的，清除了几百年以来的贫困和饥饿，全面实现了小康社会。中华人民共和国成立之初，我们就在探索如何摆脱贫困、如何让人民过上幸福的生活，这是我们党的初衷。中华人民共和国成立之初的前 30 年我们做了艰苦探索，走了很多的弯路。苏联那套计划经济的模式、体制、理论和实现方法完全不适合中国，我们必须要走出一条适合中国国情的发展模式和道路。

探索一条适合中国国情的发展模式和道路，有丰富的内涵，不是一个宣传口号，要深刻领会 42 年来探索的深远意义。今天，世界正在发生很大的变化。中国是个大国，14 亿人口，在世界上有重要影响力。这个影响力主要表现在经济实力的提高上，中国经济全面融入了国际经济体系，继而引起了国际经济体系的重大变化。历史上，一个大国的崛起，一个新兴大国的兴起会给全球秩序和结构带来新的变化，同时，一些守成大国，多多少少都会有些不适应，一个巨人的出现会使有些人感到不适应，因为他不了解这个巨人。

中国发展之后如何释义我们的善意？向世界解释中国的发展会给世界带来新的变化是一项不可忽视的工作。人类社会的进步就是大国兴衰、大国交替的历史。现在我们的外部环境变得比较复杂了。过去中国是一个经济规模相对小的经济体，经济比较落后，一些经济大国觉得你不会给它们带来多大的挑战。它们认为中国人口众多，市场规模巨大，有巨大的发展空间。今天一些经济大国不适应或者不了解中国的发展对全球意味着什么，它们不了解中国人对国家未来发展的渴望，不知道这是历史的趋势。

中国不可能永远停留在产业链的最低端，中国人是有自己的复兴中国梦的。当前外部环境复杂化，主要是由它们的不适应引起的，也与我们如何去与外部世界沟通有一定的关系。友好沟通非常重要。

在过去两年里，我与一些国际知名的学者有一个系列对话，包括杰弗里·萨克斯、米尔斯海默等。米尔斯海默是国际知名的国际政治学家，在《大国政治的悲剧》一书中，他在2000年提出了“中国威胁论”。他之前到中国六次，和中国一些国际问题专家进行过对话，他认为，他们的对话不能说服他。这一次有人建议我与他对话，对话的主题是中国崛起与世界的关系。今天我不能展开这样一个题目，但是我想说明一个问题，就是中国发展的过程中，我们的学者有责任去向外部世界传递和解释中国的发展目标、中国的善意，也要介绍中国经济发展中所遇到的困难，中国对外没有扩张的野心。我主张，在中国的发展过程中，学者有责任与外国的学者进行客观、务实和理性的沟通，学者之间的沟通是有弹性的。在国际关系中，民间的沟通很重要，民间沟通又以学者之间的沟通可能更加通畅，沟通目的就是要让中国的发展有一个和平稳定的外部环境。紧张的外部环境对中国发展不利。在沟通中，观点可以不同，但要客观、理性。当然，一些重大原则问题，该说明的必须明确，但是要温和，讲道理。

在我与九位国际知名学者对话后，中国经济出版社出版了一本《吴晓求与世界九位著名学者对话录》。我不是要推荐这本书，我想说的是，作为一位中国的学者，有责任去与外部世界沟通，让他们理解中国。

特朗普总统上台以后，中美经贸关系变得越来越复杂，中美经贸摩擦不是贸易层面上的摩擦，是一个守成大国要遏制一个新兴大国的发展和崛起，这是中美贸易摩擦的根本原因，从某种意义上说，这种遏制超越了意识形态和制度的差异。所以他要采取一切手段，包括通过贸易摩擦来遏制中国。

在过去的两年多时间里，中美贸易摩擦引起的一系列问题开始使中国经济的外部环境发生了重大变化，甚至有点严峻了。在新冠肺炎疫情全球蔓延之后，情况变得更加复杂。现在美国的确在全球有非常重要的影响力，二战以来全球规则的主导者是美国。布雷顿森林体系会议确立了二战之后全球经济、贸易、投资、金融等领域一系列的规则。国际组织也是在这期间或之后逐步建立起来的。这些规则和国际组织对二战之后全球经济、贸易发展起到重要的推动作用，减少了摩擦，加强了沟通，推动了经济的全球化。

在二战结束之后的这70多年中，以中国为代表的新兴经济体发展起来了。这时，重新思考、研究反映出现阶段全球经济结构以及各国，特别是新兴国家的利益诉求，是非常正常的。过去因为经济规模小，没有竞争力，我们在全球经济规则上基本上是一个接受者。今天，中国有义务，也有责任代表新兴经济体反映新兴经济体这70多年来的诉求，所以，重新思考一些新规则也是理所当然的。所以，在这个背景下，有一些国家有一些不适应。与此同时，新冠肺炎疫情的蔓延，也在改变全球经济运行的规则和状态。新冠肺炎疫情是人类历史上一次严重的生存危机。一场危机会改变社会和全球的规则和结构，我们对此要有深度的理解。一个时期以来全球民粹主义盛行。民粹主义在很多国家似乎成为一种主流思潮。民粹主义最后会演变成闭关锁国的政策。民粹主义没有互利、协商、合作的概念，没有分工，也没有比较利益，势必造成全球经济活动的紊乱，加快全球经济的脱钩。

从2001年加入WTO之后，我们深刻地体会到融入国际经济体系的重要性。在经济全球化的趋势下，转入国际经济体系，加强合作是人类社会走向文明的重要表现。中国倡导经济全球化、投资便利化和贸易自由化。这个符合各国的利益，当然现在这些基本诉求、基本规则也受到了严重挑战。

最近美国似乎正在加剧与中国经济的脱钩。作为一个中国学者，我始终认为，中美关系是全球最重要的双边关系，而且我也认为，中美关系是中国外交关系的基础。我们一贯本着相互尊重的原则来解决两国关系，我们要尽最大努力避免历史上频繁出现的“修昔底德陷阱”的现象。人类社会进入21世纪20年代，人类社会应当越来越文明，我们应当用文明的方式、文明的思维、现代方法去解决大国之间的摩擦和问题。虽然这是我们的善意，但有些情况并不一定完全朝着我们努力的方向去变化，因为有些人过分关注自身的利益，全球化视野不够，继而使国际间关系越来越紧张。2020年各国经济都出现了负增长，中国在第一季度也出现了负增长，第二季度有所复苏，但经济的V形反转，短期内很难出现。从中国来说，虽然大面积的新冠肺炎疫情得到了有效控制，但是对经济的影响还是严重的，外部需求严重收缩，这从珠江三角洲能够看得非常清楚。对中国经济问题一定要冷静、客观，不能拍拍脑袋作出一些没有根据的判断。只有客观、理性才能找到解决问题的办法。

基于上述原因，中国经济的外部需求处在一个萎缩的状态，这实际上在提醒我们如何转变中国经济发展模式。加入 WTO 后中国进出口贸易的规模占 GDP 的比重多数年份都在 40% 左右以上，甚至在 2006 年达到 67%。一个时期中，中国经济的外向性特征很明显，外部需求对中国经济的拉动作用是非常明显的。现在全球经济和国际间关系都在发生一些微妙变化，一些大的经济体都想有完整的产业链体系，都想做到自供自给，都想拥有完整的供应链体系。这实际上违背了比较优势的原则，不利于国际合作的发展，很多国家是做不到的。中国人口众多，幅员辽阔，产业体系的确比较完整，我们从最原始产业到最现代化的产业，有一个较为完整的产业链，实际上大多数国家是做不到的，它们只有通过国际贸易来满足国内需求交易进而解决比较利益。

外部需求的不确定性和萎缩，在提醒我们要进行重大的结构性转型。过去经济转型主要侧重结构转型，包括供给侧改革等，这些都非常重要。但是，最近的外部环境变化，意味着中国经济的发展模式要调整。如何扩大内部需求，使内部需求成为中国经济发展的主要动力，这是我们思考问题的着力点。

同时，中国经济增长的内部结构也发生了很大变化。新冠肺炎疫情以来，中小微企业的生存遇到了很大挑战，有些企业很难挺过半年。半年没有现金流就很难生存下去。新冠肺炎疫情让服务业遭受重创。如果就业都有很大问题，试图通过扩大内部需求来推动中国经济增长是很困难的。当务之急就是让企业能够生存下去。在新冠肺炎疫情最严重的时期，我们国家采取了有效措施，防止了新冠肺炎疫情的蔓延，同时也采取了适当的政策去资助企业，让中小微企业能够生存下去，这些政策包括大幅度降税、减免费用、降低房租，减少这些运行成本，调整了信贷政策，一些到期贷款实行了展期。这期间，有些政策安排有一点乱，当前每个部门都在试图出台政策，但是你会发现有的政策或方法是没有效果的，是做门面的，有的则力度不够。我们对中国经济当前的困难缺乏深度的把握，缺乏客观性。有些部门是在走过场，做样子，没有在为中小微企业解决实际的困难。

中国经济增长的内部环境现在的确比较复杂。一些时期我们对中国经济的发展方向、模式出现了摇摆，有一段时期对如何看待民营经济也都有一些争议。发展民营经济根本就不应有争议，这个问题在 20 世纪 90 年代已经彻底解决了，并写进了《宪法》。以前一段时间还有人提出这个问题，这实际上干扰了中国经济的正常运行，中国发展社会主义市场经济模式，核心问题是要正确处理好政府与市场的关系。政府与市场的关系，核心是如何正确认识民营经济，《宪法》确立的两个毫不动摇，非常正确，必须坚持。

最近，中共中央、国务院出台了两个重要的文件，一个是关于要素市场改革的决议，一个是关于新时期社会主义市场经济体制改革的决定。这两个文件贯彻了党的十八届三中全会以及十九大报告的重要精神，这是非常正确的。我们必须按照这两个文件来制定相应的政策。一个时期，我们一些政策并没有很好地体现中央关于发展社会主义市场经济的总方针。

过去的一些不正确认识，加上最近突如其来的“黑天鹅”事件，包括新冠肺炎疫情，使得中国经济增长的内部环境变得更加困难。我们要充分认识到这个困难的严重性。面对这些困难，我们要花最大的力气去帮助企业渡过难关，这是政府的职能。政府最重要的职能就是在最困难的时候去安抚社会、帮助个人、帮助企业渡过难关。平常大家都过得很好，是比较简单的，关键是在最困难的时期，如何帮助企业渡过难关，如何采取有效的政策去解决当前的问题，要用创造性思维制定一些特殊政策，在特别困难的特殊时刻，常规性政策是难以解决问题的。

有一些学者在质疑甚至嘲讽美联储这一次应对美国股票市场大幅度波动所采取的一系列政策操作，我是怀着一种理性的态度去研究美联储的政策操作的，为什么美联储面对股票市场这种突如其来的巨大波动会以完全颠覆教科书的政策操作去干预市场，这是一个非常精悍的创新，实际上这是花最大的力气帮助美国的金融市场，以助其渡过难关。因为在美国经济体系中资本市场有非常重要的作用，在金融体系它起到核心的、基础的作用。一旦它出现了问题，就会给整个金融体系带来很大的波动，实际他们知道，资本市场的稳定对美国金融体系的稳定乃至经济预期有多么重要，所以美国采取了特别的政策操作。今天美国的市场，不像原来人们想象的会出现重大的动荡，甚至会崩溃，实际上它已经基本稳定了。

这个案例说明什么呢？面对重大危机，必须采用创造性思维以特殊政策去稳定市场，不是装模作样，这个时候是没有限制的，只有解放思想突破常规思维找到恰当的办法，必须用非常规的手段应付重大危机。

我们在面对巨大危机的时候，要用创新的方法，要有新的思考。我们有时候条条框框比较多，条条框框一多，找到问题的办法就少了，效果也差，做样子的成分就多。我想说，中国经济的内部环境面临着很大困难，没有创造性思维。我们现在人均 GDP 已经达到 1 万美元，站在一个新的历史起点。对中国来说，过去人均 GDP 比较低，40 多年前人均 GDP 只有 100 多美元，经济的复杂程度并不是太高，要解决低水平条件下遇到的困难首先要建立一个市场化体制，那时中国有巨大的人口红利，可以利用自然资源来推动经济的增长。当然我们为此也付出了代价，环境受到了严重的破坏。现在人口红利也在慢慢消失。

摆在我们面前的任务是如何保持经济的持续增长。新兴经济体到了人均 GDP 8 000 美元、10 000 美元的时候，面临一个巨大的考验就是“中等收入陷阱”。这是新兴经济体在发展过程中都将面临的问题。我们能不能跨越“中等收入陷阱”，是未来一个时期面临的重大考验。2020 年到 2035 年的 15 年时间，按照党的十九大报告提出的要建设社会主义现代化国家，这个现代化国家显而易见跨越了“中等收入陷阱”，理论上已经成为现代化的国家，虽然到 2035 年我们还难以成为现代化的强国，但已经进入发达国家的行列，只不过在发达国家的行列中还只是处在中等发达国家的水平。在发达国家行列中处在中等水平，这预示着这 15 年必须跨越“中等收入陷阱”。历史上，巴西、阿根廷、南非等国家，都没有跨越“中等收入陷阱”，都退到中等收入国家了，它们一度达到发达国家水平，但是现在退回来了。目前中国还没有跨越人均 GDP 12 400 美元的基本门槛，我们正在向前迈进，首先我们必须迈过去，其次我们要保持经济的持续增长，使其长期处在一个发达国家的行列。

世界上只有很少的国家成功跨越了“中等收入陷阱”，最具有代表性的是韩国，而多数新兴经济体都没有跨越。它们没有跨越“中等收入陷阱”是有一些原因的，我们必须认真总结这些新兴经济体为什么跨越不了“中等收入陷阱”，为什么跨越之后又退回来了。2018 年我专门到巴西、阿根廷访问了 10 天，其实很重要的目的是研究它们的教训。巴西是一个案例，它为什么会退回中上等收入国家？为什么不能跨越“中等收入陷阱”？我发现了一些重要的原因。

第一，技术创新不够。经济要发展，要进入发达国家行列，新技术、新产业非常重要，只有这样才能保持经济增长的持续性。关于新技术的产业转型，很多新兴经济体是做不到的。在经济的可持续增长中，技术变革和创新特别重要。

第二，与社会秩序和人才结构有密切关系。有些国家动荡不安，社会不太稳定，这是经济不可持续的重要原因。当然与教育和人才培养也有密切关系。发达的大学教育是跨越“中等收入陷阱”，成为发达国家的重要战略支撑。

中国经济发展的内部因素越来越复杂，未来面对的任务越来越艰难，越来越重要。跨越崎岖，我们翻越一座一座雪山峻岭。中国经济的未来发展、中国社会的进行不会一帆风顺，我们对此要有足够的心理准备。前面有大山要翻越，有湍急的河流要渡过。面对一座一座的大山，一条一条湍急的河流，没有新的方法、新的思维、新的模式是难以跨越的。

这是我讲的第一个问题，即中国经济持续增长遇到了外部环境不稳定、内部需求不足，且内部因素越来越复杂这样一个困难。我们要把问题看透，把问题看透了我们才能找到有效的解决办法。我们不要过于乐观，有一些学者似乎特别乐观。我们的心可以是热的，但我们的头脑必须要冷静。心要热，要有远大的理想、天下情怀、宏伟目标，对未来充满希望。但头脑要冷静，不可利令智昏，要多看到问题。只有多看到问题，才会减少未来的阻力，减少未来的困难。盲目乐观会麻痹人，会加大未来的不确定性，因为，你没有心理准备，不知道未来将发生什么。未来会发生什么，通过理论思维和科学研究，是能够知道的；未来大概会发生什么，未来会发生什么，是有逻辑过程的。

二、如何解决中国经济增长中的困难和问题

客观理性地看清楚了中国经济发展面临的困难和问题，不意味着我们否定过去取得的辉煌成就。刚才我说了，改革开放以来取得的这个成就，是人类社会的奇迹，似乎没有哪个国家可以做到，中国做到了。看清楚了问题，就要认真思考如何解决这些问题。首先要从大的思想方法、理论逻辑上去思考：什么是人类的未来？什么是中国的未来？什么是人类文明的趋势？什么道路、政策、模式能解决中国经济未来的问题？对此，要有深度的思考。

（一）根除思想束缚，创造性地解决未来中国在经济发展中遇到的问题

过去40多年的经验告诉我们，首先一条还是要坚持解放思想、实事求是的思想路线。前面讲了，今天乃至未来的中国社会面临的国际环境日益严峻而复杂，内部因素也在发生重大变化，坦率地讲，比过去40多年遇到的困难和问题要复杂得多、严峻得多。过去我们面临一个突破僵化思想约束、突破计划经济体制束缚的任务，如何解决思想、如何统一到社会主义市场经济发展模式的思想认识上来，这种思想认识在过去40年中已经完成了，绝大多数人都知道只有走社会主义市场经济的道路，才能解决中国的问题。这种理性认识过去也不是一帆风顺的，是在小平同志的领导下，解放思想、实事求是，取得了统一的认识。

小平同志在党的十一届三中全会上有一个划时代的讲话。这个讲话指引了中国未来现代化的进程。今天，我们面临着新目标、新问题。如何找到解决新时期新问题的办法，首先还是要解放思想，思想上不能有束缚，一束缚，思想就僵化了。面临新时期新问题，没有现成的方案。中国是一个大国，没有哪个国家有现成的方案，直接拿来就行。一个企业可以直接模仿其

他成功企业的模式，但是中国这么一个大国，模仿谁的模式？没有模仿，只有根据自身的情况去探索发展的路径。

过去我们探索建立了十几个经济特区，今天也在建设海南自由贸易区（港）。海南自由贸易港是新时期改革开放的重大举措。新时期的自由贸易区（港）是经济特区逻辑上的延伸，有逻辑上的继承关系，但又完全不同。要建设好新时期的自由贸易港，必须研究世界各国成功的自由贸易港模式，包括法律体系、体制模式、税制结构、金融模式和政策方向等。还要研究自由贸易港的人才储备、产业结构、营商环境，只有这样才能真正建立起现代化的世界级的自由贸易港，这就不能有任何思想束缚，就必须解放思想。一旦思想有束缚，要建设好世界级的、在国际上有重要影响力的自由贸易港那是不可能的。这个时候，要勇于探索。也许前面有很多禁区，有很多无人区，但我们必须闯过去，这从书本上是找不到的，中央给出大方向，剩下的就是探索。

我曾经看到过一些地方领导在谈到自由贸易港时的理念和观点，总体上看令人忧虑。就说这也不准，那也不准，有的领导一上来，一共有“八不准”，把人吓住了。建设自由贸易港，这种“不准”的思维是不合时宜的。如果这个不准，那个不准，人才不来了、资金不来了，还怎么建成自由贸易港？这是一个思想束缚的问题。没有大胆的探索，没有提着脑袋去干的精神，是克服不了前行中的困难的。那要翻越一座一座大山，要走过雪山草地，没有那样一种创造力，那样一种不要命的精神，那样一种提着脑袋干的气魄是翻不过去的。所以，在新的时期，根据中国的实际情况，实现习近平总书记在十九大报告中提出的分两个阶段安排的目标，我们就必须创造性地找到解决问题的办法，要创造性地找到通向未来目标的道路。现在一些地方官员，包括一些部门，都是循规蹈矩，甚至墨守成规，谁都知道循规蹈矩不会犯错，但难成大事，会错过时机。我特别强调，在新时期要用创造性思维去寻找解决未来一切问题的办法，这只有解放思想，同时要客观、冷静，实事求是。

（二）要高度重视经济发展在当今中国的重要作用

改革开放以来的许多年，我们的重心是以经济建设为中心，中国经济发展有很多特色，这些特色是其他国家难以做到的，比如在经济发展中地方政府的特殊作用。在总结中国经济发展道路模式时，这是一个重要的内容和特点。各级地方政府在相当长时间里都把工作的重心放在经济建设上，招商引资，设立开发区、产业园区等，中国经济的成就有它们的特殊的贡献。在新的历史时期，一方面要加强并重视党组织的建设，另一方面也要重视经济发展，两者之间是协调的。要高度重视经济发展在中国社会进步中的核心地位。

事业是干出来的。经济发展和收入水平的提高不会从天上掉下来。经济发展和收入水平的提高，不可能通过发行货币就能实现。我们要号召人们去创业、创新、创造，这是中国发展的原动力和根基，千万不要指望通过货币的发行能够增加人们的收入，货币政策只是一种工具，虽然很重要，但它不是财富的来源。

（三）一定要继续推进改革开放

改革指的是什么？经济改革的本质内涵是市场化。改革不是一个框，是有核心内涵的，如果能激发人们的积极性、创造性，这就是改革。所有的改革都是要把人们从思维约束状态下解放出来，让人们对未来有希望、有激情、有预期，激励人们去创业，实现人生的梦想，这就是改革。各级政府的重要工作是构建良好的营商环境，地方政府不要搞那么多新项目，工作的重心在于营商环境的改善，而不是主要作为投资主体出现。政府投资不应成为经济发展最重要的引擎。政府最重要的功能是构建营商环境，让每个人、每个市场主体安全、安心、安静地创业，政府提供高效率的服务，这是最好的经济发展模式。

可以看到，经济发展与政府职能的履行有密切关系。长江三角洲也好，珠江三角洲也好，为什么经济发展相对比较好？为什么它会有如此强大的竞争力？这与政府正确履行职能有关系，要把工作重点放在改善营商环境上。

有些地方原来经济很发达，现在凋零了，核心是营商环境差，事后抓到了那么多贪官你才发现环境多么恶劣。营商环境差，经济不可能发展起来，所以要坚持改革。

与此同时，要扩大开放。我们不要过度解读开放给我们带来的所谓负面影响。开放给中国带来的是国际视野和全球市场，是实质性增长。2001 年 12 月加入 WTO 之后，中国经济是一种竞争基础上有质量的经济增长，在融入国际经济体之后，在与国际大企业竞争的同时，我们的企业成长起来了。华为之所以成为华为，是因为在开放条件下经历了严酷的竞争，进而成为一个具有国际竞争力的伟大企业。

开放确立了我们的自信。开放使我们也能够在全球配置资源，全球市场也是我们的市场。关起门是成不了伟大企业的。一个国家也是在开放中成为伟大的国家。中国经济步伐非常快，开放度也非常大。但是，金融体系的开放则相对缓慢。我们下一步开放的重点是金融的开放。我们要积极稳妥地推动中国金融的对外开放，重点在两个方面：一是人民币的国际化；二是中国金融市场开放的核心是资本市场的开放，并将其建设为国际金融中心。中国的资本市场要有建成国际金融中心这个目标。一个在全球有影响力的大国，其金融市场都应是国际金融中心。所谓的在全球有重要影响力以及接近世界舞台的中央，一定包含了其金融是全球金融中心的内涵，货币是国际化的货币这一内涵。如果货币不是国际化的，在国际货币体系中比重低，没有什么影响力，金融市场是封闭或者半封闭的，不是全球的金融中心，那么很难说这个国家对全球经济具有重要影响力。一个国家的资本市场是否在全球有重要影响力，是否是国际金融中心，除了规模外，外国（境外）投资者投资的金融资产的比重是一个重要指标。在中国，今天这个比重只有 3%，3% 的占比肯定不是一个在金融上有影响力的大国的标志。这个比重至少应该达到 15%。对此我专门做过一些研究。所以，下一步中国开放的重点是金融的开放。

现在国际环境进一步严峻，中国的国际贸易结算大多数都是通过美元支付体系来结算的。对此，我有些忧虑，存在于国际经济贸易活动中的“卡脖子”的风险，对中国的国际贸易存在潜在的巨大威胁。

我们要积极稳步地推进人民币国际化，创造条件，顺势而为。要建立一个备份支付系统，这也是中国金融开放的一个战略目标。我们不能总受制于他人，这是潜在的巨大威胁。美国现行政府似乎在损害美元的地位，一会儿制裁这个，一会儿又制裁那个，制裁多了对美元的功能和份额也有一定影响，挥舞着美元大棒。这实际上正在为人民币的国际化创造有利机会。

（四）坚定不移地走社会主义市场经济的道路

市场经济模式有几个核心要点，不可违背。一是市场是资源配置的基础和决定性要素。政府不能控制太多的资源，资源主要都是由市场来进行配置的。二是竞争中性的原则，也就是说，市场主体都是平等的，不应该有政策上的歧视。在我们国家，在相当多的时候违背了竞争中性原则，存在所有制歧视。在经济活动中，我们必须要坚持竞争中性原则。

最近全国人民代表大会通过了《中华人民共和国民法典》，这是一部重要的法典。它从法律上确立了经济主体的平等关系，倡导并尊重契约精神，使公民财产保护和产权确立有了重要的法律保障，为经济预期提供了坚实的法律基础。在经济活动中，预期机制很重要。经济政策的功能在调节，不是预期机制形成的基础，预期机制必须通过法律加以确立。一个国家，特别像中国这样的大国，一定要有良好的预期机制，这就必须完善中国的法律。我们不但要重视法律条文的完善，而且必须要严格守法、严格执法。对此，我们还有漫长的路要走，走社会主义市场经济道路就是要坚守这样一个模式，包括经济主体的平等关系、竞争中性原则、政府与市场的关系、价格形成的市场决定机制、市场在资源配置中的决定作用、如何保障公民的合法财产等基本元素。法治对今天的中国来说变得特别重要。法治是坚持社会主义市场经济模式的重要标志内容。

三、在政策层面上如何促进中国经济走出困境

首先，政策的重点是如何让小微企业活下去，并有所发展。前一段时

间，针对疫情对经济发展的巨大影响，中央各部门都颁布了很多政策，有些政策是有效的，有些政策则是做做样子，难以落到实处。短期政策包括刚才提到的减税、降费、减租、减息、贷款展期等，都是政策落实的重点。我不赞成发消费券之类的所谓的扩内需的政策，我不认为这是解决当前中国经济问题的有效办法。我也不同意在当前的情况下，推出大规模的刺激经济的计划，我认为这是不合时宜的政策。当前政府的重心在于让小微企业渡过难关。现在全国大多数地区新冠肺炎疫情都已得到有效控制，经济活动的环境已经基本稳定了。外部环境的改善还是需要更长的时间。

从中国经济长期发展角度看，我认为以下几个方面的政策非常重要。

第一，要采取有效的政策，推动包括科技创新在内的各种创新。

科技创新、组织创新、管理创新、模式创新都很重要。这次疫情带来了很多新的变化，网上会议多了，教学活动、学术交流、工作会议都在网上完成，效果不比过去传统的线下差，过去线下开会很热闹，但是成本很高。这就是一个新变化。中国经济发展过去走的是粗放式模式，通过耗竭自然资源和人口红利来发展经济，外延式、粗放式特征非常明显，这种模式难以为继，环境受到了严重破坏，经济没有竞争力，所以必须要推动科技创新，走内涵式发展道路。只有科技创新强，结构才能转型，经济活动才能升级。

经济长周期的出现都是源自技术革命，经济长周期出现的历史起点在于创新。保持中国经济的持续增长，跨越“中等收入陷阱”，稳步进入高收入国家，科技创新具有特别重要的作用。政策要做一些调整。对现在的一些政策，我很忧虑。我们要创造相应的机制，让科学工作者、发明、创造、创新变成社会的财富。如果没有机制创新，虽然可能也有一些发明创造，可能会获得很多奖，但其对经济的作用会大大减弱，因为中间隔断了从新技术到新产业的转接过程。所以，社会要创造一种机制，让科技创新能够变成新产业、新财富，我们要允许科技人员通过自己的技术、知识参与经济活动，以创造新的社会财富，以推动经济的发展。要重视技术、智力、知识在经济活动中的作用，与此相对应，我们要建立透明而又规范的制度，让人们没有顾虑和包袱。

同时，我们还要有一种新的市场机制，让新技术到新产业的过程通畅、有效。这就需要金融创新。在经济发展过程中，金融的制度创新非常重要，基于市场化的金融有一个很重要的功能，就是分散风险。我们过去对金融理解多是停留在融资的功能上，这是非常传统的金融。现代金融的核心功能之一是分散风险，通过股权结构设计，通过收益与风险的组合，从而实现分散风险的功能。从科学发明、新技术到新产业的落成，到财富的创造，其中充满了不确定性，这种不确定性所带来的风险是单个资本难以承受的，必须通过一种集合化的方式去分散风险，这样才可能有效地推动新技术到新产业的转化，美国硅谷乃至整个美国经济的发展与这种金融业态的发达有密切关系。无论是纳斯达克还是纽交所，美国前十大市值的公司基本上都是高科技企业。

在中国资本市场，市值前 10 名的上市公司都不是高科技企业，这其中一定出了什么问题。中国上市公司的前十位多半是茅台酒加金融机构，这只能说中国的金融创新和金融政策出了很大的问题。为什么中国的高科技企业可能与中国金融业态有关系？我们的贷款利率不但很高，而且，获得贷款也很难，难以得到金融的有效支持，同时，我们的容错环境也不够，如此等等都会压抑高科技企业的成长。

从中美两个国家的上市公司排名就可以看出，这两个国家在创新、金融生态和金融政策方面存在巨大差异，对金融的理解、对资本市场的理解、对上市公司的理解、对科技推动产业变革的理解存在重大的差异。我们需要深刻理解什么是现代金融，需要正确理解金融与实体经济的关系，需要调整金融政策。如果再过十年，还是这种上市公司结构，我不知道核心资本市场有什么前途，如何实现国际金融中心的目标。作为国际金融中心的资本市场，一定要有一大批科技性、成长性的企业，对这些企业，市场会有很高的预期、很大的不确定性。成长性来自不确定性。传统金融机构如商业银行具有较大的确定性，每年的利润大体都能计算出来，精确程度可以达到 90%，具有高度的确定性。从投资角度看，投资于上市公司，最重要的在于不确定性，成长过程中的不确定性，才有投资的价值，如果是非常确定的，要获得一个高的收益是困难的。

中国金融体制改革，需要服务于实体经济，还要关注高科技企业。金融服务于实体经济不是一个简单的口号，对此，不同的人有不同的理解。大多数人的理解是，金融特别是商业银行要为处在困难时期的企业提供贷款，认为为实体经济提供信贷服务是重点。这是一种比较肤浅的理解。金融服务实体经济，其本质是要推动高科技企业的成长，推动产业结构的升级换代，推动高新技术到新产业的转化，同时要为消费者提供便捷的金融服务，为社会提供有效的资产管理，这个是金融服务实体经济的核心元素，不仅仅是为困难企业提供贷款。对小微企业，要进行金融创新，提供相适应的融资服务，这是普惠性金融的本质。现在流行一句话，小微企业融资难、融资贵。我对这个提法有一半是赞同的，就是必须要通过改革，解决小微企业融资难的问题，至于融资贵要具体分析，因为资金成本与企业信用有密切关系，是企业信用的函数。你可能很有信用，但若这个信用无法得到甄别时，资金成本就会相对比较高。如果通过大数据可以评估你的信用，那资金成本就会下降，这是互联网金融才能解决的问题。中国金融在这个问题上走了一些弯路。从本质上讲，基于大数据平台的互联网金融可以解决这些问题，解决小微企业的信用甄别以及根据这种信用甄别解决融资难、融资贵的问题。这需要技术创新。

第二，包括财政改革、货币政策在内的各项经济政策必须着眼于实体经济的发展，为企业创造宽松的环境，降低企业的运行成本。

我有一些企业家朋友，他们抱怨现在的政策不利于企业发展。在去年的中国企业家领袖年会上，有位著名的企业家，名字就不说了，说出来每个人都知道他，他对我说，吴教授，待会儿演讲时能不能帮我们呼吁一下，现在做企业挺难的，尤其是贷款难，税收费用高。金融监管一收紧我们这些民营企业就面临很大的压力。金融降杠杆，降谁的？主要是降他们的杠杆，降杠杆贷款收紧他们受不了，所有人的计划就要改变，经营打乱了，企业困难就来了。他要我呼吁政策上一定要坚持竞争中性原则，政策要稳定。这个也符合我本人的愿望，我上去就讲了这些建议，既有财政政策，也有货币政策，还讲到其他的政策。

我讲完后，轮到他上台演讲，我发现一个很有意思的现象，我在讲这些发展中遇到的问题，呼吁政策的连续性和坚持竞争中性原则，这位企业家主要讲各级政府给他们提供了大量的帮助，企业过得挺好。我发现他的政治觉悟比我高，这是一件挺有意思的事。

财政政策特别是税收政策和各种费用规定，要有周期概念，要有调节功能。有人告诉我，创业阶段要把那些税费全部交上，是非常困难的。这里有一个平衡点，就是当前和未来的平衡问题。财政政策一定要有周期的概念。中国的财政政策周期性概念不明显，静态地停留在税收要增长、财政收入要增长这个目标上。一般来说这没有什么大问题，但是如果税基有问题，要保持财政收入的持续增长是有困难的，这是经济学的一个基本原理，没有税基的强大，税收从何而来？所以，经济困难的时候，是要帮助企业渡过难关，经济好的时候，可以执行正常的财政政策和税收政策，核心是要有周期的概念，有调节的理念，有服务于实体经济的愿望。千万不要以为做企业那么容易，很多人觉得做企业很容易，挣钱很容易，税费弄得那么高。我真希望那些坐在办公室的人去创办一个企业试试看，让他们感受一下创办企业的艰辛和困难，这样有利于他们思考如何服务于实体经济，如何服务于企业。当然照常纳税是企业的义务。为企业排忧解难和企业依法纳税是两回事。

最近我看到我的一个博士同学，财政部财政科学研究院院长刘尚希研究员提出了一个观点，财政赤字货币化，财政的钱不够用了，通过央行去埋单，引起了很大的争议。从本质上讲我是不赞同的。这个观点对货币的信用具有极大的破坏性。财政的来源是经济增长，而不是货币发行。这是一个基本命题。政策的出发点是要让经济基础，也就是税基有强大的竞争力，这是我们解决财政收入的重要原则，通过货币化的方式去解决财政收支缺口，只能是在极其特殊的情况下使用，但是中国目前的经济和财政状况没有到这种极其特殊的阶段。

现在我们讨论一下货币政策。

全球主要经济体都进入零利率甚至负利率的时代，相比而言中国的利率是比较高的。相对高的利率，会抑制金融市场的发展。金融理论中有一个叫金融脱媒理论，金融脱媒，也就是金融活动中的去中介化，非常重要。金融脱媒是经济发展和市场化的一种基本趋势，是金融结构性交易的重要推动力量，有利于金融结构的竞争化和金融业态的多样性。当传统银行体系的利率高企的时候，金融是很难脱媒的，金融市场化会受到严重抑制，金融市场特别是资本市场很难发展起来。存款利率高，贷款利率就更高，经济怎么发展？结果就必出现通货膨胀。所以，大幅度降低利率，把部分利率让渡给实体企业，特别是高科技企业，经济才能发展。就货币政策而言，服务于实体经济的一个重点就是通过市场化机制去降低利率，减少营业的资本成本。

我们有 3 000 多家上市公司，上市的金融机构主要是商业银行，利润总额是其他所有公司利润的总和。上市金融机构总共也就 20 家左右。这其中必有大的问题。中国上市的商业银行的市盈率很低，大都在五六倍，没有预期，没有什么成长性。如果通过市场化机制，通过金融的结构性改革，将这些创新性利润中的一部分转移到实体经济特别是高科技企业中，中国资本市场的价值就会得到极大的提高。这些企业的市盈率不是 5 倍、6 倍，而是 30 倍、50 倍，中国企业的市值会有很大的增长，市值排行榜也许会有很大的变化，市场的投资功能会有明显提升。这种利率结构的调整对改善中国上市公司的投资价值、提升中国资本市场的投资功能、改变中国上市公司的排行序列具有极其重要的作用，将大大改善资本市场的财富管理功能。

中国金融的重点还是市场化改革。金融的市场化改革包括利率市场化和汇率市场化。汇率改革的本质是推进人民币自由交易的改革。在世界各主要经济体中，人民币可能是唯一还不能进行自由交易的货币。我们应加快这个改革。人民币在成为自由交易的货币，乃至于成为国际货币体系中一员的过程中，一定是有风险的。人民币的国际化伴随着国际风险会蔓延过来。我们对此心中要有数。虽然这种风险是新增的国际递延风险，但对中国金融的国际化、人民币在全球影响力的提升，以及对中国经济的促进作用，都是有重要意义的。我们不要害怕人民币国际化后会被炒作，会出现贬值的风险。这种忧虑让我们裹足不前，改革不敢往前推行。在 2001 年 12 月我们加入 WTO 之前，中国有不少专家学者和媒体表达了悲观的言论，担忧开放会使中国的民族工业受到严重冲击，中国的民族工业会毁于一旦。但事实证明，加入WTO后中国经济得到了前所未有的发展，企业竞争力明显提升。要知道，只有在竞争中经济才能发展，企业才能成长，关起门来企业是成长不了的。同理，只有在开放中、在大风大浪中人民币才会成为世界货币中的一员。我们对此要有足够的信心，对风险要有足够的心理准备。未来如果出现一些大风大浪，我们有能力应对这种情况，因为中国经济在不断地转型，中国经济在市场化的道路上得到了发展。我相信，作为人民币国际化基础的中国经济是有竞争力的。

金融市场主要是资本市场要扩大开放。3%的占比太小了，以前有QFII、RQFII、沪港通、深港通，但都不是真正意义上的开放，不是全面开放。资本市场的全面开放需要以人民币可自由交易为前提。我是一位金融学的教授，主要研究资本市场，从2001年以来，我几乎所有的研究都是围绕中国如何构建国际金融中心这个目标展开的。我认为中国金融主要是资本市场未来一定会成为新的国际金融中心，为此我们必须推动并深化相关改革。我们的金融基础设施非常薄弱，经济市场化和国际贸易规模比较充足，金融国际化的软条件比较薄弱。所以，我们要深刻意识到，在中国金融国际化过程中面临的困难任务。我们必须重点改善软条件。金融软条件的改善有利于推动中国社会的进步，通过国际金融中心的构建去推动中国社会的现代化，包括法治的完善、契约精神、透明度的提高，这些都是构建国际金融中心最重要的机制，法治不健全、契约精神不足、透明度不够、信用体系不完善，怎么可能建成国际金融中心？国际贸易规模全球第一，经济规模14万亿美元，这固然重要，从一定意义上说，软条件比硬条件对国际金融中心而言，可能更重要，因为国际金融中心很重要的功能是投资和金融服务，法制能力、契约精神和透明度就是其运行的基石。

与以往的日不落大帝国相比，英国的影响力下降了，但英国伦敦金融中心的地位始终不可动摇，是因为它有很好的契约精神，有完善而坚实的法治基础，透明度充分，现代金融的法律规则、契约精神都来自英国。所以，我们要深刻地理解人民币国际化以及构建国际金融中心对中国社会现代化所具有的战略意义，要大大推进中国社会的法治水平、契约精神和透明度，而这三要素正是现代社会的基本特征。

在人民币国际化过程中，我们要正确地处理好经济政策的短期与长期的平衡问题。从这个意义上说，我非常不赞同财政赤字货币化的观点，因为这会极大地动摇人民币的长期信用基础，将极大地损害人民币国际化的前景。一个负责任的国家，最重要的政策是要维护这个国家货币的长期信用，我们可以忍受经济短期的缓慢增长，甚至倒退，但不能容忍用本国货币的贬值来刺激经济的短期增长，如果这样就本末倒置了。

所以，经济政策的重心是维护人民币的长期信用，这对中国金融的开放、人民币国际化至关重要。很多人没有意识到人民币长期信用稳定的战略价值。有些人只关注短期的经济增长，不关心或者不理解人民币长期信用对中国的未来意味着什么。经济增长速度慢一点没有关系。习近平总书记说，只要方向正确了，慢一点没有关系。在这里，这个方向指什么？那就是维护人民币的长期信用。这应该成为我们的国策、国家经济的锚。美国经济的锚是什么？是科技创新，是美元信用。在美国，也有为了短期经济的增长、提高市场预期而大规模扩大美元发行的时候，但之后一定会有美元回收政策。金融要有大战略、大视野，中国金融的大战略是不够的，我们有时太关注短期了。货币是国家的重器，不是随便拿来用的工具，货币是金融的根基和锚，根基不可动摇，根基动摇，地动山摇。根基必须坚实，必须有良好的信用、坚实的契约精神，这个国家的金融才有未来，经济才有希望。

以上三点，在政策层面是特别重要的。好像时间已经到了，要遵守契约。

主持人邓子梁教授：讲了一小时多一点，您还可以继续讲。

吴晓求：不讲了，坚守契约精神，一个小时已经超了。

主持人邓子梁教授：您多讲一分钟我们就多赚一分钟。

吴晓求：好吧，最后我再讲一点。虽然中国经济的困难比以往任何时候都严峻，但中国经济的希望比以往任何时候都要光明。我们的国家，我们这个民族已经迎来了历史上千载难逢的发展机会，我们必须要顺势而为，必须要沿着现代文明的方向前行，沿着我们过去所确立的改革开放、走社会主义市场经济道路、建设现代文明国家这样的方向前行。我确信，到 2035 年我们一定可以实现党的十九大报告所提出的基本实现社会主义现代化目标，到 2050 年，可以实现社会主义现代化强国的目标。在座的 EMBA 的同学，我不知道你们的年龄结构，我想年龄再大也不会比我大，估计多数在 30~40 岁。到 2035 年，对年轻同学来说不过才四十多岁，风华正茂，到 2050 年 60 岁左右，这期间，有的同学会成为国家的栋梁之才，你们中间一定会有国家民族的脊梁。

坦率地讲，过去的 40 年，两代人完成了中国的脱贫梦，完成了中国的小康梦，中国的事业要一代又一代人传下去，但是对年轻一代来说，必须深刻地理解 1978 年后中国为什么要走这条路，必须深刻理解肩上的担子有多么重。人还是要有一些情怀的，没有情怀天天就为自己那点算盘，我看这个人也不会有什么出息。那点个人的算盘千万不要凌驾于你的理想之上，如果你的理想只是为你那点算盘，那就是自私，那不叫理想。所以，我希望我们商学院 2020 级 EMBA 的同学，第一，是要有情怀。有情怀就是有理想。这是我昨天在财政金融学院毕业典礼上致辞时特别强调的，这同样也适用于刚刚上学的 2020 级商学院 EMBA 的同学。

第二，要有能力。没有能力只讲情怀那是空谈，能力就是脚踏实地，情怀就是仰望星空。大家到人民大学来学习，有情怀的同时，就是要学本领、增才干。情怀有了，能力有了，事业就会一帆风顺。

第三，要有担当。没有担当精神，人很卑微。个人如此，民族也如此。中华民族之所以伟大，是因为历史上有很多有担当的人，担当有大有小，只要有担当，就能顶天立地。什么叫担当？就是勇于承担责任。

最后，我祝 142 位同学在人民大学学习期间能够获得丰收，能够有所变化，能够体会人民大学实事求是的风格。人民大学是中国最好的大学。我这么说，不是因为我是人民大学副校长，而是实实在在的热爱，如果让我重新选择中国的大学，我也只会选择人民大学。当年考研究生，我豪气冲天，我可以考取中国任何一所大学，但是我还是选择了人民大学。为什么说人民大学是中国最好的大学？是因为它的包容精神。

在人民大学，学术上是百花齐放。在这所大学，持不同观点的人可以轻松地在一起交流。至少在我所任教的财政金融学院是这样，这就是包容。人民大学之所以是人民大学，是因为它有学术包容机制。人民大学不分出身，无论你本科学校在哪里，研究生学习是否在人大，不太重要，重要的是人正学术好，热爱教育，热爱人大，一定会有很好的成长。这就是人民大学的包容和特质。

所以你们选择人民大学，选择人民大学商学院，是非常正确的选择，谢谢大家。

主持人邓子梁教授：非常非常感谢吴校长讲的校长第一课。大家应该已经感受到了吴校长的风采了，也可以看到吴校长的演讲风格，全程没稿。

今天的校长第一课，吴校长既站在国际前沿，又非常贴近企业一线，从国际环境、中美关系、新冠肺炎疫情到中国经济的内部结构，对政策取向、民营企业发展、营商环境等进行了系统而深入的解读，提出了一些难以听到的新观点。这些新观点独立而鲜明，同时吴校长也提出了对于中国改革和宏观政策的期许，包括继续推进改革开放，坚持走市场经济道路，依法治国，继续改善营商环境，加快金融改革，推进人民币国际化，维护人民币的长期信用等。

在最后，吴校长对 2020 级 EMBA 的同学提出了几个期待，希望大家有情怀、有能力、有担当。校长第一课帮我们解决了有情怀这个问题。有能力，专业上的能力就交给 EMBA 其他专业教授去实现。有担当，还需要每位同学回到自己的企业去实践，管理既是科学，也是一门艺术，但是说到底，管理还是一门实践。

最后非常感谢吴校长，他在最后的时候画了点睛之笔，点出了人民大学校训实事求是的精髓。由于疫情原因，今天大家没有机会来到人民大学，大家以后来到人民大学时，最好从东门进来，看看那块石头。吴校长在人民大学主管人事人才，刚才他提到人民大学学术上百家争鸣和包容的环境，大家在人大接下来的两年时间里，会有所体会，可以听到一些非常精彩的思想。

吴校长今天的讲课思路非常清晰，判断也很冷静、很客观，充分体现了人民大学一位著名学者的担当，展现了他的家国情怀和炽热的心、冷静的头脑。人民大学有这样的教授，作为基层的管理者我深感鼓舞。他一直都在为建设一个更加市场化、更加开放的中国经济而努力，积极呼吁要建立一个包容的制度，更加宽容地对待民营经济的发展。我相信在座的各位企业家听完这个讲座，对中国经济的未来，应该说更有信心。

今天是2020年下半年的第一天，我觉得这个课非常地有价值，再次感谢吴校长精彩的讲课。

做“有情怀、有能力、有担当”的“三有”人才

——在中国人民大学财政金融学院2020年学位授予仪式暨毕业典礼上的致辞

【作者题记】

这是作者2020年6月30日在中国人民大学财政金融学院2020年学位授予仪式暨毕业典礼上的致辞。由于疫情的原因，仪式只能在线上线下同时进行。

在这样一个特殊的时候，我们举行一个特别的学位授予仪式和毕业典礼。今天到场的虽然只有 26 名财政金融学院学士、硕士和博士的代表，但是线上还有 850 名 2020 届财金学子一同参加。我在这里代表中国人民大学，对财政金融学院 876 名获得学士、硕士和博士学位的同学表示热烈的祝贺，对培育你们的老师表示衷心的感谢!

今天线下参加仪式的还有克服重重困难、冲破种种阻力来到学位授予仪式现场的毕业生家长们。感谢你们关心人民大学，关心财政金融学院，把你们最优秀的孩子送到中国人民大学财政金融学院来学习。

以往的大学校园在这个时候应该是最热烈、最欢快、最喧闹的，坦率地讲，我不太喜欢这样一种宁静。这个学期校园里面过于安静了，不像大学，让人有些伤感，但这是我们抗击新冠肺炎疫情要作出的一种牺牲。人类社会正面临着严峻的挑战，我们必须团结一心来对抗这场危机。

我们线上还有 850 名毕业生，实际上学校非常盼望你们回来，我们为此做了非常充分的准备。在遵守疫情防控要求的前提下，学校精心设计了毕业典礼和学位授予仪式。就在我们准备充分的时候，6 月中旬，北京的第二波疫情又来了。北京市委、市政府在 6 月 16 日凌晨决定调高防控疫情等级。学校本来希望毕业班的同学能在 6 月 18 日回到学校，但我们必须严格遵守防控疫情的要求，只能放弃返校安排的计划。放弃隆重的全体毕业生都参加的毕业典礼和学位仪式，丝毫不影响学校对同学们的关心。明天，刘伟校长会在 2020 届学校举行的线下和线上结合的毕业典礼上，代表学校向全体毕业生许下庄重承诺。这个承诺的内容我们还是耐心地等到明天。

我们国家改革开放 40 多年，发生了翻天覆地的变化。我们由一个贫穷落后的国家发展成中上等收入的国家。我们未来的任务更加宏大而艰难。中国经济社会面对的外部环境越来越严峻，内部问题也越来越复杂。实现党的十九大提出的到 2035 年，基本实现社会主义现代化；到 2050 年，全面建成社会主义现代化强国，是我们未来的奋斗目标。同学们，这样的目标靠你们去实现。我们这一代人好像已经完成了从改革开放到小康社会的建设，未来社会主义现代化国家和社会主义现代化强国需要在座的各位以及我们线上的各位共同努力。到 2035 年，才不过 15 年，你们仍然风华正茂，即使到 2050 年，你们也就 50 多岁，那时，你们已然成为我们国家的中坚力量。你们中的很多人将会成为我们国家、民族的脊梁。我们要深刻地意识到外部环境和内部问题的复杂性。现在，我们的面前有一座座山峰，有一条条湍急的河流，如何跨越它们，这其中遇到的困难绝不会比 1978 年到现在所遇到的困难少，而且可能更加复杂、更加严峻。为此，我希望你们做到三点。

第一，有情怀。有情怀就是有理想。中国人民大学财政金融学院的毕业生一定要有情怀、有理想。你们到这里来，不仅仅是为了就业，也不仅仅是为了找个投行、商业银行和基金公司的工作。你们身上肩负着重要使命，把这个国家建设成社会主义现代化国家，所以情怀就像人生的灯塔。在情怀和理想面前，个人的诉求变得微不足道。

第二，有能力。没有能力谈情怀就是夸夸其谈。能力就是脚踏实地，情怀就是仰望星空。经过在人民大学这几年的学习，我认为，你们已经掌握了解决一切问题的能力。我相信，你们有这个能力。

第三，有担当。不要遇到困难就退缩，遇到荣誉就豪取。一个民族如果没有足够多的有担当的人，这个民族一定是卑微的民族。中华民族历来不乏有担当的人。我们财政金融学院的同学一定要做有担当的人。

新冠肺炎疫情之后，中国资本市场的发展机会在哪里？

——在央视财经《战“疫”后新机遇》栏目的演讲

【作者题记】

这是作者 2020 年 4 月 18 日在央视财经的演讲，正是新冠肺炎疫情不断蔓延的时候。

受世界范围内疫情蔓延的影响，全球资本市场风云巨变。面对冲击，疫情之后中国资本市场如何发展？蕴藏哪些发展机会？股市何时走出黎明前的黑暗？央视财经特别策划《战“疫”后新机遇》特邀中国人民大学副校长吴晓求独家解读。

疫情之后，我希望中国资本市场和金融改革发展用一个词来寄予它，这就是“一如既往”。“一如既往”包含了我们虽然经历了这次人类的大灾难，但这个灾难阻挡不了中国金融和资本市场的改革、开放和发展，我们要继续沿着社会主义市场经济的道路，沿着改革开放的方向继续推进我们的各项事业。

2020 年 3 月 30 日颁布的《中共中央　国务院关于构建更加完善的要素市场化配置体制机制的意见》，其中专门谈到关于资本市场基础性制度的改革和完善。疫情给资本市场和金融改革带来了新的挑战。

就中国资本市场来说，疫情之后很重要的是要认真反思资本市场的一些重要制度缺陷，我们过去相当长时期，主要是注重发展，对基础制度建设和完善的关注度不够。我们有时候跑得太快，后援的部队还没有跟上来，疫情这段时间是让我们反思如何去补短板，特别是补制度的短板。经济增长速度虽然很重要，但是经济的基础设施更重要。虽然金融改革、资本市场发展很重要，但是现代金融的基础性制度以及资本市场基础架构的完善更重要。

制度完善了，经济才会持续增长，才会跑得更快、更远、更久。对中国资本市场来说，主要是有这么几个方面的制度要进一步完善。

第一，要认真研究股票发行制度的改革。2019 年 6 月我们在科创板推出了注册制，这是一项重大的制度改革。我对科创板的设立以及在科创板设立注册制是高度赞赏的。注册制回归了资本市场的本源，体现了资本市场的本质要求。现在只是在科创板实行注册制，未来要在全市场推广。注册制是市场化、更具有公平机会的一种制度。我们要深刻理解注册制对中国资本市场发展所具有的重要价值。新的《证券法》对发行上市以及上市公司的标准做了重大修改，为资本市场未来的发展奠定了法律基础。

注册制最重要的作用有两点。一是发行定价的高度市场化。过去在核准制条件下，虽然也做了一些市场化改革，但是发行定价并不是完全市场化的，之前的发行定价是一种先验性定价，一般认为20倍到25倍的市盈率是发行定价的合理区间，这是一种先验性定价，没有考虑不同产业、不同企业的特点，才会导致上市后几个交易日甚至十几个交易日出现了涨停板这样一种奇怪现象。

这种现象说明那样一种发行制度存在重大缺陷，是一种制度扭曲的套利行为，反映出那种发行制度的不合理性，所以才会有所谓的打新基金，打新基金的收益率通常会超过10%，甚至更高。

打新基金是一种奇怪的金融现象，是金融制度扭曲的结果。在注册制条件下，发行定价的市场化意味着打新基金时代的结束。这种现象的消失是资本市场制度重大进步的表现。发行定价的市场化，是注册制改革的核心内容。

二是形成了市场化的上市公司标准。过去都是基于工业化时代的理念来制定上市公司的标准，对拟上市公司的要求非常硬性，用现在的词叫“硬核”，比如说要有资产规模、盈利要求，这些硬指标很重要。但是在后工业化时期或者新经济时代，企业开始可能没有盈利，甚至亏损，但是它可能代表未来，代表了产业的未来，代表了经济的未来。若按照这种硬核标准，这类企业是不能上市的。所以，从这个角度看，阿里巴巴、腾讯、京东这样的企业按照这种上市标准是不能上市的，它们达不到这些硬核标准，可能也达不到公司治理的要求。但是，如果这些后工业化时期的企业都不能在中国资本市场上市，中国资本市场的投资价值就会大打折扣，要想把中国资本市场建设成新时期的国际金融中心，那几乎是不可能的。

国际金融中心一定是资产要有成长性，国际投资者才会配置这个市场的资产。为什么要配置你的资产？是因为有成长性，是因为这些上市公司代表的是新产业。所以，在注册制条件下，上市公司的标准要调整，不能太硬核了，可以有弹性。在新的《证券法》里，以及在科创板所实行的注册制中开始体现这个要求。是否盈利可以有弹性，但信息披露必须完整、真实、透明；企业可以亏损，但信息必须充分披露，剩下来的交给市场来判断。这两点是注册制改革的核心内容。

如果注册制改革还有第三个特点，那就是发行审核关注的重心不一样。注册制关注的就是信息披露，强调的是透明度。不需要发行者做什么承诺，一切由投资者自己作出判断。如实完整地披露信息，是注册制条件下上市公司的核心义务。

第二，监管理念要调整。我们赋予监管者太多的责任，既要维护市场的稳定，又要推动市场的发展，还要维护市场的公平，甚至还要承担某一个地区脱贫的功能。我认为，监管者没有责任去维护市场的成长、市值的增加。维护市场指数、每年完成多少家上市公司的 IPO，这不是监管者的责任。监管者的唯一责任就是维护市场的透明度，进而维护市场交易的公平性，这是监管者的唯一职责。正是基于这种理解，监管的重心要转移到透明度监管上来。

在资本市场有“三公”原则之说，公开、公平、公正。在“三公”原则中，公开性是放在第一位的。所谓的公开性，指的就是信息披露的公开性，它是实现“三公”原则的基石，也是监管部门最核心的职责。考核监管者不能用增长性指标，而要用市场透明度指标。

第三，高度重视市场重组、交易相关规则。过去，我们非常重视 IPO。现在，我们要从重视 IPO 过渡到重视并购重组。中国上市公司已经超过 3 500 家了，规模已经很大，我们应该关注存量上市公司的并购功能。长期以来，我们重视的是增量融资，也就是 IPO。实际上，资本市场核心的功能，是存量资产的重组。这是资本市场最重要的功能。如果只关注增量融资，资本市场完全不能和商业银行相比。商业银行有巨大的融资功能，但是商业银行没有对存量资源进行并购重组的功能。然而，企业的成长，更重要的是通过并购重组来完成的。全球排在前 100 位的上市公司，大多数公司的成长都是通过并购重组来实现的，而不是仅仅依靠企业的自然成长。一般而论，企业成长的过程，大都经过了横向或者纵向的重组。并购重组是企业成长的重要机制，也是市场指数上涨的重要原因。

第四，完善退市机制。我们有退市机制，但是执行得很差，效率很低。

一个市场如果没有有效的退市机制，市场的定价功能就会被扭曲。在我们市场上，很多毫无价值的股票还在那里交易，大家猜测可能有什么变化扭曲了定价功能。我们一定要严格执行退市机制，提高退市效率。过去之所以对退市机制执行得不好、退市效率低，有多种因素，包括地方政府的保护。哪个地方政府愿意所在地的企业退市？况且退市还有个社会稳定问题。所以，在现实生活中，退市制度执行不力有制度性原因。监管部门是想让退市速度加快，但会遇到很大的阻力。

不过，在过去的规则下，让投资者来承担强行退市的责任似有不公。虚假信息披露和欺诈上市蒙骗了投资者，投资者买了你的股票，你退市了，要投资者承担责任，有些不公平。上市企业有的是欺诈上市，有的虚假信息披露，有的内幕交易，有的操纵市场，企业退市了，在这种条件下，投资者承担损失当然不公平。所以，我们只有把前端的事情做好，才能严格执行退市机制。只有加大违规违法行为的处罚，最大限度地保证市场透明度，投资者才能自行负责任。所谓的投资有风险、风险须自担，是以充分披露信息为前提。

所以，严格执行退市机制，包含特别复杂的、综合式的制度改革，而不是一退了之。

附录篇

探索未尽的世界是学术的本源

——在中国人民大学经济学院主办的“第二届国民经济管理论坛”上的主题演讲

【作者题记】

这是作者2016年6月4日在中国人民大学经济学院主办的“第二届国民经济管理论坛”上的主题演讲。未收入《中国资本市场的理论逻辑》（六卷本），最近发现了这篇演讲稿，内容有点意思。作者本科、硕士和博士均毕业于国民经济计划与管理专业，与国民经济管理专业有深厚的情感。

胡老师，各位同仁：

非常荣幸又参加我校经济学院举办的第二届国民经济管理论坛。这个论坛如果一直能办下去，我认为将会对国民经济管理学科的发展起到重要的推动作用。我相信，本论坛在各位的努力下一定能够办下去。这个论坛每年都找一个经济发展中的重要问题展开讨论，这对于我们的教学、科研、学科建设都有重要的推动作用。今天我主要讲三个问题。

一、探索未尽的世界是学术的本源

我国国民经济管理学科有着辉煌的历史。在20世纪70年代末、80年代乃至于90年代，我国国民经济管理学科在经济学科中是非常重要的，这个学科产生了一批著名经济学家。我在1983年做胡老师研究生的时候，这个学科开始转型。胡乃武老师有一个非常好的传统，也是值得我们学习的，就是胡老师带着我拜访这个学科领域中的著名学者，这让我开了眼界、长了见识。我记得在研究生学习期间，胡老师带着我去北大，去拜访张友仁教授、厉以宁教授、刘方域教授，到社科院拜访董辅礽教授、孙尚清教授等。董辅礽教授虽然是研究政治经济学的，但他对再生产理论的研究非常深入，再生产理论是我们这个学科的基础理论。厉以宁教授早期所在的学科是国民经济管理。那个时代，有一大批著名学者在这个学科领域。

到了20世纪90年代中后期，我们这个学科有衰弱的趋势。细细想来是有原因的。一个非常重要的原因就是，中国的改革开放以很快的速度往前推进，但是我们的思维、我们的观念应该说还跟不上中国经济改革开放的步伐。我们在相当长时期里，有一点沉浸在自己过去的辉煌中，而且有时候还想让生机勃勃的中国回到我们那个已经落后的理论体系中，显然这不是与时俱进的态度。所以，学科的发展是要跟上时代的步伐的。时代的车轮滚滚向前，谁也阻挡不了，我们必须跟上时代，当然最好是引领这个时代。这就需要解放思想。所以，我认为学科的发展，包括学术研究，解放思想是最重要的，不能让过去一些可能是正确的，现在则跟不上时代步伐的理论束缚了我们。如果被这些落后的观念束缚了头脑，我们就不会前进。

我们有些学科在过去并不怎么辉煌，并不怎么重要，比如说金融学，至少在我上大学和上研究生的时候，金融学并不是特别热门的，那个时候最吸引我们的是国民经济管理学科，它吸引了国内最优秀的学生。我国的金融业市场化改革的步伐很快、日新月异。金融学科随之繁荣起来了。这与金融学科的开放和海纳百川的胸怀有关系。中国自从两个交易所建立以来，金融结构就在悄然地发生变化，金融的市场化趋势非常明显，市场配置金融资源的比例和规模在不断提升。这实际上从根本上改变了原来货币银行的理论基石，金融市场成为金融学科关注的重点。基于这种变化，金融学科对风险的研究和对财富管理的研究就变得特别重要。基于市场的财富管理和风险管理的理论和方法渐渐成为金融学科的核心内容之一。因为越来越多的金融资源都要由市场来配置，或者慢慢地不主要由银行来配置，虽然现在中国仍然是银行占主导地位，但是未来的趋势一定是市场占主导的。也就是说，包括股票市场、债券市场在内的整个资本市场的发展，是金融结构变革的主要力量，它推动了金融结构的裂变。金融学的发展为什么现在呈现繁荣的现状？是因为它看到了这个基本趋势，如果它还停留在原来的视野中，我想金融学科不会有今天。

我的硕士、博士学位的获得，包括评教授的研究成果没有一篇是金融领域的，都与国民经济管理学科有密切关系，都是跟着胡老师一块学、一起研究。我只是在 1993 年评上教授之后才开始转向金融特别是资本市场研究的，所以，我的金融研究带有深刻的国民经济烙印。所以有人说你的这个金融研究怎么与我们的金融研究不太一样？那是因为有深刻的国民经济管理学科的烙印。我的金融研究背后有一个大框架始终在支撑着我，我不是就单一的金融问题去做技术化的研究。所以，我始终认为，国民经济学、国民经济管理是非常重要的基础学科，对一个人的学术研究有重要的支撑作用。如果你不了解整个宏观经济运行结构，不了解总供给与总需求的关系，不了解各相关经济变量之间的逻辑关系和计量关系，要做一个很好的金融研究还是挺难的。所以，我认为学科的发展、理论的进步，解放思想是非常重要的。

学术研究是需要批判精神的。习近平总书记在 5 月 17 日全国哲学社会科学工作座谈会上的讲话专门谈到这一点。习总书记的这个讲话是纲领性讲话，对我国哲学社会科学发展具有重要指导意义。我认真读了这个讲话，他在谈到学术研究的批判精神时是这么说的："哲学社会科学要有批判精神，这是马克思主义最可贵的精神品质。"如果没有批判精神，你的研究就没有问题导向，就没有探索方向。学术研究探索的方向一定是未知的领域，由于未知才有发自内心的探索精神。真相究竟是什么？你需要研究。真正的学术研究都是来自好奇，来自内心的探索。我不认为命题作文能够出伟大的作品。我有一个特点，就是不申请课题，很多年我都没有申请课题，因为我做不了那个命题作文，那个命题作文对我来说是一种严重的束缚，我也回答不了这个命题作文中那些事实上他已经知道结论的结论。很多所谓的课题，命题作文的发布者已经知道结论了，他还要让我们去做“研究”。事实上我们要研究的是不知道结论的领域，这个领域是学术研究的重要对象。所以，我从事的研究相当多的都是事前没有结论的，谁也不知道结论会是什么，它本质上就是一个黑箱，或者说是一个灰色地段，并不是人所皆知的领域。

比如互联网金融。我在 2014 年至 2015 年期间，有一段时间主要研究互联网金融，我的直觉告诉我互联网金融并不简单，而且非常复杂，它改变了传统金融的运行基础，它使传统主流金融的基因发生了变异。原来金融是基于物理形态的，受到时空约制，有自身独特的风险和相对成熟的监管准则。基于物理化的金融的监管准则和风险，显而易见与完全超越了时空限制的互联网金融的风险和监管准则完全不同。所以，我经常说，这两种金融的基因是不一样的，互联网金融领域在理论上有巨大的空间需要人们去探索。原来传统金融有一套完整的理论架构，但是用这个理论架构去分析互联网金融就走不下去。2014 年至 2015 年，我花了七八个月时间和我的研究团队一起，天天琢磨这个互联网金融，天天思考这个问题。互联网金融究竟是未来金融的方向还是昙花一现的现象？是必然还是偶然？这是需要思考的。研究后我发现互联网金融是对传统金融的第二次脱媒。第一次脱媒是资本市场对传统金融的脱媒，从融资界面上脱媒的。互联网金融是对传统金融支付形态的脱媒，是二次脱媒。我们以前的金融基本上对传统金融的支付形态没有进行脱媒，只是对融资脱媒。互联网金融在支付形态上的脱媒现象与现在的经济业态是匹配的。电子商务成为这个时代消费的基本业态。它与互联网金融的第三方支付是匹配的，没有第三方支付的发展，电子商务、网购等消费模式就不可能发展起来。所以，学术研究主要是探索那些未知的世界。能够启发你强烈的兴趣的一定是灰色地段的东西，黑箱的领域。以前根本就没有对互联网金融的系统研究，这是一个未知的世界。所以，我们必须要把互联网金融的运行结构、风险特点、监管准则等做系统的研究。

为什么现在互联网金融如此混乱？是因为人们不了解互联网金融的实质和风险结构。互联网金融不是暴利行业，而是普惠金融。由于我们不了解互联网金融的风险结构，因此，到目前为止，也就制定不出来可以对冲互联网金融风险的监管准则。有时候，有些人或某些部门想拿那个用于物理形态的传统金融的监管准则去对冲互联网金融的风险，那肯定是不行的，这是两码事，只会开错了方，用错了药。这相当于普通感冒和N7H9的关系，貌似相同，实质不同。你用治普通感冒的药去治N7H9是无效的，因为病毒已经变异了。我想以这个来说明学术的研究还是来自一些未尽的世界，我们要善于发现未尽的世界，而且有勇气探究未尽的世界。这是我要说的第一个问题。

二、国民经济管理学科未来研究的重点

第二个问题，就是国民经济管理学科究竟有哪些未尽的世界？我们做学术研究要思考这个问题了。刚才我认真听了胡老师的致辞，我非常赞同他刚才讲的一系列的观点。胡乃武老师在82岁的时候能够写出逻辑上这么清晰的发言稿，让我们非常敬仰。他准确地阐释了当前我国经济发展中遇到的困难和问题，并提出了一些思路。国民经济管理学科在学科目录中的应用经济学一级学科中排在第一位。我的理解是，这个学科的地位与理论经济学一级学科中的政治经济学地位是一样的，都是排在第一位的，都是基础性的。实际上，在这个领域中有很多问题需要我们重新思考。中国经济运行的基础结构发生了很大变化。比如说国民经济运行架构和流程，实际上已经发生了重要变化，资源配置的主体和机制已经日趋市场化。这就如同我们不能拿过去主流金融的那套运行结构和准则去看待互联网金融一样，中国经济已经变得非常复杂、非常市场化、非常结构化、非常存量化。我们要重新思考和梳理现阶段国民经济运行的结构和流程。

把这个理清楚了，我们才可能研究未来中国经济变动的趋势。第一，关于未来中国经济的基本走势，我在一年多前反复讲，中国经济不可能再有V形反转，也不可能是U形变化，只能是L形，因为这与中国宏观经济结构密切相关，中国经济的基础结构只能是这个L形，不可能是V形或者U形。这就告诉人们，在经济呈现某种下行趋势的时候，不可以采取强烈的需求刺激，强烈的需求刺激不会带来任何的效果，即使有短期效果，长期的负面作

用也会大大对冲掉这个短期的正面效果。因此，要研究这个L形形态长期趋势形成的基本成因。《人民日报》权威人士的文章，我看了之后觉得挺有趣。我同意这个判断，特别是从中国经济中长期发展趋势上讲，这个判断是正确的。但是，这并不意味着我们不可以采取一些短期经济稳定措施，但是基本方向是非常明确的。也就是说，现在经济增长率是6.5%，也许未来可能就是6%，也许以后就是5.5%，我们要从原来高速增长的时代回归理性。目前才是经济的基本常态，过去不是正常状态。那种爆发式的增长，当然有其必然性，但不是经济的正常状态。

第二，宏观经济政策搭配原理的变化以及新的搭配特点。关于宏观经济政策的搭配，过去我们在国民经济管理学科研究中，在本科教材中都是要讲的，而今天实际上有了一些新变化。举个例子，M2的边界和计量就发生了重要变化，货币政策观测指标和原来说的已经不一样了，货币政策的目标函数也在悄然变化，因为金融结构发生了变化。国民经济管理学实际上要把这些大的内容和小的变化都要搞清楚。这实际上对我们来说是一个挑战。

第三，中国产业结构调整的趋势。胡老师刚才讲到了装备制造业以及工业4.0的发展战略，这是我国未来企业战略的核心内容之一。当然，还有现阶段以及未来一段时期中国经济发展的支柱产业究竟是什么。过去一段时间有人认为是房地产业，我从来不认为对中国这个大国来说，房地产业能在相当长时期内一直成为中国的支柱产业。因为这个产业没有核心竞争力。有核心竞争力的是华为这样的企业和所处的产业，如果中国有N个华为就不得了了，因为它是来自市场的力量，来自科技的创新。华为从来不找市长，也从来不圈土地，从来不搞房地产，从来不投资股票，从来不寻租，中国如果有N个华为，中国企业和产业就一定会强大起来。但是，中国房地产似乎很发达，王健林原来的主导产业就是房地产，他是中国首富，但我还是不希望中国有太多的王健林，我希望中国有N多的任正非。这就是一个基本判断。

第四，比如说我们要研究现时期的总供给与总需求的关系，原来的结构是否有变化？曲线斜率是否有微型调整？实际上，总供给与总需求的关系已经发生了重要变化，要深入研究。

第五，生产要素的贡献率在中国经济现阶段都发生了什么变化，要重新研究。要研究战略性支柱产业，要研究要素生产率的边际变化，要研究现代化进程中的城镇化等。

国民经济管理学科无所不包，要研究大问题，战略性的大问题都是我们要研究的内容，我们一定要拓展空间，开放思维，不要只是仅仅考虑国民经济学或国民经济管理学研究的范围。实际上没有范围的限制，你是国民经济学，你没有范围，你什么都可以研究，只要是大的战略性问题都可以研究。如果我们天天琢磨研究范围，那就会受到约束。我们更不能沉浸在各种版本的所谓概念定义中，那是没有前途的。在金融学研究里面，我从来不看各种版本的金融学定义和研究范围。我知道，金融的内部结构发生了裂变，金融的市场化趋势是非常明显的。有人说，这个研究是金融学，那个研究不是金融学，我不管。我没有精力找各种版本的概念定义，我不想受到那种约束。我不主张这种做学问的方法，我主张的是开放性思维，有问题就研究，进入那个黑箱领域进行探索是我们的目的。花太多的精力去琢磨概念的边界，我不太喜欢。边界本身就是一种束缚，科学研究不能有束缚。解放思想实际上指的就是没有束缚，没有束缚你才可能有新的研究、新的突破。

我最近又花了一年的时间研究全球金融危机，我一般是一年研究一个问题，其他的都不搞，我研究金融危机史，研究的是美国1987年10月19日“黑色星期一”及其之后的各国金融危机的形成机理，以及各国政府干预金融危机的方法及效应比较。研究取得了新的进展，开阔了眼界，了解了历史，丰富了理论。

三、“十三五”时期中国经济面临的重要问题

第三个问题，说说“十三五”。今天论坛主题是“十三五”中国经济发展。前面说的都是学术研究和学科发展。“十三五”中国经济有哪些重要问题呢?

第一个就是L形走势形成原因和时间跨度、经济L形趋势与短期需求管理的关系。刚才胡老师说供给侧改革和需求管理是不能分离的。我完全赞成。就经济的长期趋势而言，供给侧改革和需求管理之间有一个主次关系，

有一个长期与短期的关系。这是需要我们认真研究的。

第二，经济转型，包括创新发展，也包括主导产业的选择，包括经济发展与环境之间的关系。

第三，装备制造业、工业 4.0 未来的发展。这里核心是科技创新、互联网和人工智能。

第四，城镇化。中国的城镇化有巨大的发展空间。人类历史上从来没有过如此大规模的人口迁徙过程，这个过程没有经验可循。这个人口大规模迁徙过程可能伴随的是一种人们心灵的痛苦，伴随的是对过去田园风光美好回忆的巨大冲击。我们可以更好地处理好这个关系，我们可以保持好农村的自然风光，不以农村美好风光的破坏为代价。但是人口的移动是肯定的，所以我们整个经济结构调整，包括房地产业的发展，都要放在这个大背景下来思考。

第五，最重要的一个，"十三五"时期除了供给侧改革，除了环境与发展的关系以外，我认为最重要的就是金融的开放。在"十三五"期间，中国金融的对外开放一定会有重大进展。我们各个领域的改革开放都达到了相当的深度，唯独金融业的市场化、国际化相当缓慢。金融的对外开放和国际化，将构成"十三五"时期最波澜壮阔的改革。金融是最敏感的，也是最复杂的。金融领域的开放是目前中国面临的最重大的改革。中国金融现在还处在相对封闭的状态，这与中国大国地位不匹配。人民币的国际化、中国金融体系的对外开放、构建全球国际金融中心等，这些在"十三五"时期都会有实质的变化。"十三五"时期将是一个中国经济痛苦转型时期，也是中国金融波澜壮阔的时期。

我要讲的就是这些，谢谢大家。

后 记

2022年春节前夕，我来到海南琼海度假、过春节。但行前我给自己海南春节度假期间定下了三项工作。

一是写一篇《胡乃武教授学术思想评传》，以告慰恩师的在天之灵。胡乃武教授是我的授业导师，我的恩师，是他把我引上了正确的学术之路，我们之间的关系情如父子。他的去世让我十分悲伤，我觉得我有责任写一篇全面介绍胡老师学术思想的长篇论文，所以，我背着胡老师的六部大作来到琼海，经过几个昼夜，一气呵成，成就了一篇《胡乃武教授学术思想评传》，约1.8万字，此刻我的任务终于完成了。

二是编辑整理《理论逻辑》（续集）文稿。这部文稿时间跨度虽然只有两年（2020.04—2022.02），但筛选、阅读、校正和写题记仍是一项繁重的工作。基于时代背景的变化，过去的一些提法、一些人名，现在似乎都成了敏感词了。为了不给出版社带来不必要的麻烦，我都做了特定的技术处理，但内容本身不会做任何修改。历经数天，我终于完成了《续集》（第七、第八卷）的校正工作，第二项工作也算完成了。

三是把未来一部有关现代金融的专著的研究大纲写出来。目前我只完成了该专著的题目，研究大纲还未形成文字。在琼海期间，不少好友来访，如魏杰、谢平和梁晶等，粗茶淡饭，相谈甚欢。还有当地领导、大学教授和校长、企业家来访，相互交流，乐在其中。第三项工作也就放下来了，虽未完成，但其实已在心中。

后记落笔，已时值正午。院中风声四起，下起了小雨，残存的桂花仍然飘着余香，我在思考，我接下来还能做什么？

吴晓求

2022 年 2 月 18 日于琼海

回京后三个月，我增加了这期间最新的几篇文稿，其中包括论文 1 篇、演讲稿 4 篇和媒体集体访谈稿 1 篇。

吴晓求

2022 年 5 月 22 日补记